DROIT ET CHANGEMENT CLIMATIQUE : COMMENT RÉPONDRE À L'URGENCE CLIMATIQUE ?

Regards croisés à l'interdisciplinaire

DROIT ET CHANGEMENT CLIMATIQUE : COMMENT RÉPONDRE À L'URGENCE CLIMATIQUE ?

Regards croisés à l'interdisciplinaire

Actes du Colloque de lancement du GDR 2032 ClimaLex
Paris, 9 novembre 2018

Sous la direction de
Marta Torre-Schaub

En collaboration avec
Blanche Lormeteau

Préface de Jean Jouzel

Avant-propos de Bettina Laville

mare & martin

Institut des Sciences Juridique et Philosophique de la Sorbonne

Texte intégral

ISBN 978-2-84934-473-6

SOMMAIRE

REMERCIEMENTS

Cet ouvrage réunit les contributions du colloque de lancement du GDR 2032 ClimaLex *Changement climatique et dialogue interdisciplinaire* qui s'est tenu à l'Université Paris 1 Panthéon-Sorbonne le 9 novembre 2018, organisé par le GDR ClimaLex, l'Institut des sciences juridique et philosophique de la Sorbonne (UMR Université Paris 1-CNRS) en collaboration avec le Centre de recherches juridiques de l'Université de Grenoble. Ce colloque avait pour objet de faire connaître le GDR ClimaLex, Normes et Changement climatique à l'interdisciplinaire, soutenu par le CNRS et dirigé par Marta Torre-Schaub. Son comité scientifique a contribué à la dynamique interdisciplinaire qui se reflète dans cet ouvrage, fruit d'un travail de réflexion collective entre droit et autres disciplines.

Deux ans auparavant, le Réseau Droit et Changement climatique, fondé et dirigé par Marta Torre-Schaub dans le but de mettre en réseau tous les chercheurs ayant pour objet d'effectuer des travaux autour du droit et le changement climatique, avait organisé un colloque à l'Université Paris I, qui avait donné lieu à une belle publication dans la collection de l'ISJPS (*Quel(s) droit(s) pour les changements climatiques ?* Paris, Mare & Martin, 2018). L'ouvrage que nous présentons ici s'inscrit dans la continuité du précédent. Il vient parachever un intense travail de réflexions et d'échanges entre les membres du Réseau et ceux du GDR ClimaLex autour du droit et du changement climatique. Cet ouvrage, qui recueille les contributions de diverses disciplines sous la forme de regards croisés, permet d'enrichir le regard du droit et de la recherche juridique sur la question climatique.

Nos remerciements vont à tous les membres du comité scientifique, Sabine Lavorel, Blanche Lormeteau, Marianne Moliner-Dubost et Marta Torre-Schaub, et à tous les membres du GDR qui ont participé à l'élaboration du programme du colloque et au soutien de cette manifestation. Nous remercions également les présidents de séances qui ont si bien contribué au dynamisme des débats, Jean Jouzel, Jean-Guy Devezeau, Alexandra Langlais, et Philippe Billet. Ces remerciements s'adressent enfin aux institutions et aux partenaires qui ont soutenu la création et contribuent à l'animation du GDR ClimaLex 2032 *Regards croisés interdisciplinaires sur le droit, la régulation et le savoir scientifique autour du changement climatique*, dont ce Colloque est la première manifestation.

Nous exprimons toute notre reconnaissance à l'Institut national des sciences humaines et sociales du CNRS (INSHS), à l'Université Paris 1, au Réseau Droit et Changement Climatique et à la SFDE. En soutenant cette manifestation, ils ont montré l'intérêt que constituait la recherche interdisciplinaire sur le changement climatique, au regard de toutes les branches du droit qui ont été visitées, de toutes les disciplines convoquées, et des dynamiques de dialogue qu'inspire et ordonne l'urgence climatique. Que toutes les personnes qui se sont investies dans l'organisation du Colloque trouvent ici l'expression de notre gratitude : Luca d'Ambrosio Alpha Diallo, Audrey Fauconnier, Sophie Guy, Marianne Moliner-Dubost, Rafaele Pedersen, Thomas Thuillier. Que le service de la communication de l'Université Paris 1 se trouve également ici remercié pour son aide précieuse. Un mot de remerciement tout particulier adressé à Sophie Guy, pour sa relecture attentive du manuscrit de l'ouvrage et pour l'aide apportée à sa finition.

LES AUTEURS

Santiago M. Álvarez Carreño, Professeur de droit public, Universidad de Murcia (Espagne)

Patrick Criqui, Directeur de recherche émérite au CNRS, Laboratoire d'économie appliquée de Grenoble (UMR GAEL)

Virginie K. E. Duvat, Professeur de géographie, UMR LIENSs 7266, La Rochelle Université-CNRS, La Rochelle, Membre du comité de pilotage du GDR ClimaLex

Fabien Girard, Maître de conférences en droit privé, Université Grenoble-Alpes, Centre de recherches juridiques (CRJ)

Hélène Guillemot, Chargée de recherche, Centre Alexandre Koyré, CNRS, Membre du comité de pilotage du GDR ClimaLex

Aglaé Jézéquel, Climatologue, Laboratoire de Météorologie Dynamique – IPSL – Paris – École Normale Supérieure, Membre du GDR ClimaLex

Jean Jouzel, Directeur de recherche émérite au CEA, Membre de l'Académie des Sciences, Conseiller au CESE, Vice-président du groupe scientifique du GIEC de 2002 à 2015, Membre du comité de pilotage du GDR ClimaLex

Alexandra Langlais, Chargée de recherche au CNRS, Institut de l'Ouest : Droit et Europe (IODE, UMR 6262), Université de Rennes 1, Membre du comité de pilotage du GDR ClimaLex

Catherine Larrère, Professeur émérite à l'Université Paris 1 Panthéon-Sorbonne, ISJPS UMR 8103, Membre du comité de pilotage du GDR ClimaLex

Bettina Laville, Conseiller d'État honoraire, Présidente fondatrice du Comité 21, Membre du Conseil scientifique de l'IMT

Sabine Lavorel, Maître de conférences HDR en droit public, Université Grenoble-Alpes, Centre de recherches juridiques (CRJ), Membre du comité de pilotage du GDR ClimaLex

Blanche Lormeteau, Docteure en droit de l'environnement, Membre du comité de pilotage du GDR ClimaLex

Alexandre K. Magnan, Chercheur associé à l'Institut du Développement Durable et des Relations Internationales, Paris

Marianne Moliner-Dubost, Maître de conférences HDR en droit public, Université Jean-Moulin – Lyon 3, Équipe de droit public de Lyon (EDPL-EA 666)

Éric NAIM-GESBERT, Professeur à l'Université Toulouse 1 Capitole, Directeur de la *Revue juridique de l'environnement,* Membre du comité de pilotage du GDR ClimaLex

Rémi RADIGUET, Maître de conférences, Université Perpignan Via Domitia, Membre du comité de pilotage du GDR ClimaLex

Íñigo SANZ RUBIALES, Professeur de droit public, Universidad de Valladolid (Espagne)

Thomas THUILLIER, Doctorant en droit public, Institut de recherche juridique interdisciplinaire François-Rabelais (IRJI EA 7496), Université de Tours, Membre du GDR ClimaLex

Marta TORRE-SCHAUB, Directrice de recherche au CNRS, ISJPS UMR 8103, Université Paris 1 Panthéon-Sorbonne, Directrice du GDR ClimaLex

Aline TREILLARD, Docteur en droit public, ATER à l'IUT2, Département Carrières Juridiques, Université Grenoble-Alpes

Claire TUTENUIT, Déléguée générale de l'association Entreprises pour l'Environnement (EpE)

Robert VAUTARD, Directeur de recherche au CNRS en sciences climatologiques, Directeur du Laboratoire IPSL Gif-sur-Yvette Paris-Saclay, Éditeur de Review du 5e Rapport du GIEC, Membre du comité de pilotage du GDR ClimaLex

À PROPOS DE CLIMALEX

Le GDR 2032 ClimaLex, dirigé par Marta Torre-Schaub et soutenu par l'Institut national des sciences humaines et sociales du CNRS, a pour objectif dans une approche interdisciplinaire d'interroger le droit au regard des changements climatiques. ClimaLex a débuté ses travaux au mois de janvier 2018 et les conduit avec un comité de pilotage constitué par une plateforme de recherche. Il réunit une communauté de chercheurs, enseignants-chercheurs et doctorants regroupant douze unités et équipes dans toute la France.

Le colloque de lancement de ClimaLex a eu pour finalité de faire connaître à la communauté scientifique et au public l'existence du GDR et quelles étaient ses fonctions pour les cinq années à venir. Organisé par un comité scientifique constitué de Sabine Lavorel, Blanche Lormeteau, Marianne Moliner-Dubost et Marta Torre-Schaub, le colloque a réuni plus d'une centaine de chercheurs. Il a été inauguré par Georges Haddad, président de l'Université Paris 1, François-Joseph de Ruggiu, directeur de l'Institut des sciences humaines et sociales du CNRS, et sous la présidence de Jean Jouzel, climatologue, Prix Nobel de la Paix, en tant que président du GIEC et directeur du Laboratoire Pierre-Simon Laplace. Une première session interdisciplinaire a réuni climatologues, juristes et sociologues dans le cadre d'un débat concernant l'objectif + 2 °C et le droit à un climat stable, suivi d'une intéressante discussion avec le public. La deuxième session, présidée par Jean-Guy Devezeau, directeur de l'I-Tesé-CEA, avec la participation de Patrick Criqui, directeur de recherche émérite au CNRS, a eu pour objet d'examiner la place de l'économie dans les problématiques climatiques. Deux tables rondes se sont déroulées dans l'après-midi : l'une portant sur l'interdisciplinarité autour des vulnérabilités climatiques, présidée par Alexandra Langlais, chercheur au CNRS à l'Université de Rennes, avec la participation de Catherine Larrère, philosophe et professeur émérite à l'Université Paris 1. S'en est suivie une session présidée par Philippe Billet, professeur de droit public à l'Université de Lyon 3, qui a débattu de l'interdisciplinarité dans la science juridique et des rapports de celle-ci avec les autres sciences. Ce très beau colloque a été clôturé par Bettina Laville, conseillère d'État et présidente du Comité 21, ancienne négociatrice de la France auprès des Nations unies sur les questions climatiques, et Amy Dahan, directrice de recherche émérite au CNRS, historienne des sciences et sociologue des sciences et de l'expertise climatique.

ClimaLex a pour mission de créer des synergies nouvelles entre le droit, les autres disciplines des SHS et les sciences dures – notamment les sciences de la nature et la climatologie – afin d'établir un dialogue tout autant fructueux que nécessaire entre les différentes sciences. Il entend accroître la production scientifique dans ce domaine et améliorer la visibilité des chercheurs associés en France et à l'international[1]. Il vise avant tout à favoriser la mise en relation des équipes membres dans les thématiques concernées, ainsi qu'à stimuler les pratiques régulières de *brain storming* sous la forme d'ateliers et de séminaires de recherche collaboratifs, avec pour finalité de faire émerger des préoccupations partagées et de construire des grilles communes pour les aborder. Son objectif est la construction d'une véritable plateforme interdisciplinaire de savoir et de promouvoir l'émergence de sujets prioritaires sur lesquels le monde de la recherche, le législateur et les décideurs politiques (aux niveaux national, territorial et local) doivent agir de manière urgente. ClimaLex travaille à la création d'un fonds documentaire consultable permettant la mise en commun de références bibliographiques et de méthodologies de travail interdisciplinaires.

1. http://www.journaldelenvironnement.net/article/droit-du-climat-15-disciplines-unies-pour-la-recherche,91534.

PRÉFACE

Jean Jouzel
Directeur de recherche émérite au CEA
Membre de l'Académie des Sciences
Conseiller au CESE
Vice-président du groupe scientifique du GIEC de 2002 à 2015
Membre du comité de pilotage du GDR ClimaLex

Impliqué de 1994 à 2015 dans l'élaboration des rapports du GIEC, le Groupe intergouvernemental d'experts sur l'évolution du climat – comme auteur principal puis au titre de membre de son bureau, vice-président du groupe traitant des éléments scientifiques des changements climatiques – la question m'est régulièrement posée : comment expliquez-vous l'indéniable impact qu'ont ces rapports, publiés tous les cinq à six ans depuis 1990 et complétés de rapports spéciaux traitant d'aspects plus spécifiques ? À l'évidence cet impact tient à la gravité du problème posé par le réchauffement – désormais perceptible – qui résulte de l'augmentation de l'effet de serre liée aux activités humaines, à sa montée en puissance et au véritable défi que constitue le respect des objectifs de l'Accord de Paris en termes de diminution de nos émissions de gaz à effet de serre et d'adaptation.

Mais ce que je mets en avant est la façon remarquable dont a été définie la mission du GIEC. Dès le départ, son mandat est « d'évaluer les informations disponibles portant sur la science, les incidences et les aspects économiques des changements climatiques, ainsi que les possibilités d'adaptation aux changements climatiques et les moyens d'atténuer leurs effets ». Ceci implique que le GIEC s'intéresse à l'ensemble des aspects du changement climatique, et je suis convaincu que cette vision très large de son rôle est à l'origine de son succès et assure sa pérennité.

Dès sa création, le GIEC s'intéresse à trois volets distincts. Un premier groupe traite des éléments scientifiques de l'évolution du climat. Un deuxième est en charge d'en examiner les conséquences et d'analyser la vulnérabilité au changement climatique et les mesures d'adaptation. Le troisième s'intéresse aux mesures d'atténuation. À l'évidence, aborder l'ensemble de ces problèmes requiert un spectre très large de compétences. Mathématiciens, physiciens, chimistes, biologistes, agronomes, historiens, géographes, économistes, juristes, philosophes, spécialistes de l'écologie, de la santé, des sciences humaines et sociales, des politiques publiques mais également des développements technologiques, sont sollicités. Comprendre les différents aspects du changement climatique, en évaluer les conséquences, examiner les solutions envisageables puis assurer leur mise en œuvre, implique que se mobilisent des spécialistes venus de ces horizons très divers.

Comme beaucoup de mes collègues conduisant des recherches dans le domaine de l'évolution de notre climat, des causes et conséquences du réchauffement lié à nos activités et des solutions à mettre en œuvre, je suis conscient de son caractère éminemment interdisciplinaire, et donc de la nécessité – et de l'intérêt – d'aller bien au-delà de notre propre champ d'expertise. Impliqué dans la reconstruction des climats passés à partir de l'analyse des glaces polaires et dans la compréhension des mécanismes mis en jeu à ces échelles de temps, je me suis rapidement intéressé au futur de notre climat, largement à travers ma participation au GIEC. Cet intérêt m'a conduit à avoir des interactions assez fréquentes avec des décideurs politiques, des entreprises, des associations, des médias… Mais ce n'est que depuis quelques années que j'ai eu l'occasion de le concrétiser à travers des approches réellement interdisciplinaires. Je le dois, en premier lieu, au CESE, le Conseil économique, social et environnemental, au sein duquel j'ai été corapporteur d'avis – sur la transition énergétique, l'adaptation, la justice climatique, les rapports science/société – s'inscrivant dans une réflexion liée à l'évolution future de notre climat. J'ai aussi publié avec le sociologue Eloi Laurent un article dédié aux indices de développement et au bien-être des populations, dans un contexte qui tienne compte, entre autres paramètres, du réchauffement climatique. En fait, au cours de ces dernières années, j'ai probablement consacré plus de temps à échanger avec des sociologues et des juristes qu'avec des spécialistes de ma propre discipline…

Les exemples de collaboration entre spécialistes de l'évolution du climat, sociologues, juristes, économistes, … se concrétisant par des articles rédigés en commun sont de plus en plus fréquents. Néanmoins, ils ne représentent qu'une faible fraction des publications émanant de nos domaines de recherche, celles-ci restant largement monodisciplinaires. Dans la plupart des cas, ces collaborations sont construites à partir d'initiatives individuelles, car la mise en place de programmes interdisciplinaires – indispensables pour favoriser des travaux faisant appel à plusieurs disciplines et assurer leur financement – est relativement récente. Indéniablement, le caractère interdisciplinaire de nos recherches est appelé à se développer. Et c'est convaincu de l'intérêt de l'initiative de Marta Torre-Schaub visant à interroger le droit au regard des changements climatiques que je salue la création de ce GDR « Regards croisés interdisciplinaires sur le droit, la régulation et le savoir scientifique autour du changement climatique » – ClimaLex. J'ai eu ainsi le plaisir d'ouvrir le colloque de lancement du GDR ClimaLex organisé par Marta Torre-Schaub le 9 octobre 2018. Cet ouvrage, dont je salue l'importance et la qualité scientifique, recueille les actes de ce colloque et constitue la première étude du Groupement de recherche interdisciplinaire sur le droit et le changement climatique.

AVANT-PROPOS

Bettina LAVILLE
Conseiller d'État honoraire
Présidente fondatrice du Comité 21
Membre du Conseil scientifique de l'IMT

J'ai beaucoup de joie à proposer un avant-propos aux actes de ce colloque, car il illustre parfaitement une étape importante dans le chemin vers ce que Christian Huglo appelle « la constitution d'un code mondial climatique ». Je crois en effet à l'impérieuse nécessité de fondements alternatifs du droit pour un ordre public écologique, et écrivais, juste avant la COP21, que « nous constatons que la construction d'un ordre public écologique est déjà en marche. Initié par les différents textes internationaux portant sur les biens communs (Conventions de Rio, Protocole de Kyoto, etc.), il s'affirme, en même temps qu'une révision profonde d'un ordre public environnemental qui se dote de dispositifs de contrôle et d'un arsenal de sanctions qui érigent la protection de l'environnement au même rang que celle des personnes et des biens. Face à la menace de basculement de la planète vers des catastrophes, on avance, en face de la sécurité humaine, le concept de « sûreté de la planète » comme nouvelle norme juridique »[1]. Cela implique, comme le suggère un des auteurs de ce colloque, que nous renoncions à « se représenter l'ordre juridique comme un équilibre statique ».

D'abord parce que le droit dans l'anthropocène doit être plus ouvert aux sciences qu'aujourd'hui. Dans les sciences climatiques, les connaissances évoluent, en particulier grâce aux travaux du GIEC, et, afin de protéger la biosphère le plus possible, le droit doit sans cesse s'adapter à ces champs nouveaux de connaissances. En effet, « le droit du climat se doit donc de répondre à ces exigences scientifiques en étant tout à la fois flexible, en miroir aux évolutions potentielles de la science, et rigide pour que les avancées technologiques n'œuvrent pas dans le sens d'une dégradation de l'état de la planète ».[2]

---

1. B. LAVILLE, « L'ordre public écologique. Des troubles de voisinage à l'aventure de l'anthropocène », *in Archives philosophiques du droit* 2015, n° 58, *L'ordre public*, p. 334.
2. Entretien avec Ève TRUILHÉ-MARENGO, directrice de recherche au CNRS, Aix-Marseille Université, Université de Toulon, Université de Pau et des Pays de l'Adour, CNRS, DICE, CERIC, Aix-en-Provence, France, *in* M. HAUTEREAU-BOUTONNET (dir.), *Quel droit pour sauver le climat ?*, [Rapport de recherche] Université Lyon 3 Jean Moulin, 2018. ffhalshs-01684948f.

Ces évolutions ont de multiples conséquences : rééclairer les normes constitutionnelles pour les étendre à la responsabilité de chaque nation par rapport à la biosphère, acter les conséquences du principe de responsabilité intergénérationnel, revisiter l'encadrement juridique de l'accès aux techniques, non pour les combattre dans une sorte de pusillanimité contraire au progrès, mais pour les orienter vers le bien commun, mieux combiner les normes internationales et le droit interne, articuler le droit souple des engagements et de la RSE avec les normes, créer un droit d'intervention des sociétés civiles, fonder la notion de citoyenneté écologique, revisiter le droit des assurances pour le rendre opérant avec l'adaptation au changement climatique…La liste est longue. Comme le dit le même auteur, « le droit du climat en raison de l'urgence et des particularités de son objet apparaît ainsi comme un déclencheur pour repenser nos autres droits, pour les faire évoluer ».

Ce colloque, qui se trouve en continuité de celui déjà organisé par Marta Torre-Schaub et le réseau Droit et Changement climatique, « Quel(s) droit(s) pour les changements climatiques ? », renouvelle la question de la place du droit et de son rôle dans la lutte contre le changement climatique. Citons cet auteur : « Les changements climatiques lancent un défi au droit et aux juristes que nul ne peut ignorer. Face à ces enjeux, le cadre juridique ne peut rester immuable et les sciences juridiques, comme l'ensemble des disciplines scientifiques, doivent être mises à contribution »[3]. Et c'est bien le défi de ce colloque ClimaLex, celui d'observer, sous un regard interdisciplinaire, comment le droit peut être une « réponse »[4], comment des « outils juridiques peuvent être réinventés »[5], ou encore comment opérer un « renouvellement d'acteurs et des modes d'élaboration du droit »[6]. La richesse de ce colloque est triple : d'abord il a le mérite de poser un problème que l'on n'ose pas souvent exprimer, tellement il est perturbant pour de nombreux juristes, et particulièrement pour les codificateurs : comment le droit peut-il encadrer un monde nouveau qui, à cause du fait que ses limites ont été dépassées (ce qui est le cas aujourd'hui), est traversé de bouleversements incessants qu'il faut cependant traduire dans des normes ? Catherine Larrère l'exprime très bien : «…La nature de l'Anthropocène est de plus en plus turbulence, tandis que l'augmentation de notre puissance technique oblige à des études de plus en plus complexes, ce qui rend la prévision d'autant plus difficile (complexité et capacité à prévoir étant en relation inverse) »[7], ou Marta Torre Schaub, qui constate : « Pour autant, il n'est pas toujours facile de

3. M. Torre-Schaub, S. Lavorel, M. Moliner-Dubost, « Les changements climatiques : diversité et fécondité du droit pour un objectif commun », *in* M. Torre-Schaub, C. Cournil, S. Lavorel et M. Moliner-Dubost, *Quel(s) droit(s) pour les changements climatiques ?* Paris, Mare & Martin, coll. de l'ISJPS, vol. 47, p. 27 et s.
4. *Ibid.* p. 31.
5. *Ibid.* p. 28.
6. *Ibid.* p. 27.
7. V. dans cet ouvrage, la contribution de C. Larrère.

trouver la traduction juridique des énoncés scientifiques en matière climatique. Il n'est par ailleurs pas non plus évident qu'une fois la traduction effectuée, elle satisfasse entièrement à la nécessité de répondre à l'urgence climatique avec les énoncés normatifs adéquats et suffisamment contraignants ».[8] La jurisprudence en ce moment fait tout le travail, on le voit bien à travers les multiples décisions autour du thème de la responsabilité climatique, mais, si on veut s'appuyer sur la force du droit pour ce que d'aucuns appellent « la grande transformation », il faut maintenant, à partir des révisions constitutionnelles en cours dans de nombreux pays, édifier un droit de la biosphère. Terme qui englobe le concept de limites. Comme l'exprimait le document introductif de la Fondation Nicolas Hulot intitulé « Intégrer les limites planétaires dans la constitution française », « les grands équilibres environnementaux appellent, comme les droits humains qu'ils rendent possibles, des butées à ne pas dépasser ».

Deuxième apport remarquable de ce colloque, la nécessité de nouveaux concepts juridiques, comme par exemple celui que propose, à l'instar du Canton de Genève, Blanche Lormeteau, en avançant le principe de l'exergie, associant droit de l'énergie et droit de la construction. Le droit de l'énergie adopterait ainsi, selon elle, une nouvelle définition téléologique, dépassant la problématique des sources, en ce qu'il disposerait d'« une finalité sociale et économique traduite dans la transition énergétique »[9]. Elle explique ainsi que l'exergie serait juridiquement inscrite comme « la quantité maximale de travail, c'est-à-dire d'énergie fournie par l'action d'une force, qui peut être tirée d'une ressource énergétique »[10]. Un autre concept est proposé, celui de la vulnérabilité, par Virginie K.E. Duvat et Alexandre K. Magnan, qui montrent bien comment se déclinent ensemble les notions de vulnérabilité et d'adaptation. Il est temps aujourd'hui de consacrer juridiquement la notion de « territoires vulnérables », sauf à être au XXIe siècle condamnés à se poser la question angoissante de Bruno Latour : où atterrir ? Comme la Cour de justice de l'Union européenne a admis en 2011[11] que le préjudicié puisse aussi agir, pour l'ensemble du dommage, à partir du lieu où le dommage est survenu et celui de l'événement causal, la vulnérabilité non seulement des hommes mais des territoires doit être consacrée. La responsabilité de protéger une biosphère vulnérable, au sens où l'a proclamé le principe 7 de la Déclaration de Rio (juin 1992), lequel a été à mon sens délaissé, (« Les États doivent coopérer dans un esprit de partenariat mondial en vue de conserver, de protéger et de rétablir la santé et l'intégrité de l'écosystème terrestre »), doit aujourd'hui être articulée avec le constat, malheureusement grandissant de la vulnérabilité, comme d'ailleurs le suggère la Déclaration des droits de l'humanité, dans le paragraphe 10 de son préambule, en parlant de « la responsabilité

8. V. dans cet ouvrage, la contribution de M. Torre-Schaub.
9. V. dans cet ouvrage, la contribution de B. Lormeteau.
10. *Id.*
11. Arrêt CJUE, *eDate Advertising GMBH*, C-509/09 et C-161/10, 25 oct.

particulière des générations présentes, qui constitue des devoirs à l'égard de l'humanité, et que ces devoirs, comme ces droits, doivent être mis en œuvre à travers des moyens justes, démocratiques, écologiques et pacifiques ».

Enfin le plus grand mérite de ce colloque, c'est d'interroger l'efficacité juridique de l'Accord de Paris, en ce qu'il institue, ou non, un socle juridique du « 2° C ». Dès la signature de cet Accord, j'avais formulé des interrogations sur son efficience juridique[12]. De nombreux auteurs vont ici plus loin : Patrick Criqui, Marianne Moliner-Dubost, Hélène Guillemot, Marta Torre-Schaub, soulignent, en s'appuyant sur l'histoire de l'adoption de cette « limite » souhaitée, combien ce chiffre est aléatoire, en ce qu'il est issu d'un compromis entre estimations scientifiques d'une projection vers 2100, un calcul de l'acceptabilité pour la biosphère, ne parlons pas du « 1° », pour lequel l'expression « schisme de réalité » d'Amy Dahan et de Stefan Aykut s'applique parfaitement. Ici, la science juridique et la science économique essaient de se décliner avec les sciences climatiques, sans que les instruments juridiques, ni même les instruments économiques n'aient été repensés en amont pour s'adapter aux rythmes et aux trajectoires des changements climatiques. Notre droit est conçu pour les lignes droites, mais c'est un droit des trajectoires aléatoires qu'il faudrait concevoir....

C'est là toute l'utilité du groupement interdisciplinaire ClimaLex, dont la mission est « d'engendrer un renouvellement des problématiques liées aux rapports entre les normativités à l'œuvre dans le domaine du changement climatique, du droit et du savoir scientifique », qui finalement élabore un droit du bien commun, esquissé par F. Girard à propos des forêts de Madagascar, soulignant l'exigence « polycentrique » d'Ostrom. Remercions les auteurs de ce colloque, qui ont la hauteur de s'abstraire de leurs disciplines propres, pour construire du polycentrique.... car, comme le dit la Déclaration de l'humanité, dans son préambule, « l'extrême gravité de la situation, qui est un sujet de préoccupation pour l'humanité tout entière, impose la reconnaissance de nouveaux principes et de nouveaux droits et devoirs ».

---

12. V. B. Laville, « Contraindre les États et les éléments ? : Le pari de...l'Accord de Paris », *Énergie-Env.-Infrastr.*, févr. 2016.

INTRODUCTION

REPENSER LE DROIT DU CHANGEMENT CLIMATIQUE AU PRISME DE L'INTERDISCIPLINARITÉ ET DE L'URGENCE CLIMATIQUE

Marta TORRE-SCHAUB
Directrice de recherche au CNRS, ISJPS UMR 8103
Université Paris 1 Panthéon-Sorbonne
Directrice du GDR ClimaLex

Aborder le changement climatique de manière interdisciplinaire semble aujourd'hui une nécessité[1] et répond à une urgence climatique. En effet, le dérèglement du système climatique a provoqué une crise écologique et sociétale sans précédent qui nous oblige à repenser nos modèles et nos catégories de manière différente et mieux adaptée à la crise écologique et humanitaire que nous vivons. Des dommages irréversibles, de nouvelles vulnérabilités, des limites planétaires désormais incontournables, l'enchaînement d'événements extrêmes attribués avec de plus en plus de certitude au changement climatique, autant de concepts et de catégories des sciences climatiques, humaines et sociales qui induisent nécessairement des changements dans l'appréhension juridique du climat et dans sa gouvernance. Tel est l'objet d'étude de cet ouvrage et telle est son ambition.

Depuis la Convention-cadre des Nations unies pour les changements climatiques rédigée lors du Sommet de la Terre en 1992, le droit international d'abord, puis différents droits nationaux ensuite, se sont emparés du sujet climatique afin de préserver au mieux le fonctionnement stabilisé du système climatique. Dès cette époque, le dérèglement paraissait irréversible et la prise de mesures urgente. Comme les climatologues, les experts internationaux du panel du GIEC l'avaient déjà affirmé lors de leur premier rapport en 1988, « il existait de plus en plus de probabilités que le réchauffement climatique soit attribué aux activités de l'homme ». Le droit, qui est, souvenons-nous, voué à réguler les interactions de l'homme en société, est devenu depuis cette époque un levier d'action de plus

1. Dans la continuité des travaux initiés *in* M. TORRE-SCHAUB (dir.) *Droit et Climat, regards pluriels*, Dossier spécial, *Cahiers Droit, Sciences et Techniques*, 2009. V. aussi M. TORRE-SCHAUB et B. LORMETEAU, « Aspects juridiques du changement climatique : de la justice climatique à l'urgence climatique », *JCP G* déc. 2019, étude, p. 1-6.

en plus puissant. Ainsi que l'avait déjà rappelé en 2010 le président de la Cour internationale de justice, « le domaine régi par le droit international contemporain s'est étendu à des secteurs qui relevaient traditionnellement de l'ordre juridique interne – comme la protection des droits de l'homme, la préservation de l'environnement, et même certains aspects du système de gouvernance »[2].

Pourtant, à lui seul, le recours au droit pour régler la crise climatique n'aurait pas de sens s'il n'était pas « nourri » et enrichi par d'autres disciplines. Plus particulièrement, le droit ayant pour objet la gouvernance du changement climatique et sa protection est clairement « inspiré » par les autres sciences : climatologiques, environnementales et écologiques, ainsi que par les sciences humaines et sociales comme la géographie, l'histoire ou la philosophie. Comprendre les différents aspects du changement climatique afin de mieux lutter contre ses avancées, ses effets et ses risques, en évaluer les conséquences, examiner les solutions les plus adéquates, exigent par conséquent la mobilisation de disciplines variées, leur confrontation, voire leur enchevêtrement. Les processus politiques de prise de décision, l'élaboration de textes juridiques – contraignants ou non – tant sur le plan international que sur le plan interne impliquent, par ailleurs, autant l'intervention d'acteurs que de savoirs.

L'approche interdisciplinaire de l'étude du changement climatique permet de mieux comprendre à la fois le « processus de fabrication » de la décision politique et publique, mais également le degré de pertinence et le caractère impératif de textes de droit. Autrement dit, ce n'est qu'en apportant un éclairage interdisciplinaire qu'il sera possible d'examiner à la fois le contenu du droit du changement climatique, son adéquation ou non à la question climatique et, surtout, la nécessité de mieux l'adapter à la solution de la crise climatique et écologique. Le droit a donc autant besoin du regard porté par les autres disciplines que des enseignements tirés de l'observation des découvertes venant d'autres branches scientifiques.

Ainsi le processus de négociation internationale au sein des Nations unies, qui constitue le cadre premier de construction d'un droit du changement climatique, n'aurait pu se faire sans les apports du Groupe international d'experts (le GIEC) tout le long de son histoire et depuis sa mise en place. Mais, aujourd'hui, les textes onusiens ne constituent qu'une partie du « corpus » du droit du changement climatique. Le régime juridique ayant pour objet la régulation et la gouvernance du changement climatique a évolué au cours des trente dernières années. Il se trouve aujourd'hui profondément fragmenté, ce qui explique à la fois sa grande complexité, sa profonde hétérogénéité et, surtout, les difficultés à le rendre impératif.

Le droit du changement climatique, éparpillé en plusieurs textes internationaux et régionaux, se partage aujourd'hui également entre tous les pays du monde

2. Discours prononcé par S.E XC M. Hisashi Owada, Président de la CIJ devant le Conseil de sécurité des NU le 27 octobre 2010, p. 3, VF https://www.icj-cij.org/files/press-releases/2/16232.pdf.

qui possèdent des lois climat ou des régulations – plus ou moins satisfaisantes – autour de la maîtrise de l'énergie, de la protection de l'environnement et de la lutte contre le changement climatique. À cette grande multiplicité textuelle au niveau mondial il faut ajouter le corpus décisionnel émanant des tribunaux et des cours de justice à travers le monde et qui constitue désormais également un élément important du droit du changement climatique. Si l'on peut déplorer cette fragmentation, l'on doit néanmoins saluer la grande richesse des textes consacrés à la gouvernance du climat.

Ce droit du climat se nourrit autant d'éléments extérieurs à la science juridique – interdisciplinaires – que d'éléments intrinsèquement juridiques – des branches du droit plus anciennes : le droit administratif, le droit des contrats, le droit de la responsabilité, le droit de l'urbanisme, la planification, etc. Le droit ayant pour objet la protection contre le changement climatique est ainsi un droit profondément hybride, dans lequel se nouent des tensions évidentes fruit d'intérêts variés à protéger – l'intérêt général environnemental versus l'intérêt général économique par exemple. Il convient dès lors également de mieux comprendre les différents éléments, les différentes « dynamiques » à l'œuvre dans la construction juridique d'un droit du changement climatique. Autrement dit, pour faire de l'interdisciplinarité autour du changement climatique il convient aussi de bien maîtriser et de comprendre la discipline juridique et les différentes dynamiques qui se tissent à l'intérieur du droit.

Reprenons dès lors ce que cet ouvrage se propose de souligner le long de ses pages.

D'abord, la problématique liée au changement climatique constitue bien entendu une question scientifique, articulant cependant science, connaissance, expertise et gouvernance.

Ensuite, les rapports du GIEC, qui nourrissent les débats scientifiques et politiques autour de la question climatique et qui permettent de faire avancer les négociations internationales tout en guidant les différentes actions nationales, traitent eux-mêmes de disciplines différentes : sciences du climat, sciences écologiques, sciences humaines et sociales.

Les aspects économiques et de financement sont également essentiels quant à la mise en œuvre effective de la lutte contre le changement climatique et exercent une influence considérable sur la rédaction des textes juridiques abordant la question climatique.

N'oublions pas que la société civile elle-même, les dynamiques liées à son action, à la mobilisation des connaissances scientifiques et juridiques, jouent actuellement de leur côté un rôle essentiel dans la construction d'un droit du changement climatique. Le rôle du droit dans le mouvement nouveau des contentieux climatiques et des mobilisations pour le climat est également remarquable et doit être ici souligné.

De ce fait, la lutte contre le changement climatique et la mise en place de solutions d'adaptation mobilisent une pluralité d'instruments juridiques – pour certains anciens, pour d'autres plus innovants – qui contribuent ainsi à un véritable renouvellement du droit. Le droit international n'est donc plus le seul élément constituant un droit du changement climatique. Le droit de la responsabilité – publique et privée –, le droit des contrats, le droit fiscal, le droit de la planification et de l'énergie, constituent autant de sources d'un droit du changement climatique. Ces différentes sources sont à leur tour alimentées par d'autres disciplines et d'autres méthodes comme la géomatique, l'analyse économique, les différentes expertises et évaluations.

Il est dès lors indispensable d'adopter une approche pluridisciplinaire permettant de faire avancer la science du droit autour du changement climatique. C'est à partir des regards croisés de différentes disciplines que l'on sera en mesure de parvenir à une meilleure intelligence du problème, lequel aujourd'hui ne peut faire l'objet d'atermoiements ni de débats stériles car il est plus nécessaire que jamais de travailler ensemble à une mise en commun des débats et des solutions.

Le présent ouvrage reprend les riches débats qui ont eu lieu lors du colloque de lancement du GDR ClimaLex « Regards croisés interdisciplinaires sur le droit, la régulation et le savoir scientifique autour du changement climatique » qui s'est tenu à l'Université Paris 1 Panthéon-Sorbonne le 9 novembre 2018. Après l'avant-propos de Jean Jouzel, la préface de Bettina Laville et la présente introduction, une première partie retrace le dialogue entre sciences et s'interroge sur l'objectif de 2 °C et le droit à un climat stable avec les contributions de Robert Vautard, Aglaé Jézéquiel, Hélène Guillemot et Marta Torre-Schaub. La deuxième partie de l'ouvrage analyse le débat autour de l'économisation du droit en interrogeant les éventuels décalages qui peuvent exister entre la théorie et la pratique. Y contribuent les chapitres rédigés par Patrick Criqui et Claire Tutenuit, Marianne Moliner-Dubost et Thomas Thuillier. La troisième partie de l'ouvrage explore les différentes dynamiques sociales à l'œuvre dans le dialogue droit et changement climatique sous le prisme de l'interdisciplinarité, avec les contributions de Catherine Larrère, Éric Naim-Gesbert et Rémi Radiguet, Virginie Duvat et Alexandre Magnan, Santiago Álvarez Carreño et Alexandra Langlais. Une quatrième partie vient clore l'ouvrage, consacrée au dialogue disciplinaire interne au droit autour du changement climatique et de ses interrelations avec les autres disciplines, avec les chapitres de Sabine Lavorel, Blanche Lormeteau, Fabien Girard, Iñigo Sanz Rubiales et Aline Treillard.

PARTIE 1

LE DIALOGUE ENTRE SCIENCES : OÙ EN EST L'OBJECTIF DE 2° C ?

LE GIEC, 2° ET 1,5°

Robert VAUTARD
Directeur de recherche au CNRS en sciences climatologiques
Directeur du Laboratoire IPSL Gif-sur-Yvette Paris-Saclay
Éditeur de Review du 5ᵉ Rapport du GIEC
Membre du comité de pilotage du GDR ClimaLex

Le croisement des disciplines, ici le droit et le climat, nécessite de s'arrêter sur quelques fondements. C'est ce qui est proposé à travers cette contribution, qui vise à expliquer comment le climat évolue et la méthode scientifique associée utilisée pour le détecter et l'attribuer aux évolutions naturelles et aux activités humaines. Un bref retour sur ce qu'est le « GIEC » est proposé comme introduction.

LE GIEC

L'évolution du climat est une problématique globale. Sa compréhension détaillée nécessite la mobilisation d'experts scientifiques spécialistes de la physique pour comprendre l'évolution de l'énergie globale des enveloppes terrestres (océan, glace, surfaces continentales et atmosphère). Elle nécessite aussi des experts connaissant en détail l'influence du climat sur les économies régionales et locales, sur les écosystèmes. Elle nécessite enfin des experts étudiant l'évolution des technologies et de l'économie globale pour imaginer les trajectoires possibles des sociétés humaines face à la question climatique.

L'évaluation de tous ces aspects, la globalité de la question, a amené l'ONU à créer en 1988 le « Groupement d'experts intergouvernemental sur l'évolution du climat », le « GIEC », ou « IPCC » en anglais. Ce groupe, qui est renouvelé par cycles d'environ cinq à sept ans, a reçu une mission particulière : celle de faire une synthèse de l'évolution du climat (dans les rapports d'évaluation), ou de questions plus ciblées (dans les rapports spéciaux) et de ses liens avec les sociétés et les écosystèmes. Ce groupe ne fait pas de recherche, mais procède à une revue de la littérature scientifique, et en effectue une synthèse d'expert consensuelle, sous le contrôle de l'ensemble de la communauté scientifique. Toutefois le consensus ne se limite pas aux scientifiques spécialistes. Le processus de rédaction est coconstruit avec les gouvernements, lesquels participent à la revue des rapports.

À cet effet, plusieurs cycles de revue sont prévus dans l'écriture d'un rapport : une revue interne initiale de la toute première mouture, une revue scientifique ouverte de la première version, une seconde revue scientifique ouverte aux scientifiques et aux gouvernements. Les auteurs des rapports sont sélectionnés par le bureau du GIEC sur la base de leur expertise, mesurée par leur production scientifique, à partir d'un appel à contribution. Les équipes, d'une quinzaine de membres par chapitre, sont constituées pour couvrir les expertises nécessaires, en respectant des équilibres entre continents et genres. Les revues sont totalement ouvertes aux rapporteurs, auxquels il est simplement demandé une expertise sur un aspect au moins des questions climatiques. Les auteurs doivent répondre à tous les commentaires (plusieurs milliers par chapitre).

Pour les rapports généraux d'évaluation, trois volumes sont rédigés : le volume I porte sur la science physique du climat, le deuxième sur les impacts, la vulnérabilité et l'adaptation, le troisième sur l'atténuation. Cela permet de faire le point de façon exhaustive en regroupant les experts de disciplines proches, mais rend l'interdisciplinarité plus complexe à mettre en place. Les rapports spéciaux peuvent être interdisciplinaires. C'est le cas par exemple du rapport sur les événements extrêmes publié en 2012 et de celui du réchauffement climatique à 1,5 °C (SR1.5), publié en octobre 2018.

LA QUESTION DES 2 °C ET 1,5 °C

L'indicateur utilisé pour mesurer l'évolution du climat est la température globale, constituée de la moyenne des températures océaniques de surface et des températures de surface terrestre mesurées à 2 mètres, en pondérant par les surfaces respectives. C'est un indicateur simple, directement lié à l'énergétique du système climatique, et dont les observations ont une qualité maintenant bien connue. Il est pourtant variable de façon naturelle, en conséquence du caractère « chaotique » des fluides atmosphériques et océaniques. La référence pour mesurer le changement climatique, utilisée par exemple dans le SR1.5, est la température globale moyennée entre 1850 et 1900. Cette moyenne n'est pas connue exactement, et en conséquence le réchauffement global n'est pas non plus connu précisément. Le réchauffement est donc mesuré comme une différence, pour une année ou une décennie, par l'écart de température globale à cette valeur.

Pour référence, la température globale du dernier cycle glaciaire est estimée d'environ 4,5° moins élevée que la température de référence. On estime, en 2018, que le réchauffement actuel est d'environ 1 degré, avec une incertitude de 20 %. Les différents scénarios envisagés pour le futur donnent un réchauffement global de 1 à 5° environ selon les hypothèses utilisées et avec les incertitudes sur les connaissances ou liées à la variabilité naturelle du climat. Les rapports du GIEC, au fil du temps, nous ont appris qu'une grande partie au moins de ce réchauffement est liée aux activités humaines, notamment par les émissions de gaz à effet de serre. Cela a été établi par l'impossibilité de reproduire le réchauffement actuel dans des simulations n'incluant pas d'augmentation des gaz à effet de serre.

L'objectif de limiter le réchauffement à 2° a été proposé à partir des conclusions de la Conférence des parties (COP) de 2009 à Copenhague, et il est acté dans les Accords de Paris de 2015. Cet objectif résulte du fait qu'au-delà de cette valeur le réchauffement est estimé comme potentiellement dangereux car pouvant déstabiliser des éléments clefs du système comme la glace de l'Antarctique, et occasionner ainsi une augmentation importante du niveau marin. Pendant les Accords de Paris, une centaine de pays vulnérables au changement climatique ont demandé que cet objectif soit révisé à la baisse, à 1,5 °C. Comme la faisabilité, tout comme la signification d'un réchauffement de 1,5 °C, étaient mal connues, la COP21 a demandé à l'ONU de réaliser un rapport spécial sur ces questions. Le rapport SR1.5 a donc eu pour objectif d'y répondre, et il a été publié en octobre 2018.

Le SR1.5 est un formidable concentré d'interdisciplinarité. Il comporte un ensemble de volets très innovants, basé sur une recherche suscitée par les Accords de Paris, mais aussi par l'accumulation des connaissances qui les ont précédés. Jamais auparavant une telle précision sur les impacts du changement climatique en lien avec les degrés de réchauffement n'avait été fournie (Chapitre 3). Jamais on n'avait autant étudié les scénarios et les mécanismes de la transition nécessaire pour parvenir aux objectifs (Chapitres 2 et 5), en les croisant avec les objectifs de développement durable.

Les résultats de ce rapport, résumés dans le « résumé pour décideurs », sont très clairs. Le rapport montre en particulier que, au rythme actuel de réchauffement, les 1,5 °C devraient être atteints avant le milieu du siècle, et que, pour stabiliser le réchauffement à cette valeur, il est nécessaire d'atteindre globalement la « neutralité carbone » en 2050 (sources compensées par les puits). À cet effet, une décroissance forte des émissions doit avoir lieu dès 2020. Cela nécessitera probablement l'utilisation de techniques de capture du carbone (ou « émissions négatives »), non encore maîtrisées. Plus les émissions tardent à décroître, plus ces technologies devront être utilisées tôt et de façon massive.

Pratiquement tous les scénarios envisagés comportent un *overshoot*, les températures dépassent le réchauffement de 1,5° pour quelques décennies avant d'y revenir. Si limiter le réchauffement à 1,5 °C est physiquement possible, la transition pour y parvenir est donc porteuse de défis considérables pour le XXIe siècle. Le rapport apporte un éclairage sans précédent et exhaustif sur la question. Il montre aussi l'ensemble des impacts qui seraient évités par une limitation du réchauffement à 1,5 °C par rapport à 2 °C, tels l'effet sur les coraux, les événements extrêmes, le niveau marin, etc.

EN EUROPE ?

En Europe, le climat se réchauffe environ 1,5 fois plus vite que la température moyenne globale. Un climat de 1,5 à 2 degrés plus chaud se manifesterait par un réchauffement accru en hiver plutôt sur les régions du Nord, avec des cumuls de précipitations plus élevés, et en été avec un réchauffement accru sur les régions méditerranéennes, et des cumuls moins élevés. Un ensemble de conséquences en découlent, comme la rareté de l'eau en Europe du Sud. Les modèles prévoient également des vagues de chaleur plus intenses, fréquentes et longues, de forts épisodes de sécheresse, et des précipitations intenses plus extrêmes.

Il a pu être montré dans plusieurs études que ces changements sont déjà à l'œuvre. Les pluies extrêmes ont augmenté de 20 % en intensité depuis le milieu du XXe siècle. Les vagues de chaleur extrêmes se produisent chaque été depuis 2015 sur une région européenne ou une autre. Ces événements ont pu être liés à l'augmentation des gaz à effet de serre (GES) dans nombre de cas au moyen des *méthodes d'attribution d'événements*.[1]

ÉTABLIR LE LIEN ENTRE ÉVÉNEMENTS EXTRÊMES ET CHANGEMENT CLIMATIQUE

Il est difficile d'établir un lien entre un événement extrême singulier et le changement climatique, parce qu'un événement isolé peut se produire de façon plus ou moins aléatoire. Le changement climatique ne le fait pas « apparaître », mais « modifie sa probabilité d'apparaître ». Pour établir ce lien, il faut disposer d'observations et de simulations numériques formulant l'hypothèse d'un accroissement des GES et d'autres ne la formulant pas. En comparant observations et modèles, nous évaluons si le modèle est apte à représenter l'événement, et en comparant les deux types de simulations nous pouvons dire si les probabilités changent.

Par exemple, il a été montré que les températures record de l'été 2017 (en moyenne sur l'été et sur les régions méditerranéennes) n'auraient quasiment pas pu être obtenues sans les GES, et que dans un climat 2 degrés plus chaud ces températures deviendraient la norme. Par contraste, leur probabilité serait plus faible (un été sur 4) dans un climat avec 1,5 °C qu'avec 2 °C de réchauffement.

L'attribution d'événements permet de donner une représentation concrète du changement climatique et de la communiquer, alors que l'élévation de la température globale est assez abstraite. Elle permet des éléments de communication pour l'adaptation au changement climatique au moment où l'attention

1. V. dans cet ouvrage la contribution d'Aglaé JÉZÉQUEL.

des décideurs est retenue par l'événement. Mais même si cette science est en développement, de nombreuses étapes sont encore à franchir pour qu'il soit possible d'établir des liens et des chiffres plus précis, ce qui serait utile pour les juristes.

L'ATTRIBUTION D'ÉVÉNEMENTS EXTRÊMES*

Aglaé Jézéquel
Climatologue
Laboratoire de Météorologie Dynamique
IPSL – Paris – École Normale Supérieure
Membre du GDR ClimaLex

2017 – saison des ouragans : les cyclones de catégorie 4 Harvey, Irma et Maria laissent dans leur sillage des dommages humains et matériels conséquents dans les Caraïbes et le long de la côte Est des États-Unis. Ils font partie des cinq ouragans les plus coûteux de l'histoire des États-Unis. Juillet 2018 – été dans l'hémisphère Nord : des records de température sont battus dans de nombreux pays. Près du cercle polaire, des températures dépassant les 30 °C sont enregistrées, plus de 15 °C au-dessus de la moyenne saisonnière. Il fait 51,3 °C à Ouargla en Algérie le 5 juillet, la plus haute température jamais atteinte sur l'ensemble du continent africain depuis le début des observations fiables. Au Japon, le thermomètre atteint des sommets inexplorés, il fait 41,1 °C à Kugayama le 23 juillet. Des records absolus de température sont dépassés à Los Angeles (États-Unis), Montréal (Canada), Bakou (Azerbaïdjan), Tbilissi (Géorgie), Erevan (Arménie), Kaboul (Afghanistan), Wonsan (Corée du Nord) et dans de nombreuses autres villes. Cette liste d'événements extrêmes récents pourrait remplir de nombreuses pages.

En parallèle de ces événements, les climatologues ont détecté un changement significatif de plusieurs variables météorologiques depuis le début du XXe siècle. L'exemple le plus connu de ce changement est la température moyenne globale de la Terre. Depuis 1880 elle augmente d'environ 0.07 °C par décennie. Nous sommes de plus en plus certains que ce changement est attribuable aux émissions de gaz à effet de serre qui ont commencé à s'accumuler dans l'atmosphère depuis le début de la révolution industrielle. On parle de changement climatique d'origine anthropique.

Les événements météorologiques extrêmes existent depuis toujours et sont un élément normal de la variabilité naturelle du climat. Pourtant, puisque le climat change, il est légitime de se demander si les événements extrêmes observés

---

* Cette contribution reprend essentiellement des parties de ma thèse de doctorat intitulée *Approches statistique et épistémologique de l'attribution d'événements extrêmes* réalisée au Laboratoire des Sciences du Climat et de l'Environnement IPSL-Gif-sur-Yvette soutenue le 23 novembre 2018.

aujourd'hui sont une manifestation de ce changement. C'est ce que fait la science de l'attribution d'événements extrêmes. Cette contribution est divisée en trois parties. La première raconte l'histoire de l'attribution d'événements extrêmes, la deuxième fait le point sur les différentes méthodes existantes, et la troisième interroge le potentiel de cette science pour alimenter le contentieux climatique.

I. HISTOIRE DE L'ATTRIBUTION D'ÉVÉNEMENTS EXTRÊMES

Jusqu'au début des années 2000, la question du lien entre événement extrême observé et changement climatique d'origine humaine est très peu abordée par la communauté des climatologues, et est même considérée comme une fausse question puisque l'immense majorité des événements extrêmes observés aurait pu avoir lieu dans un monde sans changement climatique. Le climatologue anglais Myles Allen est le premier à s'intéresser à cette question, suite à de fortes inondations à Oxford où il réside. Il publie ainsi un éditorial en 2003 dans la revue *Nature*, intitulé : « La responsabilité du changement climatique », et dont le sous-titre est : « Sera-t-il un jour possible d'intenter un procès pour avoir endommagé le climat ? »[1]. L'approche qu'il propose est ancrée dans une perspective juridique. Son idée est de compenser les pertes individuelles associées à des événements météorologiques extrêmes, eux-mêmes liés aux émissions anthropiques. Par exemple, si une maison perd de sa valeur suite à l'augmentation de la probabilité d'inondation, son propriétaire pourrait intenter un procès aux plus gros pollueurs. L'obstacle majeur identifié par Allen est le défi scientifique du calcul du changement de probabilité. La méthodologie proposée est de comparer la probabilité d'occurrence d'un événement dans un monde factuel – le monde réel avec un changement climatique d'origine anthropique – et un monde contrefactuel – le monde tel qu'il aurait pu être s'il n'y avait pas eu de changement climatique.

Un an plus tard, Stott *et al.*[2] publient la première illustration de cette approche, appliquée à la vague de chaleur européenne de 2003. Ils proposent une estimation de « combien les activités humaines pourraient avoir augmenté le risque d'occurrence de ce type de vague de chaleur ». Cet article introduit le concept de fraction de risque attribuable, le rapport entre la différence entre les probabilités factuelle et contrefactuelle divisé par la probabilité factuelle. Une valeur de 1 signifie que, sans changement climatique d'origine anthropique, l'événement aurait été impossible. Une valeur de 0 signifie que le changement

1. M. Allen, « Liability for climate change », *Nature*, 421(6926):891-892, 2003. doi:10.1038/421891a.
2. P. A. Stott, D. A. Stone, and M. R. Allen, « Human contribution to the European heatwave of 2003 », *Nature*, 432(7017):610-614, 2004. doi:10.1038/Nature03089.

climatique d'origine anthropique n'a eu aucune influence sur la probabilité de l'événement. Une valeur négative signifie que l'événement est devenu moins probable.

Cette première approche de l'attribution a été approfondie dans des articles plus récents, proposant des solutions à l'un des principaux défis de l'attribution d'événements extrêmes, qui est le besoin d'avoir des ensembles de simulations assez grands pour échantillonner correctement tous les événements possibles pour une période donnée. Pall *et al.*[3] s'appuient sur un grand ensemble de simulations d'un modèle atmosphérique de climat pour les mondes factuel et contrefactuel. Ces grands ensembles ont été utilisés depuis dans de nombreuses études, et il existe à l'heure actuelle des développements pour les utiliser dans des systèmes opérationnels d'attribution en temps quasi réel.

Quelques années plus tard, d'autres façons de contextualiser les événements extrêmes observés dans la perspective du changement climatique d'origine anthropique commencent à émerger. Par exemple, sans l'étiqueter explicitement attribution, Perlwitz *et al.*[4] mettent en évidence comment la température de surface de la mer inhabituelle de l'hiver 2008 dans le Pacifique est responsable des températures hivernales particulièrement froides observées en Amérique du Nord. Ils montrent que, sans les émissions anthropiques de gaz à effet de serre, l'hiver aurait été encore plus froid. Autre exemple, Cattiaux *et al.*[5] étudient la vague de froid européenne de l'hiver 2009/2010. Ils établissent que cet événement est principalement causé par la circulation atmosphérique, et que pour une circulation atmosphérique similaire les températures auraient été encore plus froides par le passé.

En 2015, Trenberth *et al.*[6] proposent un changement de paradigme, et de passer d'une approche de l'attribution d'événements extrêmes fondée sur des comparaisons de probabilités entre mondes factuel et contrefactuel à une approche décrivant comment le changement climatique a influencé les processus physiques qui ont conduit à l'événement. Leur raisonnement découle du faible rapport signal sur bruit pour certains événements qui dépendent en premier lieu de la circulation atmosphérique, comme les tempêtes, ou les fortes

3. P. Pall, T. Aina, D. A. Stone, P. A. Stott, T. Nozawa, A. G. J. Hilberts, D. Lohmann, and M. R. Allen, « Anthropogenic greenhouse gas contribution to flood risk in England and Wales in autumn 2000 », *Nature,* 470(7334):382-385, 2011. doi:10.1038/Nature09762.

4. J. Perlwitz, M. Hoerling, J. Eischeid, T. Xu, and A. Kumar, « A strong bout of natural cooling in 2008 », *Geophysical Research Letters*, 36(23), 2009. doi:10.1029/2009GL041188.

5. J. Cattiaux, R. Vautard, C. Cassou, P. Yiou, V. Masson-Delmotte, and F. Codron, « Winter 2010 in Europe : A cold extreme in a warming climate », *Geophysical Research Letters*, 37, 2010. doi:10.1029/2010GL044613.

6. K. E. Trenberth, J. T. Fasullo, and T. G. Shepherd, « Attribution of climate extreme events », *Nature Clim. Change*, 5(8):725-730, 2015. doi:10.1038/nclimate2657.

précipitations. La variabilité interne de l'atmosphère est telle qu'il est difficile de détecter un changement de probabilité pour ces événements, même si par ailleurs certains mécanismes ont été modifiés par le changement climatique, ce que l'approche classique de l'attribution d'événements extrêmes ne mettra pas en valeur. Par exemple, l'augmentation de la température de l'atmosphère conduit à une augmentation de la quantité de vapeur d'eau, qui peut engendrer des événements pluvieux plus violents. Un autre problème pour la communauté des climatologues est que l'influence du changement climatique sur l'occurrence de certains types de circulation, notamment au niveau des latitudes extra-tropicales, est encore un sujet de débat[7].

Trenberth *et al.*[8] proposent donc d'évaluer les changements induits par les émissions anthropiques de gaz à effet de serre en fixant la circulation atmosphérique à celle qui a été observée. Si l'on fait l'hypothèse que l'influence du changement climatique sur la dynamique de l'atmosphère est négligeable, il est alors possible de raconter comment les mécanismes physiques responsables de l'événement ont été altérés par le changement climatique. Les auteurs expliquent que le monde actuel est nécessairement différent à cause du changement climatique, et qu'il s'agit désormais d'un « nouveau normal ». Ainsi « toutes les tempêtes, sans exception, sont différentes », et l'incapacité à prouver que le changement climatique a modifié la probabilité d'occurrence d'un événement n'implique pas qu'il n'a joué aucun rôle. Autrement dit, il ne s'agit plus de savoir si le changement climatique a eu une influence sur l'événement, mais comment il l'a influencé. Cette approche de l'attribution a été pensée pour sensibiliser le public au changement climatique, à travers une explication des événements extrêmes vécus par ce grand public, qui sont plus tangibles que le changement climatique global.

Il est intéressant de noter que ces deux approches, qui ont été largement débattues par des chercheurs des deux camps, sont toutes deux construites dans un objectif d'utilité sociale, la première pour le cadre juridique, la seconde pour la sensibilisation du grand public. Bien qu'une partie de la communauté adopte des positions tranchées sur les vertus de l'une ou de l'autre des ces approches, la majorité des chercheurs travaillant sur ces questions les considèrent comme complémentaires, et apportant des éclairages différents sur le lien entre un événement observé et le changement climatique. Dans Jézéquel *et al.*[9], à partir

7. V. par. ex. J. A. Francis and S. J. Vavrus, Evidence linking Arctic amplification to extreme weather in mid-latitudes, *Geophysical Research Letters*, 39(February):1-6, 2012. doi:10.1029/2012GL051000 ; E. A. Barnes, Revisiting the evidence linking Arctic amplification to extreme weather in midlatitudes, *Geophysical Research Letters*, 40(17):4734-4739, 2013. doi:10.1002/grl. 50880.

8. K. E. Trenberth, J. T. Fasullo, and T. G. Shepherd, *op. cit.*

9. A. Jézéquel, V. Dépoues, H. Guillemot, M. Trolliet, J.-P. Vanderlinden, and P. Yiou, « Behind the veil of extreme event attribution », *Climatic Change* 2018. doi:10.1007/s10584-018-2252-9.

d'un ensemble d'entretiens de scientifiques qui pratiquent l'attribution d'événements extrêmes, de 105 études de cas d'événements extrêmes effectuées pour des rapports spéciaux sur les événements extrêmes de l'année passée commandés par le journal *BAMS* (*Bulletin of American Meteorological Society*) et d'une revue plus générale de la littérature scientifique sur l'attribution d'événements extrêmes, nous avons montré que, derrière ces deux approches, les études d'attribution d'événements extrêmes peuvent répondre à une multiplicité de questions, et adopter des méthodologies diverses.

II. À QUELLES QUESTIONS PEUT RÉPONDRE L'ATTRIBUTION D'ÉVÉNEMENTS EXTRÊMES ?

Les entretiens que nous avons menés auprès de climatologues nous permettent de proposer la définition suivante : l'attribution d'événements extrêmes est l'ensemble des façons scientifiques d'interpréter la question « cet événement a-t-il été influencé par le changement climatique » et d'y répondre. Trois sous-questions constitutives du cadrage de toute étude de cas découlent de cette question initiale.

Premièrement, comment définir l'événement à étudier ? Il s'agit à la fois de choisir un événement et de le définir précisément. Pour un climatologue, choisir un événement revient le plus souvent à regarder par la fenêtre, et à décider d'étudier un événement qu'il a lui même vécu, soit parce qu'il a eu de forts impacts, soit parce qu'il est particulièrement rare, et *a fortiori* intéressant à analyser. Ce biais de proximité n'est pas sans conséquences, car les climatologues ne sont pas uniformément répartis sur la planète et sont généralement absents des zones les plus vulnérables.

Une fois que l'événement est choisi, encore faut-il le définir. Il faut déterminer la région à étudier, la durée de l'événement, et la variable la plus adaptée pour le décrire. Lorsque l'on parle de la canicule de 2003, parle-t-on des trois mois d'été particulièrement chauds sur l'ensemble du continent européen, ou bien de la première moitié du mois d'août à Paris ? Faut-il considérer la température, la température ressentie, ou le nombre de morts excédentaires enregistrés à cause de la canicule ? Pour un même événement, différentes études peuvent s'intéresser à différentes caractéristiques, faire différents choix, et aboutir à des résultats différents.

Deuxièmement, comment faire le lien entre cet événement et le changement climatique ? Les différentes méthodes utilisées dans la littérature peuvent être décomposées selon différents niveaux de conditionnement allant d'une attribution inconditionnelle du changement climatique sur la variable extrême observée, à une attribution conditionnelle à une autre variable. Il est possible de s'intéresser à l'influence du changement climatique sur un événement climatique pour une température de surface de la mer donnée, pour une circulation atmosphérique fixée, pour des années El Niño ou La Niña, ou pour une certaine élévation du niveau de la mer. Une autre façon d'aborder le problème est d'étudier comment le changement climatique influence différents précurseurs de l'événement, ou de comparer l'influence du changement climatique à celle d'autres forçages, comme les volcans, ou l'irrigation des sols. Bien sûr, puisque ces questions sont différentes, plusieurs études d'un même événement peuvent aboutir à des résultats différents, et même dans certains cas à des conclusions opposées quant à l'influence du changement climatique (v. R. Dole *et al.*[10]et R. Rahmstorf and D. Coumou[11]sur la canicule de 2010 en Russie).

Enfin, comment représenter le changement climatique ? La plupart des études de cas examinées reposent sur la comparaison d'un monde contrefactuel avec un monde factuel. La construction de ces deux mondes peut se faire de plusieurs manières. Une technique est de comparer une période passée à une période plus proche, que ce soit dans des données d'observation ou dans des sorties de modèles climatiques. Une autre manière de procéder est de construire les mondes factuels et contrefactuels dans des modèles climatiques. Il faudra alors faire des hypothèses sur ce que serait un monde sans changement climatique : faut-il fixer les émissions de gaz à effet de serre au niveau pré-industriel ? Comment prendre en compte les changements de sols ? Encore une fois, les résultats sont sensibles à ces choix[12].

III. L'ATTRIBUTION D'ÉVÉNEMENTS EXTRÊMES DANS LE CADRE JURIDIQUE

La possibilité d'établir une responsabilité juridique en réponse au changement climatique a été à l'origine des premières études d'attribution d'événements extrêmes. Selon M. Allen *et al.*[13], l'opérationalisation d'un service d'attribution applicable à un grand nombre d'événements extrêmes observés pourrait simplifier

10. R. Dole, M. Hoerling, J. Perlwitz, J. Eischeid, P. Pegion, T. Zhang, X. W. Quan, T. Xu, and D. Murray, « Was there a basis for anticipating the 2010 Russian heat wave ? », *Geophysical Research Letters*, 38(6):1-5, 2011. doi:10.1029/2010GL046582.

11. S. Rahmstorf and D. Coumou, Increase of extreme events in a warming world. Proceedings of the National Academy of Sciences of the United States of America, 108(44):17905-17909, 2011. doi:10.1073/pnas.1101766108.

12. V. par ex. M. Hauser, R. Orth, and S. I. Seneviratne, « Role of soil moisture versus recent climate change for the 2010 heat wave in western Russia », *Geophys. Res. Lett.*, 2016. doi:10.1002/2016GL068036.

13. M. Allen, P. Pall, D. Stone, P. Stott, D. Frame, S.-K. Min, T. Nozawa, and S. Yukimoto, « Scientific challenges in the attribution of harm to human influence on climate », *University of Pennsylvania Law Review*, 155(6):1353-1400, 2007. doi:10.2307/40041371.

le travail des juges. Cette vision est critiquée par M. Hulme[14], qui s'inquiète notamment du manque de robustesse des chiffres issus de l'attribution d'événements extrêmes. Il n'est pas convaincu que des résultats dépendant du choix de la méthode et du modèle de climat puissent être utilisés devant un tribunal.

Le contentieux climatique prend aujourd'hui de l'ampleur dans le monde entier. Au 2 juillet 2019, la base de données sur le contentieux climatique (*climate change litigation database*) compte 1039 cas aux États-Unis et 286 cas en dehors des États-Unis. Cependant, les cas traitant de dommages causés par des événements liés au changement climatiques sont minoritaires[15]. Avec les progrès de la science de l'attribution d'événements extrêmes, il n'est pas exclu que ce type de cas devienne plus fréquent dans les prochaines années.

Récemment, deux articles ont discuté du potentiel de l'attribution d'événements extrêmes dans le cadre juridique[16]. Ils tirent des conclusions opposées. Selon G. Lusk[17], même si l'attribution d'événements extrêmes établissait parfaitement le lien de causalité entre un événement et le changement climatique d'origine anthropique, ce ne serait pas suffisant pour établir une responsabilité juridique. Il s'appuie sur le cas *Comer vs Murphy Oil* (2012), dans lequel un groupe de propriétaires du Mississippi ont porté plainte contre un groupe de compagnies pétrolières pour des dommages liés à l'ouragan Katrina en 2005. La cour a reconnu le rôle des émissions anthropiques dans l'occurrence de Katrina, sans l'aide d'études d'attribution, alors que ce rôle est loin d'être scientifiquement avéré[18]. Pourtant le cas n'a pas abouti pour trois raisons : le manque de traçabilité des gaz à effet de serre – le mélange des gaz dans l'atmosphère rend le lien entre les dommages causés par Katrina et les émissions spécifiques des accusés impossible à prouver ; la justiciabilité – la cour a considéré que le sujet était politique, et relevait donc du législatif plutôt que du juridique ; et la préemption – la cour ne pouvait pas punir les accusés pour des actions ayant été encouragées par d'autres branches du gouvernement.

14. M. Hulme, Attributing weather extremes to "climate change": A review. Progress in Physical Geographyv : Earth and Environment, 38(4):499-511, 2014. doi:10.1177/0309133314538644.

15. M. Nachmany, S. Fankhauser, J. Setzer, and A. Averchenkova, Global trends in climate change legislation and litigation, 2017 update. 2017.

16. S. Marjanac and L. Patton, « Extreme weather event attribution science and climate change litigation: an essential step in the causal chain ? », *Journal of Energy & Natural Resources Law*, 36(3):265-298, 2018. doi:10.1080/02646811.2018.1451020 ; G. Lusk, « The social utility of event attribution : liability, adaptation, and justice-based loss and damage », *Climatic Change*, 143(1):201-212, Jul 2017. doi:10.1007/s10584-017-1967-3.

17. *Id.*

18. Même si des progrès ont récemment été faits concernant l'influence du changement climatique sur les ouragans en général, et sur des ouragans en particulier, comme Sandy, ou Harvey, le consensus scientifique est loin d'être établi.

D'après S. Marjanac and L. Patton[19], l'attribution d'événements extrêmes pourrait être une étape essentielle dans la chaîne de causalité du contentieux climatique. Elles affirment que le type de preuves scientifiques fournies par l'attribution d'événements extrêmes pourrait être utilisé devant des tribunaux par analogie avec des preuves de causalité similaires, comme celles tirées d'études d'épidémiologie qui ont été utilisées dans des cas liés à la santé. Elles montrent que les juges des États-Unis et du Royaume-Uni ont développé des moyens de dépasser le test de causalité traditionnel du *but for* dans certaines circonstances. Le test du *but for* correspond à une condition nécessaire dans laquelle les plaignants n'auraient pas subi de dommages sans les actions des accusés. Même s'il existe de rares exceptions[20], la plupart des études d'attribution d'événements extrêmes ne trouvent pas une probabilité d'occurrence de l'événement nulle dans le monde contrefactuel. Si l'on suit le parallèle avec l'épidémiologie, la comparaison de la probabilité de l'événement dans les mondes factuel et contrefactuel présente une importante valeur ajoutée pour le contentieux climatique.

Cependant, une partie des arguments de S. Marjanac et L. Patton[21] se fondent sur l'idée que l'attribution d'événements extrêmes permet d'améliorer la prévisibilité. Dans le cadre légal, prouver la prévisibilité signifie que les accusés ont eu accès à de l'information montrant que le changement climatique a modifié le risque de l'événement qui a causé des dommages. S'ils n'ont pas conduit d'actions appropriées pour répondre à ce changement de risque, menant à des dommages pour les plaignants, les éléments sont réunis pour intenter une poursuite pour négligence. Or l'attribution d'événements extrêmes analyse l'influence du changement climatique sur les événements extrêmes après leur survenue par une analyse *ex-post*, et ne démontre donc pas la prévisibilité. Les observations, les modèles et les outils utilisés dans chaque étude de cas s'améliorent d'année en année. Ainsi les résultats issus de l'attribution d'un événement n'auraient par définition pas pu être disponibles pour les accusés avant que l'événement ait eu lieu. Cela n'implique pas que les sciences du climat ne peuvent pas alimenter des poursuites

---

19. S. Marjanac and L. Patton, « Extreme weather event attribution science and climate change litigation : an essential step in the causal chain ? », *Journal of Energy & Natural Resources Law*, 36(3):265-298, 2018. doi:10.1080/02646811.2018.1451020.
20. V. par ex. T. R. Knutson, J. Kam, F. Zeng, and A. T. Wittenberg, « CMIP5 model-based assessment of anthropogenic influence on record global warmth during 2016 » [*in* "Explaining Extreme Events of 2016 from a Climate Perspective"], *Bulletin of the American Meteorological Society*, 99:S11-S15, 2018. doi:10.1175/bams-d-17-0104.1 ; Y. Imada, H. Shiogama, C. Takahashi, M. Watanabe, M. Masato, Y. Kamae, and S. Maeda, « Climate change increased the likelihood of the 2016 heat extremes in Asia » [*in* "Explaining Extreme Events of 2016 from a Climate Perspective"], *Bulletin of the American Meteorological Society*, 99:S97-S101, 2018. doi:10.1175/bams-d-17-0109.1.
21. S. Marjanac and L. Patton, « Extreme weather event attribution science and climate change litigation: an essential step in the causal chain ? », *Journal of Energy & Natural Resources Law*, 36(3):265-298, 2018. doi:10.1080/02646811.2018.1451020.

pour négligence, seulement que, sous sa forme actuelle, l'attribution d'événements extrêmes n'y est pas (encore ?) adaptée. Par exemple, il existe déjà des techniques de calcul de fraction de risque attribuable pour des événements plausibles, comme le dépassement d'un seuil de température, qui n'ont pas encore eu lieu[22].

De manière plus générale, de nombreux obstacles se dressent sur la route du contentieux climatique. Pour l'instant, il n'est pas clair que l'attribution d'événements extrêmes pourrait y être utile. Des échanges entre experts légaux et scientifiques du climat seront nécessaires pour définir quels types de résultats issus des sciences du climat pourraient être reconnus par des tribunaux. Les études existantes sont focalisées sur les systèmes juridiques américains et anglais. Il est essentiel de développer cette recherche dans d'autres pays, et le projet ClimaLex est une opportunité de le faire pour la France.

22. N. Christidis, P. A. Stott, and F. W. Zwiers, Fast-track attribution assessments based on pre-computed estimates of changes in the odds of warm extremes, *Climate Dynamics*, 45 (5):1547-1564, sep 2015b. doi:10.1007/s00382-014-2408-x.

2 DEGRÉS, 1,5 DEGRÉS, NEUTRALITÉ CARBONE… PETITE HISTOIRE DES OBJECTIFS CLIMATIQUES À LONG TERME

Hélène Guillemot
Chargée de recherche, Centre Alexandre Koyré, CNRS
Membre du comité de pilotage du GDR ClimaLex

La prise en charge du problème climatique est souvent associée à la limite de réchauffement planétaire de 2 °C par rapport à la température moyenne préindustrielle. Pourtant 2 °C n'est devenu un objectif global qu'en 2009 à la COP de Copenhague ; et, depuis l'Accord de Paris, c'est l'objectif de 1,5 °C qui est sur le devant de la scène… En passe d'être supplanté par l'objectif de neutralité carbone, ou « zéro émission nette », qui tend à s'imposer à toutes les échelles et dans de nombreux secteurs. Ce texte retrace l'histoire des objectifs à long terme dans la question climatique depuis le début des années 1990 ainsi que des débats qu'ils ont suscités chez les scientifiques et les experts de la question climatique.

I. 1990-2009. L'ASCENSION DES 2 °C[1]

Depuis l'émergence du changement climatique sur la scène politique mondiale au tournant des années 1990, les sciences jouent un rôle central dans le cadrage du problème. Alertant sur le risque de réchauffement global bien avant que les effets en soient observables, la climatologie physique a défini le changement climatique anthropogénique comme un problème de modification de l'équilibre radiatif global résultant des émissions de gaz à effet de serre par les activités humaines. Ainsi appréhendé, le problème ne peut être résolu que

1. Cette section sur l'ascension de l'objectif de 2 °C s'appuie sur plusieurs travaux, en particulier : B. Cointe, P.-A. Ravon, and E. Guérin, *2°: the history of a policy-science nexus.* working paper, IDDRI, 2011, 28 ; S. Aykut, and A. Dahan, « Le régime climatique avant et après Copenhague : sciences, politiques et l'objectif des deux degrés », *Nature, Sciences, Sociétés* 19, n° 2 (2011), 144-157 ; S. Randalls, « History of the 2 °C climate target », *Wiley Interdiscip. Rev. Climate Change* 1 (2010), 598-605.

par une réduction globale de ces émissions grâce à une politique de coopération à échelle planétaire[2].

La dimension de long terme est inhérente à cette définition. La Convention-cadre des Nations unies sur le changement climatique (CCNUCC), signée à Rio de Janeiro en 1992, affirme dès son article 2 que son « objectif ultime » est de « stabiliser la concentration des gaz à effet de serre dans l'atmosphère à un niveau qui empêche toute perturbation anthropique dangereuse du système climatique ». Déjà, dès les années 1970 et 80, bien avant la création du GIEC et de la CCNUCC, on trouve des références à un réchauffement maximum de 2 °C dans divers documents d'experts. Un des précédents importants est un workshop organisé en 1987 à Bellagio (Italie) par six éminents scientifiques soucieux d'alerter le politique sur le problème climatique, le Groupe consultatif sur les gaz à effet de serre (AGGG)[3]. À l'issue de ce workshop, le groupe adresse pour la première fois des recommandations au politique : le monde ne doit pas se réchauffer plus vite que 0,1 °C par décennie, et la hausse de température ne doit pas dépasser 2 °C. Mais l'AGGG est considéré comme peu représentatif et trop activiste, et l'année suivant, l'Organisation Météorologique Mondiale et le Programme des Nations unies pour le Développement mettent en place une institution d'expertise intergouvernementale dotée de procédures plus rigoureuses, le GIEC.

À la suite de la Convention climat de 1992, des experts cherchent à préciser ce qu'on entend par « réchauffement dangereux » et ce qu'il s'agit de stabiliser – la concentration des gaz à effet de serre, leurs émissions, ou encore la température moyenne globale. En Allemagne, un influent *thinktank,* le WBGU (Conseil scientifique pour les changements environnementaux globaux), propose d'adopter une limite de réchauffement moyen de 2 °C, déterminée en considérant qu'on ne doit pas s'éloigner de la plage de températures dans laquelle se sont développés les humains et les écosystèmes depuis 120 000 ans[4]. Le chiffre de 2 °C commence à circuler dans des milieux d'experts : en 1996 l'Allemagne adopte ce seuil de température, associé à un objectif de stabilisation des concentrations des gaz à effet de serre dans l'atmosphère de 550 ppm (parties par million). Ces valeurs correspondent alors à un risque jugé tolérable, mais aussi à un objectif considéré comme accessible. Quelques mois plus tard, l'objectif de température global de 2 °C est adopté par le Conseil des ministres de l'Environnement de l'Union européenne.

Mais, durant cette décennie 1990, le seuil de 2 °C n'émerge pas encore à l'échelle internationale, que ce soit sur le plan politique ou scientifique. Les

2. C. Miller, « Climate Science and the Making of a Global Political Order », *in* S. Jasanoff, *States of Knowledge : The Co-production of Science and Social Order*, 46-66, Londres, Routledge, 2004.
3. S. Randalls, art. cité.
4. S. Aykut et A. Dahan, art. cité.

climatologues préfèrent la métrique de la concentration des gaz à effet de serre, plus robuste et moins entachée d'incertitude que la température moyenne. Les premiers rapports du GIEC se focalisent sur le contrôle des émissions plus que sur la température. Si la mention des 2 °C figure dans le deuxième rapport en 1995, ce n'est pas comme un objectif, mais comme une prospective : 2 °C correspondent à l'estimation moyenne du réchauffement qui sera atteint en 2100 en se basant sur une sensibilité climatique moyenne et sur un scénario moyen d'émission de gaz à effet de serre. Du côté des négociations internationales, l'idée d'objectif à long terme reste encore en marge ; le protocole de Kyoto, en 1997, n'assigne que des objectifs d'émission à court terme, et seulement aux pays industrialisés.

Le troisième rapport du GIEC, publié en 2001, désigne pour la première fois des seuils de température à risque. Son résumé pour les décideurs comporte une figure qui associe de façon synthétique les émissions de gaz à effet de serre, leurs concentration atmosphérique, les températures moyennes correspondantes, et six indicateurs d'impact du changement climatique, avec des couleurs allant du jaune au rouge pour représenter le risque en fonction de la hausse de température : la plupart des indicateurs d'impact deviennent rouge vers 2 °C. Cette figure, abondamment reproduite, est considérée comme ayant exercé une certaine influence politique. Il est intéressant de noter que la référence aux seuils de température dans ce troisième rapport est elle-même inspirées par les limites adoptées par l'Union européenne[5].

Au début des années 2000, les objectifs à long terme, en température et en concentration, circulent à nouveau dans la littérature scientifique et d'expertise. En 2005 l'Union européenne et plusieurs pays proposent l'adoption d'un objectif de 2 °C au niveau global, sans succès ; mais à la COP de Bali, en 2007, le plan d'action pour succéder au protocole de Kyoto après 2012 se réfère pour la première fois à une « vision » et à un objectif à long terme pour la réduction des émissions. Le quatrième rapport du GIEC, sorti aussi en 2007, qui doit servir de référence aux négociations post-Kyoto, comprend plusieurs tableaux alignant niveaux d'émission, variables caractérisant les impacts et trajectoires de stabilisation avec températures. Dans les débats d'experts préparant l'après-Kyoto, parmi les différents choix d'objectifs de long terme quantifiés par les scientifiques et les économistes et discutés par les négociateurs, se détache la stabilisation à 2 °C, associée maintenant à la concentration de 450 ppm[6]. Entre 2007 et 2009 le seuil de 2 °C est de plus en plus cité dans la littérature spécialisée comme dans l'espace public malgré des critiques (sur lesquelles on reviendra plus loin), mais le seuil de concentration associé est rapidement évincé. La température moyenne globale est en effet considérée comme plus

5. B. Cointe, P.-A. Ravon et E. Guérin, *op. cit.*

6. Et non plus 550 ppm comme auparavant, pour des raisons scientifiques liées, notamment, à la prise en compte des gaz à effet de serre autres que le CO_2.

facile à communiquer et à comprendre. Certes, elle revêt des significations diverses selon les contextes et les acteurs qui l'utilisent (par exemple l'année de base choisie pour déterminer le réchauffement, ou l'horizon temporel ne sont pas toujours clairs). Mais, dans les négociations ou dans les discours publics, ces ambiguïtés constituent plutôt des ressources pour trouver un accord sans prendre d'engagements précis[7].

L'objectif de 2 °C s'arrime de plus en plus solidement dans le paysage. C'est en 2009, à l'issue de la COP de Copenhague, qu'il est pour la première fois inscrit dans le document final. La COP de Copenhague a souvent été considérée comme un échec au regard de l'espoir d'un accord universel qu'elle avait soulevé. Le texte de quelques pages, obtenu à l'arraché après des négociations difficiles, marque un tournant crucial de la gouvernance du climat, qui abandonne l'approche « top-down » de partage du fardeau pour une approche « bottom-up » fondée sur les engagements volontaires des États en matière de réduction d'émissions[8]. Mais ce même texte comporte pour la première fois un objectif global et à long terme. Le seuil de réchauffement global de 2 °C sera adopté officiellement l'année suivante à la COP de Cancun.

Ainsi, l'objectif de 2 °C a été construit dans des échanges constants entre science et politique du climat. Il n'a pas été déterminé par « la science » comme l'affirment les acteurs politiques, mais il n'est pas non plus issu de négociations seulement politiques comme le disent souvent les scientifiques[9]. Les rapports du GIEC constituent une référence importante dans les arènes des négociations, mais ils sont eux-mêmes influencés par le processus politique[10]. L'histoire de l'objectif de 2 °C peut être considérée comme un cas d'école de coproduction entre ordres scientifique et politique[11], ce qui lui a conféré une légitimité dans ces deux champs. L'objectif de 2 °C réunit aussi les caractéristiques d'un « objet frontière »[12], tout à la fois assez stable et assez flexible pour servir d'interface entre différents domaines du changement climatique, entre scientifiques et politiques, et entre parties dans la négociation.

---

7. B. Cointe, P.-A. Ravon et E. Guérin, *op. cit.*
8. V. par ex. O. Godard, « Négociations sur le climat : la bifurcation opérée à Copenhague en 2009 », *Critique internationale* 2011/3 (n° 52), p. 87-110, et S. Aykut et A. Dahan, art. cité.
9. « In our view, the current 2° C UNFCCC target is a compromise between what is deemed possible and desirable, rather than a 'planetary boundary' that clearly separates a 'safe' from a 'dangerous' world » (R. Knutti, J. Rogelj, J. Sedlacek, and E. Fischer « A scientific critique of the two-degree climate change target », *Nature Geoscience* 2015, 9(1), 13-18).
10. B. Cointe, P.-A. Ravon et E. Guérin, *op. cit.*
11. S. Jasanoff, *States of Knowledge: The Co-production of Science and Social Order*, Londres, Routledge, 2004.
12. S. L. Star and J. R. Griesemer, « Institutional Ecology, "Translations" and Boundary-Objects: Amateurs and Professionals in Berkeley's Museum of Vertebrate Zoology, 1907-39 », *Social Studies of Science* 19 (3), 1989, 387-420.

II. 2009-2015. CRITIQUE DES 2 °C ET MONTÉE DES 1,5 °C[13]

Tandis que la limite de 2 °C s'imposait dans les négociations climat, certains groupes de pays cherchaient à proposer un objectif encore plus ambitieux : le seuil de réchauffement de 1,5 °C associé à un taux atmosphérique de CO_2 de 350 ppm. En première ligne, l'Alliance des petits États insulaires (AOSIS) considère qu'un réchauffement de 2 °C ne suffirait pas à empêcher l'engloutissement de nombreuses îles par la montée du niveau des océans. En 2009 l'AOSIS s'associe au groupe des pays les moins industrialisés (LDC) et aux pays d'Afrique pour fonder le Climate Vulnerable Forum, avec l'appui d'ONG et de leaders de pays en développement (comme le Bangladais Saleemul Huq, spécialiste de l'adaptation au changement climatique). À la COP de Copenhague, cette coalition d'acteurs obtient que la déclaration finale, qui fixe l'objectif de 2 °C dans son article 2, comporte un dernier article appelant à « une révision de l'objectif à long terme » et se référant à l'objectif de 1,5 °C[14]. Ainsi, même si on l'a peu relevé à l'époque, l'objectif de 1,5° était déjà en gestation à Copenhague.

Dans le cadre de cette révision de l'objectif à long terme, les articles, rapports et débats sur la limite de 2 °C se sont multipliés, et les points de vue se sont révélés bien plus divers que le consensus officiel sur 2 °C pouvait le laisser croire. Certains, comme le climatologue géographe Mike Hulme, critiquent la focalisation sur l'échelle globale qui produit une « vision décontextualisée, *top-down*, de la connaissance sur la planète » effaçant les différences culturelles et locales et conduisant à la « réification » de la température moyenne[15]. D'autres mettent en cause le choix d'un objectif de température : dans un article de la revue *Nature* intitulé « Ditch the 2 °C warming goal » (« laisser tomber l'objectif de 2 °C »), un politiste et un physicien critiquent l'objectif de température moyenne globale comme politiquement contre-productif et scientifiquement peu pertinent, et proposent de le remplacer par « un ensemble de signes vitaux planétaires »[16].

---

13. Cette section ainsi que la section 4 se basent sur un travail réalisé dans le cadre du projet ClimaCop financé par l'IFRIS (2015-2016) autour de la COP21 (v. aussi H. Guillemot, « The necessary and inaccessible 1,5 °C objective. A turning point in the relations between climate science and politics ? », *in* S. Aykut, J. Foyer, E. Morena (ed.), *Globalizing the climate : COP21 and the climatisation of global debate*, 39-56, Routledge, 2017).

14. Accord de Copenhague, article 12 : « We call for an assessment of the implementation of this Accord to be completed by 2015, including in light of the Convention's ultimate objective. This would include consideration of strengthening the long-term goal referencing various matters presented by the science, including in relation to temperature rises of 1.5 degrees Celsius. »

15. M. Hulme, « Problems with making and governing global kind of knowledge », *Global Environmental Change* 20, 2010, 558-564.

16. D. Victor and K. Charles, « Climate Policy : Ditch the 2° warming goal », *Nature* 514, 2014, 30-31.

Cet article a suscité des dizaines de réponses de scientifiques et d'environnementalistes, qui défendaient la température moyenne comme le meilleur indicateur sur le plan scientifique car elle peut être connectée à la fois aux émissions et aux impacts, aux climats passés et futurs. Mais le coeur du débat porte sur la valeur du seuil de 2 °C : plusieurs articles et rapports alertent sur la difficulté d'atteindre cet objectif[17], tandis que d'autres, au contraire, affirment qu'il est possible de respecter cette limite[18].

L'objectif 1,5 °C fait maintenant partie du débat. Dans le cadre de la révision de l'objectif global à long terme, la Convention climat met en place un « dialogue structuré d'experts » (*structured expert dialogue*) constitué de scientifiques et des représentants des États, qui rend en mai 2015 un rapport de 200 pages affirmant que l'objectif de 2 °C ne permet pas de sauvegarder certains pays, populations et écosystèmes – en se fondant sur le tout récent 5e rapport du GIEC faisant état d'impacts graves même pour un réchauffement de 2 °C. Ce rapport affirme aussi que l'objectif 1,5 °C est théoriquement atteignable, en s'appuyant sur les (très rares) scénarios d'émission qui parviennent à rester sous ce seuil. Dans le sillage de ce premier rapport issu du « dialogue d'experts », plusieurs instituts, *thinktanks* et ONG en produisent d'autres plaidant aussi pour l'objectif 1,5 °C en reprenant ces données. Même la Banque mondiale sort un rapport affirmant que l'objectif de 1,5 °C est « techniquement et économiquement faisable »[19].

Entre 2009 et 2015, l'objectif de 1,5 °C monte ainsi en puissance à la fois scientifiquement et politiquement. Dans les mois précédant la COP de Paris, le Climate Vulnerable Forum mène un lobbying actif auprès des délégations et de la société civile avec l'aide de *thinktanks* et de fondations philanthropiques assistées de conseillers scientifiques[20]. Leur argumentaire s'appuie sur les rapports qu'on vient de mentionner, et sur l'opposition entre pays développés et en développement : l'objectif de 2 °C a été fixé par l'Europe et les pays développés, arguent-ils, mais pour les pays pauvres le seuil dangereux à ne pas dépasser est 1,5 °C ; ne pas accepter cet objectif, c'est dire aux pays vulnérables

17. P. Friedlingstein *et al.*, « Persistent growth of CO_2 emissions and implications for reaching climate targets », *Nature Geoscience* 7, 2014, 709-715 ; G. Peters *et al.*, « The challenge to keep global warming below 2° », *Nature Climate Change* 3, 2013, 4-6.

18. J. Rogelj *et al.*, « Emission pathways consistent with a 2° global temperature limit », *Nature Climate Change* 1, 2011, 413-418 ; D. van Vuuren *et al.* « RCP 2.6 : exploring the possibility to keep global mean temperature increase below 2° », *Climatic Change* 109, 2011, 95-116.

19. Un des auteurs du rapport de la Banque mondiale sur l'objectif 1,5 °C est Bill Hare, ancien responsable de la politique climatique à Greenpeace et fondateur de Climate Analytics, thinktank allemand fournissant une expertise technique sur le changement climatique aux pays les plus vulnérables (v. E. Morena, « Follow the money : climate philanthropy from Kyoto to Paris », *in* S. Aykut, J. Foyer, E. Morena (ed.), *Globalizing the climate : COP21 and the climatisation of global debate*, Routledge, 2017).

20. E. Morena, art. cité.

qu'on ne veut pas les protéger. Peu avant la Conférence de Paris, une « coalition de haute ambition » est créée par le gouvernement des îles Marshall (assisté par une fondation philanthropique) exigeant une référence au seuil de 1,5 °C comme préalable à tout accord. Ralliant des ONG et de nombreux pays – dont la France, les États-Unis, et finalement la Chine et l'Inde – cette coalition obtient la mention des 1,5 °C dans l'accord, saluée par tous. L'objectif 1,5 °C satisfaisait tout le monde : les pays pauvres d'abord, qui pouvaient espérer que la reconnaissance de ce seuil de dangerosité se traduise par des réparations en cas de dépassement, mais aussi les pays développés, qui ont obtenu la signature des pays pauvres sans garantie de compensation. Enfin les ONG, les fondations philanthropiques et les institutions onusiennes, soucieuses d'éviter une répétition de l'échec de Copenhague, considèrent que l'objectif de 1,5 °C peut pousser de nombreux acteurs à l'action.

Même si le succès de l'objectif des 1,5 °C s'est joué dans les derniers jours de la Conférence, il est le résultat d'une volonté politique et d'une stratégie offensive. Mais ce succès s'appuie aussi, on l'a vu, sur des rapports et travaux scientifiques, en particulier des scénarios d'émissions de CO_2. Entre 2009 et 2015, alors que les rejets de CO_2 ne cessaient d'augmenter, de plus en plus de publications scientifiques affirmaient que l'objectif de 2 °C (voire de 1,5 °C) était accessible. Alors qu'en 2009, 85 % des climatologues ne croyaient pas à la possibilité de rester sous les 2 °C selon une enquête du quotidien britannique *The Guardian*[21], dans les années qui suivent des scénarios de décarbonation de plus en plus optimistes sont publiés. Pour comprendre cet étrange paradoxe, il faut revenir sur l'histoire des scénarios, des modèles qui les produisent, du concept de « budget carbone » – et aussi sur l'apparition des technologies dites « d'émissions négatives » qui permettent d'atteindre ces objectifs dans les modèles.

III. MODÈLES INTÉGRÉS, BUDGET CARBONE ET ÉMISSIONS NÉGATIVES

Les instruments privilégiés, voire hégémoniques, d'élaboration de scénarios du futur sont les modèles intégrés, ou IAM (*Integrated Assessment Models*), gros modèles numériques constitués de différents modules représentant des systèmes naturels, techniques et humains. Les IAM modélisent à échelle globale l'évolution de paramètres représentant l'interaction entre ces divers systèmes, pour produire des scénarios (ou trajectoires) quantifiés des évolutions

21. Le sondage a été réalisé par le Guardian lors d'une conférence scientifique en 2009 à Copenhague en prélude à la COP. Sur 1 756 personnes interrogées, 260 ont répondu, dont 200 chercheurs en sciences du climat https://www.theguardian.com/environment/2009/apr/14/global-warming-target-2c (site consulté le 29/04/2019).

socio-économiques globales et des émissions de CO_2 qui en découlent. Contrairement aux modèles de climat qui sont des modèles physiques, les modèles intégrés ne sont pas fondés sur une base théorique commune ; certains s'apparentent à des modèles d'ingénieurs, d'autres à des modèles d'agronomie ou à des modèles économiques[22].

L'histoire des IAM épouse le rythme des rapports successifs du GIEC. Dans les années 1990 deux modèles intégrés seulement ont produit les scénarios d'émission de CO_2 pour les deux premiers rapports du GIEC de 1990 et 1995. Pour le troisième rapport en 2001, six centres de recherche développent des IAM. À partir du milieu des années 2000, une nouvelle approche est adoptée, et les scénarios socio-économiques jouent un rôle beaucoup plus important dans le cinquième rapport du GIEC, où ils sont considérés comme essentiels pour guider les politiques[23]. La communauté des IAM se voit confier le développement de « trajectoires représentatives de concentrations » qui servent d'entrée aux modèles de climat, et produit 1 184 scénarios, qui sont évalués dans le cinquième rapport du GIEC. Cette communauté, qui développe maintenant une trentaine de modèles intégrés, se structure et se dote d'institutions ; la quasi-totalité des scénarios sont intégrés à de gros projets d'intercomparaison de modèles et gérés par des bases de données standardisées[24]. Parmi les centres de recherches qui produisent les IAM, trois sont particulièrement influents, tous européens : le PBL (Institut d'expertise environnementale des Pays-Bas), l'IIASA (International Institute for Applied System Analysis) basé à Vienne (Autriche) et le PIK (Postdam Institute for Climate Impact Research) en Allemagne.

Pour saisir comment ces scénarios parviennent à respecter l'objectif de 2 °C, il est utile de se référer à un concept scientifique imaginé en 2009 pour résumer de façon simple le problème climatique : le budget carbone[25]. Le CO_2 émis s'accumule dans l'atmosphère et ne disparaît que très lentement, si bien que le réchauffement produit par les activités humaines est quasi proportionnel à la quantité totale de CO_2 qu'elles rejettent. Autrement dit, à tout objectif de température correspond un budget global de CO_2. Par exemple un réchauffement de 2 °C par rapport à la température moyenne préindustrielle correspond à un rejet total de 3 000 gigatonnes (milliards de tonnes, ou Gt) de CO_2 par les humains depuis cette époque ; un réchauffement de 1,5 °C correspond à 2 500 Gt rejetées, etc. Sachant combien l'humanité a émis depuis l'ère industrielle (environ

---

22. B. Cointe C. Cassen et A. Nadaï, « Organising policy-relevant Expertise on Climate Action : the Community of Integrated Assessment Modelling », *Science and Technology Studies, xxxxx,* 2019.
23. *Id.* ; O. Edenhoffer and M. Kowarsch, « Cartography of pathways : a new model for environmental policy assessment », *Environmental Science and Policy* 51, 2015, 56-64.
24. B. Cointe C. Cassen et A. Nadaï, art. cité.
25. M. Allen *et al.*, « Warming caused by cumulative carbon emissions toward the trillions tone », *Nature* 458, 2009, 1163-1166.

2 000 Gt), on obtient par soustraction le budget restant pour chaque objectif de température donné – environ 1 000 Gt si l'on vise 2 °C ou 500 Gt pour 1,5 °C (il ne s'agit là que d'ordres de grandeur)[26]. Étant donné que l'humanité émet globalement aujourd'hui de l'ordre de 40 Gt de CO_2 chaque année, on peut calculer qu'il ne reste qu'une dizaine d'années d'émissions au rythme actuel avant d'atteindre le budget correspondant à l'objectif 1,5 °C – et un peu plus de 20 ans pour l'objectif 2 °C. Rester sous un réchauffement de 1,5 °C à la fin du siècle suppose par conséquent de ne plus émettre que 500 Gt à l'échelle planétaire d'ici 2100, donc de faire chuter les émissions de CO_2 très rapidement sur tout le globe pour atteindre « zéro émission » d'ici le milieu du siècle... Comme cela semble peu réalisable – d'autant que certaines émissions liées à l'agriculture, à l'élevage ou à l'aviation sont difficiles voire impossibles à réduire – les scénarios autorisent un dépassement temporaire (« overshoot ») du budget, suivi par un « pompage » du CO_2 excédentaire dans la seconde moitié du XXIe siècle grâce à des technologies dites « d'émissions négatives ». Comme le remarque un expert, alors que le concept de budget était supposé mettre en évidence les contraintes physiques aux yeux des politiques, il permet ici de créer un mécanisme de dette qui introduit une flexibilité.

Dans le cinquième rapport du GIEC, presque toutes les trajectoires socioéconomiques qui permettent de rester sous un réchauffement de 2 °C d'ici la fin de ce siècle avec une probabilité d'au moins 50 % recourent à des technologies d'émissions négatives à grande échelle[27]. Pour réaliser leurs scénarios en fonction d'un objectif de température donné, les modèles choisissent la technologie à meilleur coût au sein d'un portfolio. La technologie qu'ils mobilisent le plus est la « bioénergie combinée avec la capture et le stockage du CO_2 » (ou BECCS pour Bioenergy with Carbone Capture and Storage), car elle est considérée comme relativement accessible et peu coûteuse. Le principe est de cultiver des plantes à croissance rapide que l'on brûle dans des centrales thermiques pour produire de l'énergie, de capturer le CO_2 émis dans la combustion, puis de liquéfier ce CO_2 et de le stocker dans des formations géologiques. Au bilan, on extrait du CO_2 de l'atmosphère par photosynthèse tout en produisant de l'énergie, d'où la dénomination d'émissions négatives. Mais, dans le monde réel, ni la bioénergie ni la capture et le stockage du carbone n'existent à grande échelle, et ils pourraient poser de nombreux problèmes – dont le principal est qu'un recours au BECCS aussi massif que dans les scénarios 2 °C suppose d'y consacrer une énorme part des

26. En fait les climatologues se sont rendu compte que le budget carbone est un indicateur moins simple qu'ils le pensaient, et qu'il y a plusieurs façons différentes de le calculer – à partir des observations, des modèles de climat, des modèles intégrés, etc. Pour des objectifs aussi proches que 2° ou 1.5°, le budget restant est très réduit, donc sensible à l'approche utilisée.

27. Les quelques scénarios du 5e rapport du GIEC qui atteignent l'objectif de 2 °C sans faire appel à ces technologies prévoient que les émissions de CO_2 déclinent fortement dès 2010. Ces scénarios sont donc déjà invalidés.

terres cultivables (entre une et trois fois la surface de l'Inde) aux dépens d'autres usages pour l'alimentation, avec des risques pour l'accès à l'eau, la biodiversité, l'usage de pesticides, etc. Il faut noter que le BECCS n'est pas la seule technologie d'émission négative, même si c'est la plus utilisée dans les scénarios des IAM[28].

La communauté des modèles intégrés s'est pour une grande part construite autour de la réalisation des scénarios pour le GIEC. Mais une instance a joué un rôle essentiel dans la production de trajectoires d'émission de CO_2 : l'Union européenne, qui a largement financé des projets scientifiques visant à produire des scénarios qui atteignent l'objectif des 2 °C. Ces scénarios ont alimenté les projets d'intercomparaison, renforçant la cohésion de la communauté et la convergence des modèles[29]. Ces incitations expliquent le paradoxe relevé plus haut : si on a publié de plus en plus de trajectoires de décarbonation restent sous la limite des 2 °C alors même que cette limite était largement considérée comme inaccessible en 2009, et que les émissions de CO_2 n'ont cessé de croître depuis, c'est parce que le seuil de 2 °C a été adopté officiellement comme objectif global et que les modélisateurs ont été fortement incités – via le GIEC et les projets européens – à réaliser des scénarios capables d'atteindre cette cible[30]. Or, pour tenir l'objectif

28. Parmi les technologies d'émission négative (ou de capture du CO_2), outre le BECCS, on mentionne l'afforestation, qui consiste à planter des arbres absorbant le CO_2 ; les technologies d'accroissement du stockage du carbone dans le sol via de nouvelles pratiques agricoles – comme l'initiative 4 pour 1 000 portée par la France à la COP21 ou le « biochar » ; la capture d'air directe consistant à aspirer l'air et à fixer le CO_2 par absorption dans des liquides ou adsorption sur des solides ; l'altération forcée (*enhanced weathering*) visant à accélérer et amplifier les processus physicochimiques d'absorption du CO_2 ; la fertilisation des océans consistant à accroître la capture du carbone dans l'océan par le plancton ou autres organismes en ajoutant des fertilisants. Certains procédés soulèvent des difficultés liées aux surfaces de terres mobilisées pour avoir un effet climatique au dépend d'autres usages et à des potentiels risques (pour la biodiversité, les besoins d'eau, les feux de forêts, etc.). Certaines technologies en sont au stade de la recherche, ou sont potentiellement très gourmandes en énergie. Différents articles et rapports récents évaluent ces technologies ; voir par exemple le rapport de l'EASAC (European Academies Science Advisory Council, 2018), « Negative emission technology : what role in meeting Paris targets ? » https://easac.eu/fileadmin/PDF_s/reports_statements/Negative_Carbon/EASAC_Report_on_Negative_Emission_Technologies.pdf (consulté le 30 avril 2019).

29. Sur 9 projets d'intercomparaison organisant la production des scénarios socioéconomiques, cinq sont financés par l'UE. Les scientifiques de la communauté des IAM qui répondent à ces appels à projets produisent les scénarios de 2 °C et les publient dans les revues scientifiques, appartiennent aux trois principaux centres cités plus haut (PBL, IIASA, PIK). Peu nombreux, ces scientifiques sont bien souvent aussi reviewers pour ces publications et auteurs principaux du rapport du groupe 3 du GIEC qui s'appuie sur ces scénarios 2 °C. En outre ils ont parfois eux-mêmes rédigé les appels à projet européens (B. Cointe C. Cassen et A. Nadaï, art. cité).

30. C. Guivarch and S. Hallegatte, « 2 °C or not 2 °C ? », *Global Environmental Change* 23, 2013, 179-192.

de 2 °C (et *a fortiori* de 1,5 °C), les modèles intégrés sont contraints de recourir à des technologies qui extraient le carbone de l'air.

L'incitation à réaliser des scénarios à 2 °C est scientifique et financière, mais elle est aussi politique et morale : abandonner l'objectif de 2 °C c'est être défaitiste, expliquent les modélisateurs. Cette injonction conduit à biaiser le diagnostic scientifique puisque un résultat négatif – quand un modèle ne parvient pas à atteindre un objectif – n'apparaît simplement pas dans la littérature[31]. La multiplication de ces scénarios « optimistes » a donné lieu à des débats dans le milieu scientifique, plus nombreux à mesure qu'approchait la COP de Paris.

IV. DÉBATS DANS LES ARÈNES SCIENTIFIQUES

La présence dans l'Accord de Paris de l'objectif 1,5 °C, saluée avec enthousiasme par les États comme par la société civile à l'issue de la COP21, a été reçue avec beaucoup plus de réserve par les scientifiques et les experts. Les réactions à chaud recueillies sur place allaient de l'étonnement à la colère, voire à l'indignation – même si elles ont rapidement laissé place à une résignation teintée de réalisme politique[32]. Cette période entourant la COP a vu se développer dans les pages « opinion » de grandes revues scientifiques et dans des sites spécialisés un débat animé sur l'objectif 1,5 °C, les trajectoires socioéconomiques et les technologies d'émission négatives – débat plus vif que celui sur l'objectif de 2 °C, sans doute parce que l'objectif de 1,5 °C répondait ouvertement à une demande politique. Pourtant ce débat est assez difficile à analyser ; ce n'est pas une controverse scientifique, ni un désaccord politique. Tous les intervenants s'accordaient sur les diagnostics du GIEC et sur la gravité des impacts d'un réchauffement global de 2 °C ; tous considéraient que se limiter à 1,5 °C serait préférable, reconnaissaient qu'il fallait pour cela réduire très vite et très fortement les émissions de CO_2, et critiquaient l'insuffisance des mesures allant dans ce sens. Les divergences portaient sur les objectifs de température et leur rôle, sur les moyens pour parvenir à ces objectifs, sur les scénarios et leur faisabilité.

On peut, en grossissant le trait, distinguer deux types de réactions. Pour certains (au premier rang desquels les acteurs qui ont poussé l'objectif 1,5 °C)

31. *Id.*

32. Voici quelques réactions que nous avons recueillies au centre du Bourget le 12 décembre 2015 : « Pour moi 1.5° c'est délirant » (climatologue) ; « c'est la plus grosse connerie qu'on puisse faire » (économiste) ; « quand j'entends 1.5° j'ai envie de pleurer » (climatologue) ; « c'est un compromis complètement stupide » (économiste et activiste) ; « c'est un compromis diplomatique peu ancré dans les sciences » (climatologue) ; « les pays pauvres et les petites îles sont depuis dix ans sur cet objectif, leurs délégués ne peuvent pas rentrer chez eux sans l'avoir obtenu » (expert des négociations).

cet objectif est d'abord un enjeu stratégique de négociation. Une fois adopté, il doit avoir un effet de levier, impulser un élan, un « momentum » susceptible d'entraîner l'action des politiques ou des industriels. Les scientifiques qui ont soutenu cet objectif affirment qu'il est accessible techniquement, sans s'attarder aux aspects politiques ou économiques, vus comme relevant de la volonté politique. Ainsi le directeur du PIK, alors coprésident du groupe 3 du GIEC[33], Ottmar Edenhofer, estime que son travail est de tracer « une carte des trajectoires » et que c'est aux politiques de naviguer[34]. À l'opposé, ceux qui critiquent l'objectif ne raisonnent pas en termes de stratégie mais prennent au sérieux les trajectoires de décarbonation et les jugent irréalisables ou dangereux. Ils soulignent les bouleversements physiques, économiques, politiques et sociaux que ces scénarios impliqueraient, et critiquent les promesses illusoires et les risques potentiels des technologies d'émission négatives, taxées de « pensée magique » ou de « science-fiction ». Le directeur adjoint du Tyndall Centre, Kevin Anderson, qualifie ainsi les émissions négatives d'« options techniques à la Docteur Folamour qui n'étaient mentionnées qu'en dernier recours il y a quelques années, et sont aujourd'hui devenues le Plan A »[35]. Pour un responsable du Natural Environment Research Council un tel recours au BECCS « pourrait causer une perte d'espèces vivantes terrestres à la fin du siècle peut-être pire que les pertes résultant d'un accroissement de température de 2,8 °C »[36]. Beaucoup accusent ces technologies d'émissions négatives de « se substituer à l'action » en détournant de la nécessité de réduire les émissions.

Pourtant il serait abusif de figer les positions en deux camps, car le débat sur les objectifs, les scénarios de long terme et les technologies de capture du carbone n'est pas stabilisé. La situation dans ce domaine change si rapidement que les objets, les enjeux et les cadrages des débats évoluent sans cesse, conduisant les acteurs à revoir ou ajuster leurs positions. Ainsi, l'objectif 1,5 °C a changé de signification, puisqu'il est passé de revendication portée par des groupes d'États et d'activistes en 2010, au statut d'objectif officiel en 2015, avant d'être au centre d'un rapport scientifique publié par le GIEC en octobre 2018.

---

33. Le GIEC est organisé depuis sa création en trois groupes de travail (WG). Le groupe 1, constitué de climatologues, s'occupe de la science du climat et des projections de changement climatique ; le groupe 2 traite des impacts et de l'adaptation à ces changements et regroupe des scientifiques de plusieurs domaines ; le groupe 3 s'occupe des réponses à apporter en termes de réduction des émission ; il compte surtout des économistes et des spécialistes des modèles intégrés.

34. O. Edenhoffer and M. Kowarsch, art. cité.

35. K. Anderson, « Talks in the City of Light generate more heat », 528 (2015):437.

36. P. Williamson, « Emissions reduction : Scrutinize CO_2 removal methods », *Nature* 530, 2016, 153-155.

V. LE RAPPORT SPÉCIAL SUR 1,5 °C

Dans le cadre de l'Accord de Paris, la Convention climat a en effet invité le GIEC à produire un rapport spécial sur l'objectif 1,5 °C, arguant qu'il y avait peu de travaux sur les trajectoires et sur les impacts correspondant à cet objectif. Ce genre de demande fait partie de la mission du GIEC, qui ne pouvait qu'y répondre positivement. Pourtant réaliser un tel rapport représentait évidemment un défi pour plusieurs raisons : le délai très court (ce rapport devait être rendu en octobre 2018, soit en moins de trois ans), le manque de travaux existants, les enjeux politiques omniprésents mais surtout parce que l'objectif 1,5 °C était considéré par beaucoup de scientifiques comme une « bataille perdue ». Ce rapport répondait explicitement à une commande politique, situation nouvelle pour les climatologues que certains ont vécue comme une forme d'instrumentalisation, considérant que « les sciences ne doivent pas répondre à des questions de politique politicienne ». Nombre de chercheurs considéraient ces recherches comme un gaspillage de temps et de ressources, qui « empêche la communauté de focaliser les recherches sur les risques et les impacts de scénarios de réchauffement de 3 °C, bien plus plausibles » ; voire comme « une forme d'hypocrisie, entretenant de faux espoirs pour le public et les pays les plus vulnérables »[37]. D'autres se sont sentis pris dans une double contrainte face à un objectif à la fois nécessaire et inaccessible : « Personnellement, je suis embêtée, dit une chercheuse. Si on ne fait pas ces scénarios, on est absent ; si on dit que ce n'est pas possible d'atteindre 1,5 °C on est les méchants ; si on le fait, on dira que nos scénarios ne servent à rien ».

Dans ce contexte, la coprésidente du groupe 1 du GIEC chargée de superviser la réalisation du rapport spécial, la paléoclimatologue Valérie Masson-Delmotte, était fondée à craindre que les chercheurs ne soient peu nombreux à vouloir s'impliquer dans le rapport. Or c'est le contraire qui s'est produit : même si certains sont restés sur leurs réserves, de très nombreux scientifiques ont voulu contribuer à la rédaction du rapport spécial 1,5 °C ; il y a eu des centaines de candidats pour être auteurs, et 42 000 commentaires lors de ses phases de révision (ce qui constitue un record pour les rapports du GIEC). Ces chercheurs ont voulu répondre aux demandes politiques et aux préoccupations des pays pauvres ; ils ont cherché à être utiles en espérant que le rapport aurait un impact sur la décision politique[38]. Il s'agissait pour ces scientifiques, de dépasser la problématique de la « faisabilité » des scenarios et de faire du rapport l'occasion de traiter des questions pertinentes scientifiquement et insuffisamment abordées jusque-là – par exemple connecter le climat à d'autres problèmes environnementaux,

37. O. Boucher, *et al.*, « In the wake of Paris Agreement, scientists must embrace new directions for climate change research », *PNAS* 113, n° 27, 2016, 7287-7290.
38. Enquête réalisée par Audrey Renaudin dans le cadre d'un mémoire de master sur le Rapport spécial 1,5 °C.

comme les objectifs du développement durable des Nations unies ; ce rapport fournissait aussi l'occasion de mieux évaluer les capacités et les impacts des technologies d'émissions négatives.

Rendu public en octobre 2018, le rapport spécial sur 1,5 °C[39] a été très médiatisé, essentiellement comme une alerte de plus s'ajoutant à une longue liste de rapports toujours plus alarmants. Or il comporte plusieurs éléments nouveaux. Pour s'en tenir aux scénarios de décarbonation, le rapport conclut que, pour stabiliser le réchauffement global à 1,5 °C avec un recours limité aux technologies d'émission négative, les émissions de CO_2 doivent diminuer de moitié d'ici 2030 par rapport au niveau de 2010, et parvenir à la neutralité carbone en 2050. Si l'on vise 2 °C, il faut réduire les rejets de CO_2 de moitié d'ici 2045 et atteindre net zéro en 2075. Or les engagements d'émissions pris par les pays à la suite de la COP21 (appelés NDC, Nationally Determined Contributions) ne suffisent pas à atteindre 1,5 °C ni 2 °C ; ils conduiraient (s'ils étaient tenus) à un réchauffement de 3 °C environ. Pour parvenir à l'objectif de 1,5 °C il faudrait une réduction sans précédent des émissions dans le monde entier et dans tous les secteurs – énergie, industrie, agriculture, transports, économie, finance... Mais même une telle chute des émissions ne suffirait pas, et il faudrait en outre recourir aux émissions négatives. Les 90 scénarios parvenant à rester sous 1,5 °C prévoient en moyenne, pour arriver à zéro émission nette en 2050, d'extraire 10 à 15 Gt de CO_2 par an. Mais, alors que dans le 5e rapport du GIEC de 2014 les scénarios de 2 °C couvraient la terre de BECCS en quelques décennies sans considération des conditions pratiques ou politiques de la mise en œuvre de ces technologies ni de leurs conséquences négatives, ce qui avait été critiqué (on l'a vu plus haut) –, le rapport 1,5 °C a été l'occasion de mieux expliciter les hypothèses sous-tendant les scénarios et les limites de ces technologies. Depuis 2015, en effet, les articles, rapports et conférences sur les technologies de capture du carbone se sont multipliés, analysant leurs potentialités, mais aussi leurs limites et leurs compatibilités avec d'autres impératifs d'environnement. La plupart des articles rappellent que ces technologies ne peuvent pas se substituer aux efforts de réduction d'émission et qu'elles offrent des possibilités limitées assorties d'incertitudes et de risques.

Le rapport 1,5 °C distingue plusieurs types de scénarios atteignant l'objectif 1,5 °C. Sur 90 scénarios, 37 ont un dépassement important de l'objectif de température, donc supposent une extraction massive de CO_2 dans la seconde moitié du siècle pour le compenser ; 45 présentent un dépassement plus limité.

39. IPCC, 2018. Global Warming of 1,5 °C. An IPCC Special Report on the impacts of global warming of 1,5 °C above pre-industrial levels and related global greenhouse gas emission pathways, in the context of strengthening the global response to the threat of climate change, sustainable development, and efforts to eradicate poverty [V. Masson-Delmotte, P. Zhai, H. O. Pörtner, D. Roberts, J. Skea, P.R. Shukla, A. Pirani, W. Moufouma-Okia, C. Péan, R. Pidcock, S. Connors, J. B. R. Matthews, Y. Chen, X. Zhou, M. I. Gomis, E. Lonnoy, T. Maycock, M. Tignor, T. Waterfield (eds.)].

Enfin, 9 scénarios parviennent à atteindre l'objectif 1,5 °C sans dépassement et sans BECCS. Ces scénarios ont été conçus pour répondre à une critique des modèles intégrés, accusés de privilégier les solutions technologiques sans mettre en cause la croissance économique, et sans agir sur la demande et les modes de vie. Les 9 scénarios atteignant l'objectif 1,5 °C sans BECCS supposent une forte réduction des émissions dès 2030, comportent beaucoup d'afforestation, et font des hypothèses très fortes sur la baisse de demande énergétique et les changements de consommation. Mais, selon certains spécialistes, ces hypothèses sur les changements de comportements et leurs conséquences ne seraient pas plus vraisemblables que les hypothèses sur les technologies d'émissions négatives.

Le rapport 1,5 °C marque aussi une évolution dans la typologie des technologies d'extraction du carbone. Ces techniques sont nettement séparées de la géoingéniérie, qui ne regroupe que les technologies de modification du rayonnement solaire (telles que l'émission d'aérosols soufrés dans la haute atmosphère), sur lesquelles le rapport émet de sérieuses réserves. Parmi les procédés d'extraction du carbone, le rapport distingue, d'une part, celles qui sont liées à l'usage des terres, à l'agriculture ou à la foresterie, comme l'afforestation ou le stockage dans les sols (parfois dites solutions naturelles ou biologiques) – qui pourraient procurer des co-bénéfices en termes de sécurité alimentaire et de biodiversité à la condition d'être gérées de façon rigoureuse ; et, d'autre part, les solutions technologiques, comme le BECCS, dont l'usage à grande échelle serait plus problématique.

Le rapport ne pouvait éviter la délicate question de la faisabilité de l'objectif 1,5 °C. Il y consacre un long encadré, en distinguant plusieurs dimensions de faisabilité – géophysique, environnementale écologique, technologique, etc. – qui peuvent interagir. Cette analyse, qui s'apparente à un « travail de frontière » entre ce qui relève de la science et de la politique,[40] présente l'avantage pour les scientifiques de conserver leur autonomie, mais aussi de satisfaire les ONG, pour qui atteindre l'objectif de 1,5 °C est une question de volonté politique. Un message important du rapport est en effet que l'objectif 1,5 °C est encore accessible puisqu'il n'est pas hors de portée sur le plan géophysique.

VI. NEUTRALITÉ CARBONE

Un autre objectif à long terme est aujourd'hui en lice : le « zéro émission nette ». Aussi dénommé « neutralité carbone », cet objectif n'est pas vraiment nouveau, mais il acquiert une plus grande visibilité depuis la COP21, et plus encore depuis la publication du rapport 1,5 °C. Dans l'Accord de Paris, cet

40. T. F. Gieryn, « Boundary-Work and the Demarcation of Science from Non-Science : Strains and Interests in Professional Ideologies of Scientists », *American Sociological Review*, déc. 1983, vol. 48, n° 6, p. 781-795.

objectif se présente de façon un peu cryptée : l'accord stipule dans son article 4 que les parties doivent « parvenir à un équilibre entre les émissions anthropiques par les sources et les absorptions anthropiques par les puits de gaz à effet de serre au cours de la deuxième moitié du siècle ». Le rapport spécial 1,5 °C consacre un encadré au concept de « zéro émission nette de CO_2 », qui traduit la nécessité de ne pas émettre plus de gaz à effet de serre que les puits naturels et les technologies éventuelles ne peuvent en absorber. En fait la notion de « bilan nul » découle directement de l'exigence de stabiliser le climat, indépendamment du niveau de stabilisation. Accéder à une température moyenne globale stable impose d'arriver à zéro émission nette, et c'est la date à laquelle on parvient à un bilan CO_2 nul qui détermine la température moyenne atteinte.

Depuis la COP de Paris, la notion de neutralité carbone connaît un succès grandissant, et tend à supplanter les objectifs de 2 °C et de 1,5 °C. Le principal avantage de l'objectif zéro émission nette de CO_2, selon des experts qui ont défendu cette cible[41], est de pouvoir se décliner aux échelles nationale ou locales et s'incarner dans des objectifs sectoriels : un pays, une ville ou une industrie peuvent viser zéro émission nette, alors qu'un objectif de température est plus difficile à s'approprier et à mettre en œuvre, car il demande au préalable d'être traduit en allocations de réductions d'émission. Plus facile à évaluer, cet objectif serait aussi plus mobilisateur : au lieu de décréter un succès ou un échec selon que le seuil de température est respecté ou dépassé, on peut faire évoluer la date à laquelle on atteint la neutralité. La notion de zéro émission nette a également le mérite d'obliger à considérer les puits biologiques et les questions d'agriculture et d'usage des sols – même si la prise en compte dans le bilan de puits naturels et de technologies de stockage du carbone posera inévitablement des difficultés.

Plusieurs pays et États se sont donnés l'objectif d'atteindre la neutralité carbone en 2050, comme le Danemark, la Norvège et l'État de Californie[42]. La Suède, qui a été la première à se doter d'une législation en ce sens en 2017, vise cet objectif dès 2045. La Commission européenne a proposé l'objectif de neutralité carbone en 2050, qui doit être soumis au vote du Parlement. Au Royaume-Uni, le Comité sur le changement climatique a rendu en 2019 un gros rapport demandant au gouvernement d'adopter la neutralité carbone en 2050, en incluant l'aviation et le transport maritime (ce qui n'est pas le cas des autres pays). Quant à la France, elle aussi a un plan comportant cet objectif en 2050, qui doit être voté. Il faut souligner que l'objectif de neutralité carbone est plus exigeant que celui du « facteur 4 » (diviser les émissions de CO_2 par 4 en 2050 par rapport au niveau de 1990) qui prévalait en France depuis plusieurs décennies.

---

41. O. GEDEN, « An actionable climate target », *Nature Geoscience*, vol. 9, n° 5, May 2016, p. 340-342.
42. Cet état des lieux a été établi en mai 2019.

VII. OBJECTIFS ET ACTION POLITIQUE : QUEL RÔLE POUR LES SCIENCES DU CLIMAT ?

À l'issue de cette histoire des objectifs à long terme, on ne peut que s'interroger. Quels effets ont ces objectifs ? Se traduisent-ils par des actions politiques, des mesures de réduction d'émission, des investissements ? Accroissent-ils la prise de conscience ? Quelles évolutions peut-on constater depuis le début du régime climatique, il y a trente ans ?

La COP de Copenhague a marqué un tournant pour les relations entre science et politique dans la question du climat. Alors que, selon le cadrage dominant de la question climatique, la science devait fournir des diagnostics au politique, qui était censé s'appuyer sur ces connaissances pour développer des solutions – science et politique étant supposés séparés de façon étanche[43] –, il est devenu clair à la COP de Copenhague que le consensus scientifique n'entraîne pas nécessairement l'action politique, et que les considérations d'autres ordres (politiques, économiques, géopolitiques...) sont déterminantes[44]. La lenteur des négociations et l'impuissance à réduire les émissions de gaz à effet de serre sont de plus en plus sources de frustration et d'interrogations pour les scientifiques. Au vu de la façon dont la demande politique s'est imposée à eux dans le cas de l'objectif 1,5 °C, on pourrait croire à un affaiblissement de l'autorité des sciences. Mais on peut penser que la politisation du problème climatique suit une évolution logique : après une phase d'alerte fondée sur un diagnostic scientifique faisant consensus (dans ses grandes lignes au moins), la phase où il s'agit de déterminer des stratégies, des mesures politiques et des solutions techniques est nécessairement plus conflictuelle.

Si le temps de l'alerte semble laisser place au temps de l'action, ou au temps des « solutions » comme on l'entend beaucoup, que doit être maintenant le rôle des scientifiques ? Le rapport spécial sur l'objectif 1,5 °C pourrait en être une préfiguration. Pour certains experts, il est l'occasion de revoir le rôle des objectifs et des solutions techniques, et d'alimenter les débats. Des scientifiques estiment que ce type de rapports est destiné aux citoyens (et pas seulement aux décideurs) et peut leur fournir des moyens de pression. Les ONG se sont en effet emparées de certains résultats du rapport, et celui-ci a, semble-t-il, joué un rôle dans la montée en puissance des manifestations et actions pour le climat dans la société civile

43. Ce cadrage a été critiqué par des chercheurs en sciences sociales : Jr. R. Pielke, « Policy, politics and perspective », *Nature* 416, 2002, 368 ; D. Sarewitz, « How science makes environmental controversies worse », Environmental Science and Policy 7, 2004, 385-403 ; M. Hulme, « Reducing the future to climate : A story of climate determinism and reductionism », *Osiris* 26,1, 2011, 245-266.
44. A. Dahan, et H. Guillemot, « Les relations entre science et politique dans le régime climatique : à la recherche d'un nouveau modèle d'expertise ? », *Natures, Sciences, Sociétés* 23 (2015):6-18.

(grèves scolaires, mouvement Extinction-Rébellion). Mais force est de constater qu'à ce jour, ni ce rapport ni les objectifs de long terme n'ont provoqué de débat sur les trajectoires, la neutralité carbone et les émissions négatives dans les arènes politiques ou dans l'espace public. Selon l'expert Oliver Geden, les politiques ne cherchent pas à connaître les trajectoires et leurs implications en termes de technologies. Pour eux le message important du rapport 1,5 °C est que l'objectif reste réalisable, ce qui permet de perpétuer le discours du « il est 5 minutes avant minuit », « il ne nous reste que dix ans pour agir »[45]. Même si certains craignent que les technologies de capture du CO_2 détournent de l'effort nécessaire pour réduire les émissions, ces « solutions » restent en fait absentes du débat en dehors des cercles d'experts, et on n'observe à ce jour guère d'engouement en leur faveur, peu d'incitation ni d'investissement (même si cela peut changer dans l'avenir).

Au cours de la dernière décennie, même si le problème du changement climatique global peut donner une impression d'enlisement – les émissions de gaz à effet de serre continuant d'augmenter malgré des rapports scientifiques toujours plus alarmants –, la gouvernance globale du climat a connu d'importantes évolutions concernant les objectifs de long terme. Après avoir adopté la limite de 2 degrés, la Convention Climat des Nations unies a retenu le seuil de 1,5 °C, qui a donné lieu à un rapport. Aujourd'hui l'objectif de neutralité carbone gagne de nombreux domaines. Il n'est pas aisé de comprendre ce que cette histoire nous dit de l'évolution du rôle des sciences dans le problème climatique. Si la phase d'alerte globale et consensuelle est derrière nous, il est encore trop tôt pour discerner les contours d'un nouveau modèle de relation entre science et politique. La fonction de l'expertise scientifique se transforme, mais les sciences continueront probablement de jouer un rôle majeur dans le régime climatique, quoique de façon moins hégémonique, plus diverse et éclatée qu'auparavant. Plusieurs tendances se dessinent : poids de la demande politique, multiplication d'institutions et de lieux d'expertise, exigence de « solutions », glissement vers une science de régulation plus performative[46], décloisonnement et liens avec d'autres problèmes (avec parfois des arbitrages nécessaires), et aussi régionalisation des impacts et de la réduction des émissions. Devant le défi, voire les contradictions qu'entraînent les objectifs globaux à long terme, de nombreux scientifiques se concentrent sur les actions et stratégies plus nationales ou locales et sur les transitions à plus court terme. Nul doute cependant que les objectifs à long terme joueront un rôle important dans le débat sur le climat, même s'il est difficile de l'anticiper.

45. O. Geden, art. cité.

46. S. Beck et M. Mahony, « The IPCC and the politics of anticipation », *Nature Climate Change*, 28 avr. 2017, vol. 7, n° 5, p. 311-313.

L'ÉMERGENCE D'UN « DROIT À UN CLIMAT STABLE » : UNE CONSTRUCTION INTERDISCIPLINAIRE

Marta TORRE-SCHAUB
Directrice de recherche au CNRS, ISJPS UMR 8103
Université Paris 1 Panthéon-Sorbonne
Directrice du GDR ClimaLex

Il ne fait plus de doute que le changement climatique est bel et bien une réalité et que les activités de l'homme sont en grande partie à l'origine du phénomène[1]. Il existe en effet désormais peu d'incertitudes sur l'implication de l'homme dans l'augmentation des gaz à effet de serre qui provoque l'accélération du dérèglement climatique. Par ailleurs, le changement climatique pose un défi aux politiques publiques et au droit pour son extraordinaire complexité, son polycentrisme et, sa protéiformité causale. Le changement climatique est, très certainement, l'un de principaux défis de notre époque et pose l'une des plus grandes difficultés à nos décideurs politiques, mais également à nos systèmes de droit[2].

Par ailleurs, la science climatique et le droit sont étroitement connectés dans la construction du régime juridique de protection du climat[3]. Il s'agit sans nul doute d'une élaboration plurielle et conjointe. Pour autant, il n'est pas aisé de trouver la traduction juridique des énoncés scientifiques en matière climatique. Par ailleurs et, une fois la transposition effectuée, il n'est aucunement assuré qu'elle satisfasse entièrement la nécessité de répondre à l'urgence climatique avec des énoncés normatifs suffisamment contraignants.

En effet, s'il est couramment accepté que le régime juridique de protection climatique se construit principalement sur l'arène internationale dans le cadre des négociations des Conférences des Parties mises en place depuis la

1. 5e Rapport du GIEC 2014, Synthèse du Rapport, résumé à l'attention des décideurs, p. 4-6.
2. R. LAZARUS, « Super Wicked Problems and Climate Change : Restraining the Present to liberate the Future », *Cornell Law Review* 2009, 94/5, p. 1153.
3. J. JOUZEL, « La pluridisciplinarité au cœur du problème », *in* M. TORRE-SCHAUB (dir.), *Dossier Spécial Droit et Climat, Les Cahiers Droit, Sciences & Technologies* 2009/2, p. 19-29 ; M. TORRE-SCHAUB, « Le réchauffement climatique, une question interdisciplinaire », *eod. loc.*, p. 13-19.

Convention-cadre des Nations unies de 1992[4], les différents textes qui se sont succédé depuis cette date n'ont pas réussi à faire naître une dynamique internationale assez agile, ambitieuse ni contraignante[5]. De ce fait, les pays les plus émetteurs de gaz à effet de serre[6] n'ont pas entrepris non plus, pour la grande majorité, la voie d'élaborer des politiques climatiques nationales suffisamment ambitieuses.

Cette contribution propose l'analyse d'un double phénomène observable aujourd'hui. Nous étudions ici d'un côté la coconstruction du régime juridique du climat au travers de la collaboration de la science climatologique et du droit[7]. D'un autre, nous observons la manière dont cette coconstruction permet de proposer des modes « alternatifs » de normativité afin de réussir à l'élaboration d'un régime juridique climatique plus ambitieux et plus en accord avec les avancées de la science climatique et l'urgence à agir sans délai, « l'urgence climatique »[8]. Pour nous, les deux tendances se rejoignent et confluent dans la normativisation de l'objectif de « stabilisation du climat ». Cet objectif se concrétise dans l'affirmation d'un « droit à un climat stable ». La présente étude retrace ainsi les différentes étapes et les éléments permettant de mieux comprendre la formation de ce nouveau droit.

Rappelons ainsi que le contraire d'un climat stable est un climat perturbé. Un système climatique perturbé est celui qui n'obéit plus aux variations natu-

---

4. D. Bodansky, J. Brunnée & L. Lavanya Rajamani, *International Climate Change Law*, Oxford, 2017, p. 96-117 ; S. Barret, *Environment and Statecraft : The Strategy of Environmental Treaty Making*, Oxford University Press, 2003 ; J. Timmons Roberts and B. C. Parks, *A Climate of Injustice : Global Inequality, North-South Politics and Climate Policy*, MIT Press, 2005, chap. 5 ; D. French and L. Rajmani, « Climate Change and international Environmental Law : Musings on Journey to Somewhere », *Journal of Environmental Law* 2013, 25/3, p. 437 et s.
5. S. Aykut, A. Dahan, « La gouvernance du changement climatique : anatomie d'un schisme de réalité », *in* D. Pestre (dir.), *Le gouvernement des technosciences,* Paris, La Découverte, 2014, p. 78-109.
6. GES à partir d'ici.
7. M. Torre-Schaub, « La construccion del regimen juridico del clima : entre ciencia, derecho y politica economica », Numero monografico special, *Revista de Dret Catalan* juin 2019. V. aussi J. Jouzel, art. cité, et M. Torre-Schaub, « Le réchauffement climatique... », art. cité.
8. L'urgence climatique a été déclarée en mai 2019 par le Parlement britanique et en juin 2019 par une majorité des députés français à l'Assemblée nationale lors des discussions autour du projet de loi sur le climat et l'énergie. L'urgence climatique, notion sans contenu juridique spécifique, fait cependant écho aux révendications de la société civile réclamant aux États d'agir pour le climat et aux entreprises de prendre leurs responsabilités climatiques. La notion, sans avoir de contours précis, se place dans la continuité de différents mouvements citoyens au travers le monde : « Climate Justice », « Youth for Climate », « Friday's Climate Change », etc. https://www.liberation.fr/planete/2019/05/02/le-parlement-britannique-declare-l-urgence-climatique_1724503 et https://www.24heures.ch/monde/france-vote-urgence-climatique/story/22186529.

relles mais qui, en conséquence des activités humaines ayant généré une quantité excessive de GES dans l'atmosphère depuis la deuxième moitié du XIXe siècle, est rentré dans un processus de changements le conduisant à ce qu'on appelle le réchauffement climatique. Ces changements déstabilisent le système climatique, provoquant d'autres phénomènes connexes qui sont de plus en plus attribués à une perturbation généralisée du climat[9].

Rappelons comment la question de la stabilisation du climat est arrivée dans les débats. La limitation du réchauffement global à + 2 °C en 2050 par rapport à 1990 est proposée en référence à une période du passé, il y a plus de 100 000 ans, où cette température moyenne avait été atteinte sans qu'il se produise de catastrophe climatique. Il est donc probable qu'il en soit de même de nos jours. En revanche, comme l'évolution du climat n'est pas linéaire et qu'il existe des effets de seuil, il n'y a aucune certitude qu'au-delà de 2 °C d'augmentation de la température moyenne ne survienne un emballement climatique. En effet, à partir de certains niveaux de température et d'humidité, le fonctionnement climatique actuel, avec ses puits de carbone, son albédo, etc., peut bifurquer et provoquer des changements radicaux très dommageables pour les écosystèmes et les sociétés. Sans oublier l'augmentation des émissions de méthane dans l'atmosphère – un gaz à effet de serre qui est 25 fois plus puissant que le CO_2 – provoquée par la fonte du permafrost et des clathrates de méthane. La prudence incite donc à respecter cette limite des 2 °C, qui n'est toutefois pas absolue. Cependant, plus l'on s'en éloigne, plus les risques d'une bifurcation aux conséquences dramatiques augmentent.

À l'issue de la COP21, l'Accord de Paris estimait envisageable une limitation à + 1,5 °C. Quatre ans plus tard, l'objectif semble hors d'atteinte et, si la mobilisation des États pour réduire leurs émissions de gaz à effet de serre (GES) n'est pas au rendez-vous au cours de la prochaine décennie, il est probable que nous nous dirigions vers un réchauffement de + 4 °C à l'horizon 2100. En effet, « au-delà de + 2 °C on commencera à sortir du système de climat actuel et, à + 4 °C, on entre dans un modèle inconnu », déclarait en décembre 2015 le climatologue Hervé Le Treut. « *À + 3 °C, l'évolution du climat ne sera pas linéaire, il y aura des effets locaux et brutaux* »[10]. Ces trajectoires qui semblent se profiler dans le futur non seulement nous conduiront vers un « climat déstabilisé et non vivable », mais elles nous éloigneront de l'objectif aujourd'hui préconisé par le GIEC et entériné par l'Accord de Paris visant à rester bien en dessous de 2 °C et à ne pas dépasser les + 1,5 °C[11].

---

9. *Stabilization Climate Targets*, Rapport de la National Academy of Sciences, 2010, http://www.nationalacademies.org/includes/StabilizationTargetsFinal.pdf.

10. H. Le Treut, « Un bouleversement sans précédent dans l'histoire de l'humanité », *Les Echos*, 28 mai 2015 https://www.lesechos.fr/2015/05/herve-le-treut-un-bouleversement-sans-precedent-dans-lhistoire-de-lhumanite-248690 (consulté le 28 juin 2019).

11. Accord de Paris, art. 2, FCCC/ CP/ 2015/ L. 9, 12 décembre 2015 https://unfccc.int/resource/docs/2015/cop21/fre/l09f.pdf (consulté le 4 juillet 2019).

Du point de vue normatif, deux conséquences majeures s'en sont suivies depuis les premières découvertes scientifiques concernant l'augmentation d'origine anthropique des GES dans l'atmosphère, conduisant à un réchauffement global et à une destabilisation du système climatique. La première est la construction d'un régime juridique autour du changement climatique au niveau international depuis les années 1990. Ce régime climat trouve son assise normative dans la Convention-cadre, notamment à l'article 2, et ensuite dans tous les autres instruments juridiques que les Conférences des Parties voudront adopter[12]. La deuxième est la récente émergence d'un « droit à un climat stable », capable de rendre la vie sur terre soutenable pour les générations présentes et futures, en tant que « réaction » à l'incapacité, ou du moins à la lenteur de la communauté internationale et du « régime climat » à atteindre l'objectif de la stabilité du système climat et donc l'objectif fixé à l'article 2 de la Convention-cadre.

Deux phénomènes normatifs sont ainsi étroitement connectés : l'élaboration d'un régime juridique du climat, d'abord, qui essaie de poursuivre l'objectif de la « stabilité du climat » capable de maintenir l'équilibre des écosystèmes pour nos générations et les générations futures face au changement climatique, puis l'émergence d'un « droit subjectif fondamental à une stabilité climatique », en tant que complément ou réaction aux carences ou lenteurs du premier. Les deux sont en réalité enchevêtrés et complémentaires et ne doivent pas être vus comme antagonistes ou concurrentiels. Ils trouvent leur origine à la fois dans une coconstruction, fruit d'une collaboration entre la science climatique et le droit, puis dans l'émergence d'un mouvement *bottom up*, émanant de la société civile, inscrit dans une dynamique plus large de recherche d'efficacité et de « justice climatique ». Cette contribution trace les articulations entre les deux phénomènes normatifs, tout en montrant les coconstructions entre la science juridique et la science climatique dans ces différents processus normatifs. Pour ce faire, il convient d'abord de comprendre que la « stabilisation du climat » a été avant tout un objectif tant scientifique que juridique et politique (I), avant de saisir comment cet objectif devient aujourd'hui un droit fondamental (II).

12. L'objectif ultime de la présente Convention et de tous instruments juridiques connexes que la Conférence des Parties pourrait adopter est de stabiliser, conformément aux dispositions pertinentes de la Convention, les concentrations de gaz à effet de serre dans l'atmosphère à un niveau qui empêche toute perturbation anthropique dangereuse du système climatique.

I. LA STABILISATION DU CLIMAT COMME OBJECTIF

La question de la stabilisation du climat apparaît comme un objectif politique peu clair et insuffisamment défini avant d'apparaître à l'article 2 de la Convention-cadre des Nations unies en 1992[13], alors que le seuil de 2 °C, quant à lui, semble avoir été accepté et utilisé par la communauté internationale de manière plus fréquente et unanime[14].

Dans le même temps, si les différentes études scientifiques sont évolutives et montrent relativement tôt que l'objectif de 2 °C ne permettra pas de « stabiliser le climat », ce seuil continuera à être utilisé jusqu'à encore aujourd'hui par les décideurs politiques. En toute logique, et puisque les seuils d'augmentation de température globale sont changeants et évolutifs, c'est l'objectif de la « stabilisation » du climat qui devrait permettre de manière plus assurée de fixer un objectif à la fois contraignant et « soutenable », capable en outre de maintenir « l'équilibre des écosystèmes », objectif déjà marqué en 1992 à l'article 2 de la CCUN.

Seulement, la « stabilisation du climat » nous apparaît comme un concept flou, aux contours peu précis, sans véritable définition scientifique, et peu spécifié du point du vue juridique. Pour cette raison, il semble logique de le voir toujours accompagné, de manière complémentaire, d'un seuil chiffré, lui plus précis et concret puisque mensurable.

Dans le même temps, c'est bien l'objectif fixant la « stabilité climatique » qui, en toute logique, semble conduire de manière plus certaine à une véritable dynamique ambitieuse d'atténuation du changement climatique – puisque c'est bien la « stabilisation du climat » qui permettra l'équilibre des écosystèmes et la continuité de la vie sur Terre, telle que connue aujourd'hui. Mais, puisqu'il ne peut être fixé qu'à l'aide d'un seuil précis, on a longtemps considéré le seuil de 2 °C comme étant suffisant pour conduire à une « stabilisation du climat » (A). Seulement il a été maintes fois étayé par des expertises scientifiques variées que le seuil de 2 °C ne pouvait être un critère suffisant pour « stabiliser le climat ». C'est, dès lors, la conjonction de ces deux objectifs qui a ainsi mené à inscrire dans les textes juridiques la nécessité d'atteindre un « climat stable », tout en créant une ambigüité considérable, source de carence et d'effectivité dans la lutte contre le changement climatique (B).

---

13. Convention-cadre des Nations unies sur les changements climatiques, article 2, FCCC/INFORMAL/84.
GE.05-62221 (F) 180705 260705, https://unfccc.int/resource/docs/convkp/convfr.pdf (consulté le 20 juin 2019). Ci-après CCUN.
14. A. Dahan, S. Aykut, « Le régime climatique avant et après Copenhague : sciences, politique et l'objectif des 2 °C », Dossier Adaptation au changement climatique, *Natures, Sciences, Sociétés* 2011/2, vol 19, p. 144-157.

A. – Le « climat stable » et le seuil de 2 °C, deux logiques forcément complémentaires

Arrhenius fut le premier à étudier ce que pourrait être l'évolution de la température terrestre en fonction de la quantité de CO_2 dans l'atmosphère avec la publication en 1896 de son article « *On the Influence of Carbonic Acid in the Air upon the Temperature of the Ground* »[15]. Il expliquait dans son étude que, pour un doublement de la quantité de CO_2 dans l'atmosphère, on trouvait des accroissements de température entre 4,95 °C et 6,05 °C selon les latitudes. Cette hypothèse du doublement de CO_2 deviendra le fil conducteur des recherches sur l'évolution du climat et sa modélisation dans les années suivantes et tout le long du XXe siècle. Ainsi, lorsque le problème du changement climatique s'est posé dans les années 1960, la même interrogation est apparue tout naturellement aux modélisateurs, qui arrivèrent à la conclusion qu'en cas de doublement de CO_2 l'augmentation de température serait d'environ 2 °C[16].

Pour sa part, parallèlement à ces découvertes scientifiques, le dénommé régime climatique s'est construit sur la scène politique internationale. Il est le produit d'un processus engagé déjà en 1988 à Toronto après le succès du Protocole de Montréal de 1987 sur la couche d'ozone. Le Groupe international d'experts sur le climat (GIEC), de son côté, et depuis ses débuts en 1990, s'est fixé comme objectif d'intégrer les connaissances qu'il était amené à recueillir dans ses rapports et à les synthétiser afin d'aider le processus politique et juridique de prise de décision et d'élaboration de textes normatifs autour du climat[17].

Corrélativement à ces faits, le seuil de 2 °C apparaît dès 1972 dans un livre préparatoire à la Conférence de Stockholm sur l'environnement intitulé *Only One Earth*, écrit par Barbara Ward et René Dubos[18]. L'ouvrage passe en revue les problèmes les plus pressants de la planète et cinq pages seront consacrées au climat. De manière contemporaine, la notion de « sensibilité climatique », définie comme la réaction à long terme du système climatique à une perturbation

15. S. V. Arrhenius, « On the influence of carbonic acid in the air upon the temperature of the ground », *Philosophical Magazine* 1896, 41, p. 237-275.
16. S. Manabe and R. T. Wetherald, « Thermal Equilibrium of the Atmosphere with a Given Distribution of Relative Humidity », *Journal of the Atmospheric Science* 1967, vol 24, 63, p. 241-259.
17. A. Dahan, S. Aykut, « Le régime climatique avant et après Copenhague… », art. cité, p. 147 et s.
18. En 1972, René Dubos, agronome, biologiste et écologiste français, publie avec Barbara Ward, économiste britannique, le rapport « Only one earth » (« Nous n'avons qu'une terre ») pour la Conférences des Nations unies sur l'environnement humain à Stockholm et à la demande du Secrétaire général du Sommet, Maurice Strong. Les deux auteurs soutiennent l'idée du développement durable et décrivent le problème de l'utilisation des ressources non renouvelables. L'ouvrage adopte une approche pluridisciplinaire et dresse un état des lieux des principaux problèmes environnementaux, Paris, Éd. Denoel, 1972.

anthropique en forme de rejets de CO_2 excédant les émissions naturelles, sera utilisée dans différents documents à partir de la fin des années 1970[19]. La valeur clé de ces calculs est le doublement des concentrations préindustrielles de gaz carbonique, et les premiers travaux concluent dans ce cas à un réchauffement de 1,4 °C à 2,4 °C. Cette association des « doubles » sera confortée par les premiers rapports du GIEC de 1990 et 1995, qui concluaient pour le scénario B1 (doublement du CO_2 par rapport à l'ère industrielle) à une augmentation de température de 1,8 °C, quasiment 2 °C, en réalité, compte tenu de l'incertitude[20].

Dans les décennies suivantes, différents travaux viendront confirmer ce chiffre avec des modèles plus complexes. Quelques-uns, comme celui de Hansen, iront jusqu'à 3,5 °C. Un rapport de l'Académie des sciences américaine datant de 1979 conclura à une fourchette très large allant de 1,5° à 4,5 °C, à laquelle les auteurs ajouteront une marge d'incertitude dans les deux sens, vers le haut et vers le bas. Ces écarts font également référence à la notion de « sensibilité climatique »[21].

À cette notion il faudra ajouter celle de « réchauffement réalisé » à un horizon donné. C'est ainsi qu'en partant d'une meilleure estimation de la « sensibilité climatique » et d'un scenario « moyen » (IS92a), le GIEC a estimé, dans son deuxième rapport publié en 1995, que le « réchauffement réalisé » en 2100 serait de 2 °C[22]. Avec cette meilleure estimation le second rapport du GIEC sera considéré comme prudent, et la mention au 2 °C va retenir l'attention politique[23]. Les 2 °C correspondent à un réchauffement probable en tenant compte de l'état des savoirs sur le système climatique et d'une prévision « raisonnable » et « prudente » de l'évolution du monde. Le chiffre de 2 °C à partir de là aura une finalité politique, mais également juridique.

B. – La « stabilisation du climat », un objectif juridique ambitieux mais peu efficace

C'est en s'appuyant à la fois sur l'objectif de 2 °C et sur la question de la « sensibilité climatique » que l'Union européenne dans la perspective de la COP3

19. J. Hansen, « *Why I must speak out about climate change* », 7 mars 2012 ; J. Hansen et M. Sato, « *Earth's energy imbalance and implications* », *Atmospheric Chemistry and Physics* 2011, vol. 11, n° 24.
20. https://www.ipcc.ch/report/climate-change-the-ipcc-1990-and-1992-assessments/ ; https://www.ipcc.ch/site/assets/uploads/2018/02/ipcc_sar_wg_I_full_report.pdf.
21. *Carbon dioxide and Climate, a Scientifique assessment,* Report of the Climate Research Board, July 1979, http://www.climatefiles.com/climate-change-evidence/1979-report-carbon-dioxide-climate/
22. Rapport cité, https://www.ipcc.ch/site/assets/uploads/2018/02/ipcc_sar_wg_I_full_report.pdf.
23. A. Dahan, S. Aykut, « Le régime climatique avant et après Copenhague… », art. cité, p. 149.

de Kyoto avancera cet objectif 2 °C dès 1996[24]. L'UE se fonde ainsi sur un concept scientifique de « sensibilité climatique » pour fixer le seuil de 2 °C. Mais c'est dans la Convention-cadre que la question du « seuil tolérable » et de « climat stable » ou « dangereux » apparaîtra. Rappelons ainsi que l'objectif de la Convention-cadre des Nations unies sur les changements climatiques de 1992, exposé dans son article 2, est de « stabiliser » le climat. On peut ainsi lire dans le texte que : « L'objectif ultime de la présente Convention [...] est de stabiliser [...] les concentrations de gaz à effet de serre dans l'atmosphère à un niveau qui empêche toute perturbation anthropique dangereuse du système climatique. Il conviendra d'atteindre ce niveau dans un délai suffisant pour que les écosystèmes puissent s'adapter naturellement aux changements climatiques, que la production alimentaire ne soit pas menacée et que le développement économique puisse se poursuivre de manière durable »[25].

De son côté le troisième rapport du GIEC rappelle cet objectif et consacre son premier et son dernier chapitres à fournir les informations disponibles pour permettre à chacun de juger à partir de quand il considère qu'une perturbation anthropique du système climatique peut être « dangereuse »[26]. Le danger est fonction à la fois du degré à partir duquel les effets des changements climatiques sont considérés comme négatifs et de celui où ceux-ci sont vécus comme « inacceptables ». Mais le rapport n'indique pas comment utiliser certaines ou toutes les raisons de préoccupation étudiées pour déterminer ce qu'est un niveau « dangereux » pour le changement climatique. L'UE, quant à elle, réaffirme à nouveau cet objectif, et le Conseil européen en 2005 le reprend en en faisant un pilier de la politique climatique européenne. Les 2 °C apparaissent ainsi à la fois comme un objectif politique « raisonnable » et comme un « seuil » à respecter.

Des nombreuses études scientifiques évaluent les effets d'un « climat stabilisé ». Le troisième rapport cité livre par exemple les conclusions suivantes, en se référant à trois gammes différentes pour le réchauffement moyen global : « faible », si celui-ci est inférieur à 2 °C ; « moyen », s'il est compris entre 2 et 3 °C ; « élevé », au-delà. Il insistera aussi sur les « menaces d'instabilité »[27].

On peut ainsi observer que la formulation s'attachant à la « stabilité » a bien une assise à la fois scientifique et juridique relativement ancienne. Pour autant il est vain de trouver des références précises dans les textes sur ce qu'on entend par « système climatique dangereux » afin d'avoir des éléments précis sur les contours de ce que signifie un « climat stabilisé ». Par conséquent, alors que l'expression

24. R.S.J. Tol, « *Europe's long-term climate target : A critical evaluation* », *Energy Policy* 2007, n° 35, p. 424-432 ; O. Geden, « *Modifying the 2 °C Target* », *SWP Research Paper*, 2013.
25. Convention-cadre des Nations unies sur les changements climatiques, article 2, FCCC/INFORMAL/84 GE.05-62221 (F) 180705 260705, https://unfccc.int/resource/docs/convkp/convfr.pdf.
26. TAR Climate Change Synthesis Report 2001 https://www.ipcc.ch/report/ar3/syr/
27. TAR Climate Change Synthesis Report 2001 cit.

est bel et bien utilisée dans des textes normatifs, on ne trouvera pas, en effet, des informations précises sur son contenu.

Une piste à suivre consiste à placer le concept de climat stable » comme antagoniste de la « perturbation dangereuse » du système climatique. Elle pourrait être trouvée dans la notion de « risque acceptable ». En effet, à partir du milieu des années 1990 apparaissent plusieurs tentatives scientifiques et politiques pour définir un « réchauffement dangereux », et donc un « seuil à éviter ». Citons ainsi par exemple le WBGU, Conseil d'experts des changements globaux, auprès du gouvernement allemand, qui, dans un rapport daté de 1995, élabore une approche originale pour déterminer des objectifs de réduction des GES appelée « *tolerable windows approach* »[28].

En termes juridiques, il s'agirait du « seuil acceptable », notion très utilisée dans le vocabulaire juridique des années 1990 et 2000 pour expliquer la nécessité d'appliquer le principe de précaution dans certaines situations au-delà du « seuil de risque acceptable » par la population. On peut trouver des exemples précis dans la gestion de différentes crises sanitaires et environnementales qui ont traversé ces décennies, autant au sein de l'UE qu'en France (crise de la vache folle, crise du sang contaminé, crise de l'amiante, etc.).

La notion de « seuil tolérable » a été adoptée également dans des rapports d'expertise ayant servi à rédiger le Protocole de Kyoto entre 1995 et 1997. Et elle a été très développée dans les années 1997 pour essayer de voir les liens entre le seuil de 2 °C et ce qui serait « tolérable » ou « acceptable ». Soulignons toutefois que le GIEC n'a jamais recommandé officiellement le seuil de 2 °C en tant qu'objectif au cours des négociations. Le seuil reviendra toutefois de manière explicite dans son quatrième rapport en 2007. L'idée restera dans l'air, et en 2009 la COP15 de Copenhague la reprendra à son compte[29].

Si les concepts de « tolérable » ou « acceptable », faisant directement référence à ce qui deviendrait un climat « vivable » et donc « soutenable », ne sont jamais explicitement définis dans les textes, l'objectif de 2 °C, lui, est consacré en 2009, d'abord dans la Déclaration du G8 de L'Aquila en Italie, puis dans l'Accord de Copenhague[30].

En effet, après le constat des difficultés posées par le fait que le Protocole de Kyoto finalement ne couvrait que 14 % des émissions alors que les plus gros émetteurs, la Chine et les États-Unis, n'étaient pas contraints de diminuer leurs émissions et de contribuer ainsi à la stabilisation des concentrations de CO_2 dans l'atmosphère, tout a du être repris en 2007 à la COP de Bali. À la Conférence

28. WBGU Spécial Report 1997, https://www.wbgu.de/en/publications/special-reports/special-report-1997/ ; A. Dahan, S. Aykut, « Le régime climatique avant et après Copenhague… », art. cité, p. 144-157.
29. A. Dahan, S. Aykut, « Le régime climatique avant et après Copenhague… », art. cité, p. 152.
30. *Ibid.*, p. 153.

de Bali, un débat sur le fait d'inclure ou non une référence à ce seuil avait encore opposé certains pays, dont les EEUU au reste des États. Finalement, le texte issu de cette COP entérine les 2 °C comme objectif et sera confirmé dans les « Accords de Cancun » comme élément structurant du régime climat.

Ce seuil montre une logique *top down* et une conception très globale des concentrations de CO_2 dans l'atmosphère, et culmine ainsi dans les budgets carbone de chaque pays et région du monde. Il s'agit d'une démarche visant surtout à « stabiliser les niveaux de carbone » en calculant des quantités de CO_2 qui seront « admissibles » ou « acceptables ». L'acceptabilité, quant à elle, fait référence au fait que les effets seraient encore « connus » alors que au-delà on rentrerait sur un terrain « inconnu » et donc « inacceptable ».

On peut ainsi avancer le fait qu'il existe suffisamment de données scientifiques qui permettraient de donner un contenu normatif au concept de « climat stable » ou « vivable ». Cette notion, si elle se rattache jusqu'à une époque récente au seuil de 2 °C, est par nature « flexible » et « adaptable » aux seuils qui sont posés par les différents rapports scientifiques au fur et à mesure de l'avancement des connaissances scientifiques. C'est le cas avec le rapport spécial du GIEC publié le 8 octobre 2018 sur le monde à 1,5 °C, qui préconise que le seuil acceptable et souhaitable, si l'on veut continuer à jouir d'une vie sur Terre telle que nous la connaissons aujourd'hui pour nous et pour les générations futures, est celui de 1,5 °C maximum et non plus de 2 °C[31]. L'objectif est bien celui de stabiliser afin de rendre le système climatique « soutenable » et « vivable ».

Or, pour y arriver, encore faut-il se donner les moyens, c'est qui ne semble pas être le cas. En réalité c'est presque contradictoire, voire schizophrénique : on souhaite stabiliser le niveau d'émissions et le niveau de température de réchauffement maximal. Alors que, d'une part, sur l'Accord de Paris la formulation de « rester bien en dessous de 2 °C et si possible à 1,5 °C » n'a pas évolué, le seuil n'a pas été revu. D'autre part, le rapport du GIEC à 1,5 °C d'octobre 2018 n'a toujours pas été salué par les États Parties à la COP comme il aurait dû, et ce malgré l'urgence qu'il véhicule. Il existe ainsi une claire difficulté politique, reflétée dans les textes juridiques, à vouloir réellement « stabiliser » le climat à 1,5 °C. Pour ces raisons, la société civile a, depuis quelques années, initié un mouvement de « justice climatique » essayant de faire affirmer la question de la « stabilité » du climat comme un véritable droit fondamental[32]. C'est ainsi que d'autres pistes conduisant à la possibilité d'affirmer la stabilisation climatique comme un « droit fondamental » sont très intéressantes et prometteuses.

---

31. https://www.ipcc.ch/sr15/

32. J. H. Knox & R. Pejan (ed), *The Human Right to a Healthy Environment*, Cambridge University Press, 2018 ; S. Duyck, S. Jodoin & A. Johl (ed), *Routledge Handbook of Human Rights and Climate Governance*, London & NY, Earthscan Routledge, 2017 ; M. Torre-Schaub, « Vers une climatisation progressive du droit : étude comparée des contentieux climatiques », *Dossier Spécial Les contentieux climatiques devant le juge administratif* A. Van Lang (dir), *RFDA* juill.-août 2019, à paraître.

II. LA STABILISATION DU CLIMAT COMME UN « DROIT »

L'objectif de la stabilisation du climat apparaît comme un droit réclamé par la société civile depuis l'émergence de recours en justice climatique en 2015, à la veille de la COP21 et de la signature de l'Accord de Paris quelque mois après[33].

Ce « droit à un climat stable » trouve plusieurs assises juridiques[34]. Il peut s'inscrire ainsi dans un droit à l'environnement sain plus global rattaché tantôt aux droits de l'homme, tantôt aux droits constitutionnels nationaux de différents pays[35]. Il peut aussi apparaître comme un droit autonome, qui devrait être reconnu en tant que tel afin de venir à l'appui de demandes en responsabilité climatique contre les États ou les entreprises. Il est en tous les cas aisément observable qu'il fait émerger une jurisprudence prenant comme argument de force un « droit à un climat stable ». Ce droit crée ainsi autour de lui une mobilisation juridique certaine (A), qui se traduit par un droit en action autour de cette notion (B).

A. – La mobilisation juridique autour du « climat stable »

L'Accord de Paris reprend les dynamiques de « stabilisation » et de « seuil admissible » en continuité avec l'approche précédente qui posait la fixation d'un

---

33. V. not. Mary Robinson Foundation for Climate Justice, « Principles of Climate Justice », 2017, http://www.mrfcj.org/wp-content/uploads/2015/09/Principles-of-Climate-Justice.pdf ; United Nations Environment Program, *The Status of Climate Change Litigation : A Global Review* (2017) ; D. Markell & J.B. Ruhl, « An Empirical Assessment of Climate Change in the Courts : A New Jurisprudence or Business as Usual ? », 64 *Fla. L. Rev.* 15 (2012) ; E. Fisher, « Climate Change Litigation, Obsession and Expertise : Reflecting on the Scholarly Response to Massachusetts v. EPA » (2013) 35:3 *Law & Policy* 236 ; S. Varvaštian, « Climate Change Litigation, Liability and Global Climate Governance – Can Judicial Policy-making Become a Game-changer ? », Berlin Conference « Transformative Global Climate Governance après Paris » 2016 ; M. Torre-Schaub, « La justice climatique. À propos du jugement de la Cour de district de La Haye du 24 juin 2015 », *RIDC* 2016, n° 3, p. 672-693.

34. M. Torre-Schaub, « La construccion del regimen juridico del clima : entre ciencia, derecho y politica economica », *Revista Catalana de Dret Ambiental* 2019, n° spécial, p. 3-37.

35. M. Torre-Schaub, « Vers une climatisation progressive du droit… », art. cité ; C. Ludwig & M. T.G. Kok, « Exploring new dynamics in Global Environmental Governance », Background report, June 2018, Netherlands Environmental, Assessment Agency ; J. Peel, « A Rights turn in Climate Change Litigation », *Transnational Environmental Law* déc. 2018, p. 1-31 ; L. Vanhala, « The comparative politics of courts and climate change », *Environmental Politics* 2013, 22/3, p. 447-474.

budget carbone global comme méthode pour atteindre la stabilité[36]. Par ailleurs, le texte reste centré sur l'atténuation et l'adaptation au changement climatique[37]. On peut donc lui reprocher que, même s'il en fait mention, il aborde peu les questions transversales ou connectées à d'autres problèmes environnementaux ou humains qui offrent pourtant des éléments importants d'analyse pour la question de la « stabilité » et du seuil « acceptable ».

Rappelons ainsi que l'Accord de Paris reprend l'idée d'un stockage global de CO_2 et d'un seuil ne dépassant pas les 2 °C en restant si possible à + 1,5 °C[38]. La rédaction elle-même de la formulation a fait l'objet de longues discussions et est loin de satisfaire tout le monde à cause de son manque d'ambition. L'article 2 de l'Accord établit trois visées qui suivent l'objectif plus large de l'article 2 de l'Accord-cadre des Nations unies qui est celui de « stabiliser le climat ». L'article 2 de l'Accord met ainsi en valeur l'objectif déjà établi en 1992 par la UNFCC qui était de « stabiliser les concentrations de GES » en ajoutant – ce qui est indiqué par les mots « en y incluant » – la croissante capacité de s'adapter aux impacts défavorables du changement climatique. Cet article reprend aussi la question déjà présente également à l'article 2 de la UNFCC concernant les responsabilités communes mais différenciées.

Il convient cependant de noter que, si la question de l'atténuation est mise en avant dans l'Accord sous l'objectif de « bien en dessous de 2 °C », il s'agit néanmoins de la partie la plus « soft » de l'Accord puisque tout reposera sur les contributions nationales, elles-mêmes fixées de manière volontaire[39]. Il y a bien un système de « registre », mais volontaire, qui sera revu tous les 5 ans, mais qui n'est pas accompagné d'une sanction puisqu'il donne seulement une indication de « non-régression »[40]. Cette indication peut être essentielle si l'on parvient à la « normativiser » puisqu'elle permettrait de poser une véritable « obligation juridique » le moment venu.

36. https://unfccc.int/news/new-era-of-global-climate-action-to-begin-under-paris-climate-change-agreement-0 ; https://www.nature.com/articles/d41586-018-07633-1.
37. https://ec.europa.eu/clima/policies/international/negotiations/paris_en.
38. Accord de Paris cit.
39. L'Accord de Paris exige que les Parties fassent tous les efforts possibles par l'intermédiaire des Contributions Déterminées au Niveau National (en anglais NDC) et qu'elles augmentent ces efforts à long terme de façon constante. Ainsi, cet Accord exige notamment des pays qu'ils soumettent ces plans climat actualisés afin de rendre compte de leurs émissions et des efforts entrepris. Il était également prévu qu'en 2018 les Parties fassent le bilan des efforts collectifs par rapport aux progrès accomplis afin d'atteindre l'objectif fixé dans l'Accord de Paris, et pour orienter la préparation des NDC. Il y a également prévu la réalisation d'un bilan mondial tous les cinq ans pour évaluer les progrès collectifs vers la réalisation de l'objectif de l'Accord, et pour informer les Parties des actions individuelles à entreprendre.
40. https://unfccc.int/process-and-meetings/the-paris-agreement/nationally-determined-contributions-ndcs.

Quant à l'éventuelle force normative des contributions volontaires des États recueillies à l'article 4 de l'Accord[41], si elles cumulaient environ 90 % des émissions mondiales, le manque de moyens d'obligation et de contrôle effectif risque fort de ne pas permettre d'arriver au seuil de 2 °C, et encore moins à celui de 1,5 °C.

La formulation de 2 °C montre ainsi le positionnement très peu ambitieux de l'Accord, et s'explique évidemment par les difficultés politiques d'arriver à un Accord mondial. On voit bien que les limites de ce choix et de cette formulation ainsi que les méthodes proposées par l'Accord, si elles permettent de « conceptualiser » la notion de « stabilité climatique », empêchent cependant une mise en œuvre effective.

Une étude publiée en février 2013 dans *Global Environmental Change* démontrait déjà que la plupart des prévisions du GIEC se sont avérées trop optimistes[42]. L'étude soulignait, par exemple, que la trajectoire actuelle des émissions de gaz carbonique concorde avec le pire des scénarios évoqués par le GIEC, qui table sur une hausse de la température mondiale de 3,2 à 5,4 °C d'ici 2100[43]. Une étude parue en juillet 2017 dans la revue *Nature Climate Change* évalue à 5 % la probabilité de limiter le réchauffement climatique à 2 °C d'ici 2100[44]. D'après cette étude, les chances d'atteindre l'objectif de 1,5 °C ne seraient que de 1 % ; leurs prévisions, qui intègrent des efforts pour limiter l'utilisation des énergies fossiles, estimaient l'augmentation de la température d'ici 2100 entre 2 °C à 4,9 °C, avec une valeur médiane de 3,2 °C. Par ailleurs, rappelons l'étude commandée au GIEC en 2016 pour analyser les différences entre l'objectif de 2 °C et une température globale de + 1,5 °C. Le récent rapport « à 1,5 °C », publié en 2018, aurait dû permettre de « renforcer l'objectif de la stabilisation en le chiffrant à 1,5 °C », ce qui n'a pas encore été fait.

La rédaction actuelle de l'Accord de Paris ne conduit alors pas à assurer véritablement la « stabilisation du climat » si l'on reste à une interprétation littérale du texte. Il convient dès lors d'emprunter le chemin d'une interprétation « évolutive » du texte, le plaçant dans un contexte mouvant et plus large, caractérisé par un croissant dynamisme juridique. L'interprétation évolutive de l'Accord permet ainsi de placer le texte dans une large « zone d'influence » normative. De ce fait,

---

41. https://unfccc.int/process-and-meetings/the-paris-agreement/nationally-determined-contributions-ndcs.
42. C. Guivarch, S. Hallegatte, « 2C or not 2C? », *Global Environmental Change* 2013, n° 1, p. 179-192.
43. Global Carbon budget, in Global Carbon Project, 2014 https://www.globalcarbonproject.org/carbonbudget/archive/2014/GCP_budget_2014_lowres_v1.02.pdf.
44. G. Iver, C. Ledna, L. Clarke, J. Edmonds, H. McJeo, P. Kyle & J. H. Williams, « Measuring progress from nationally determined contributions to mid-century strategies », *Nature Climate Change* 2017, vol. 7, p. 871-874.

l'Accord de Paris doit être lu dans un périmètre juridique large, permettant de placer la recherche de l'objectif de la « stabilité » dans le cadre plus global d'un « droit à l'environnement sain ». L'objectif de la « stabilité du climat » doit être également induit à partir de l'observation d'un croissant activisme judiciaire caractérisé par la montée des actions en justice climatique réclamant devant les tribunaux l'affirmation d'un « droit à un climat stable ». Il est dès lors nécessaire de mieux comprendre les paramètres interprétatifs de l'Accord et l'influence de cette interprétation plus « holistique » du texte sur l'évolution du droit du changement climatique. Une lecture « évolutive » de l'Accord et son influence dans le mouvement de la « justice climatique » permettent ainsi d'observer l'émergence d'un « droit à un climat stable ».

L'Accord peut être interprété de manière holistique connectant la question climatique aux autres problèmes environnementaux. Ces liens, d'un point de vue juridique, s'inscrivent bien dans une protection « totale » de l'environnement et non plus « sectorielle », et s'inscrivent également dans les différents mouvements réclamant un « droit fondamental à l'environnement sain ». En atteste ainsi le dernier rapport rédigé par le rapporteur spécial sur les droits de l'homme John Knox sur la nécessité d'inclure le droit à l'environnement sain dans le système des droits de l'homme[45]. Ce droit à l'environnement sain inclurait la protection des droits de l'homme contre les effets néfastes causés par le changement climatique[46]. En attestent également les dernières études liant les deux Conventions : la Convention sur la protection de la biodiversité et la Convention-cadre sur le climat et l'Accord de Paris[47]. Le dernier rapport spécial du GIEC publié le 8 août 2019[48] concernant l'usage des terres montre bien également le fort lien qui avait déjà été fait par la doctrine entre les dénommées « solutions fondées sur la nature et la lutte contre le changement climatique[49].

45. J. Knox, Special Report *Framework on Human Rights and the Environment*, Comission NU on Human Rights, March 2018.
https://www.ohchr.org/Documents/Issues/Environment/SREnvironment/FrameworkPrinciplesUserFriendlyVersion.pdf

46. Rapport du Haut-Commissaire des NU aux droits de l'homme A/HCR/19/34 16/12 /2011 ; Resolution 28/11, dans laquelle le Conseil des Nations unies pour les droits de l'homme reconnaît la nécessité de clarifier certains aspects concernant les droits de l'homme et l'environnement https://www.ohchr.org/EN/Issues/Environment/SREnvironment/Pages/ClimateChange.aspx et https://www.ohchr.org/EN/Issues/Environment/SREnvironment/Pages/SafeClimate.aspx ; B. Lewis, « Human rights duties towards future generations and the potential for achieving climate justice », *Netherlands Quarterly of Human Rights*, Vol. 34, n° 3, 2016, p. 206-226.

47. S. Treyer et C. Aubertin, « Les Conventions climat et biodiversité : une nouvelle géopolitique des rapports de force », *Natures Sciences Sociétés* 2016/4 (vol 24), p. 317-318 ; v. égal. les travaux en cours de l'atelier « Solutions fondées sur la nature » du GDR ClimaLex www.ClimaLex.wordpress.com.

48. https://www.ipcc.ch/site/assets/uploads/2019/08/SRCCL-leaflet.pdf.

49. https://uicn.fr/wp-content/uploads/2018/06/brochure-sfn-mai2018-web-ok.pdf.

De même, la montée en puissance des actions en justice réclamant un « droit fondamental à un climat stable » peut servir de moteur à une révision à la hausse des objectifs de l'Accord et de fondement à une réactivation des politiques nationales d'augmentation d'ambitions de réduction des GES.

B. – Le droit en action autour d'un « droit fondamental à un climat stable »

Un certain nombre de dynamiques judiciaires présentes depuis 2014 proposent des pistes « alternatives » menant à d'autres concepts que celui de seuil de 2 °C et conduisant notamment à l'affirmation d'un « droit à un climat stable » par les tribunaux[50]. On parle ici des dynamiques des contentieux climatiques ayant pour objet la reconnaissance par les juges d'un « droit à un climat stable »[51]. Si ce mouvement vient à s'amplifier encore plus dans les années à venir, et si les tribunaux venaient à reconnaître l'existence de ce droit, il n'est pas impensable que cela puisse être un argument de force permettant de modifier le seuil de 2 °C de l'Accord de Paris[52]. Cela autoriserait sans doute à forcer les négociateurs onusiens concernant le rapport spécial du GIEC sur le changement climatique à 1,5 °C[53].

---

50. M. Torre-Schaub, « La justice climatique. À propos du jugement de la Cour de district de La Haye du 24 juin 2015 », *RIDC* 2016, n° 3, p. 672-693 ; « Les procès climatiques gagnent la France : quatre initiatives à suivre de près », *The Conversation* 10 janv. 2019, https://theconversation.com/les-proces-climatiques-gagnent-la-france-quatre-initiatives-a-suivre-de-pres-109543 ; « Le contentieux climatique, quels apports pour le droit de l'environnement ? (ou comment faire du neuf avec de l'ancien) », *Dr. Env* janv. 2018, n° 263, p. 6-13 ; M. Torre-Schaub, « L'affirmation d'une justice climatique au prétoire (quelques propos sur le jugement de la cour du district de La Haye du 24 juin 2015) », *Revue québécoise de droit international* 2016, vol. 29, p. 161-183 ; J. Lin, « The First Successful Climate Negligence Case : A Comment on *Urgenda Foundation v. the State of the Netherlands* », *Climate Law* 2015, vol. 5, p. 65-81 ; J. K. De Graaf and J. H. Jans, « The Urgenda Decision : Netherlands Liable for Role in Causing Dangerous Global Climate Change », *J. Environmental Law* 2015, 27 (3), p. 517-527 ; J. Van Zeben, « Establishing a Governmental Duty of Care for Climate Change Mitigation : Will *Urgenda* Turn the Tide ? », *Transnational Environmental Law* 2015, vol. 4, p. 339-357 ; R. Cox, « A Climate Change Litigation Precedent : *Urgenda Foundation v. the State of the Netherlands* », *Journal of Energy and Natural Resources Law* 2016, vol. 34, p. 143-163.
51. M. Torre-Schaub (dir), *Les Dynamiques du contentieux climatique, usages et mobilisations du droit pour la cause climatique*, Rapport final issu de la recherche soutenue par la Mission de recherche Droit et Justice, 2019, http://www.gip-recherche-justice.fr/wp-content/uploads/2020/01/17.05-RF-contentieux-climatiques.pdf ; et M. Torre-Schaub (dir) en collaboration avec B. Lormeteau, *Les dynamiques du contentieux climatique en France et dans le monde*, Actes du Colloque du 11 juin 2019, Université Paris 1, Paris, Mare & Martin, à paraître 2020.
52. *Les recours climatiques en France*, dossier spécial sous la dir. de M. Torre-Schaub, B. Lormeteau, *REEI* mai 2019.
53. V. M. Torre-Schaub, « Recours en justice pour le climat, que peut-on en attendre ? », Conférence prononcée le 9 avril 2019 à l'IDDRI, Institut Sciences-Po Paris, https://www.

La multiplication des litiges climatiques depuis 2014 montre bien que nous assistons à un tournant juridique qui a pris racine quelques mois avant la COP21 de 2015[54]. Ce mouvement judiciaire traduit la prise de conscience du fait qu'il y a d'autres moyens de forcer les États à agir, et que l'un d'eux est l'activisme judiciaire en portant la question climatique devant les tribunaux[55].

Ce tournant, à la fois juridique et judiciaire, montre la croissante demande de la société civile – par le biais des actions en justice – d'une normativité plus forte de l'objectif de la « stabilisation du climat », en lui donnant la consistance d'un « véritable droit subjectif à un climat stable ». Egalement, ces litiges climatiques prennent appui sur le « droit fondamental à un environnement sain », souvent relié à un droit de l'homme de troisième génération et également présent dans certaines constitutions nationales. De ce fait, et par la voie de ces actions en justice climatique, de la France à la Norvège, en passant par la Suisse, l'Italie, l'Autriche, l'Inde ou le Pakistan, le droit fondamental à un environnement sain peut se voir élargit à la question climatique. Cette « coloration » climatique se fait au travers du « droit à un climat stable ».

Lorsqu'il n'existe pas un droit à l'environnement sain préalablement inscrit dans une constitution nationale, les demandeurs des actions en justice climatique s'appuient sur d'autres droits fondamentaux contenus dans les constitutions : le droit à la vie, le droit à la vie privé, le droit à la propriété.

Pour asseoir scientifiquement ce nouveau droit, les rapports scientifiques du GIEC et nombre d'autres rapports scientifiques – comme ceux émanant de l'American Climate Society, la NAS, le Earth Institute et autres – sont invoqués par les parties demanderesses comme preuve. Dans les dernières actions en date, c'est le dernier rapport du GIEC à + 1,5 °C qui est le plus utilisé.

Également, le « droit à un climat stable » apparaît de manière fréquente depuis la décision *Urgenda* en appel datant du 9 octobre 2018 et la dernière décision en cassation datant du 20 décembre 2019[56]. Dans ces décisions, ce droit a été reconnu par les juges sur le fondement des droits de l'homme contenus dans la Convention européenne de sauvegarde des droits de l'homme (CESDH) à partir de la protection conférée par les articles 2 et 8 de ladite Convention sur les droits

---

iddri.org/fr/publications-et-evenements/conference/recours-en-justice-pour-le-climat-et-lenvironnement-que-peut.

54. M. Torre-Schaub, « Justice et justiciabilité climatique : état de lieux et apports de l'Accord de Paris », *in* M. Torre-Schaub (dir), *Bilan et perspectives de l'Accord de Paris, regards croisés*, Paris, 2017, Éd. IRJS, coll Bibliothèque André Tunc, t. 8, p. 107-124.

55. M. Torre-Schaub, « Les dynamiques du contentieux climatique : anatomie d'un phénomène émergeant », *in* M. Torre-Schaub, S. Lavorel, M. Moliner-Dubost, C. Cournil (dir.), *Quel(s) droit(s) pour les changements climatiques ?* Paris, Mare et Martin, coll. de l'ISJPS, vol. 47, 2018, p. 111-137.

56. https://uitspraken.rechtspraak.nl/inziendocument?id=ECLI:NL:GHDHA:2018:2610 Rechtbank Den Haag, Assesment B. 5.7, p. 34. *Pays Bas c. Urgenda*, Dutch Supreme Court, 20 déc. 2019 https://www.urgenda.nl/en/themas/climate-case/

à la vie et au respect à la vie privé[57]. L'interprétation large et évolutive faite par les juges néerlandais des articles issus de la CESDH a été possible à partir de l'interprétation extensive réalisée par la Cour européenne des articles 2 et 8 de la Convention dans le but de permettre une protection des droits fondamentaux « environnementaux » lorsque ceux-ci pouvaient être violés ou non respectés par des actions ou omissions de certains États signataires à la Convention. Suivant cette ligne interprétative, les juges néerlandais ont considéré que les articles 2 et 8 de la CESDH pouvaient être extensibles à un droit à un climat stable[58].

En France, la requête déposée devant le tribunal administratif de Paris en février 2018, dénommée « l'affaire du siècle », a parmi d'autres objets de demander au juge l'affirmation d'un « droit fondamental à un climat stable ». Selon le recours, ce droit prendrait assise normative sur l'article 1er de la Charte de l'environnement qui affirme le droit à un environnement sain.

Le « droit à un climat stable », qui n'existe pas encore dans le système juridique français, pourrait se voir reconnu, à condition que les juges réalisent un travail interprétatif « évolutif » et « fléxible » de l'article 1 de la Charte de l'environnement. Compte tenu des très récentes évolutions de la question climatique en France cela ne semble pas totalement exclu. Nous pensons ici à la déclaration d'un « état d'urgence écologique et climatique » proclamé par l'Assemblée nationale le 27 juin dernier qui sera inséré à l'article 1er de la loi énergie-climat. Nous pensons également au rapport émanant du Haut Conseil pour le climat publié le 26 juin 2018 qui pose l'urgente nécessité de « mettre en cohérence » les ambitions et les moyens en termes de politiques climatiques en France afin d'atteindre l'objectif de la neutralité carbone d'ici 2050, tel que le postule l'Accord de Paris[59].

En réalité le juge néerlandais avait déjà reconnu, dans la décision *Urgenda* du 25 juin 2015 en première instance, une « obligation climatique » fondée sur le fait que l'État devait protéger les citoyens contre les effets néfastes du changement climatique afin d'honorer l'objectif plus large de la « durabilité »[60]. Le juge autrichien, de son côté, avait interprété, dans la décision de l'aéroport de

---

57. https://uitspraken.rechtspraak.nl/inziendocument?id=ECLI:NL:GHDHA:2018:2610 Rechtbank Den Haag cit ; M. Torre-Schaub, « La décision Urgenda en appel ravive la justice climatique, commentaire sous Cour d'appel de La Haye, 9 oct. 2018 », *Droit de l'Environnement* déc. 2018, n° 273, p. 379-385 ; F. Haumont, « Urgenda et la Convention européenne des droits de l'homme », *in Les recours climatiques en France*, dossier spécial sous la dir. de M. Torre-Schaub, B. Lormeteau, *REEI* mai 2019, p. 20-25.
58. M. Torre-Schaub, « La décision Urgenda en appel ravive la justice climatique ... », art. cité, p. 379-385 ; *Les recours climatiques en France*, dossier spécial sous la dir. de M. Torre-Schaub, B. Lormeteau, *REEI* mai 2019.
59. Premier Rapport du Haut Conseil pour le Climat https://www.hautconseilclimat.fr/rapport-2019/ ; V. M. Torre-Schaub, « Pour une cohérence renforcée des politiques publiques en matière climatique », *REEI*, nos 8-9 juill.-août 2019, p. 39-42.
60. https://uitspraken.rechtspraak.nl/inziendocument?id=ECLI:NL:GHDHA:2018:2610 Rechtbank Den Haag, Assesment B. 5.7, p. 20 et s.

Vienne en première instance, un « droit fondamental à l'environnement sain » décliné comme un « droit à un climat stable ». Même si, depuis, il est revenu sur sa première décision[61].

De la même manière, l'affaire *Juliana* aux États-Unis réclame également ce droit. En effet, dans cette action, engagée en 2015 auprès de la Cour de l'État de l'Oregon, la demande des plaignants se fonde sur les droits constitutionnels à la vie et à la propriété, lesquels, explique la requête, constituent le socle d'un droit pour les générations présentes et futures à un climat « vivable » et « soutenable »[62]. Citons également la demande interposée par Greenpeace Norvège qui a donné lieu à une décision datant du 4 janvier 2018, il est fait référence à la nécessité d'interpréter le droit à l'environnement sain recuilli à l'article smdlfhjm de la Constitution norvegienne, à l'instar de l'affirmation d'un « droit à un climat vivable et stable »[63]. D'autres recours en justice ont été introduits soit sur le fondement d'un droit à un environnement sain élargi au climat, soit directement sur l'affirmation d'un droit à un climat stable, soit sur la réclamation d'une interprétation « climatisée » d'autres droits fondamentaux (comme le droit à la vie ou à la vie privée, ou encore le droit à la propriété, à la liberté de commerce ou à la culture). Citons ainsi la requêté déposée en Suisse[64] et celle déposée auprès du tribunal de première instance de la Cour européenne de justice,[65] ainsi que les recours déposés en Nouvelle-Zélande, en Belgique et au Royaume-Uni[66].

---

61. *ABSL Klimaatzaak c. Royame de Belgique*, Cour de cassation, 20 avr. 2018 ; L'*Union of Swiss Senior Women for Climate Protection c. Swiss Federal Council,* Swiss Federal Administrative Court, 27 nov. 2018 ; *Nature and Youth et Greenpeace c. The Government of Norway represented by the Ministry of Petroleum and Energy,* Oslo District Court, 4 janv. 2018 ; *In re Vienna-Schwechat Airport Expansion*, W109 2000179-1/291E.

62. *Juliana c. États Unis*, District Court for the District of Oregon requête interposée le 10 septembre 2015, n° 6:15-cv-01517-TC https://static1.squarespace.com/static/571d109b04426270152febe0/t/57a35ac5ebbd1ac03847eece/1470323398409/YouthAmendedComplaintAgainstUS.pdf consulté le 30 juin 2019.

63. *Greenpeace Norden c. The Government of Norway through the Ministry of Petroleum and Energy*, Oslo District Court, 4 janv. 2018 http://blogs2.law.columbia.edu/climate-change-litigation/wp-content/uploads/sites/16/non-us-case-documents/2018/20180104_16-166674TVI-OTIR06_judgment-2.pdf consulté le 30 juin 2019.

64. Octobre 2016 https://klimaseniorinnen.ch/english-documents/

65. *Armando Carvailho c. Parlement européen et Conseil de l'Union européenne* T-330/18, Tribunal de l'Union européenne, 8 mai 2019.

66. *ABSL Klimaatzaak c. Royame de Belgique*, Cour de cassation, 20 avr. 2018 ; L'*Union of Swiss Senior Women for Climate Protection c. Swiss Federal Council,* Swiss Federal Administrative Court, 27 nov. 2018 ; *Nature and Youth et Greenpeace c. The Government of Norway represented by the Ministry of Petroleum and Energy,* Oslo District Court, 4 janv. 2018 ; Dépôt de la requête sommaire devant le tribunal administratif de Paris le 14 mars 2019 https://www.oxfamfrance.org/laffairedusiecle/ ; *Leghari v Republic of Pakistan* (2015) W.P. No. 25501/2015 ; Corte Suprema Colombia, 5 avr. 2018, Sala de casacion

Une action en justice se prépare actuellement en Italie et une autre au Royaume-Uni prenant comme fondement l'interprétation élargie du droit à l'environnement sain afin de pouvoir affirmer un droit à un climat stable. Ces actions s'appuient sur le récent rapport du GIEC à 1,5 °C afin de permettre à la fois à la communauté internationale, aux négociateurs onusiens et aux différents décideurs nationaux d'accepter le seuil de 1,5 °C comme objectif de l'Accord de Paris, plutôt que celui de 2 °C, en alléguant que seul le seuil de 1,5 °C permettra de protéger le droit fondamental à un climat stable[67].

*

* *

La tendance émergente consistant à porter devant les tribunaux des demandes ayant pour objet l'affirmation d'un « droit à un climat stable » constitue une voie alternative aux négociations onusiennes caractérisées par leur lenteur et leur manque d'ambition. L'affirmation d'un « droit à un climat stable » de la part des juges devrait conduire également à infléchir le processus de prise de décision au niveau national afin de porter à la hausse les objectifs de réduction de GES permettant de ne pas dépasser une augmentation de températures de 1,5 °C afin de rester dans les préconisations de deux derniers Rapports du GIEC datant respectivement des 9 octobre 2018 et 8 août 2019.

L'affirmation d'un « droit à un climat stable » permet également de donner un contenu davantage « droit de l'hommiste » et « fondamental » et holistique à la notion plus scientifique et politique de « climat stable ». Cela contribuerait à « ouvrir » la lutte contre le changement climatique vers d'autres arènes que

---

civil, STC4360-2018 https://www.dejusticia.org/wp-content/uploads/2018/01/Fallo-Corte-Suprema-de-Justicia-Litigio-Cambio-Clim%C3%A1tico.pdf?x54537&x54537 ; *In re Vienna-Schwechat Airport Expansion*, W109 2000179-1/291E ; *Plan B v. Secretary of State for Bussiness, Energy and Industrial Strategy and The Committee for Climate Change*, HCJ Queen's Bench division Administrative Court, pétition du 7 déc. 2017, n° 781786 http://www.lse.ac.uk/GranthamInstitute/litigation/plan-b-earth-others-v-secretary-state-business-energy-industrial-strategy/ ; *Plan B v. Secretary of State for Bussiness, Energy and Industrial Strategy and The Committee for Climate Change*, Royal Court of Justice Strand London, 20 juill. 2018, audition du 4 juill. 2018, EWHC 1892 n° CO/16/2018 High Court Judgment Template – Brick Court Chambers.

67. https://www.ohchr.org/en/issues/hrandclimatechange/pages/hrclimatechangeindex.aspx ; https://www.ciel.org/reports/delivering-paris-promises-combating-climate-change-protecting-rights/ ; J. Peel & H. M. Osofsky, « A Rights turn in Climate Change Litigation ? *Transnational Environmental Law* 2017, p. 1-31 ; F. Haumont, « Urgenda et la Convention européenne des droits de l'homme », *in Les recours climatiques en France*, dossier spécial sous la dir. de M. Torre-Schaub, B. Lormeteau, *REEI* mai 2019, p. 20-25 ; M. Torre-Schaub, « Vers une climatisation progressive du droit : étude comparée des contentieux climatiques », *RFDA*, Dossier spécial A. Van Lang (dir), *Le changement climatique devant le juge adminsitratif*, juill.-août 2019.

celles des négociations onusiennes. Cette ouverture rendrait possible la construction d'un régime juridique du climat plus en harmonie avec d'autres pans de la protection de l'environnement dans sa globalité afin d'inscrire le « droit à un climat stable » dans un droit à l'environnement sain, lui plus large et plus global. Cela permettrait également de mieux connecter la lutte contre le changement climatique à la protection de la biodiversité et à la lutte contre la déforestation, les deux causes intimement liées à la dégradation du système climatique.

PARTIE 2

L'ÉCONOMICISATION DU CLIMAT : DE LA THÉORIE À LA PRATIQUE

MODÈLES ÉCONOMIQUES ET POLITIQUES ÉNERGIE-CLIMAT : DE L'ÂGE D'OR AUX DÉFIS DE LA NEUTRALITÉ CARBONE

Patrick Criqui
Directeur de recherche émérite au CNRS
Laboratoire d'économie appliquée de Grenoble (UMR GAEL)

Claire Tutenuit
Déléguée générale de l'association Entreprises pour l'Environnement (EpE)

Depuis la création du GIEC en 1988 et la montée au premier plan des préoccupations climatiques, l'analyse économique et les modèles d'évaluation pour l'énergie et le climat ont joué un rôle crucial dans l'évolution des termes de la négociation internationale et de la définition des politiques nationales associées. On peut même retracer un processus de coévolution entre modélisation économique, régime international pour le climat et politiques de transition bas carbone.

Jusqu'à aujourd'hui, des progrès ont été effectués et des résultats obtenus, mais ils sont à l'évidence tout à fait insuffisants pour assurer la mise en place des trajectoires conformes aux objectifs identifiés pour sauvegarder le climat[1]. La contribution des sciences économiques et le rôle des économistes se trouvent donc fortement remis en question : les économistes réchaufferaient-ils la planète[2] ?

La question mérite d'être posée, et nous tenterons d'en explorer les termes en nous situant dans la perspective historique de la dynamique des interactions entre la construction des outils et l'identification des solutions, tant au plan international que national. Cette histoire a été déjà largement explorée[3], mais nous en proposerons ici une lecture centrée sur le rôle de l'analyse économique modélisée. Elle adoptera un point de vue « de l'intérieur », à partir de l'expérience accumulée

1. C. Le Quéré *et al., Global Carbon Budget 2018,* https://www.earth-syst-sci-data.net/10/2141/2018/
2. A. Pottier, *Comment les économistes réchauffent la planète,* http://www.seuil.com/ouvrage/comment-les-economistes-rechauffent-la-planete-antonin-pottier/9782021302417.
3. S. Aykut, A. Dahan, *Gouverner le climat ? Vingt ans de négociations internationales,* Paris, Les Presses de Sciences Po, coll. Développement durable, 2015. https://journals.openedition.org/lectures/17979.

dans la conduite d'une série de recherches ayant accompagné le développement des politiques climatiques. Elle ne manquera pas cependant de prendre un recul critique pour tenter de tirer les leçons d'une expérience qui s'est déployée sur plus d'un quart de siècle. Il s'agit donc bien de mettre au jour les mérites et les limites de la modélisation au service de la transition énergie-climat.

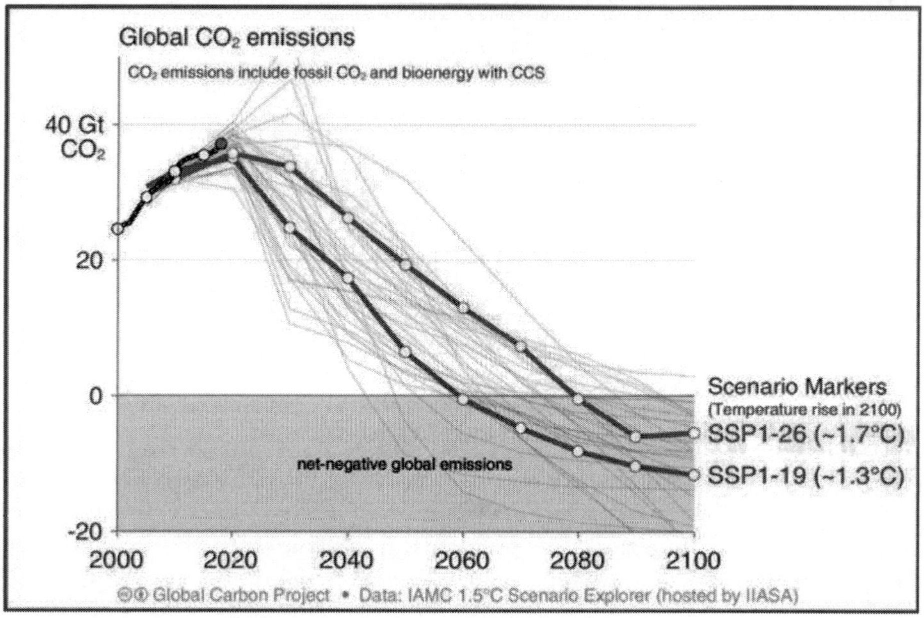

Figure 1 : Émissions mondiales de GES et trajectoires « moins de 2 °C ».

Dans le développement des modèles pour l'énergie et le climat, on peut distinguer trois phases : la genèse, l'âge d'or et le temps des défis. Dans une première section nous revisiterons les deux premières étapes, de la genèse à l'âge d'or. Puis nous explorerons les défis posés aux économistes par les sciences du climat : le respect des objectifs de l'Accord de Paris, maintenir l'augmentation de la température très en dessous de 2 °C, impose la « neutralité carbone » peu après 2050. Dans la troisième et dernière section nous tenterons de tirer les enseignements des premières études disponibles en France pour atteindre Zéro Émissions Nettes en 2050.

I. MODÈLES D'ÉVALUATION POUR L'ÉNERGIE ET LE CLIMAT : GENÈSE ET ÂGE D'OR

Trois dates permettent de structurer, sur quatre décennies, l'articulation de la genèse et de l'âge d'or de la modélisation énergétique : 1972, année du rapport du MIT the *Limits to Growth* ; 1992, année de la Conférence de Rio et de la création de la convention cadre des Nations unies sur le changement climatique ; enfin 2012, année intermédiaire entre l'échec de la COP15 à Copenhague et le succès, certes discuté, de la COP21 à Paris. Vingt ans de genèse des outils modélisés pour l'énergie et le climat, vingt ans d'âge d'or. Nous proposons, sans être aucunement exhaustifs, un relevé des lignes de force à partir principalement de l'expérience européenne.

A. – 1972-1992 : La genèse des modèles économie-énergie-environnement

Le Rapport du MIT au Club de Rome sur *The Limits to Growth*[4] en 1972 constitue certainement la première modélisation complète représentant les interactions entre le système économique et les limites que pourraient constituer les ressources naturelles de la planète. Ses thèses sont bien connues : dans les premières décennies du XXIe siècle, les contraintes imposées par l'épuisement de différentes ressources naturelles sont susceptibles d'entraîner un effondrement de l'économie et de la population mondiale.

Son impact fut d'autant plus retentissant qu'à peine un an après, le premier choc pétrolier crédibilisait les craintes de pénurie pour une ressource essentielle de l'économie mondiale : le pétrole. Le rapport au Club de Rome déclenche d'intenses réactions dans la communauté des économistes, en particulier outre-Atlantique, autour de la modélisation économique de la croissance soutenable. Les modèles formels explorent alors les conditions de la substituabilité, sur le long terme, du capital naturel et du capital artificiel[5]. W. Nordhaus participe à cet effort, mais en explorant en pionnier la problématique du changement climatique avec des modèles qui seront les précurseurs de ses modèles d'analyse coût-avantage de la lutte contre le changement climatique : DICE et RICE[6].

Toutefois, parallèlement, avec les chocs pétroliers se posent des questions très pratiques de renouvellement des politiques énergétiques. Le développement des méthodes de la recherche opérationnelle et des algorithmes d'optimisation linéaire permet d'abord celui des modèles d'offre explorant, pour une demande d'énergie donnée, l'approvisionnement au moindre coût (MARKAL, EFOM…). Mais la question des politiques de demande émerge rapidement, et les premiers modèles de simulation (MEDEE) permettent de dépasser la simple extrapolation faisant apparaître les déterminants de- et leviers d'action sur- la demande.

C'est aussi dans le contexte des chocs pétroliers que le développement des modèles macroéconomiques, alors de manière dominante keynésiens (HERMES),

---

4. D.H. Meadows *et al.*, The Limits to Growth, 1972. https://www.clubofrome.org/report/the-limits-to-growth/

5. J. Pezzey, M. Toman, Resources for the Future, 2002 https://www.researchgate.net/publication/24122700_The_Economics_of_Sustainability_A_Review_of_Journal_Articles.

6. W. Nordhaus, 1992-2017, https://sites.google.com/site/williamdnordhaus/dice-rice.

permet d'explorer les conséquences des chocs de commerce extérieur et, corrélativement, des politiques d'indépendance énergétique. La fin des années 1980 voit poindre une révolution, celle des modèles d'équilibre général calculables (MEGC). Inspirés des théories de l'équilibre général walrasien, ces modèles sont rendus calculables ou applicables du fait des progrès des algorithmes de résolution et de la capacité de calcul des ordinateurs, alors en forte progression. Cette dualité entre modèles macroéconomiques d'équilibre (néoclassiques) et modèles de déséquilibre (keynésiens) demeure encore aujourd'hui pertinente[7].

B. – 1992-2012 : l'âge d'or des exercices de modélisation

À partir du début des années 1990, la Commission européenne lance deux grandes lignes de recherche en économie de l'environnement. La première porte sur l'évaluation des coûts externes, essentiellement environnementaux, des différentes énergies. Ce sera le programme ExternE[8], mené en parallèle avec les travaux du Laboratoire national d'Oak Ridge aux États-Unis. La seconde porte sur une ligne de modèles énergétiques destinés à informer les décisions en matière de politique énergie sous contrainte climatique : GEM-E3 (pour Economie-Energie-Environnement) et NEMESIS pour l'économie européenne et, pour le système énergétique, PRIMES pour l'Europe et POLES pour le monde.

Ces modèles vont être développés et mobilisés en lien avec la préparation des négociations internationales avant et après la COP3, celle du Protocole de Kyoto en 1997. Dans un premier temps les modèles permettent en particulier d'évaluer les coûts du Protocole pour les différents pays, alors même que les chiffres avancés pour les objectifs de réduction des émissions n'ont résulté que d'un pur processus de marchandage entre les principaux pays développés.

Avec la montée en puissance des travaux du GIEC, et en particulier de son Groupe de travail n° 3 qui doit étudier les conditions de l'atténuation, c'est-à-dire de la réduction des émissions, les modèles d'évaluation se multiplient. En Europe, plusieurs centres de recherche développent des modèles d'évaluation intégrés (IMAGE, MESSAGE, REMIND, WITCH, IMACLIM...). Progressivement des coopérations se nouent, au sein des différents Programmes Cadres de Recherche et Développement avec les modèles initialement développés pour la Commission européenne. Des coopérations sont aussi nouées avec des équipes non européennes, notamment américaines. Des modèles différents de nature et de structure sont utilisés afin d'explorer des scénarios communs.

---

7. J.-F. Mercure *et al.*, Modelling innovation and the macroeconomics of low-carbon transitions : theory, perspectives and practical use, https://www.tandfonline.com/doi/full/10.1080/14693062.2019.1617665.
8. ExternE 1990-2005, http://www.externe.info/externe_d7/

En effet, dans les années 2000, la question de l'extension du Protocole de Kyoto et de ses modalités se pose de manière cruciale. C'est alors probablement le véritable âge d'or de la modélisation. Et le paradigme intellectuel est alors clairement dominé par une vision économique (économiciste ?) du problème de la construction d'un « régime international pour le climat ».

Ce dernier est fondé sur un triptyque clair : i. fixation d'un plafond mondial d'émissions, ii. partage de l'effort entre les différents pays, iii. création d'un marché international des permis conduisant à un prix unique du carbone. Ce dispositif est, en théorie, celui qui assurerait à la fois l'efficacité économique maximum et la prise en compte des considérations d'équité internationale. En effet, en fonction du schéma de répartition internationale des permis d'émission, le marché des permis doit entraîner des transferts monétaires massifs. Et, si la dotation des pays en développement a été généreuse, c'est des pays du Nord vers les pays du Sud que s'effectueront ces transferts.

Conforme aux enseignements de la théorie économique de l'environnement[9], ce schéma est élégant et se prête très bien au traitement par les modèles. De multiples études sont alors menées avec différents modèles pour identifier et évaluer les conséquences de différents schémas d'allocation des permis, en lien avec divers principes d'équité internationale.

Tableau 1 : Transferts internationaux dans différents schémas d'allocation, Étude GHG Reduction Pathways in the UNFCC process up to 2025 (pour la DG Environment, 2003).

Financial Flows (2025) *billion €*	S550e					S650e				
	PCC2050	PCC2100	MS1	MS2	MS3	PCC2050	PCC2100	MS1	MS2	MS3
Enlarged EU*	159	105	181	162	231	25	7	27	30	33
USA	5	-162	160	116	275	22	-23	16	25	35
Canada	20	12	26	23	33	6	4	6	7	7
CIS + Other Europe	33	-30	43	25	90	10	-8	6	6	6
Oceania	6	-1	10	8	17	3	1	3	4	4
Japan	42	27	48	43	64	8	4	9	9	10
Latin America	64	75	84	92	18	4	7	12	12	1
Africa	-123	1	-132	-132	-124	-39	-5	-15	-15	-15
ME & Turkey	47	45	48	60	41	11	10	15	2	8
India	-111	-8	-198	-198	-123	-30	-1	-28	-28	-27
Rest South Asia	-95	-35	-36	-36	-35	-28	-11	-4	-4	-4
China	-100	-107	-216	-140	-518	-3	-4	-38	-38	-49
Rest SE & E Asia	53	78	-19	-22	29	11	19	-9	-8	-10
Total financial flow	429	343	600	529	800	100	52	94	94	105

Source: POLES model

Sans entrer dans l'analyse des résultats, et avec le recul d'aujourd'hui, on peut s'interroger sur le caractère « réaliste » d'institutions internationales qui

9. M. Cropper, W. Oates, 1992 https://www.researchgate.net/publication/4981374_Environmental_Economics_A_Survey.

impliqueraient chaque année des transferts de centaines de milliards de dollars des États-Unis et de l'Europe vers la Chine, l'Inde ou l'Afrique (Tableau 1). Et d'ailleurs, en 2009, l'échec de la COP15 à Copenhague (v. *infra*), marque l'impossibilité de conclure un accord fondé sur un partage mondial des émissions.

Cependant les travaux modélisés se prolongent dans de grands projets de recherche (en Europe ADAM, AMPERE, ADVANCE). La communauté internationale des modélisateurs s'organise aussi dans le cadre de grands consortiums associés aux travaux du GIEC comme l'IAMC[10]. L'accent est alors mis plutôt sur l'analyse de scénarios globaux, pour différentes hypothèses de progrès technologique, et en identifiant notamment le surcoût économique associé à tout retard dans l'action différée. Ainsi le projet AMPERE constituera une des ressources mobilisées en 2014 pour l'adoption par l'Europe d'un objectif 2030 ambitieux, soit une réduction de 40 % des émissions par rapport à 1990.

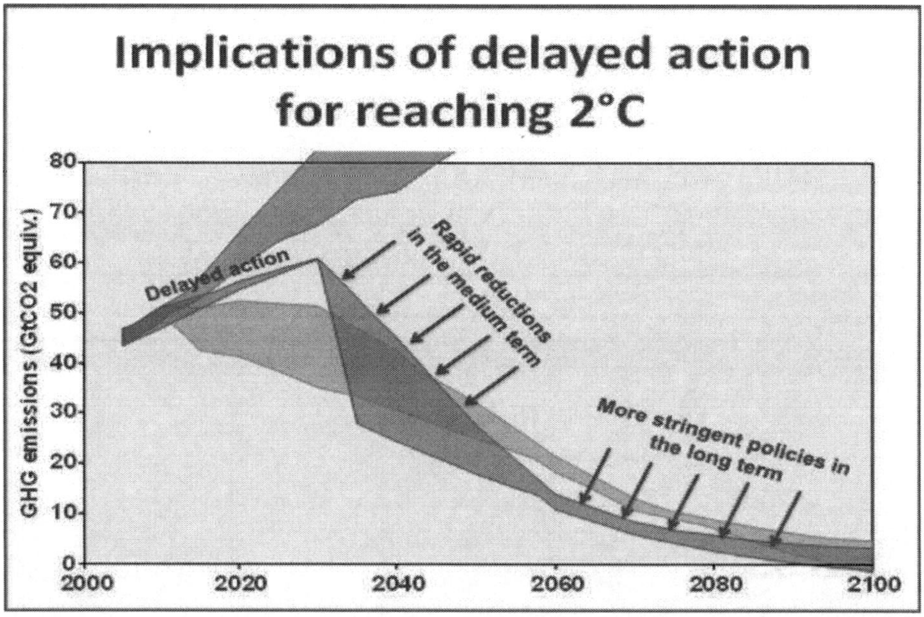

Figure 2 : Analyse des conséquences d'une action différée dans le projet AMPERE (7e PCRD, 2014).

10. Integrated Assessment Modeling Consortium, http://www.globalchange.umd.edu/iamc/

II. APRÈS COPENHAGUE : LES STRATÉGIES NATIONALES DE « DÉCARBONATION PROFONDE » PUIS DE « NEUTRALITÉ CARBONE »

La COP15 à Copenhague fut donc un échec, car elle a bien marqué l'impossibilité de construire la négociation internationale sur le triptyque « plafond mondial-partage des émissions-marché de quotas ». Elle constitue ainsi un tournant pour la négociation, avec un départ sur de nouvelles bases. En quelques années, la vision de la construction du régime international pour le climat passe d'une logique *top-down* à une logique *bottom-up*. En 2013 est introduit le concept de Contribution Déterminée Nationalement, c'est-à-dire la fixation d'un objectif national d'émission pour un horizon de moyen terme (2030 ou 2035). Parallèlement la perspective d'un marché mondial des émissions, si elle n'est pas annihilée, perd tout caractère central.

Le concept structurant devient alors celui de scénario ou de trajectoire nationale de décarbonation. Le statut et les conditions des applications des outils que constituent les modèles changent alors radicalement. On le notera tant dans l'expérience française du Débat National sur la Transition Energétique que dans des projets de recherche internationaux comme le Deep Decarbonization Pathways Project.

Après la publication en 2018 du Rapport 1,5 °C du GIEC, commandité lors de l'Accord de Paris, le point focal des politiques climatiques devient la « neutralité carbone » à atteindre peu après 2050. Cet objectif est décliné dans les politiques nationales de certains pays, en particulier le Royaume-Uni et la France, dans le cadre de la Stratégie Nationale Bas Carbone[11].

A. – Le DNTE en France, une expérience fondatrice ?

Peu après les élections présidentielles de 2012, la France doit réviser les termes de sa politique énergétique. À l'automne est mis en place un dispositif complet, que l'on peut qualifier de démocratie délibérative. Il combine un Conseil national de la transition énergétique composé de 7 collèges[12] de 16 membres, auquel sont adjoints un groupe d'experts, un groupe de contact avec les entreprises et un comité citoyen. Secondé par un secrétariat général du débat et chapeauté par un comité de pilotage, ce dispositif sera actif pendant tout le premier semestre

11. France : loi Énergie et Climat promulguée en norvembre 2019 et https://www.ecologique-solidaire.gouv.fr/strategie-nationale-bas-carbone-snbc ; Royaume-Uni : v. le site du Committee for Climate Change qui tient à jour l'état de la législation : https://www.techccc.go.uk/.

12. Les 7 collèges sont : ONG environnementales, associations de consommateurs, syndicats, employeurs, collectivités locales, parlement et gouvernement.

de l'année 2013 et produira des rapports pour huit groupes de travail : i. sobriété et efficacité énergétique, ii. scénarios et trajectoires, iii. énergies renouvelables et nouvelles technologies, iv. financement de la transition, v. gouvernance, vi. transitions professionnelles, vii. compétitivité industrielle, viii. distribution et réseaux[13].

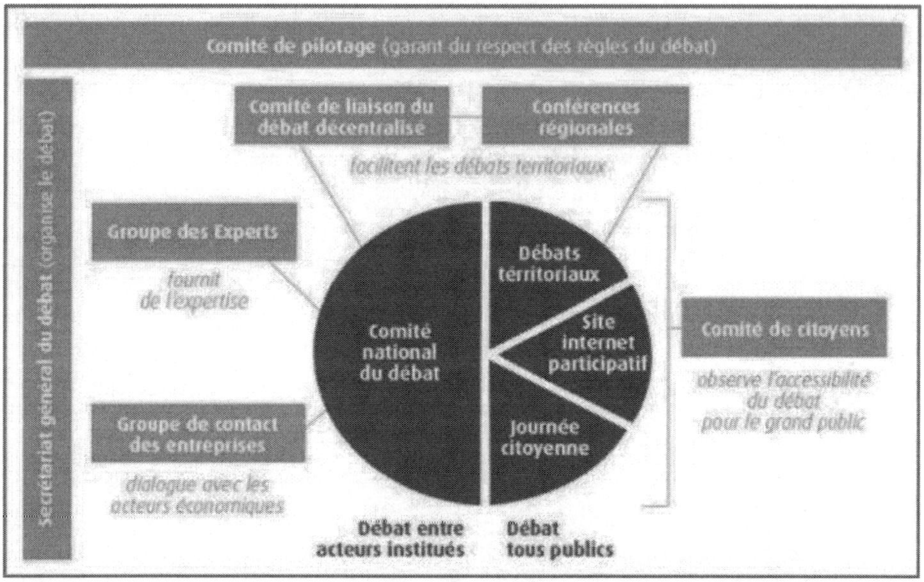

Figure 3 : Dispositif institutionnel du Débat National sur la Transition Energétique (2012-2013).

L'une des principales innovations de ce processus sera sans doute qu'il est décidé *ab initio* de ne pas créer de nouveaux scénarios, mais d'utiliser pour le débat des scénarios préexistants, tels que produits par des ONG, des *think tanks* ou des centres de recherche. Seize sont identifiés, mais il apparaît rapidement que de la « jungle des scénarios » il est possible de produire un nombre réduit de visions du futur énergétique ou « trajectoires ». Celles-ci sont au nombre de quatre et peuvent être décrites comme :

– Décarbonation : la réduction de demande en 2050 est modérée (–20 %), le système électrique reste bas carbone par le maintien de la part du nucléaire à 75 % du total.

– Diversification : la réduction de la demande reste modérée, mais les énergies renouvelables, biomasse, éolien, solaire, sont mobilisées afin de permettre la baisse de la part du nucléaire à 50 %.

13. http://temis.documentation.developpement-durable.gouv.fr/document.html?id=Temis-0078782.

– Efficacité : la mobilisation des potentiels d'efficacité énergétique permet de réduire la demande de manière beaucoup plus significative (– 50 %), alors que le mix électrique reste diversifié à environ 50 % pour le nucléaire en 2050.

– Sobriété : la forte réduction de la demande est obtenue pour une bonne part par la sobriété énergétique, alors qu'il y a sortie du nucléaire et que les énergies renouvelables représentent jusqu'à 80 % du mix électrique.

Le plus important dans l'approche du DNTE est bien que les trajectoires découlent de visions contrastées du futur dont les caractéristiques ne peuvent être décrites en termes exclusivement économiques. Si des modèles ont été utilisés pour construire les détails quantitatifs, ce n'est pas un point essentiel, et d'ailleurs il n'y a pas d'évaluation économique quantifiée de chaque scénario. Néanmoins, bien que les travaux sur l'évaluation des impacts économiques, environnementaux et sociaux n'auront pas été aussi loin qu'il était initialement souhaité, les quatre trajectoires auront été décrites de manière cohérente dans des tableaux de résultats standardisés (ou *templates*). Elles auront de ce fait constitué autant d'objets communs, servant de supports aux débats et permettant la « mise en politique »[14] de la transition énergétique.

En 2014-2015, les travaux du DNTE constitueront une base pour l'élaboration de la Loi de Transition Energétique pour la Croissance Verte et, lors des élections présidentielles de 2017, les programmes énergétiques des principaux candidats pourront être clairement positionnés sur chacune des quatre trajectoires[15], ce qui en quelque sorte aura validé *ex post* la démarche.

B. – Les scénarios de « décarbonation profonde », en appui de la COP21

Mais, alors que se prépare la COP21, la démarche du DNTE va être rapidement transposée au plan international dans un projet de recherche piloté par Laurence Tubiana, qui avait été présidente du Comité de pilotage du DNTE, et Jeffrey Sachs, alors conseiller économique du secrétaire général des Nations unies, Ban Ki Moon.

Ce projet vise explicitement à contribuer à la préparation d'un accord lors de la COP21. Cela en élaborant des scénarios de décarbonation profonde pour 16 pays, parmi les principaux émetteurs mondiaux puisqu'ils représentent à eux seuls 75 % des émissions mondiales de CO_2 énergétique. C'est le projet Deep Decarbonization Pathways[16]. L'idée centrale est que les pays ne pourront s'engager s'ils ne disposent pas de leur propre vision d'un futur décarboné. Le cadre

14. A. Nadai, S. Aykut.
15. P. Criqui.
16. DDPP.

de l'étude et l'organisation de la collecte des résultats s'inspirent des méthodes employées dans le DNTE français. Là encore des modèles peuvent être utilisés, mais ils ne sont pas au cœur du processus. Enfin le choix d'équipes de recherche nationales en contact avec leur gouvernement doit assurer la meilleure diffusion des visions du futur énergétique.

L'un des principaux résultats de cette étude DDPP sera que la convergence des émissions par tête vers des niveaux de l'ordre de 1,7 tCO_2/hab est possible pour l'horizon 2050 ou peu après, mais que cette trajectoire sera atteinte par des voies assez différenciées selon les pays. Cependant il apparaît que dans tous les cas la décarbonation profonde repose sur trois piliers principaux communs : d'abord la maîtrise de la demande d'énergie, ensuite la décarbonation de l'électricité, mais aussi au-delà de tous les vecteurs énergétiques, enfin la diffusion accélérée de ces vecteurs décarbonés dans tous les secteurs consommateurs d'énergie.

Il est impossible aujourd'hui d'évaluer le rôle exact de ce programme de recherche dans la conclusion de l'Accord de Paris. Ce que l'on peut dire au moins, c'est qu'il s'inscrivait parfaitement dans la nouvelle logique des négociations, et qu'il a contribué sans doute à rendre crédibles les images d'un futur décarboné pour des pays aussi importants que différents.

C. – Accord de Paris et Rapport 1,5 °C du GIEC : les défis de la neutralité carbone

Lors de la Conférence de Paris, et alors que le texte de l'accord demande de viser un objectif d'augmentation des températures « nettement inférieure » à 2 °C, les pays de l'alliance des petits États insulaires demandent au GIEC la préparation d'un rapport spécial sur les conditions et les moyens d'une limitation de l'augmentation des températures à 1,5 °C[17].

La communauté scientifique se saisit d'abord avec prudence de cette demande. Puis elle s'attelle à la tâche, en respectant les critères de l'évaluation scientifique, malgré le caractère extraordinairement ambitieux de l'objectif retenu par les politiques. Le rapport qui en résulte s'appuie sur une évaluation précise de la combinaison des profils d'émissions positives et négatives (c'est-à-dire les absorptions de carbone dans les forêts, les sols ou les réservoirs artificiels, comme résultant de l'action humaine, au-delà des cycles naturels) conduisant à l'objectif de 1,5 °C. Il analyse aussi les changements dans les risques encourus et dans les besoins d'adaptation, par rapport au scénario 2 °C.

17. https://www.ipcc.ch/sr15/

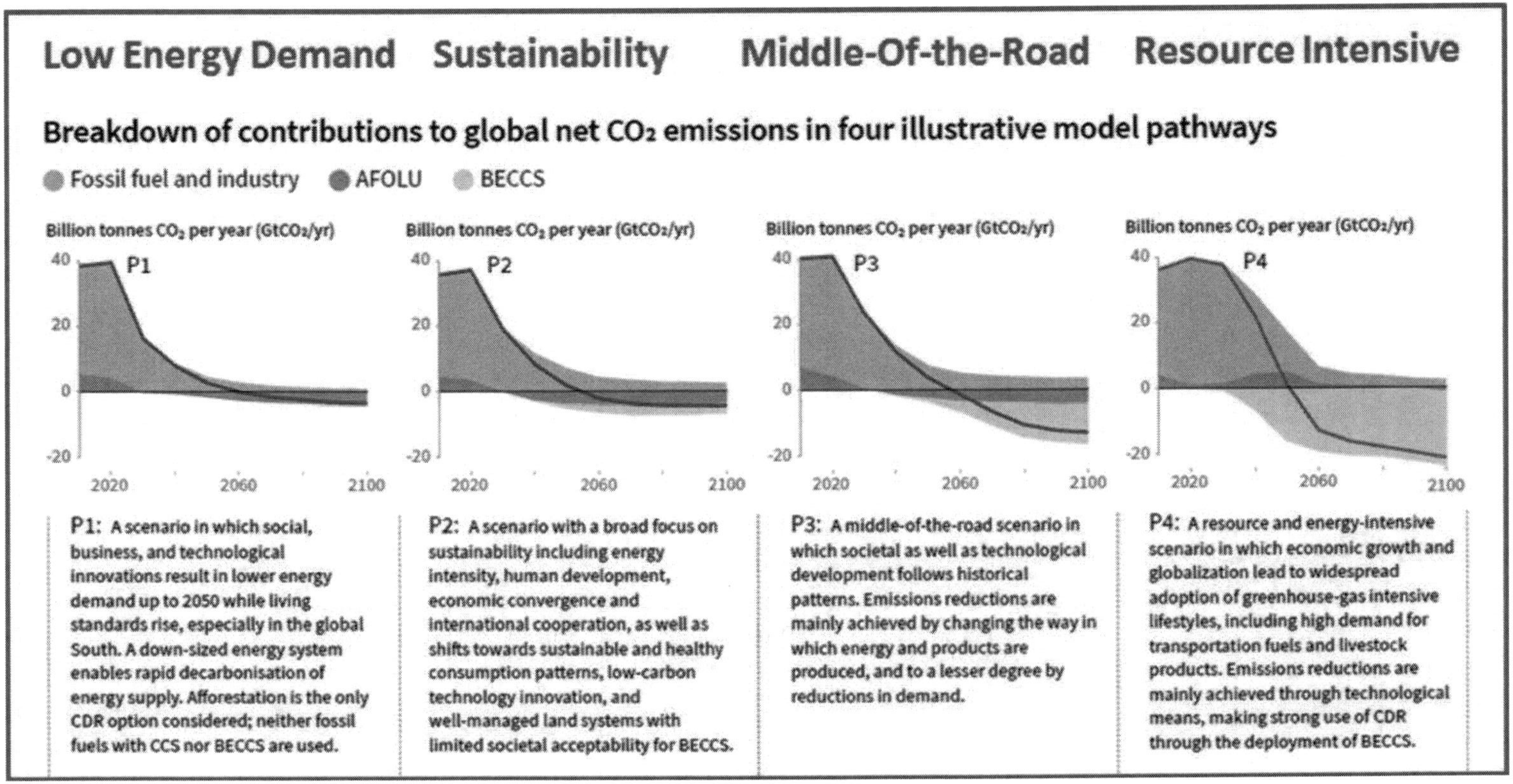

Figure 4 : Les scénarios du rapport 1,5 °C du GIEC (2018).

Dans ses principales conclusions, il apparaît :

– que tout retard dans le plafonnement puis la réduction des émissions doit être à long terme compensé par des émissions négatives plus importantes.

– que dans tous les cas la neutralité carbone, c'est-à-dire l'équilibre entre émissions positives résiduelles et émissions négatives, doit être atteinte vers l'horizon 2050-2060.

– que, dans sa déclinaison pour chaque pays, la neutralité carbone impose de dépasser la logique des changements incrémentaux au sein des grands secteurs habituellement considérés, par des changements radicaux au sein de grands sous-systèmes complexes comme « forêts-agriculture-alimentation » ou « urbanisme-bâtiment-transports »...

III. IMAGES D'UNE FRANCE « ZÉRO ÉMISSIONS NETTES » EN 2050

La neutralité carbone en 2050 est évoquée dès l'Accord de Paris. Mais, à partir de 2017, elle devient le point focal des débats sur les politiques climatiques. En parallèle, apparaissent rapidement les premières difficultés d'application des politiques décidées au moment de l'Accord de Paris :

– l'électrification de la mobilité ne progresse pas du tout aussi vite que prévu ;

– si la construction neuve est en grand progrès grâce aux normes et réglementations, la rénovation énergétique des bâtiments existants ne se généralise pas ;

– malgré le développement assez rapide des énergies renouvelables électriques dans de nombreux pays, les émissions diffuses ne baissent pas, voire elles augmentent[18] ;

– les mécanismes de prix du carbone sont demandés depuis longtemps par le monde économique (économistes académiques et entreprises), tant pour les émissions diffuses que pour les émissions industrielles. Mais, lorsqu'ils sont en place, ils échouent à donner un signal suffisamment fort et fiable pour conduire à la décarbonation visée.

Malgré les difficultés rencontrées, plusieurs pays adoptent à partir de 2018 la neutralité carbone comme objectif officiel[19]. En France, une trajectoire officielle quantifiée est élaborée dans le cadre de la nouvelle Stratégie Nationale Bas

18. V. l'Observatoire énergie-climat.

19. https://theconversation.com/paris-et-londres-se-lancent-dans-la-course-a-la-neutralite-carbone-pour-2050-118695.

Carbone[20]. L'expression a en effet une puissance de communication meilleure que les trajectoires climatiques exprimées en températures : elle rend possible d'expliquer ce que cela veut dire en termes d'émissions.

L'analyse économique des trajectoires conduisant à cette neutralité montre cependant ses limites : le rapport sur la Valeur de l'Action Climat fait apparaître des limites aux modèles détaillés mobilisant les solutions. Les modèles ne rendent pas non plus compte des résistances apparues notamment avec le mouvement des gilets jaunes.

Mais il est utile d'engager une réflexion différente, plus large que le seul raisonnement économique, et visant d'abord à imaginer à quoi ressemblerait une société zéro émissions nettes (ZEN). Puis on peut, à partir de cette image, explorer la trajectoire nécessaire pour y arriver. C'est la réflexion engagée en France par Entreprises pour l'Environnement[21]. Elle aboutit à la publication de l'étude ZEN 2050 en mai 2019[22]. Loin d'être une simple modélisation économique, elle comporte plusieurs parties : une analyse sectorielle des réductions possibles et des leviers à mobiliser ; une étude sociologique, conduite en parallèle et en interaction avec cette analyse sectorielle, pour imaginer les modes de vie des Français à l'échéance ; l'ensemble de ces deux parties décrit une Image 2050 détaillée par secteur ; enfin une analyse des trajectoires correspondantes dans les grands systèmes sociotechniques, calculées rétroactivement à partir de cette Image 2050, permet d'évaluer les investissements nécessaires et les effets sur l'emploi.

A. – Analyse sectorielle

La neutralité carbone signifie que les émissions résiduelles, après application des politiques sectorielles de réduction, ne doivent pas dépasser le puits de carbone « anthropique », si possible augmenté. Les secteurs considérés sont ainsi : les puits de carbone, le résidentiel-tertiaire, la mobilité (y compris l'aviation internationale), l'industrie, l'agriculture, l'énergie, enfin les déchets. Le choix est fait de ne retenir dans tous les secteurs que les réductions faisant appel à des technologies existantes, et de ne pas avoir recours à des solutions sur territoires étrangers (compensation, importation massive de biomasse ou délocalisation des activités industrielle émettrices).

Le puits de carbone est évalué en trois parties :

– l'absorption de CO_2 par les forêts, dynamisée par une sylviculture plus intensive quoique diversifiée ;

20. https://www.ecologique-solidaire.gouv.fr/strategie-nationale-bas-carbone-snbc – non encore adoptée.
21. À l'instar de la démarche menée par la Fédération des industries allemande (BDI).
22. http://www.epe-asso.org/zen-2050-imaginer-et-construire-une-france-neutre-en-carbone-mai-2019/

– les pratiques agricoles, modifiées pour favoriser le stockage de carbone dans les sols, et le ralentissement de l'artificialisation des sols, émettrice de CO_2 ;

– les captage et stockage du CO_2 à partir d'installations industrielles ou énergétiques.

Le total du puits de carbone, augmenté par des politiques appropriées, arrive à environ le double de ce qu'il est aujourd'hui, soit 100 $MtCO_2$. Il permet de caler les réductions demandées aux autres secteurs à ce niveau, ce qui revient à les diviser par un facteur cinq environ.

En l'absence d'un référentiel économique complet s'appuyant sur des coûts de réduction, le partage des émissions résiduelles entre les différents secteurs est difficile à déterminer. Dans l'étude ZEN-2050, il a pu cependant s'appuyer sur la bonne connaissance des technologies et des potentiels de réduction qu'offraient les partenaires industriels participant au pilotage de l'étude. Certains arbitrages ont été faits par consensus, d'autres n'ont pas été possibles, la représentation de tous les secteurs par les partenaires a permis d'aboutir à une forme d'équité ressentie dans l'effort des uns et des autres. La moitié des émissions résiduelles est laissée à l'agriculture, car les émissions des élevages sont difficilement compressibles autrement que par la réduction du cheptel. Cela alors même que la division par deux supposée de la consommation de viande apparaît déjà comme un changement très important des pratiques alimentaires de la population[23].

Les secteurs diffus, avec les émissions du secteur résidentiel-tertiaire et de la mobilité, sont imaginés mobiliser massivement les technologies déjà connues, rentables avec des prix du carbone modérés ; l'hypothèse retenue est celle d'une réduction de 90 % de leurs émissions :

– dans les transports, par les mobilités douces, le recours au biogaz-véhicule, et surtout l'électrification massive, directe ou à travers l'hydrogène ;

– dans le résidentiel tertiaire, avec des constructions neuves haute performance et en moindre nombre, en ligne avec la démographie, et surtout avec une rénovation rapide et profonde de la plus grande partie du parc de bâtiments existants.

Le secteur de l'énergie est supposé être bien sûr massivement décarboné, mais l'étude met en évidence une contrainte jusqu'ici ignorée : la quantité de biomasse disponible sur le territoire national n'est pas suffisante pour satisfaire les besoins de chaque secteur en remplacement des fossiles. Dans ZEN-2050, le consensus n'est pas obtenu entre les énergéticiens pour le partage de cette biomasse, non plus que sur le partage entre économies d'énergie et électrification, ni enfin

23. La décision a également été prise de ne pas recourir à des importations massives de biomasse ni à une hypothèse de délocalisation/désindustrialisation, car il est supposé que les autres pays du monde ont aussi à conduire leur décarbonation.

sur le mix électrique ni gazier. La contrainte sur la biomasse et les contraintes ou oppositions au développement des énergies tant renouvelables que nucléaire conduit en tout cas à retenir un scénario privilégiant les économies d'énergie : la consommation finale d'énergie est divisée par 2, et les émissions liées par 6.

Le secteur industriel enfin réduit ses émissions par l'électrification de ses usages d'énergie, par l'économie circulaire qui réduit les besoins en matériaux, et par une substitution de matériaux industriels par des biomatériaux. Les émissions sont réduites d'environ 70 %, un peu moins que les émissions diffuses du fait de l'hypothèse de non-délocalisation et des besoins industriels liés à la décarbonation (fabrication de véhicules, matériaux isolants...).

La réduction par 5 des émissions semble donc possible, avec même différentes options pour y parvenir qui dépendront des choix opérés et de la concurrence entre les énergéticiens. Cependant cette Image 2050 peut donner l'impression que les particuliers font un effort supérieur aux autres secteurs. C'est pourquoi il a paru important d'explorer les modes de vie, leurs changements et les résistances vraisemblables à ces changements.

B. – Vivre dans une France ZEN

L'analyse sociologique originale des transformations impliquées[24] a intégré plusieurs aspects des changements impliqués pour les ménages. Elle s'est appuyée en particulier sur une analyse des motivations ou résistances à des changements motivés par le changement climatique.

Le défi méthodologique était de projeter les différentes catégories de population et de leur associer des modes de vie, les catégories étant définies selon les âges, les catégories socio-professionnelles, la géographie (ménages urbains ou ruraux). Au départ 81 catégories, mais pour lesquelles on a finalement privilégié deux critères : d'une part, la motivation des ménages et, d'autre part, leurs besoins caractéristiques en énergie, donc en émissions.

Le premier critère permet de distinguer trois attitudes des ménages : certains sont « moteurs », ils ont compris les enjeux climatiques et veulent contribuer à leur résolution ; à l'opposé d'autres sont « réticents », ils résistent à la pression de changement, et considèrent que toute contrainte est liberticide. Ils réduisent néanmoins leurs émissions, sous la contrainte ou pour des raisons de pouvoir d'achat. La troisième catégorie, majoritaire (60 % de la population), est dite « variable », elle accepte certains efforts pour des raisons diverses, pas forcément climatiques.

Ces trois catégories se décomposent chacune en trois classes selon les besoins en énergie du ménage. Ainsi une famille vivant en ville près du métro, même si elle est

24. Produite par Stéphane Labranche, Sciences-Po Grenoble.

réticente, peut avoir des émissions assez faibles. Inversement, une famille sobre peut être fortement émettrice du fait de la taille de la famille ou de la nature du logement, et se trouver alors frustrée par le contraste entre ses aspirations et la réalité.

Ceci permet de représenter les ménages de 2050 comme une mosaïque avec la même structure de base qu'actuellement, mais avec des changements significatifs des émissions sous l'effet des nouvelles politiques et offres de biens et services. Chaque catégorie diminue ses émissions, les « réticents » de 2050 étant comparables aux « variables » d'aujourd'hui, les « variables » de 2050 émettant comme les « moteurs » actuels. Les plus sobres ou « moteurs » de 2050 seront, eux, végétariens et n'émettront pas pour leur chauffage ni leur mobilité. Une vérification de cohérence permet de s'assurer que les émissions résultantes correspondent bien aux niveaux d'émission retenus pour obtenir la neutralité.

En résumé, cette hypothèse d'une continuité relative des attitudes permet de rendre compte des résistances à surmonter : pour que la neutralité soit atteinte, même les résistants doivent réduire leurs émissions, et ils ne le font que sous une certaine contrainte ; celle-ci doit être acceptable par la majorité de la population pour être adoptée. Des tendances déjà existantes pourront être accentuées, mais, pour infléchir certaines tendances lourdes, l'exercice d'une contrainte sera indispensable.

À l'encontre d'une approche strictement économique qui présuppose la rationalité des acteurs et privilégie le seul signal-prix, cette analyse permet de raisonner sur d'autres leviers – réglementation, avantages pour la santé, offre de nouvelles solutions disponibles – le prix étant un levier nécessaire mais non suffisant. Le recours à la fiscalité carbone dépend alors de choix politiques, qui peuvent par exemple privilégier un fort signal-prix sur les émissions pour favoriser le financement des investissements nécessaires, en l'associant ou non à des éléments de compensation et d'aide à la transition des ménages les plus précaires, de subvention aux investissements de transition ou encore en mobilisant d'autres leviers fiscaux.

Cette partie sociologique de l'étude, qu'illustrent neuf portraits de familles caractéristiques, montre en tout cas des modes de vie très différents, mais qui gardent des points communs avec ceux d'aujourd'hui : après un investissement significatif à faire par chaque ménage (y compris pour les familles vulnérables avec une aide sociale adéquate) pour la rénovation énergétique des logements et le changement de mobilité, la part des budgets familiaux consacrée à l'alimentation ou à l'énergie ne varie presque pas, des mécanismes de prix limitant les effets-rebond pour tirer tout le bénéfice de l'efficacité énergétique acquise.

C. – Transformer les grands systèmes sociotechniques

Le neutralité carbone apparaît cependant, au vu des chiffres, comme une transformation sans précédent : il faut passer, dans le cas de la France, d'un rythme de réduction des émissions de 0,5 % par an, principalement porté entre 1990 et 2015 par l'industrie et l'énergie, à un rythme de –4,5 % par an entre 2015 et 2050 portant sur l'ensemble des activités, y compris celles des particuliers. Passer de 480 $MtCO_2e$ à moins de 100 réclame des changements importants des trois grands systèmes sociotechniques qui façonnent les modes de vie :

– *agriculture, alimentation, usage des sols et forêts ;* il s'agit de consommer plus local et moins carné, tout en déployant des pratiques agricoles moins émettrices, voire en stockant du carbone dans les sols, et en utilisant une partie de la biomasse des forêts pour des usages comme matériaux et énergétiques ;

– *aménagement du territoire, urbanisme, rénovation énergétique et mobilité ;* des villes et des villages plus denses doivent permettent de réduire la mobilité contrainte pour accéder aux emplois et aux services, de consommer moins d'espace agricole, de déployer des services de mobilité moins coûteux en espace et en équipements ;

– *système productif, industrie, économie circulaire et matériaux ;* les schémas structurels de l'économie circulaire, avec en amont un développement de l'économie de fonctionnalité et en aval les politiques zéro déchets, doivent s'ajouter à une électrification généralisée pour permettre de maintenir un haut niveau d'activité avec de faibles impacts sur l'environnement.

Les conditions d'atteinte de la neutralité carbone en 2050 vont ainsi bien au-delà de conditions techniques et économiques, ce qui constitue l'une des différences majeures avec la conception précédente de la décarbonation. Lors de la négociation de l'Accord de Paris, le dialogue se limitait aux pouvoirs publics nationaux, aux villes et aux entreprises : celles-ci proposaient des solutions, et les pouvoirs publics devaient mettre en place les politiques nécessaires pour les rendre viables : prix du carbone, normes et réglementation, etc.

Ce schéma laisse aujourd'hui la place à un triangle dans lequel chaque partie prenante a un rôle à jouer, et la réussite de la transformation de la société dépendra de leur action conjointe : la transformation ne peut pas rester invisible du grand public, elle dépend de leur action.

Aux citoyens de changer en partie leur mode de vie, d'isoler leur logement, de réduire la part de la viande dans leur alimentation, de transformer leur mobilité pour supprimer la consommation de carburants d'origine fossile… et de soutenir les pouvoirs publics qui leur imposeront de nouvelles contraintes. Il faut noter qu'une large part de l'effort est de l'ordre de l'investissement : l'étude ZEN 2050 montre que énergie et alimentation ne pèseront pas plus dans les budgets qu'aujourd'hui, avec des prix supérieurs et des quantités moindres (logement isolé, moins de gaspillage), mais il aura fallu auparavant isoler le logement et modifier les mobilités.

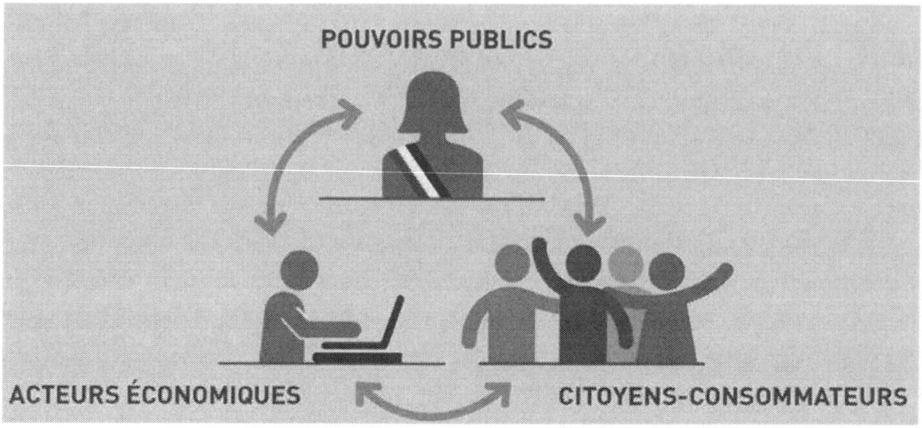

Figure : Source EpE ZEN 2050.

Aux entreprises de mettre en œuvre en interne les solutions de l'économie circulaire, de fournir les solutions technologiques et les nouveaux services accompagnant la réduction des émissions et enfin de les financer. Elles devront aussi gérer la conversion industrielle de territoires et de secteurs actuellement dépendants des fossiles, former les personnes pour les nouveaux métiers et accompagner les nouvelles trajectoires professionnelles.

Aux pouvoirs publics enfin de mettre en place les cadres réglementaires et économiques nécessaires à la rénovation énergétique du parc de bâtiments, au développement des infrastructures de transport et des véhicules bas carbone. L'instauration de prix du carbone sera une condition nécessaire, mais non suffisante, de la transition ZEN. Il faudra aussi négocier avec les partenaires européens des dispositifs évitant que la décarbonation accélérée ne conduise à la disparition de l'industrie, modifier la politique agricole et les politiques d'aménagement des territoires.

Ces grandes transformations ne pourront aboutir sans une coopération active des différentes parties prenantes. Pour que les consommateurs acceptent l'effort demandé, plusieurs conditions apparaissent en effet comme incontournables, c'est ce qui est apparu à la fin de l'étude ZEN-2050, lors de la consultation d'un panel de citoyens sur les conditions de faisabilité de la transition.

La première condition est la bonne explicitation et compréhension des enjeux, de l'ampleur et de l'urgence du sujet, et de l'objectif des politiques. Le sujet du climat a jusqu'ici été traité uniquement par le biais des incitations ou avantages fiscaux pour des solutions techniques : aides à la rénovation et au changement de voiture, première introduction d'une fiscalité carbone, campagnes pour le tri et la gestion des déchets. Une nouvelle étape semble nécessaire, celle d'une appropriation du sujet par la majorité de la population, ce qui suppose une communication appropriée, elle aussi massive, sur l'urgence et sur les objectifs à atteindre par les politiques publiques. La contrainte sera d'autant mieux acceptée qu'elle sera comprise, représentable et perçue comme une étape de transformation vers un avenir différent mais aussi confortable, et que les actions prises et demandées seront cohérentes.

Au-delà de la bonne information, la seconde condition de la transformation vers la neutralité carbone concerne l'équité et la solidarité du processus enclenché. Cela suppose une grande transparence dans les flux financiers, les seuils d'aide, une cohérence des différents dispositifs retenus pour le traitement des différents produits ou services, enfin et surtout l'exigence de « ne laisser personne au bord du chemin ». La transformation fera des gagnants et des perdants, et ces derniers doivent être aidés par les premiers, surtout quand ils sont déjà vulnérables. La demande actuelle pour ne plus attribuer de bonus aux plus grosses voitures, même électriques, ou celle de taxer le carburant du transport aérien, est révélatrice de cette demande d'équité.

La transformation des sociétés vers la neutralité carbone dépasse ainsi largement les calculs d'émissions ou le sujet du remplacement des énergies fossiles par d'autres énergies ; elle a des conséquences sur l'ensemble de la société et doit être gérée comme ce qu'elle est : une transformation sociale et non seulement technique, d'une ampleur sans doute assez inégalée et en l'espace de seulement trois décennies.

*

*   *

La mise en perspective, sur près d'un demi-siècle, du rôle de la modélisation dans l'élaboration des politiques énergétiques puis énergie-climat, fait donc apparaitre des changements très importants. Ces changements découlent évidemment de la mobilisation de larges communautés scientifiques et du perfectionnement constant des outils. Celui-ci témoigne et du progrès des connaissances et des capacités techniques des supports de la modélisation, matériels et logiciels. Les modèles d'évaluation intégrés pour le climat et l'énergie sont devenus des outils complexes, enrichis en permanence et abordant des questions de plus en plus nombreuses.

Mais les changements tiennent aussi, et peut-être surtout, au statut et au rôle des modèles et de leurs produits, les scénarios prospectifs quantifiés, dans le processus d'élaboration des politiques publiques. Au cours d'une première période les modèles ont donc servi avant tout à identifier des politiques énergétiques coût-efficaces dans un contexte de chocs et contre-chocs. Mais par la suite l'émergence du défi climatique a progressivement mobilisé l'analyse économique, au service soit d'une analyse coût-avantage – l'approche de Nordhaus, mais qui ne fut pas dominante –, soit le plus souvent d'une analyse coût-efficacité des politiques climatiques.

Dans ce nouveau contexte il s'est agi, pour la plus grande partie des études modélisées, pour un objectif climatique donné par un politique informé par les sciences du climat, d'identifier les politiques les moins coûteuses ; et dans le même temps de montrer que le coût économique ainsi minimisé n'était pas si élevé au regard des impacts du changement climatique, difficilement quantifiables, mais identifiables comme majeurs. De plus, les modèles permettaient dans la foulée d'identifier les instruments économiques, tirés de la théorie économique de la régulation environnementale, les plus propices à la mise en œuvre des stratégies de coût minimum : l'introduction d'un prix du carbone, soit par une taxation pigouvienne, soit à partir de système de quotas d'émission d'inspiration plus coasienne.

Le renforcement significatif de la perception des risques, tels qu'évalués par les sciences du climat, et consécutivement celui de l'ambition des objectifs changent substantiellement la donne. Les scénarios 1,5 °C, la neutralité carbone conduisent à envisager un futur qui ne peut plus être conçu comme le résultat d'une simple bifurcation progressive à partir d'une trajectoire de référence. Sur de nombreux points, dans de nombreux domaines, les changements doivent être assez radicaux, en tous cas au niveau des grands systèmes sociotechniques. Et les modèles économiques atteignent parfois leur limite, comme l'a montré le travail d'évaluation par les modèles de la valeur de l'action climat jusqu'en 2050. C'est pourquoi l'accent est mis beaucoup moins sur l'évaluation et la minimisation des coûts des politiques.

Ces questions demeureront, et elles justifieront toujours l'usage et le développement des modèles économiques pour guider les politiques climatiques des entreprises et des gouvernements. Mais les scénarios stratégiques, reflétant avant tout des visions contrastées des futurs possibles, prennent de plus en plus d'importance dans l'élaboration et la mise en œuvre des politiques. Cela notamment dans le dialogue entre citoyens, décideurs économiques et pouvoirs politiques. En effet ce dialogue suppose des objets communs et demande une mise en perspective et des raisonnements plus larges que la seule logique économique. Les débats sur les marges de manœuvre des différents acteurs ou celui sur les déterminants des comportements et les prix du carbone en sont des exemples très éclairants.

L'APPORT DES INSTRUMENTS ÉCONOMIQUES À LA PROTECTION DU CLIMAT

Marianne Moliner-Dubost
Maître de conférences HDR en droit public
Université Jean-Moulin – Lyon 3
Équipe de droit public de Lyon (EDPL-EA 666)

Le climat est l'un des problèmes environnementaux qui a le plus mobilisé les instruments économiques, tant au plan international, qu'européen ou interne. Le droit de la mitigation du climat s'en trouve fortement sous-tendu par la dimension économique ; cette économicisation du droit du climat est telle qu'on peut y voir un « droit hybride » tout à fait illustratif du dialogue interdisciplinaire qui nous intéresse ici. On rappellera que le Protocole de Kyoto a créé ses propres instruments économiques, dénommés « mécanismes de Kyoto », à savoir l'échange de droits d'émission, qui est un marché d'émission de type *cap and trade*[1], et deux mécanismes de projet : la mise en œuvre conjointe – MOC (projets Nord/Nord) et le mécanisme pour un développement propre – MDP (projets Nord/Sud). L'introduction de ces flexibilités fut d'ailleurs la condition mise à l'acceptation d'engagements chiffrés contraignants[2]. Pour sa part, l'Union européenne a institué un système d'échange de quotas d'émission de gaz à effet de serre (SEQE) en 2003. Opérationnel depuis 2005, il est aujourd'hui d'application dans les 28 États membres de l'UE plus l'Islande, le Liechtenstein et la Norvège. Le SEQE limite les émissions de gaz à effet de serre (GES) de plus de 11 000 installations industrielles et énergétiques et celles des compagnies aériennes assurant des vols entre ces pays. Il couvre environ 45 % des émissions de GES de l'UE. De nombreux marchés d'émission domestiques ont été créés au cours de ces dix dernières

1. Dans ce cadre, l'État définit une limite globale d'émission (*Cap*) qui crée la rareté nécessaire à l'émergence d'un marché. La limite est répartie entre les émetteurs (« participants »), qui se voient allouer un budget individuel d'émission divisible en unités transférables, les droits (ou quotas) d'émission. Ces transactions (*Trade*) ont pour effet de répartir les droits entre les participants d'une manière économiquement optimale. Le nombre de droits en circulation n'en est pas modifié puisqu'il dérive de la limite globale d'émissions.

2. M. Moliner, *Le droit face à la pollution atmosphérique et aux changements climatiques*, thèse, Lyon 3, 2001, p. 887 et s.

années : en Nouvelle-Zélande et en Suisse en 2008, dans dix États de l'Est des États-Unis en 2009 (*Regional Greenhouse Gas Initiative* – RGGI)[3], au Japon (Tokyo en 2010, et Saitama en 2011), au Kazakhstan, en Californie et au Québec en 2013, en Corée du Sud en 2015, en Ontario en 2017, en Chine[4], au Canada et au Mexique en dernier lieu. Les États ont également souvent adopté une fiscalité carbone. On estime ainsi qu'au niveau mondial les instruments économiques appliqués au carbone ont généré 45 milliards de dollars (soit 40 milliards d'euros) de revenus en 2018, dont 52 % provenant de taxes sur le carbone[5]. Cet apparent engouement s'explique sans doute par les vertus prêtées aux instruments économiques pour la protection du climat (I) qui sont pourtant plus souvent espérées que démontrées (II).

I. LES AVANTAGES THÉORIQUES DES INSTRUMENTS ÉCONOMIQUES POUR LA PROTECTION DU CLIMAT

La promotion des instruments économiques pour la protection du climat s'est historiquement appuyée sur la critique des outils de type *command and control* jugés trop complexes, arbitraires, inefficaces et sous-optimaux, car n'incitant pas à réduire la pollution en deçà des niveaux requis[6]. Par contraste, les instruments économiques, et tout particulièrement la taxation et les permis négociables, sont présentés comme simples, incitatifs et efficients, la flexibilité qu'ils octroient aux agents économiques permettant d'atteindre les objectifs convenus au moindre coût global. La Commission européenne a ainsi pu souligner que les instruments économiques :

– améliorent les signaux transmis par les prix, en donnant une valeur aux externalités,

– confèrent une plus grande flexibilité pour atteindre les objectifs, et diminuent donc globalement les coûts de mise en conformité,

– incitent à l'innovation technologique,

3. Connecticut, Delaware, Maine, Maryland, Massachusetts, New Hampshire, New Jersey, New York, Rhode Island, Vermont.
4. V. R. Trotignon, « À propos du nouveau marché national chinois du carbone. Intérêt et limites des allocations output-based », Conseil économique pour le développement durable, références économiques pour le développement durable, n° 36, mars 2018.
5. S. Postic et C. Metivier, « Les comptes mondiaux du carbone en 2019 », I4CE, Paris, mai 2019 (https://www.i4ce.org/wp-core/wp-content/uploads/2019/05/i4ce-PrixCarbon-VF.pdf).
6. V. S. Aykut, « Gouverner le climat, construire l'Europe : l'histoire de la création d'un marché du carbone (ETS) », *Critique internationale* 2014/1, n° 62, p. 39-55 (http://www.cairn.info/revue-critique-internationale-2014-1-page-39.htm).

– soutiennent l'emploi lorsqu'ils sont utilisés dans le cadre d'une réforme fiscale ou budgétaire[7].

Les trois premiers points sont liés à l'efficience. Pour que la pollution diminue, il faut que les agents intègrent son coût dans leur calcul économique : c'est l'internalisation des externalités, qui passe par l'envoi d'un signal-prix direct (par la taxation du polluant) ou indirect (par la nécessité d'acquérir un droit ou quota d'émission). La théorie économique enseigne que le coût marginal de réduction diminue en fonction du volume des émissions ; autrement dit, plus les émissions sont élevées, moins il en coûte pour réduire une tonne supplémentaire (c'est le principe de l'économie d'échelle). Par suite, les émetteurs disposant de forts potentiels de réduction à faible coût sont incités à dépolluer le plus possible pour payer moins de taxes ou pour dégager des surplus de quotas qu'ils pourront vendre sur le marché du carbone à ceux dont le coût marginal de réduction est élevé. Ces transactions doivent en principe permettre une répartition optimale du coût impliqué par le respect de l'objectif de réduction.

Parallèlement, les recettes générées par la taxe (ou par la vente de quotas par l'État aux émetteurs) peuvent être soit affectées au financement des politiques climatiques, soit versées au budget général de l'État, soit venir compenser l'allègement de certaines charges pesant par exemple sur l'emploi. Si le produit de la taxe ou de la vente de quotas est utilisé pour compenser les charges pesant sur le travail, on aboutit à un double dividende : les émissions de GES diminuent (1er dividende) et les emplois, la compétitivité et la croissance augmentent (2e dividende)[8]. « La thématique du "double dividende" s'est significativement développée à l'occasion du dossier climatique »[9]. Aussi, fut-il suggéré de redistribuer le produit d'une future taxe sur le carbone ou l'énergie sous forme de diminution d'autres impôts distorsifs pour l'activité économique comme la TVA ou les cotisations employeurs par exemple. Dans un contexte marqué par le chômage, l'idée de financer un allégement des charges sociales versées par les employeurs grâce au revenu de la taxe s'est assez vite imposée[10]. C'est ainsi que, dans le cadre des propositions d'écotaxes communautaires, le « principe

7. Commission européenne, *Livre vert sur les instruments fondés sur le marché en faveur de l'environnement et des objectifs politiques connexes*, COM(2007) 140 final, 28 mars 2007.
8. Décision n° 2179/98/CE du Parlement européen et du Conseil du 24 septembre 1998 concernant le réexamen du programme communautaire de politique et d'action en matière d'environnement et de développement durable « Vers un développement soutenable », art. 3 § 1 (*JOCE* n° L 275, 10 oct. 1998 p. 1).
9. D. Bureau et J.-C. Hourcade, « Les dividendes économiques d'une réforme fiscale écologique », *in Fiscalité de l'environnement*, Conseil d'analyse économique, La Documentation française, 1998, p. 41-77, spéc. p. 57.
10. OCDE, *Le réchauffement planétaire. Dimensions économiques et stratégie des pouvoirs publics*, OCDE éd., Paris, 1995, p. 65.

de neutralité fiscale »[11] (signifiant que l'introduction de la nouvelle taxe ne se traduit pas par une augmentation de la charge fiscale dans son ensemble), prévu originellement pour atténuer les effets de l'introduction de la taxe au plan de l'inflation et de la croissance, s'est vu transformé en opportunité « d'alléger les prélèvements obligatoires sur le travail et de contribuer à la diminution du chômage »[12]. L'Union européenne escomptait ainsi de la taxation de l'énergie « des effets positifs sur le PIB [produit intérieur brut] et l'emploi »[13]. Une telle démarche a été mise en œuvre par certains pays européens (Suède, Danemark, Pays-Bas et Finlande), dont la France. La taxe générale sur les activités polluantes (TGAP) a ainsi alimenté de 2000 à 2004 le Fonds de financement de la réforme des cotisations patronales de sécurité sociale (FOREC)[14] créé par la loi de financement de la Sécurité sociale pour 2000[15]. Le FOREC était un établissement public national à caractère administratif chargé de compenser le coût pour la sécurité sociale des baisses des charges sur les bas salaires et des aides incitatives et pérennes à la réduction du temps de travail[16]. Le FOREC a été supprimé en 2004 et le montant de la TGAP versé au budget de l'État.

Aurait-on trouvé là une « recette magique »[17] permettant de satisfaire simultanément deux objectifs d'intérêt général, à savoir la protection de l'environnement et l'emploi ? Si l'on veut que la taxe soit efficace, c'est-à-dire qu'elle incite à réduire les émissions, il faut que son taux soit suffisamment élevé : l'émetteur préférera alors dépolluer plutôt que d'avoir à payer la taxe. Toutefois, la taxe verra alors nécessairement son produit décroître. Les écotaxes ont en effet « la capacité de détruire progressivement leur assiette »[18], caractéristique qui est problématique si l'on veut financer des réductions de charges par ce moyen, car ce financement ne pourra être que provisoire. Le double dividende n'est donc que temporaire.

---

11. Proposition de directive du Conseil instaurant une taxe sur les émissions de dioxyde de carbone et sur l'énergie, 22e considérant : COM (92) 226 final, présentée par la Commission le 2 juin 1992 (*JOCE* n° C 196, 3 août 1992, p. 1).
12. Proposition de directive du Conseil restructurant le cadre communautaire de taxation des produits énergétiques, exposé des motifs, point V, p. 8 : COM(97) 30 final, présentée par la Commission le 17 mars 1997 (*JOCE* n° C 139, 6 mai 1997, p. 14).
13. Deuxième communication de la Communauté européenne dans le contexte de la convention-cadre sur les changements climatiques, 26 juin 1998, point 5.2.1.3., p. 34 (https://unfccc.int/resource/docs/natc/euncf2.pdf).
14. Loi de finances pour 2000, n° 99-1172 du 30 décembre 1999, art. 52 (*JO*, 31 déc. 1999, p. 19919, texte n° 1).
15. Loi de financement de la sécurité sociale, n° 99-1140 du 29 décembre 1999, art. 5 (*JO*, 30 déc. 1999, p. 19706, texte n° 1).
16. V. art. L. 131-8 ancien CSS.
17. G. Cette, « Écotaxe et charges sur les bas salaires. Qui trop embrasse mal étreint », *Futuribles*, juill. - août 1994, p. 169-172, spéc. p. 170.
18. R. Hertzog, « La taxe générale sur les activités polluantes (TGAP) : un revirement dans la fiscalité de l'environnement ? », *Droit et Ville* 1999, n° 47, p. 103-131, spéc. p. 124.

Si, à l'inverse, on souhaite dégager des ressources financières pérennes, le taux de la taxe doit être faible. Mais alors le dividende climatique n'existera pas, puisque la taxe n'incitera pas à réduire les émissions. L'application de la théorie du double dividende ne facilite au demeurant pas l'acceptabilité de la taxe. Le mouvement des Gilets jaunes a montré que l'utilisation (mais non l'affectation) des recettes de la contribution carbone, dont le taux devait augmenter en 2019 pour compenser les pertes fiscales liées notamment à la baisse du taux de l'impôt sur les sociétés[19], a été perçue comme une injustice sociale insupportable. La recherche du double dividende pose ainsi des « problèmes d'équité et de justice sociale », sauf à « trouver un impôt à baisser qui soit payé davantage par les perdants de la taxe carbone »[20].

La même démonstration peut être faite avec le prix du quota de GES : s'il est faible, l'incitation à dépolluer davantage pour dégager des surplus à vendre est réduite ; s'il est élevé, les bénéfices escomptés laissent augurer que l'investissement dans la dépollution sera rentable. Mais, pour que le prix du quota sur le marché soit élevé, il faut dans le même temps que les objectifs de réduction des émissions soient ambitieux (pour créer de la rareté) et que les gros émetteurs – qui disposent du plus fort potentiel de réduction à bas coût – soient effectivement concernés : ce qui suppose simultanément qu'ils ne reçoivent pas de quotas gratuits et qu'ils ne délocalisent pas là où ils pourront polluer sans frais (« fuite de carbone »). On voit bien poindre le dilemme qui explique les performances plutôt décevantes des instruments économiques.

II. LES PERFORMANCES PEU PROBANTES DES INSTRUMENTS ÉCONOMIQUES POUR LA PROTECTION DU CLIMAT

Jusqu'à présent, les instruments économiques se sont avérés incapables de fournir un signal-prix cohérent et stable, à même de guider les investissements à long terme pour une transition bas-carbone. En 2017, 75 % des émissions mondiales de GES étaient couvertes par des prix ne dépassant pas 10 $ la tonne de CO_2 (soit 8 €). Les mêmes ordres de grandeur ont été enregistrés dans le cadre du programme pilote chinois de *cap-and-trade* mené dans sept régions depuis 2013, où le prix de la tonne a varié de 10 à 40 yuans (environ 5 €)[21].

19. J. Giraud, Rapport sur le projet de loi de finances pour 2019, AN n° 1302, t. 1, 11 oct. 2018, p. 47 et 128.

20. D. Bureau, F. Henriet et K. Schubert, « Pour le climat : une taxe juste, pas juste une taxe », *Les Notes du Conseil d'analyse économique* mars 2019, n° 50, p. 6-7.

21. P. Aussannaire, « La Chine finit de baliser son marché du carbone », *L'AGEFI Quotidien* 20 déc. 2017 (https://www.agefi.fr/asset-management/actualites/quotidien/20171220/chine-finit-baliser-marche-carbone-235647).

Nous sommes donc très loin du prix recommandé par la « Commission Stern II » (commission de haut niveau sur les prix du carbone) pour espérer atteindre l'objectif de 2° C de l'Accord de Paris, ce prix étant compris entre 40 et 80 $ t/CO_2 en 2020, puis entre 50 et 100 $ en 2030[22]. Parfois même, les instruments économiques se sont avérés contreproductifs puisqu'ils ont nui au climat. Les performances réelles de ces instruments pour l'atténuation du changement climatique sont donc très éloignées de leurs avantages théoriques. Il convient dès lors d'identifier les raisons, endogènes et exogènes, expliquant la différence entre la théorie et la pratique.

Commençons par la fiscalité. Une fiscalité réellement écologique se révèle difficile à mettre en œuvre. Sur le plan de la compétitivité tout d'abord, puisque l'application d'une taxe (sur la pollution, le carbone, l'énergie...) provoque une élévation des coûts de production, ce qui se traduit, par hypothèse, par une augmentation du prix des biens produits. Dans les secteurs concurrentiels, ce renchérissement pénalise les exportations et favorise les produits similaires importés ; plus généralement, il réduit la compétitivité des industries sur le marché international, voire encourage les délocalisations. Pour éviter des effets négatifs, la plupart des régimes de taxation comportent des dispositifs d'atténuation de la charge fiscale sous forme d'exonération ou de plafonnement de taxe, ou d'application de taux réduits pour les secteurs les plus fortement émetteurs. Ces mesures d'atténuation sont hautement problématiques. Au plan économique, elles sont sous-optimales puisqu'elles laissent échapper des potentiels importants de réduction de la pollution. Par ailleurs, elles provoquent une rupture d'égalité devant les charges publiques ou devant la loi fiscale. Si le principe d'égalité ne s'oppose pas à ce que le législateur déroge à l'égalité pour des raisons d'intérêt général, les différences de traitement qui en résultent doivent être en rapport direct avec l'objet de la loi qui les établit. Or traiter plus favorablement les plus gros émetteurs est évidemment sans rapport avec la loi qui prétend lutter contre le changement climatique. Les projets de taxation de l'énergie et/ou du carbone ont ainsi été systématiquement invalidés par le Conseil constitutionnel.

Le premier projet, prévu par la loi de finances rectificative de 2000, visait à étendre la TGAP aux consommations d'énergie qui devait s'appliquer aux principaux produits énergétiques (gaz naturel, électricité, fioul domestique, fiouls lourds, charbon et produits dérivés ou assimilés). Les énergies fossiles (produits pétroliers, gaz naturel, charbon) étaient taxées en fonction de leur contenu en carbone (260 F [40 €] / t-eq-C). Afin de ne pas pénaliser les industries fortement consommatrices d'énergie (dites « intensives en énergie ») confrontées à la concurrence internationale, la TGAP élargie était assortie de plusieurs mécanismes d'atténuation : un seuil d'application (consommation d'énergie dépassant 100 tep), un montant plafonné (à 0,3 % de la valeur ajoutée), un système d'abattement

22. Les comptes mondiaux du carbone en 2019, préc.

pour les industries à forte intensité énergétique. La TGAP élargie a été censurée car une entreprise pouvait être taxée plus fortement qu'une entreprise analogue émettant moins de dioxyde de carbone. Par suite, les différences de traitement qui auraient résulté de l'application de la loi n'étaient pas en rapport avec l'objectif du législateur, qui était de lutter contre l'effet de serre[23]. La deuxième censure a concerné la « contribution carbone » prévue par la loi de finances pour 2010, qui était assortie d'exonérations, de réductions, de remboursements partiels et de taux spécifiques qui auraient conduit à ce que 93 % des émissions d'origine industrielle, hors carburants, soient exonérées de la taxe carbone. Celle-ci aurait ainsi essentiellement porté sur les carburants et les combustibles de chauffage, et donc sur les ménages. Le Conseil constitutionnel a invalidé le dispositif en considérant que, par leur importance, les régimes d'exemption institués par la loi étaient contraires à l'objectif de lutte contre le réchauffement climatique et créaient une rupture caractérisée de l'égalité devant les charges publiques[24]. En dernier lieu, a été invalidé le « bonus-malus sur les consommations domestiques d'énergies de réseau » (électricité et gaz) prévu par la loi Brottes[25] afin « d'inciter les consommateurs domestiques à réduire leur consommation d'énergie de réseau ». Le Conseil constitutionnel a en effet considéré contraire au principe de l'égalité devant les charges publiques l'application du dispositif aux seules consommations domestiques et donc l'exclusion des consommations professionnelles d'énergies de réseau[26].

Qu'en est-il du marché du carbone ? Un marché efficient requiert de la rareté. Or le marché du carbone souffre d'un trop-plein de quotas et de crédits carbone. Dès l'origine, le mécanisme d'échange prévu à Kyoto a pâti d'un choix malheureux (mais volontaire et négocié) concernant l'année de référence à partir de laquelle calculer les engagements de réductions d'émission (et donc les budgets d'émission des États). Le choix de l'année 1990 a conféré aux Parties de l'Europe de l'Est une rente de pollution (*hot air*), car, leur économie s'étant effondrée après la chute du mur de Berlin, elles se sont trouvées très excédentaires en droits d'émission par rapport à leurs besoins domestiques réels. Ainsi, en comptabilisant « l'air chaud », la réduction collectivement requise à Kyoto passe de 5 % à 3 %[27]. Par ailleurs, au niveau européen, durant les deux premières périodes du SEQE, les plans nationaux d'attribution de quotas (supprimés en 2013, la Commission européenne déterminant depuis lors les allocations annuelles de quotas d'émission des États membres), des États membres ont octroyé aux entreprises des

23. Cons. const., 28 déc. 2000, n° 2000-441 DC.
24. Cons. const., 29 déc. 2009, n° 2009-599 DC.
25. Loi n° 2013-312 du 15 avril 2013 visant à préparer la transition vers un système énergétique sobre et portant diverses dispositions sur la tarification de l'eau et sur les éoliennes (*JO*, 16 avr. 2013, texte n° 1).
26. Cons. const., 11 avr. 2013, n° 2013-666 DC.
27. F. Yamin, « The Kyoto Protocol : Origins, Assessment and Future Challenges », *RECIEL* 1998, n° 2, p. 113-127, spéc. p. 120.

budgets peu serrés de peur de provoquer une récession économique ou la délocalisation massive des gros émetteurs (ce qui n'a pas nécessairement empêché les fuites de carbone alors même qu'à l'époque tous les quotas étaient attribués gratuitement). Par ailleurs, la crise économique de 2008 a ralenti la production des entreprises assujetties, conduisant de ce fait à une réduction spontanée des émissions qui a largement participé à la chute du prix du quota (moins de 5 €). Ainsi, au lieu d'une relative rareté, c'est au contraire un lourd excédent qui a été enregistré (de quelque 2 milliards de quotas, soit 2 Gt éq-CO_2). Cet excédent a motivé le report de la mise aux enchères de 900 millions de quotas jusqu'en 2019-2020 (*backloading*) et la création d'une réserve de stabilité pour améliorer la résilience du marché européen du carbone aux chocs importants. Elle permet de retirer automatiquement un pourcentage des quotas en surplus et de réinjecter des quotas lorsque le surplus diminue ou en cas de fluctuations excessives à la hausse[28]. Enfin, à ces premières causes de surabondance, s'est ajoutée la concurrence entre mécanismes et donc entre quotas, droits douteux de l'air chaud issus de la MOC et crédits carbone générés par le MDP. Or le MDP s'est transformé en machine à produire des crédits carbone au détriment du climat, soit en surévaluant les réductions attendues des activités du MDP, soit en récompensant des réductions complètement fictives.

Le Protocole de Kyoto exige que les activités de projet du mécanisme pour un développement propre conduisent à une réduction additionnelle des émissions, c'est-à-dire qui n'aurait pas été observée en l'absence de projet. Il s'agit ainsi d'éviter que les investisseurs ne bénéficient de crédits pour des projets qui auraient de toute façon été entrepris. L'additionnalité est particulièrement sensible dans le contexte du MDP, car l'État hôte étant un pays en développement n'est astreint à aucune limitation des émissions et par suite ne dispose pas de « quantité attribuée »[29]. Les URCE qui sont créditées à l'investisseur ne sont donc débitées d'aucun budget d'émission national. Le MDP crée ainsi littéralement des unités d'émission. Il importe en conséquence qu'elles correspondent à des réductions qui ne seraient pas intervenues dans un scénario *business-as-usual*. Or jusqu'à 60 % des URCE correspondraient à des réductions non additionnelles[30].

---

28. V. M. Moliner-Dubost, « La réserve de stabilité sauvera-t-elle le marché européen du carbone ? », note sous décision n° 2015/1814/UE du 6 octobre 2015, *Énergie-Envir.-Infrastr* déc. 2015, comm. 93.

29. La quantité attribuée à chacune des Parties visées à l'annexe I est égale au pourcentage, inscrit pour elle à l'annexe B du Protocole de Kyoto, de ses émissions de gaz à effet de serre, exprimées en équivalent-dioxyde de carbone, au cours de l'année de référence, multiplié par le nombre d'années de la période d'engagement (v. Protocole de Kyoto, art. 3 § 7).

30. P.-J. Brasier, « Leçons apprises du mécanisme de développement propre pour le futur mécanisme de développement durable », 12 oct. 2016 (http://carbonmarketwatch.org/wp-content/uploads/2016/10/Leçons_MDP_Pj_Brasier.pdf).

Le MDP a par ailleurs produit des crédits fictifs par l'exploitation d'effets d'aubaine par les acteurs économiques. L'exemple le plus illustratif de cette dérive est fourni par les projets de destruction de gaz industriels, et spécialement du trifluorométhane (HFC-23). Ce gaz est un résidu de fabrication du HCFC-22, lequel est principalement utilisé comme fluide frigorigène dont le bannissement est programmé par le Protocole de Montréal. Le HFC-23 est un puissant gaz à effet de serre, qui est à ce titre visé par le Protocole de Kyoto (annexe A). Compte tenu du faible coût de réduction des émissions de HFC-23 (entre 0,3 à 0,80 US \$/t éq-CO_2) et du fort pouvoir radiatif de ce gaz (11 700 fois plus élevé que celui du CO_2), les projets de destruction du HFC-23 sont d'emblée apparus comme hautement rentables, d'autant que la méthodologie initiale adoptée par le Conseil exécutif pour ce type de projets était généreuse, prévoyant un ratio HFC-23/HCFC-22 (la proportion de HFC-23 produit lors de la fabrication de HCFC-22) de l'ordre de 4 %. Compte tenu du régime à deux vitesses établi par le Protocole de Montréal, la quasi-totalité de la production mondiale de HCFC est située en Chine et en Inde (84 % en 2010). Les projets de destruction du HFC-23 sont ainsi devenus l'un des types de projets dominants dans le cadre du MDP et ont contribué à concentrer les projets dans ces deux pays, accentuant par là même le déséquilibre régional du mécanisme. Pire, la méthodologie initiale a incité les entreprises à augmenter artificiellement les émissions de HCF-23 (en augmentant soit le ratio HFC-23/HCFC-22, soit la production de HCFC-22) dans le seul but de produire plus de HFC-23 à détruire et de générer ainsi davantage de crédits carbone. Le Conseil exécutif a dû réviser sa méthodologie pour limiter ces effets d'aubaine. Le taux de production de HFC-23 par unité de HCFC-22 fut plafonné dans une fourchette dont le minimum ne pouvait excéder le rapport annuel historique le plus faible de la période 2000-2004 et un maximum de 3 %, avec un taux par défaut (i.e. applicable en l'absence de données) de 1,5 %. Le volume de la production de HCFC-22 éligible pour l'attribution d'URCE fut par ailleurs limité au niveau historique maximum de 2000-2004. Au-delà de ce seuil, l'augmentation de la production est traitée comme une nouvelle installation de production de HCFC-22, donc non éligible comme projet du MDP, l'éligibilité étant parallèlement réservée aux installations de production existantes. Dès lors, les acteurs ont systématiquement produit l'exacte quantité de HCFC-22 éligible pour l'attribution d'URCE. Si la méthodologie révisée a limité l'ampleur de l'effet d'aubaine, elle n'a pas supprimé l'incitation à produire plus de HCFC-22 que nécessaire à la seule fin de générer des URCE à un coût très compétitif (les projets de destruction devraient rapporter au total 4,7 milliards d'euros de recettes pour des coûts de réduction probablement inférieurs à 100 millions d'euros). Ceci explique que près des deux tiers de la totalité des URCE délivrées au 1er septembre 2012 provenaient des activités de réduction des émissions de gaz industriels, HFC-23 et protoxyde d'azote (N_2O) issu de la production d'acide adipique ! Par suite, le Conseil exécutif a de nouveau réduit les valeurs de référence : la limite de production de HCFC-22 éligible a été abaissée (moyenne historique et non plus maximum historique) et le ratio HFC-23/HCFC-22 porté à 1 %[31]. Parallèlement, l'Union européenne a interdit l'utilisation des crédits carbone provenant de projets impliquant la destruction de HFC-23 et de N_2O[32]. Les projets de destruction des gaz industriels ont produit massivement des URCE correspondant à des réductions fictives, sans aucun bénéfice pour le climat ni pour le développement durable du pays hôte du projet (alors que les projets du MDP sont censés aider les pays hôtes à parvenir à un développement durable[33]). *Last but not least*, les projets de destruction des gaz industriels ont créé une distorsion de concurrence au détriment des autres projets du MDP (près des deux tiers de la totalité des URCE délivrées au 1er septembre 2012 provenaient de tels projets). Ils ont même participé au déclin du MDP, puis, l'URCE s'échangeant à moins de 50 centimes d'euro, la majorité des projets du MDP ont été stoppés car non rentables[34].

*

* *

Le bilan de l'apport des instruments économiques à la protection du climat est donc plutôt maigre. Il semble par suite un peu risqué de trop miser sur les instruments économiques pour la mise en œuvre de l'Accord de Paris. Il est d'ailleurs révélateur que l'article 6 de l'Accord vise tant les démarches concertées de nature économique[35] que « les démarches non fondées sur le marché »[36]. Si l'on peut en inférer un certain « éco-scepticisme »[37], le recours aux instruments

31. V. M. Moliner-Dubost, « Le mécanisme pour un développement propre : marché, équité et protection de l'environnement sont-ils conciliables ? », *in* J. Sohnle et M.-P. Camproux Duffrène (dir.), *Marché et environnement*, Bruxelles, Bruylant, 2014, p. 409-435, spéc. p. 419-420.
32. Règl. (UE) n° 550/2011 de la Commission, 7 juin 2011 (*JOUE* L 149, 8 juin 2011, p. 1).
33. Protocole de Kyoto, art. 12. V. M. Moliner-Dubost, « Le mécanisme pour un développement propre : une nouvelle voie de coopération et de transferts Nord/Sud ? », *RGDIP* oct.-déc. 2004, n° 4, p. 963-986, spéc. p. 966-973.
34. V. M. Moliner-Dubost, « Le "mécanisme pour le développement durable" de l'Accord de Paris : un MDP 2.0 ? », *in* M. Torre-Schaub, Ch. Cournil, S. Lavorel, M. Moliner-Dubost (dir.), *Quel(s) droit(s) pour les changements climatiques ?*, Mare & Martin, 2018, coll. de l'ISJPS, vol. 47, p. 337-347, spéc. p. 346.
35. L'Accord de Paris regroupe les instruments de marché dans un ensemble plus vaste de « démarches concertées passant par l'utilisation de résultats d'atténuation transférés au niveau international aux fins des contributions déterminées au niveau national » (art. 6.2).
36. Accord de Paris, art. 6 § 8.
37. V. M. Damian, « La politique climatique change enfin de paradigme », *Economie Appliquée*, t. LXVII, n° 1, 2014, p. 37-72 (https://halshs.archives-ouvertes.fr/halshs-00969308/file/MD_03-03-2014_LaPolitiqueClimatiqueChangeEnfinDeParadigme.pdf).

économiques n'est toutefois aucunement remis en cause. On en veut pour preuve que la concrétisation de l'objectif de l'UE de réduire les émissions de gaz à effet de serre dans l'UE d'au moins 40 % d'ici 2030 (par rapport aux niveaux de 1990) repose principalement sur le SEQE, tel que réformé par la directive du 14 mars 2018[38].

38. Directive (UE) 2018/410 du 14 mars 2018 modifiant la directive 2003/87/CE afin de renforcer le rapport coût-efficacité des réductions d'émissions et de favoriser les investissements à faible intensité de carbone, et la décision (UE) 2015/1814 (*JOUE* n° L 76, 19 mars 2018, p. 3).

LES CATASTROPHES NATURELLES FACE AUX CHANGEMENTS CLIMATIQUES : QUEL RÉGIME ASSURANTIEL POUR DEMAIN ?

Thomas Thuillier
Doctorant en droit public
Institut de recherche juridique interdisciplinaire François-Rabelais (IRJI EA 7496), Université de Tours
Membre du GDR ClimaLex

Les catastrophes naturelles sont consubstantielles à la vie sur Terre. Les récits mythologiques (le mythe de Philémon et Baucis, l'Arche de Noé), historiques (le séisme de Lisbonne de 1755) et l'actualité viennent constamment nous rappeler cette fragilité intrinsèque des êtres humains face aux forces de la nature.

L'année 2018 n'a, bien entendu, pas été épargnée : 281 catastrophes naturelles ont touché près de 77 milliards d'individus, entraîné 10 733 décès[1] et causé 155 milliards USD de dommages économiques[2].

Du fait de sa géographie, la France – métropolitaine et ultramarine – a toujours été exposée à une multitude de risques naturels (inondations, séismes, cyclones, ouragans, avalanches, sécheresses, etc.). La question de la réparation des dommages causés par les phénomènes climatiques s'est alors toujours posée. Mais, alors même que, traditionnellement, tout individu est tenu de réparer les dommages qu'il cause à autrui, l'identification d'un débiteur d'une telle obligation face aux dommages causés par la réalisation d'un risque naturel s'avère *a priori* vaine dès lors que le fait générateur de dommages réside dans la nature. Il revient donc aux individus de supporter l'intégralité des préjudices causés par une inondation ou encore un séisme. Or, selon leurs ressources financières et familiales, la réparation sera plus ou moins aisée, voire totalement impossible pour certains. Les phénomènes naturels peuvent ainsi être un facteur de paupérisation. Pour lutter contre cela, des mécanismes de solidarité se développèrent au fil du temps.

1. UNISDR et CRED, 2018 : Extreme weather events affected 60 million people, communiqué de presse, 24 janvier 2019.
2. Swiss Re Institute, *Catastrophes naturelles et techniques en 2018 : les périls « secondaires » en première ligne*, *Sigma* 2019, n° 2, p. 4.

CONTEXTE HISTORIQUE DES MÉCANISMES DE SOLIDARITÉ FACE AUX CATASTROPHES NATURELLES

Jusqu'au XVIIe siècle, l'Église joua un rôle central tant en amont qu'en aval des catastrophes naturelles. Au lendemain d'un tel événement, elle sollicita systématiquement les fidèles de faire des dons dans le but de venir en aide aux populations ayant le plus souffert. Il ne faut pas y voir la manifestation d'un acte de charité, mais, en réalité, une obligation morale pour les personnes dotées d'une assise financière suffisante afin d'assurer le salut de leur âme[3]. Sans pour autant réparer l'intégralité des dommages subis, les sommes perçues permirent d'éviter qu'un nombre important de personnes tombe dans l'indigence[4].

À partir du XVIIe siècle, les pouvoirs publics s'investirent sur le plan de la solidarité, en se substituant au pouvoir religieux dans la coordination de la collecte des dons[5] (à travers l'action du Parlement de Paris par exemple) et en développant de manière complémentaire un premier régime de solidarité publique, matérialisé par un système de dégrèvement d'impôts[6] à la discrétion du pouvoir royal, qui permit de soulager, indirectement puis directement, ses sujets des préjudices causés par les calamités naturelles.

À la Révolution française, sur le fondement des théories jusnaturalistes, les députés estimèrent que le corps social avait une « obligation »[7] de secours, et non de réparation, envers les personnes tombées dans l'indigence à la suite d'une catastrophe naturelle, dès lors que celles-ci n'eurent plus les moyens de subvenir à leurs besoins essentiels. Ainsi fut consacré pour la première fois, de manière implicite, le principe de solidarité nationale.

Les régimes politiques successifs remirent en cause cette obligation, n'allouant des secours que ponctuellement et de manière discrétionnaire, rejetant par là même toute logique d'automaticité. En fonction du contexte politique, certains

3. M. MOLLAT, *Les Pauvres au Moyen Âge : étude sociale*, Paris, Hachette, coll. Le Temps et les hommes, 1978, p. 313.
4. T. LABBÉ, *Les catastrophes naturelles au Moyen Âge : XIIe-XVe siècle*, Paris, CNRS Éditions, 2017, p. 227.
5. A.-L. LE CLER du BRILLET, « De la voirie », *in* N. DE LA MARE, *Traité de la police contenant l'histoire de son établissement, les fonctions & les prérogatives de ses magistrats ; toutes les loix & les réglemens qui la concernent*, t. 4, Paris, J.-F. Hérissant, 1738, p. 299.
6. Pour une étude complète sur le sujet, v. R. FAVIER, « La monarchie d'Ancien Régime et l'indemnisation des catastrophes naturelles à la fin du XVIIIe siècle : l'exemple du Dauphiné », *in Les pouvoirs publics face aux risques naturels dans l'histoire*, coll. Publications de la MSH-Alpes, CNRS – Maison Sciences de l'Homme-Alpes, 2002, p. 71 et s.
7. MAIGNET, *Rapport et projet de décret sur les formes à observer pour l'évaluation des pertes occasionnées par l'intempérie des saisons, incendies & autres accidents imprévus, & sur les règles à établir pour la répartition des secours accordés aux personnes qui ont éprouvé ces pertes*, Convention nationale, 1793, en ligne : <https://gallica.bnf.fr/ark:/12148/bpt6k430862/f3.item>, p. 4.

régimes furent plus généreux et compatissants que d'autres. Tel fut le cas au début de la IIIe République, où le député Boulanger affirma que, « chaque fois qu'une calamité publique sévit sur une portion du territoire français, le Parlement s'impose d'accorder quelques secours à ceux qui en ont besoin ; c'est un témoignage de sollicitude en même temps que la manifestation du sentiment de solidarité nationale qui nous unit[8] ».

À l'issue de la Seconde Guerre mondiale, la France fut profondément abîmée et atteinte jusqu'au cœur de l'État. Le pays fut détruit, de nombreux hommes périrent. La reconstruction dut donc passer par la création d'un nouveau régime politique. Mais, avant même de déterminer le contenu de la future « loi fondamentale » de la France, de nombreuses discussions eurent lieu concernant le préambule de la Constitution. Face à l'importance des dommages subis par la population, les parlementaires consacrèrent dans celui-ci, au douzième alinéa, le *principe de solidarité nationale*, en affirmant que « la Nation proclame la solidarité et l'égalité de tous les Français devant les charges qui résultent des calamités nationales ». Préalablement, des débats passionnés eurent lieu quant à la signification précise de cette notion de « calamités nationales ». Certains députés affirmèrent la volonté de circonscrire ce principe aux dommages causés par la guerre. D'autres, dont le rapporteur de la commission chargée d'étudier le texte, se prononcèrent en faveur d'une acception large, incluant les cas de guerre, mais aussi d'autres phénomènes graves qui peuvent affecter l'ensemble de la Nation[9], tels que des séismes ou des inondations. Seule cette interprétation fut retenue, sans pour autant faire de ce principe un droit créance à la charge de l'État, comme le montre la jurisprudence du Conseil d'État[10]. Une intervention du législateur est donc nécessaire pour donner réellement corps à ce principe ; en l'absence d'une telle action, l'indemnisation des victimes de dommages causés par une catastrophe naturelle relève de la volonté discrétionnaire des pouvoirs publics et du secteur privé à travers les produits proposés par les compagnies d'assurance. Or le rapport réalisé par le sénateur Maurice Prévoteau en 1982[11] met en exergue le faible nombre de polices d'assurance garantissant cette catégorie de dommages[12]. Lorsque ce fut le cas, les assurés devaient s'acquitter d'une surprime élevée ne permettant pas à toute la population de bénéficier d'une couverture assurantielle face à ce type d'événements. Enfin, il convient de noter

8. F. Boulanger, Déb. parl. S. séance du 16 février 1888 ; *JO*, p. 136.

9. Une calamité peut être locale, tout en ayant un retentissement national.

10. CE, 10 déc. 1962, *Sté indochinoise de constructions électriques et mécaniques, Rec.*, p. 286 ; CE, 29 nov. 1968, *Tallagrand, Rec.*, p. 607.

11. M. Prévoteau, Rapport fait au nom de la Commission des Affaires économiques et du Plan sur la proposition de loi relative à l'indemnisation des victimes de catastrophes naturelles, n° 275, Sénat, 1982, p. 11.

12. V. égal. Y. Lambert-Faivre et L. Leveneur, *Droit des assurances*, 14e éd., Dalloz, coll. Précis, 2017, p. 18 ; K. Gerathewohl et F. Nierhaus, « Les limites d'assurabilité du risque catastrophique », *Argus intern.* 1981, p. 315.

que seuls certaines catégories de catastrophe naturelle remplissant les conditions d'assurabilité étaient prises en compte, telles que la foudre et les tempêtes. Ce panorama révèle ainsi les fortes inégalités qui existaient entre les victimes d'une même catastrophe naturelle.

Afin de ne pas laisser la population démunie, le législateur intervint tout au long de la IVe et de la Ve Républiques en créant une multitude de fonds peu lisibles et reposant intégralement sur la puissance publique. Les personnes physiques purent ainsi obtenir des fonds publics dans le cadre des « Secours d'extrême urgence aux victimes de calamités publiques », dont les crédits étaient ouverts chaque année au sein de la loi de finance initiale. Ces fonds n'étaient destinés qu'aux « familles se trouvant dans une situation difficile au lendemain d'un sinistre ». Un autre dispositif coexista : le « Fonds de secours aux victimes de sinistres et calamités », créé par la loi n° 56-780 du 4 août 1956, géré par le président du conseil des ministres et assisté par un comité. Les crédits furent alloués par le préfet du département aux particuliers, ainsi qu'aux commerçants, artisans, entreprises à caractère familial ou encore aux associations loi 1901.

Dans ces deux dispositifs, les aides publiques versées avaient pour seule finalité que de subvenir aux besoins essentiels des populations touchées, et non d'indemniser intégralement les préjudices causés par la catastrophe naturelle, les finances publiques ne pouvant supporter une telle charge.

Ce n'est qu'à partir des années 1960 que des régimes pérennes d'indemnisation des victimes de catastrophes naturelles commencèrent à se mettre en place.

Cela concerna tout d'abord les agriculteurs, dont les cultures sont généralement exposées aux aléas climatiques. La loi n° 64-706 du 10 juillet 1964 créa un régime de garantie géré exclusivement par l'État : le Fonds national de garantie des calamités agricoles (FNGCA), devenu Fonds national de gestion des risques en agriculture (FNGRA) par la loi n° 2010-874 du 27 juillet 2010. Les ressources de ce fonds sont hybrides, puisqu'il est alimenté à la fois par une contribution additionnelle aux primes ou cotisations des contrats d'assurance et par une subvention annuelle de l'État. Du fait de la variabilité naturelle du climat, le législateur a souhaité circonscrire les interventions de ce fonds aux seuls dommages résultant de calamités agricoles, définies comme des risques non assurables d'importance exceptionnelle dus à des variations anormales d'intensité d'un agent naturel climatique[13]. Par ailleurs, afin d'inciter les agriculteurs à s'assurer, seuls les agriculteurs ayant au préalable souscrit à une assurance peuvent bénéficier d'une indemnisation.

Malgré de multiples tentatives parlementaires entre 1978 et 1981, il faudra attendre le début des années 1980 pour qu'un régime d'indemnisation se mette

13. Art. L. 361-5 C. rur.

en place en direction des particuliers. Sur proposition du député Jean-Hugues Colonna, le Parlement adopta, le 13 juillet 1982, la loi n° 82-600 relative à l'indemnisation des victimes de catastrophes naturelles. Celle-ci se démarque fondamentalement des expériences passées, et notamment du Fonds national de gestion des risques en agriculture (FNGRA), en introduisant un régime hybride fondé sur les assurances, mais régulé et garanti par l'État en dernier recours. Nonobstant quelques réformes mineures, ce mécanisme original se caractérise par une relative stabilité depuis plus de trente ans. *Mais qu'en sera-t-il, demain, face aux changements climatiques causés par l'augmentation des émissions de gaz à effet de serre ? De quelle manière l'évolution du climat peut-il l'impacter ?*

L'analyse approfondie de la garantie assurantielle catastrophe naturelle permet d'observer une influence des effets du réchauffement climatique sur son champ d'application (I), mais aussi sur son fonctionnement (II).

I. UN CHAMP D'APPLICATION ÉVOLUTIF SOUS L'EFFET DU RÉCHAUFFEMENT CLIMATIQUE

Le régime d'indemnisation des victimes de catastrophes naturelles se matérialise, en France, par une extension de garantie contre les effets des catastrophes naturelles insérée obligatoirement dans les contrats d'assurance de dommages aux biens et aux véhicules terrestres à moteur. Ainsi, lorsqu'une catastrophe naturelle intervient, les compagnies d'assurance se retrouvent dans l'obligation d'indemniser les victimes. Mais il convient au préalable de s'interroger sur la définition précise de la notion de catastrophe naturelle et, par voie de conséquence, sur le champ d'application de la garantie créée par la loi du 13 juillet 1982.

Il est possible d'observer que cette notion est polysémique en fonction des registres où elle intervient. Ainsi, le secteur de l'assurance et de la réassurance opte pour une définition volontairement libérale, similaire à celle retenue dans le langage courant, à savoir un « événement causé par les forces de la nature[14] », tel qu'une inondation, une tempête, la grêle, ou encore un tsunami. Le critère de définition est ainsi l'aléa naturel.

Cette définition se distingue substantiellement de celle retenue en sciences humaines et sociales. Une catastrophe naturelle semble consister, selon la communauté scientifique, en un épiphénomène résultant du croisement d'un risque naturel et d'un système vulnérable d'origine humaine[15]. La définition se structure donc, en l'espèce, autour d'un critère physique – un aléa naturel – et un critère

14. Swiss Re Institute, *op. cit.*, p. 30.
15. O. Rubin, R. Dahlberg, *A Dictionary of Disaster Management*, 1re éd., Oxford University Press, 2017.

géo-anthropique – un territoire vulnérable. Nous pouvons ici songer à l'analyse de Rousseau dans sa lettre sur la providence du 18 août 1756 envoyée à Voltaire suite au tremblement de terre de Lisbonne : un séisme en plein désert n'est pas une catastrophe naturelle.

Quand bien même la science pénètre régulièrement la sphère juridique, en particulier dans les domaines environnementaux, le législateur a opté pour une définition en clair-obscur, distincte des deux précédentes. Ainsi, selon le troisième alinéa de l'article L. 125-1 du Code des assurances, une catastrophe naturelle correspond à « l'intensité anormale d'un agent naturel ». Contrairement à d'autres États, comme la Suisse ou la Nouvelle-Zélande, le législateur français a préféré une définition générale, englobante, qui favorise l'essor d'une nouvelle catégorie juridique, les catastrophes naturelles, intégrant tout aléa naturel. Pour aboutir à ce résultat, le législateur a eu recours à la technique du standard pour définir la notion de catastrophe naturelle – l'*anormalité* de l'intensité de l'agent naturel –, qui entraîne « une certaine indétermination de la règle de droit et qui vise à permettre la mesure [...] de situations en termes de normalité[16] ».

Cette définition fait régulièrement l'objet de critiques (A.), potentiellement exacerbées à cause du changement climatique (B.).

A. – Un champ d'application indéterminé, source de critiques

La technique du standard a fait l'objet d'une étude poussée par le professeur Rials. Il opère une distinction entre les standards dogmatiques et descriptifs. Les premiers visent « à mettre en œuvre un jugement sur la réalité[17] », en suivant les valeurs qui font consensus dans une société à un instant *t*. Tel est le cas du standard d'imprudence. Les seconds, quant à eux, visent à rendre compte de la réalité.

La pertinence de cette dichotomie est toutefois relativisée par son auteur, qui observe qu'un même standard peut à la fois être dogmatique sur un aspect, et descriptif sur un autre. Il s'agit alors d'un standard intermédiaire.

En ce qui concerne la garantie assurantielle « catastrophe naturelle » (ou Cat-Nat), le législateur a fait le choix de retenir la notion d'intensité *anormale* pour décrire et qualifier un phénomène naturel de catastrophe naturelle. En ne s'intéressant qu'au phénomène physique, et non à ses conséquences – *e.g.* l'anormalité des dommages causés par la catastrophe –, le législateur opte clairement pour un standard descriptif, objectif. En effet, l'intensité d'un phénomène est le plus souvent évaluée à travers des instruments de mesure objectifs, à l'instar des échelles de Richter ou de Mercalli pour calculer l'intensité d'un séisme. Toute

16. S. Rials, « Le juge administratif français et la technique du standard », LGDJ, coll. Bibliothèque de droit public, CXXXV, 1980, p. 128.
17. *Ibid*, p. 143 et s.

approche subjective, empreinte d'émotion et de réaction au lendemain d'un phénomène naturel engendrant des dommages, est alors rejetée. Le fait d'opter pour un tel critère permet ainsi au législateur de poser un réel garde-fou contre toute tentation de dérive du pouvoir réglementaire répondant à une pression sociétale. Pour autant, contrairement à d'autres pays européens comme les Pays-Bas, le législateur ne propose, en dehors de ce critère général, aucun critère précis pour apprécier une catastrophe naturelle. Il procède implicitement à un transfert de compétence, caractéristique courante de la technique des standards, en faveur des autorités ministérielles chargées d'apprécier *in concreto* chaque situation. Si, à première vue, l'autorité réglementaire semble bénéficier d'une réelle marge d'appréciation, tel n'est pas le cas en pratique. En effet, pour éviter toute approche dogmatique, celui-ci a développé, à travers deux circulaires des 24 mars 1984 et 19 mai 1998, une procédure administrative *ad hoc* garantissant une analyse objective, collégiale et technique de chaque phénomène naturel.

Tout d'abord, l'initiative de la procédure relève des communes, qui doivent saisir le préfet de département d'une demande de reconnaissance de l'état de catastrophe naturelle au lendemain d'un phénomène naturel entraînant des dommages aux biens. Dès réception de celle-ci, le préfet saisit des organismes scientifiques agréés ou des services techniques de l'État afin d'obtenir une description de l'agent naturel et d'apprécier son intensité. Les demandes et les rapports techniques sont ensuite transmis à une instance administrative, la commission interministérielle, composée de représentants des ministères concernés et d'experts, qui est chargée « d'éclairer par des avis simples les ministres compétents chargés de la tutelle des assurances et de la sécurité civile sur les conditions dans lesquelles peut être constaté, au cas par cas, l'état de catastrophe naturelle[18] ». Plus précisément, cette commission doit rendre un avis portant sur le respect des conditions prévues à l'article L. 125-1 du Code des assurances, c'est-à-dire sur l'intensité anormale d'un agent naturel. Notons que, en pratique, celui-ci est quasi systématiquement suivi par les ministres compétents pour déclarer l'état de catastrophe naturelle, montrant par là même le rôle pivot de cette commission. Pour autant, il ne s'agit aucunement d'un avis conforme.

Si cette procédure peut constituer un gage d'objectivité dans le traitement de toutes les demandes de déclaration de l'état de catastrophe naturelle, condition *sine qua non* pour permettre d'indemniser les victimes, celle-ci ne résout pas le problème des modalités d'appréciation de la notion d'anormalité de l'intensité de l'agent naturel : à partir de quel seuil la commission estime-t-elle qu'un phénomène est d'intensité anormale ?

Cette question s'avère profondément délicate. En effet, l'emploi de critères – quantitatifs ou qualitatifs – précis pour expliciter un standard ne peut jamais

18. CE, 14 mai 2003, *Ville d'Agen*, n° 235051, *Rec.*

permettre de décrire de manière totalement objective et consensuelle la réalité observée. Comme l'énonce le professeur Rials, « il n'y a que peu de standards qui soient le pur reflet de ce qui est ; dans la mise en œuvre d'un standard, il y a toujours une série de choix qui interviennent[19] », et qui peuvent faire écran à la réalité. Alors même qu'une population peut s'accorder sur la définition théorique de la notion de catastrophe naturelle retenue par le législateur, un désaccord peut s'élever quant aux critères précis retenus pour qualifier – ou non – tel événement de catastrophe naturelle. L'appréciation est ainsi régulièrement une source de contestations.

À la lecture de l'article L. 125-1 du Code des assurances, l'appréciation du caractère anormal est censée se faire de manière casuistique, au gré des phénomènes naturels. En pratique, le pouvoir réglementaire a préféré élaborer des critères afin d'objectiver l'appréciation, de « mesurer de la manière la plus objective possible l'intensité et la durée de retour des phénomènes naturels[20] » et, surtout, de garantir le principe d'égalité dans l'instruction technique des demandes de déclaration de l'état de catastrophe naturelle. Toutefois, l'identification et, *in fine*, la connaissance de ces critères par les administrés s'avèrent profondément difficiles dès lors qu'ils ne figurent dans aucun acte juridique, n'ont fait l'objet d'aucune participation du public et d'aucune publicité, notamment au *Journal Officiel*. Ils ne sont soumis à la connaissance que des seuls administrés victimes d'un phénomène naturel entraînant une demande de déclaration de l'état de catastrophe naturelle. Cette situation, peu satisfaisante, est régulièrement critiquée, considérant que l'appréciation effectuée par la commission interministérielle et suivie par les ministres compétents est profondément opaque[21]. Le projet de loi n° 491 déposé le 3 avril 2012 au Sénat envisageait de fixer une liste des catastrophes naturelles et la méthodologie d'appréciation de l'intensité anormale de l'agent naturel. Celui-ci n'a toutefois pas été examiné jusqu'à son terme.

Dès lors, l'identification des critères employés par les autorités ministérielles pour qualifier un phénomène de catastrophe naturelle ne s'avère possible qu'après une lecture minutieuse des réponses ministérielles aux questions parlementaires et de la jurisprudence administrative. En l'espèce, nous nous limiterons à deux

19. S. Rials, art. cité, p. 130.
20. Réponse du ministère de l'Intérieur à la question écrite n° 03643 du sénateur Jean-Pierre Vogel, *JO Sénat*, 13 sept. 2018, p. 4683.
21. V. P. Marcangelo-Leos, « Reconnaissance de l'état de catastrophe naturelle. Le Conseil d'État confirme la légalité des critères météorologiques », 4 avr. 2018, Banque des Territoires, en ligne : <https://www.banquedesterritoires.fr/le-conseil-detat-confirme-la-legalite-des-criteres-meteorologiques> ; J.-P. Vogel, Question écrite adressée au ministre de l'Intérieur, n° 03643, *JO Sénat*, 8 mars 2018, p. 1035 ; Fédération française des assurances, *Livre blanc pour une meilleure prévention et protection contre les aléas naturels*, 2015, p. 29.

phénomènes naturels affectant régulièrement le territoire métropolitain français : les inondations et les sécheresses. Pour ces deux cas, les autorités ministérielles se fondent, non pas sur des critères chiffrés précis, comme le nombre de millimètres d'eau tombé par heure, mais plutôt sur des critères probabilistes, tels que la durée de retour, qui peut être définie comme la fréquence, basée sur une analyse statistique des records précédents, à laquelle un phénomène naturel particulier peut se réaliser[22].

Ainsi, pour une inondation, la période de retour doit être supérieure à dix ans pour que l'événement soit qualifié de catastrophe naturelle[23].

En ce qui concerne les sécheresses ou, plus précisément, les mouvements de terrain différentiels dus à la sécheresse et à la réhydratation des sols, les autorités ministérielles retiennent à ce jour deux critères cumulatifs[24] : un *facteur de prédisposition*, c'est-à-dire la présence d'argile dans le sol, détectée et évaluée par le Bureau des recherches géologiques et minières ; un *facteur déclencheur*, qui se présente par des phénomènes climatiques exceptionnels, matérialisé par un indice d'humidité des sols dont la période de retour est supérieure à vingt-cinq ans. Les données et analyses sont, sur ce dernier critère, fournies par l'établissement public administratif Météo France. Les critères concernant ce phénomène viennent d'être modifiés afin de prendre en compte les nouvelles connaissances scientifiques acquises en la matière[25].

Les critères retenus permettent une prise en compte des spécificités physiques, climatiques de chaque territoire observé. Plus encore, cette interprétation de l'anormalité respecte la finalité intrinsèque d'un standard : l'adaptation automatique du droit à un temps et un lieu donnés, sans avoir à procéder à une modification normative. Cela n'est pas sans conséquence face à des forces de la nature changeantes sous l'effet du réchauffement climatique.

B. – Un champ d'application source de menaces face aux changements climatiques

Les études visant à analyser les conséquences probables du réchauffement climatique sur le territoire français, notamment sous le prisme des catastrophes naturelles, se multiplient depuis plusieurs années[26], dans l'optique d'améliorer les connaissances dans ce domaine au fur et à mesure de l'évolution des modèles

---

22. M. ALLABY, *A Dictionary of Ecology*, 5e éd., Oxford University Press, 2015.
23. CAA Marseille, 4 déc. 2012, *Camping U Prunelli et sté Corse Montage*, req. n° 11MA00329, inéd. au *Rec.*
24. Ministère de l'Intérieur, réponse à la question écrite n° 102152 de la députée Aurélie Filippetti, *JO Assemblée nationale*, 4 avr. 2017, p. 2731.
25. Circulaire n° INTE1911312C en date du 10 mai.
26. CCR et Météo France, *Conséquences du changement climatique sur les coûts des catastrophes naturelles en France à horizon 2050*, 2018 ; CCR, *Modélisation de l'impact du changement climatique sur les dommages assurés dans le cadre du régime Catastrophes*

scientifiques utilisés et de susciter la réaction des acteurs, notamment publics, pour atténuer les émissions de gaz à effet de serre – permettant une limitation des conséquences du réchauffement climatique – et s'adapter face aux impacts déjà visibles.

Pour ce qui est des inondations, les résultats des travaux de modélisation du climat futur d'ici 2050 mettent en exergue une évolution du régime des précipitations extrêmes, avec de fortes disparités selon les régions[27]. Deux régions françaises seraient particulièrement concernées : les bassins de l'Escaut et de la Bretagne (+ 75 % de phénomènes de précipitations extrêmes entre 2000 et 2050), ainsi que les bassins de la Loire aval, de la Vienne, de la Saône et de la Meuse (+ 50 %). Ces phénomènes de précipitations extrêmes seraient ainsi plus nombreux et plus importants, entraînant *a fortiori* une diminution de la période de retour. Nous assisterions alors à une augmentation des inondations par ruissellement et débordement de cours d'eau[28]. Par ailleurs, les phénomènes de submersion marine et de retrait du trait de côte connaîtraient un accroissement en raison de l'élévation du niveau de la mer[29].

Au sujet de la sécheresse, le GIEC estime comme probable l'augmentation de la sévérité et de la fréquence de ce phénomène à la fin du siècle en raison de la baisse de la pluviosité et/ou de la hausse de l'évapotranspiration[30]. Ainsi, à titre d'exemple, une période de retour du phénomène de subsidence d'actuellement vingt ans pourrait évoluer vers une période de retour de dix ou douze ans selon le modèle retenu[31].

Toutes ces données ne sont pas sans conséquences sur la définition de la notion juridique de catastrophe naturelle. En ne retenant comme standard que l'anormalité de l'intensité d'un agent naturel, le législateur a fait le choix de ne garantir que les dommages causés par des phénomènes naturels exceptionnels. Une dichotomie s'est alors implicitement opérée entre un phénomène d'intensité normale, qui doit être supporté de manière individuelle par les administrés, selon une logique de prévoyance personnelle pouvant notamment se matérialiser par la souscription d'une assurance dommages aux biens spécifique, et un phéno-

---

Naturelles, 2015 ; Fédération française de l'assurance, *Impact du changement climatique sur l'assurance à l'horizon 2040*, 2015.

À l'échelle internationale, v. GIEC, *Managing the Risks of Extreme Events and Disasters to Advance Climate Change Adaptation*, 2012 ; GIEC, *Global Warming of 1,5 °C*, 2018.

27. CCR et Météo France, *op. cit.*, p. 17.

28. Fédération française de l'assurance, *Impact du changement climatique sur l'assurance à l'horizon 2040*, 2015, p. 18.

29. GIEC, *Managing the Risks of Extreme Events and Disasters to Advance Climate Change Adaptation*, 2012, p. 178 et s.

30. *Ibid*, p. 167 et s.

31. Fédération française de l'assurance, *op. cit.*, p. 14.

mène d'intensité anormale, qui implique nécessairement une reconnaissance et une solidarité de toute la collectivité nationale envers les victimes dès lors qu'un phénomène exceptionnel entraîne d'importants dommages. Or cette approche est aujourd'hui bousculée par les changements climatiques : ce qui est anormal aujourd'hui sera considéré comme normal demain du fait de l'abaissement des périodes de retour des phénomènes climatiques extrêmes. Ainsi, en maintenant les critères actuellement utilisés, un nombre important de phénomènes répétitifs et générateurs de graves dommages ne seront plus qualifiés de catastrophe naturelle ; les victimes ne pourront plus bénéficier d'une garantie assurantielle accessible financièrement dès lors que le taux de la surprime d'assurance visant à couvrir les dommages causés par une catastrophe naturelle ne sera pas applicable dans ce cas précis. Les changements climatiques seraient alors source d'inégalités sociales.

Face à ce panorama prospectif, la volonté des autorités ministérielles pourrait être grande de revoir les critères utilisés pour qualifier un phénomène de catastrophe naturelle. Toutefois, celles-ci n'ont pas les mains libres, bien au contraire ! En effet, au fil du temps, le juge administratif a été amené à faire évoluer le contrôle pour excès de pouvoir qu'il exerce sur les arrêtés ministériels de reconnaissance – ou non – de l'état de catastrophe naturelle. Alors même qu'il exerça pendant de nombreuses années un contrôle de la qualification juridique des faits limité à l'erreur manifeste d'appréciation[32], celui-ci a opéré une mutation vers un contrôle normal de la qualification juridique des faits[33]. Dès lors, le juge est amené à apprécier la réalité de l'intensité de l'agent naturel en s'appuyant sur les rapports d'experts fournis à la commission interministérielle, voire, si besoin, en demandant une expertise complémentaire s'il n'est pas en mesure de se prononcer au vu des pièces et éléments qu'il a recueillis[34]. Partant, le juge administratif pourrait censurer toute tentation de l'autorité administrative de réinterpréter de manière souple la notion d'intensité anormale de l'agent naturel retenue par le législateur.

Tout *statu quo* en la matière serait donc fortement préjudiciable pour les administrés, qui devront supporter personnellement la charge du coût des dommages causés par ces phénomènes naturels, et constituerait une réelle menace au regard du principe de solidarité nationale. La seule solution pour permettre d'indemniser les administrés subissant un phénomène naturel devenu normal

---

32. V. CE, 10 janv. 1992, *Époux X.*, n° 106356 : *AJCT* 2011, 74, note M. Moliner-Dubost.
33. V. CAA Paris, 2 févr. 2015, *Cne de Bonneuil-sur-Marne*, n° 14PA00618, inéd. au *Recueil Lebon*.
34. CE, 16 mars 2018, *Cne de Bonneuil-sur-Marne*, req. n° 389176, mentionné dans les tables du *Recueil Lebon* : *AJDA* 2018, 598, note E. Maupin, *AJCT* 2018.,395, note M. Moliner-Dubost.

sous l'effet du réchauffement climatique sans subir la censure du juge serait de procéder à une modification de la loi du 13 juillet 1982 en définissant précisément, avec l'aide de critères techniques, la notion de catastrophe naturelle. Toutefois, une telle réforme aura pour conséquence d'augmenter les pertes assurantielles, déjà fortement accrues sous les effets du changement climatique.

II. Une durabilité du régime Cat-Nat questionnée face aux risques climatiques futurs

L'augmentation potentielle de l'occurrence et de l'intensité des risques naturels a pour corollaire l'augmentation des indemnités qui devront être allouées par les compagnies d'assurance. Face à un tel phénomène, il apparaît opportun de se questionner sur la soutenabilité du régime Cat-Nat à moyen terme (A.) et d'identifier les solutions envisageables pour réduire le coût des catastrophes naturelles (B.).

A. – La soutenabilité du régime Cat-Nat à moyen terme réellement menacée ?

Avant 1982, le taux de couverture des risques naturels était relativement faible au sein de la population française pour une double raison[35] : le faible nombre de produits assurantiels proposés par les compagnies d'assurance et le prix élevé des primes financées par les assurés en échange d'une couverture. En l'absence de toute mesure de prévoyance individuelle financée par les administrés, la dépendance à l'État était donc élevée et, en pratique, peu satisfaisante puisque l'intervention de ce dernier ne constituait aucunement une réparation des préjudices subis.

Afin de ne pas faire supporter au secteur assurantiel un fardeau trop lourd, tout en proposant aux assurés une couverture assurantielle à un montant accessible, la loi du 13 juillet 1982 a mis en place un mécanisme hybride original.

Désormais, tous les contrats d'assurance garantissant les dommages causés à des biens matériels (*e.g.* assurance habitation, assurance des véhicules terrestres à moteur), contiennent une extension de garantie Cat-Nat obligatoire. En échange, cette garantie est couverte par une prime ou une cotisation additionnelle payée par l'assuré, dont le taux pour chaque catégorie de contrat est unique sur tout le territoire français et fixé par l'État. Ce système a l'avantage de mettre en place une solidarité horizontale et une mutualisation des risques efficace : tous les assurés s'acquittent de cette surprime, quelle que soit la vulnérabilité de leurs

35. M. Prévoteau, Rapport fait au nom de la Commission des Affaires économiques et du Plan sur la proposition de loi relative à l'indemnisation des victimes de catastrophes naturelles, 275, Sénat, 1982.

biens au regard des risques naturels. L'inconvénient est la rigidité du système de mutualisation des risques, dès lors que les compagnies d'assurance n'ont pas la possibilité d'augmenter le taux desdites primes et cotisations lorsque les risques se réalisent à une fréquence plus importante, seul l'État étant compétent pour intervenir. Alors même que le régime assurantiel de garantie contre les catastrophes naturelles connaît une certaine stabilité depuis 1982, le taux applicable aux contrats d'assurance, hors assurance des véhicules terrestres à moteur, a connu une importante augmentation : 12 % depuis 2000 contre 5,5 % en 1983.

Par ailleurs, la loi du 13 juillet 1982 met en place un instrument de réassurance, c'est-à-dire un mécanisme par lequel « une entreprise d'assurance se fait assurer à son tour pour tout ou partie des risques qu'elle demeure seule à garantir à l'égard de l'assuré[36] », par le biais de la Caisse centrale de réassurance (CCR), société anonyme dont les actions sont intégralement détenues par l'État. L'avantage de la CCR est d'avoir la garantie ultime et illimitée de l'État[37], ce qui a d'ailleurs suscité un contentieux sur le plan du droit de la concurrence au regard des autres entreprises de réassurance[38]. Toutes ces dispositions garantissent la solvabilité du système dans son ensemble.

À ce jour, le régime « Cat-Nat » peut être globalement qualifié de robuste au regard des trente dernières années. En effet, malgré la forte variabilité de la sinistralité entre 1982 et 2017, les surprimes « Cat-Nat » versées par les assurés ont dans l'ensemble permis de couvrir l'indemnisation des sinistrés (cf. figure 1). La mobilisation des compagnies de réassurance et, en particulier, de la CCR a également limité l'impact des années déficitaires, où les surprimes « Cat-Nat » versées étaient insuffisantes par rapport à la sinistralité. Il est intéressant d'observer qu'au cours des dix dernières années trois se caractérisent par un fort taux de sinistralité :

– 2010, avec la tempête Xynthia (0,857 Md €) et les inondations dans le Var (0,707 Md €) ;

– 2016 avec les inondations des bassins de la Seine et de la Loire (1,485 Md €) et le risque de subsidence (0,619 Md €) ;

– 2017 avec le cyclone Irma (2,004 Md €).

Pour autant, la garantie de l'État à travers la CCR n'a été rendue nécessaire qu'une seule fois, en 2000, d'où l'augmentation des taux de la surprime « catastrophe naturelle » afin de limiter l'occurrence d'une telle situation.

36. Y. Lambert-Faivre et L. Leveneur, *Droit des assurances*, 14e éd., Dalloz, coll. Précis, 2017, p. 47.
37. Art. L. 431-9 C. assur.
38. Cons. const., 27 sept. 2013, *Société SCOR SE*, n° 2013-344 QPC.

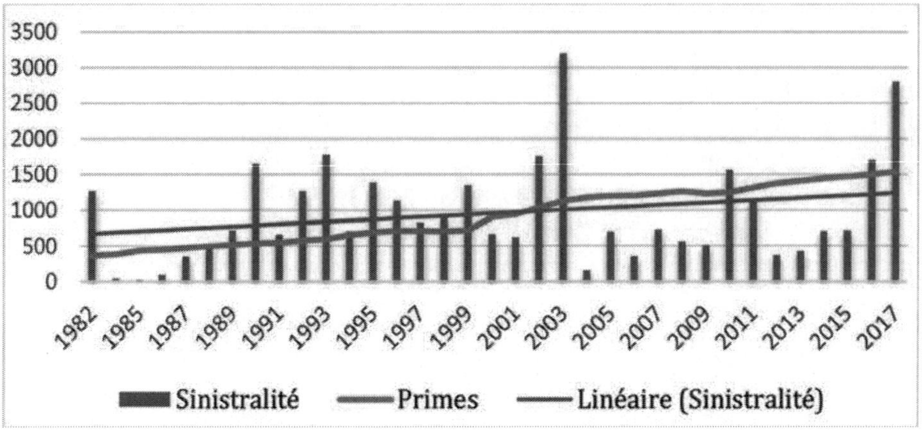

Figure 1 : Évolution de la sinistralité (hors VTM) des catastrophes naturelles en France par rapport aux primes versées (hors assurance VTM) entre 1982 et 2017 (en millions d'euros) – Sources chiffrées : CCR, 2018.

Une récente étude « Sigma » réalisée par le réassureur Swiss Re observe une augmentation conséquente des périls secondaires[39] en 2018, détrônant ainsi les sinistres liés aux périls primaires (*e.g.* séisme, ouragan). Sur les 76 milliards USD de dommages causés par les catastrophes naturelles et couverts par le secteur assurantiel, 60 % sont dus à des événements causés par des périls secondaires[40]. Le réassureur estime que cette tendance à la hausse concernant les périls secondaires est amenée à perdurer au cours des prochaines années, sous l'effet notamment du changement climatique[41]. Les études précédemment mentionnées semblent confirmer cette tendance, avec une augmentation de l'occurrence et de la sévérité des inondations et des risques de subsidence liés aux phénomènes de sécheresse. Dès lors, il apparaît opportun de se questionner sur la soutenabilité à moyen terme du régime Cat-Nat. La multiplication des études menées par le secteur assurantiel sur l'impact du changement climatique révèle la vivacité des inquiétudes actuelles.

En se fondant sur le scénario RCP 8.5 du GIEC, la Fédération française des assurances estime que l'aléa inondation passerait d'un coût cumulé de 16 milliards d'euros entre 1988-2013 à 38 milliards d'euros entre 2014-2039[42].

39. Les périls secondaires peuvent être définis comme des « événements dommageables à haute fréquence c'est-à-dire survenant plus fréquemment que les événements causés par des périls primaires tels que les séismes et les ouragans et d'une gravité faible à moyenne (comparée aux dommages engendrés par les périls primaires) » (Swiss Re Institute, *op. cit.*, p. 8). Il faut distinguer les périls secondaires indépendants (inondations fluviales, crues soudaines, pluies torrentielles, glissements de terrain, sécheresses, feux de forêt) des périls secondaires d'un péril primaire (*e.g.* précipitations provoquées par un ouragan).

40. Swiss Re Institute, *op. cit.*, p. 1.

41. *Id.*

42. Fédération française de l'assurance, *op. cit.*, p. 23.

L'aléa sécheresse évoluerait quant à lui d'un coût cumulé de 8 milliards d'euros entre 1988-2013 à 21 milliards d'euros entre 2014-2039. Une étude récente de la Caisse centrale de réassurance abonde également dans le sens d'une augmentation des pertes annuelles moyennes en 2050.

Cette augmentation des périls secondaires est d'autant plus problématique qu'elle est mal appréhendée à ce jour par les méthodes de mesures retenues par les (ré)assureurs. Privilégiant pendant de nombreuses années les modèles probabilistes dans le but d'évaluer précisément les impacts des périls primaires, les périls secondaires ont été délaissés et ne bénéficient à ce jour d'aucune modélisation[43]. Si les inquiétudes quant à l'avenir du régime Cat-Nat ne sont pas nouvelles[44], l'échelle d'interrogation est désormais plus large : c'est la pérennité du secteur assurantiel qui est en question[45].

Pour autant, prudence n'est pas synonyme de danger. En effet, l'analyse des résultats financiers des compagnies d'assurances, tant à l'échelle internationale[46] que nationale[47], permet de mettre en exergue la bonne capitalisation du secteur, autorisant ainsi, grâce à une mutualisation entre les portefeuilles de contrats d'assurance, une couverture convenable et persistante des dommages causés par les catastrophes naturelles.

S'il ne semble donc pas y avoir de peur généralisée des entreprises de l'assurance et de la réassurance face aux effets du changement climatique, celles-ci ont et affirment – plus que toujours – un réel rôle à jouer dans le domaine de la prévention, dans l'optique de réduire la vulnérabilité et de permettre une adaptation durable des territoires face au système climatique futur.

B. – Le rôle désormais crucial des compagnies d'assurance dans le champ de la prévention pour garantir la pérennité du régime

Si la loi du 13 juillet 1982 est avant tout connue pour la création de la garantie catastrophes naturelles, il ne faut pas occulter la seconde finalité assignée par le législateur : la réduction des dommages causés par les catastrophes naturelles, c'est-à-dire la prévention. Cette loi peut d'ailleurs être considérée comme le premier acte du droit contemporain des risques naturels, en ce qu'elle procède à la mise en place des plans d'exposition aux risques naturels (PER), outils élaborés par l'État et ancêtres des actuels plans de prévention des risques naturels prévisibles (PPRNP).

---

43. Swiss Re Institute, *op. cit.,* p. 19.
44. Ex. : P. Bidan, « Le régime d'indemnisation des catastrophes naturelles a-t-il un avenir ? », *RGDA* 2001, 243.
45. *Ibid.*
46. *Ibid*, p. 21.
47. Fédération française de l'assurance, *Tableau de bord de l'assurance en 2017*, 2018, p. 5.

Initialement, le sénateur à l'origine de cette proposition de loi, Maurice Prévoteau, admit une exception à l'obligation de garantir les biens et les activités contre les effets des catastrophes naturelles : lorsqu'ils sont situés dans une zone déclarée inconstructible par un document d'urbanisme. En raison de la faible effectivité de l'obligation de prendre en compte les risques naturels lors de l'élaboration des documents d'urbanisme[48], la commission des Affaires économiques et du Plan du Sénat proposa un amendement visant à substituer la mention relative aux documents d'urbanismes par un nouvel instrument : les plans d'exposition aux risques (PER). Au fil des navettes législatives, la finalité première de ces PER s'est transformée pour devenir un vrai instrument de prévention imposant des mesures de prévention en plus des servitudes d'inconstructibilité.

Si la loi du 13 juillet 1982 a effectivement permis d'impulser de réelles politiques réglementaires en matière de prévention des risques naturels, force est de constater que le binôme indemnisation / prévention tel que pensé par ses auteurs n'a pas abouti à des résultats probants au regard de la relative constance, voire légère augmentation au regard de la courbe de tendance linéaire (*cf.* figure 1), des dommages causés par une catastrophe naturelle et indemnisés. Cela peut notamment s'expliquer par deux facteurs cumulatifs : la densification des zones à risques et l'augmentation de la démographie sur les façades littorales, qui pourrait représenter en 2040 40 % de la population française[49], entraînant par voie de conséquence une hausse constante de la vulnérabilité des personnes et des biens. En multipliant cela par une possible augmentation de l'occurrence et de l'intensité des phénomènes climatiques extrêmes sous l'effet du changement climatique, l'exposition aux risques naturels est nécessairement appelée à croître, impactant *a fortiori* le secteur assurantiel.

Le législateur et le pouvoir réglementaire ont tenté à plusieurs reprises d'inciter fortement, par le droit, les collectivités publiques à améliorer le volet prévention. Ainsi, les compagnies d'assurance peuvent refuser l'extension de garantie Cat-Nat :

– lorsque les biens, postérieurement à l'entrée en vigueur du PER/PPRNP[50], sont situés sur des terrains classés inconstructibles ;

– lorsqu'ils ne respectent pas les règles administratives en vigueur lors de leur mise en place et tendant à prévenir les dommages causés par une catastrophe naturelle[51] ;

48. Cette difficulté est mentionnée par le sénateur Jean Faure lors des débats parlementaires sur le projet de loi relatif à l'organisation de la sécurité civile, à la prévention des risques majeurs et à la protection de la forêt contre l'incendie, *JO Sénat*, 20 mai 1987, p. 1070.
49. Ministère de l'Écologie, du Développement durable et de l'Énergie, *Première évaluation nationale des risques d'inondation*, 2011, p. 5.
50. Art. L. 125-6 C. assur.
51. *Ibid.*

– lorsque, après décision du bureau central de tarification, le propriétaire ou l'exploitant ne se sera pas conformé dans un délai de cinq ans aux mesures relatives à l'aménagement, l'utilisation ou l'exploitation des constructions, des ouvrages, des espaces mis en culture ou plantés contenues dans un PPRNP[52].

Comme le relève un rapport de la Cour des comptes sur la gestion par l'État des risques naturels[53], ces facultés s'avèrent en pratique peu utilisées. En effet, elles nécessitent des données dont ne disposent pas toujours les compagnies d'assurance. Par ailleurs, le recours dans les PPRNP à des mesures visant les biens préexistants avant l'entrée en vigueur dudit plan est assez rare, notamment en raison de leur impopularité au sein de la population.

Au-delà de ces dispositions de portée facultative, le pouvoir réglementaire a introduit, pour les biens autres que les véhicules terrestres à moteur se situant sur un territoire non couvert par un PPRNP, un système de modulation de la franchise en fonction du nombre de constatations de l'état de catastrophe naturelle par les pouvoirs publics[54]. Ainsi, dès la troisième constatation interministérielle, la franchise appliquée est doublée, puis triplée pour la quatrième constatation et, enfin, quadruplée pour la cinquième et les constatations suivantes. Comme le relève Stéphanie Hourdeau-Bodin[55], ce mécanisme de modulation est totalement inefficace et s'inscrit en contradiction avec la finalité intrinsèque de la franchise en droit des assurances : responsabiliser l'assuré. Or tel n'est pas le cas ici, l'assuré est « puni » du fait des carences de l'État à adopter un PPRNP.

Face à ce constat d'inefficacité, voire d'ineffectivité du couple prévention-indemnisation, il apparaît opportun de faire évoluer le régime Cat-Nat afin de permettre une adaptation des territoires face aux changements climatiques. Cela pourrait se faire par deux outils : la modulation des primes et celle des franchises[56].

Dans le premier cas, il s'agit de mettre fin au principe d'unicité du taux de la surprime Cat-Nat, passant ainsi d'une logique d'égalité à une logique d'équité.

---

52. *Ibid.*
53. Cour des comptes, « L'État face à la gestion des risques naturels : feux de forêt et inondations », *in Rapport public annuel 2009*, p. 665.
54. Art. A. 125-1, annexe, C. assur.
55. S. Hourdeau-Bodin, « Risques naturels en zones côtières et assurance », *in* C. Laronde, A. Mazeaud, A. Michelot, *Les risques naturels en zones côtières. Xynthia : enjeux politiques, questionnements juridiques*, PUR, coll. L'univers des normes, 2015, p. 155.
56. Cette réflexion est le fruit d'études et entretiens réalisés dans le cadre du programme de recherche européen n° 308364 « STAR-Flood ». V. not. C. Suykens, S.J. Priest, W.J. van Doorn-Hoekveld, T. Thuillier, M. van Rijswick, « Dealing with flood damages : Will prevention, mitigation, and ex post compensation provide for a resilient triangle ? », *Ecology and Society* 2016, vol. 21, n° 4, art. n° 1.

Tout en maintenant une mutualisation entre tous les assurés afin de ne pas créer des inégalités sociales dans la couverture assurantielle, une modulation pourrait être opérée en fonction de la localisation du bien. Les assurés dont les biens ne se situent pas dans une zone exposée à un risque naturel paieraient une prime à un taux réduit de 9 %. Ceux se situant dans une zone exposée à un risque se verraient appliquer un taux intermédiaire de 12 % – c'est-à-dire le même qu'aujourd'hui – dès lors qu'ils se déclarent être en conformité avec les mesures relatives à l'aménagement, l'utilisation ou l'exploitation des constructions, ouvrages ou espaces rendues obligatoires par le PPRNP. Enfin, les assurés ne respectant pas lesdites mesures feraient l'objet d'un taux majoré de 30 %. De cette manière, une sensibilisation sur l'exposition aux risques serait effectuée de façon plus efficace qu'aujourd'hui, et une logique incitative/préventive serait initiée. Grâce au mouvement de la digitalisation, de l'*open data* et à la réalisation de contrôles lors des expertises préalables à l'indemnisation, une telle réforme s'avère désormais techniquement faisable.

Dans le second cas, le système de modulation de la franchise pourrait être transformé en bonus/malus en fonction des mesures de prévention prises par l'assuré, dans la limite d'une fourchette déterminée par l'État. L'objectif de responsabilisation de ce dernier serait alors complètement rempli.

Bien entendu, une telle refonte du régime Cat-Nat suppose une réelle volonté de l'État, tant dans l'impulsion de la réforme que dans sa mise en œuvre. En effet, il faudrait tout d'abord que le bâti existant soit systématiquement concerné par des mesures d'aménagement rendues obligatoires par le PPRNP, d'autant que les travaux peuvent faire l'objet de subventions *via* le fonds Barnier, qui est d'ailleurs partiellement alimenté par un prélèvement sur le produit des cotisations Cat-Nat. Par ailleurs, il conviendrait que l'État, en association avec les collectivités locales, mette en œuvre une réelle stratégie réglementaire – et non relevant du droit souple comme l'actuel plan national d'adaptation au changement climatique (PNACC) – d'adaptation aux changements climatiques au sein des PPRNP, pour que le régime assurantiel réduise de manière effective la vulnérabilité des biens et, par voie de conséquence, des personnes face aux nouveaux risques climatiques.

Toutes ces propositions de réforme ne semblent pas, pour le moment, intégrées dans le projet de réforme du régime Cat-Nat annoncé par le président de la République au lendemain du cyclone Irma en 2017. À voir si la version retenue par le gouvernement, qui devrait être présentée dans les prochains mois, répondra concrètement au besoin d'adapter ce régime assurantiel face aux risques climatiques.

PARTIE 3

LES DYNAMIQUES SOCIALES À L'ŒUVRE

LES LIMITES PLANÉTAIRES.
LA PORTÉE JURIDIQUE DU CHANGEMENT CLIMATIQUE

Catherine LARRÈRE
Professeur émérite à l'Université Paris 1 Panthéon-Sorbonne, ISJPS UMR 8103
Membre du comité de pilotage du GDR ClimaLex

À « la question de savoir ce que la nature peut supporter », Hans Jonas répondait, dans *Le Principe responsabilité* : « Personne ne doute aujourd'hui qu'il y a ici des limites de tolérance »[1]. Publié en 1979, le livre témoignait déjà du rôle central occupé par les limites dans la question écologique. Celle-ci, dans les années 1960-1970, était devenue planétaire, attirant l'attention des organisations internationales, qu'il s'agisse de l'ONU, de l'Unesco ou des grandes ONG environnementales. Qu'il ne puisse pas y avoir de « croissance infinie dans un monde fini » devint, dans les années 1970, le slogan qui visait à orienter les politiques économiques et autour duquel s'est construite la notion de développement durable, du rapport Brundtland (*Notre avenir à tous*, 1987[2]) à la déclaration du Sommet de la Terre, à Rio en 1992. Tel est encore l'objectif de la proposition, faite par la Fondation Nicolas Hulot (FNH), d'inscrire le respect « des limites de la planète Terre » dans la Constitution.

Mais, si l'on peut dire ainsi que l'écologie est la science des limites, de quelles limites s'agit-il exactement ? De 1970 à aujourd'hui, le contenu de la notion de limites s'est modifié, et la prise en considération du changement climatique y a joué un rôle important. Dès 1970, autour du rapport Meadows de 1972, s'impose l'idée que les ressources naturelles (tout particulièrement les énergies fossiles) sont limitées : la question des limites est alors étroitement liée à celle de rareté. Avec le changement climatique, l'orientation va changer : il ne va plus être question des limites, prises une à une, mais du système qu'elles forment et à l'intérieur desquelles les actions humaines doivent s'inscrire sans les franchir. C'est un tel système que présentent Rockström et son équipe, en 2009, avec le tableau des « limites planétaires » (actualisé en 2015), et la proposition de la FNH y fait référence.

1. H. JONAS, *Le Principe responsabilité*, 1979, trad.fr., Éditions du Cerf, 1990, p. 250.
2. *Our Common Future*, rapport rédigé en 1987 par la Commission mondiale sur l'environnement et le développement de l'Organisation des Nations unies, présidée par la Norvégienne Gro Harlem Brundtland.

Or, suivant le contenu, rareté ou système, que l'on donne à l'idée des limites physiques de la Terre, on n'en tire pas les mêmes conséquences politiques et juridiques. Passer d'une conception des limites à l'autre, c'est, comme nous le verrons, passer du développement durable à la transition écologique. Après avoir présenté les deux conceptions des limites, nous étudierons le type de politique qu'inspire la deuxième conception, celle du système des « limites planétaires ».

I. LIMITES, RARETÉ ET DÉVELOPPEMENT DURABLE

Lancé par une commande du Club de Rome (club fondé par un industriel italien, Aurelio Peccei), le rapport Meadows (du nom de deux de ses auteurs, Donella et Dennis Meadows), sur les limites écologiques de la croissance économique, fut réalisé par un groupe de scientifiques du MIT dont la plupart étaient des ingénieurs spécialistes de la théorie des systèmes. Leur étude s'appuyait sur une simulation par ordinateur d'un modèle construit à partir de cinq paramètres : la population, la production alimentaire, l'industrialisation, la pollution et l'utilisation des ressources naturelles non renouvelables[3]. Se demandant si la croissance exponentielle de ces différents paramètres pouvait se poursuivre indéfiniment, les auteurs montraient les conséquences négatives, potentiellement catastrophiques, de la raréfaction des ressources, et les conclusions du rapport préconisaient une stabilisation de la croissance démographique et de la production économique, sous peine d'un effondrement du système planétaire sous la pression de la croissance industrielle et démographique.

Publié à l'époque où se produisit le premier choc pétrolier, qui jeta le doute sur la possibilité de jouir indéfiniment d'une énergie abondante et à bon marché, le rapport Meadows a beaucoup fait pour imposer l'idée que l'attention aux limites était centrale pour l'écologie. On la trouve formulée, notamment, dans une conférence de Georges Canguilhem, « La question de l'écologie », prononcée en 1973 :

> Il est certain que la croissance exponentielle des besoins énergétiques dans les sociétés industrielles (énergie alimentaire, énergie motrice) est, à terme, incompatible avec la limitation des ressources organiques et minérales offertes à l'espèce humaine[4].

3. V. la présentation qui en est faite dans F.-D. VIVIEN, *Le développement soutenable*, Paris, La Découverte, coll. Repères, 2005, p. 7-11.
4. G. CANGUILHEM, « La question de l'écologie. La technique ou la vie », conférence prononcée à Strasbourg en 1973, publiée dans la revue *Dialogue*, de mars 1974 (p. 37-44), jointe en annexe du livre de F. DAGOGNET, *Considérations sur l'idée de nature*, Paris, Vrin, 2000, p. 187.

Les limites, ici, sont donc synonymes de rareté, ce qui attire l'attention sur la finitude de la Terre et de ses ressources. On va donc faire ressortir la contradiction qu'il y a entre ressources finies et croissance infinie et se moquer des économistes qui n'y prêtent pas attention. Comme le déclara Kenneth Boulding, économiste rallié aux thèses écologistes, dans une audition devant le Congrès américain, en 1973, sur des questions d'énergie : « Celui qui croit que la croissance exponentielle peut se poursuivre indéfiniment dans un monde fini est soit un fou, soit un économiste »[5].

Pourtant les questions de limites et de rareté sont loin d'être inconnues des économistes. Avec le *Principe de population*, publié en 1798[6], Malthus avait été l'un des premiers à soulever la question des limites à partir d'une étude du rapport entre population et subsistances : puisque la première croissait selon une progression géométrique, quand les deuxièmes ne le faisaient qu'arithmétiquement, l'accroissement démographique exposait les plus pauvres, à terme, à la famine et à la mort violente. En 1865, l'économiste William Stanley Jevons publia un livre pour annoncer l'épuisement prochain des réserves de charbon en Grande-Bretagne[7]. Loin donc de considérer que les ressources naturelles sont inépuisables, les économistes se sont continûment souciés de leurs limites. Ils ont même été jusqu'à introduire la rareté au cœur de l'économie, comme c'est le cas avec la très célèbre définition de Lionel Robbins selon laquelle l'économie est « la science qui étudie le comportement humain en tant que relation entre des fins et des moyens rares qui ont des usages alternatifs »[8].

En fait, cette définition, en généralisant la rareté, la banalise : la rareté n'est pas une propriété des ressources naturelles (ou de certaines ressources naturelles), c'est une propriété de tout bien marchand, du moment où l'on pense que les individus s'emploient à maximiser leur utilité et que leurs préférences sont insatiables. La rareté se détache de tout socle matériel pour devenir une propriété formelle des biens économiques. Le débat ne va donc pas porter sur l'existence de la rareté et la nécessité d'en tenir compte – tout le monde en est d'accord –, mais sur le caractère absolu ou relatif de la rareté. La réponse va se partager entre deux pôles : d'un côté, ceux qui font référence aux ressources naturelles et aux flux d'énergie vont parler de limites absolues, de l'autre ceux qui organisent leur

5. « Anyone who believes exponential growth can go on forever in a finite world is either a madman or an economist », attribué à Kenneth Boulding, United States Congress House (1973) *Energy reorganization Act of 1973 : Hearings, Ninety-third Congress, first session, on H.R. 11510*, p. 248.
6. T. R. Malthus, *Essai sur le principe de population et son influence sur le progrès futur de la société, avec des remarques sur les théories de M. Godwin, de M. Condorcet et d'autres auteurs,* Londres, 1798.
7. W. S. Jevons, *The Coal Question ; An Inquiry Concerning the Progress of the Nation, and the Probable Exhaustion of Our Coal Mines,* Londres, Macmillan and Co, 1865.
8. L. Robbins, *An Essay on the Nature and Significance of Economic Science*, Londres, The Macmillan Press Limited, 1932, p. 15.

réflexion autour de l'étude des prix et des flux monétaires insistent sur le caractère toujours relatif de la rareté.

C'est d'abord une question d'échelle. En écrivant son rapport sur les réserves de charbon, Jevons ne se souciait que de la Grande-Bretagne, c'était de la richesse de cette nation qu'il se préoccupait. En 1963, bien avant la parution du rapport du Club de Rome, deux économistes, Barnett et Morse, s'étaient inquiétés de l'épuisement des ressources naturelles, tout en montrant que la poursuite des processus économiques n'était cependant pas définitivement menacée. Ils avaient fait valoir que, si la rareté existait, elle était toujours relative (à une situation ou à une ressource donnée), et que les limites, du fait de la variabilité des ressources dans le temps et l'espace, ne pouvaient être évaluées : « Une limite peut exister, mais elle ne peut être ni définie ni exprimée en termes économiques »[9]. L'argument fut repris par Wilfred Beckerman, qui, dès 1972, critiqua le rapport Meadows en faisant valoir, entre autres arguments, que l'on ne pouvait s'en tenir aux seules ressources connues, et exploitées, alors que l'écorce terrestre pouvait contenir des réserves beaucoup plus importantes, encore inconnues, ou des réserves que l'on ne savait pas encore exploiter[10].

On pouvait donc avancer que les ressources étaient substituables, d'autant plus que cela ne dépendait pas seulement de la quantité ou de la variété de ressources naturelles. Robert Solow[11] mit en avant le progrès technique, qui facilite l'accès aux ressources naturelles, en multiplie les potentialités, les remplace quand elles font défaut, et permet donc de trouver des solutions de substitution à leur épuisement. Innovation technologique et croissance économique se prêtent un secours mutuel, la régulation par les prix permettant de déterminer le moment où l'on peut substituer un dispositif technique à la ressource défaillante ou rendue trop chère par sa rareté. William Nordhaus élabora l'idée des *backstop technologies* pour expliquer que, même si les ressources fossiles (houille, pétrole) s'épuisaient, le fonctionnement optimal du marché favoriserait l'apparition d'une nouvelle technologie, en l'occurrence le nucléaire[12].

Pour répondre à ces objections, il fallait se situer à un niveau global, aussi bien spatialement que temporellement. C'est ce que fit Nicholas Georgescu-Roegen, ancien disciple de Schumpeter devenu hétérodoxe, qui se porta au secours du rapport Meadows attaqué par les économistes. Examinant les objections qui y avaient été faites, Georgescu-Roegen montre que ces réponses ignorent la

---

9. H. J. Barnett et C. Morse, « Scarcity and Growth Resources for the Future », *Inc.*, Baltimore, John Hopkins Press, 1963, 10, p. 7.
10. W. Beckerman, « Economists, Scientists and Environmental Catastrophe », *Oxford Economic Papers* 1972, 24(3), p. 327-344 ; *In Defence of Economic Growth*, 1974.
11. R. Solow, « The Economics of Resources or the Resources of Economics », *American Economic Review* 1974, vol. 64, n° 2, p. 1-14.
12. W. Nordhaus, H. Houthakker, R. Solow, « The allocation of energy resources », *Brookings Papers on Economic Activity* 1973, 3, p. 529-576.

dimension matérielle des processus économiques. La question n'est pas de savoir s'il y a d'autres ressources que celles que l'on connaît, le véritable problème réside dans l'accessibilité et la disponibilité de ces ressources. Il faudrait des quantités d'énergie démesurées pour récupérer certaines ressources d'accès difficile. Même remarque sur la possibilité de substituer, aux ressources naturelles défaillantes, des dispositifs techniques : ceux-ci, à leur tour, sont consommateurs d'énergie et producteurs de déchets. À moins de supposer une économie entièrement dématérialisée, l'argument du progrès technique exponentiel avancé par les économistes est un mythe, encore moins fondé que celui de la régulation par les prix, car il ne repose sur aucun argument analytique. Il « procède de la croyance profondément enracinée dans l'immortalité de l'humanité »[13].

C'est à cette croyance que Georgescu-Roegen oppose le savoir de la finitude, celle de l'humanité comme de la Terre, « le fait qu'aux termes de la loi fondamentale de la thermodynamique la dot de l'humanité est limitée »[14]. À l'économie néo-classique dominante de son époque, il reproche de reposer sur une vision mécaniste de la physique, celle de la causalité linéaire et des séquences répétables, donc prévisibles. Il y oppose la nécessité d'y substituer un paradigme thermodynamique, qui seul permet de prendre en considération ce qui se passe à l'interface des systèmes économiques et de leur environnement. Les processus de l'économie sont consommateurs d'énergie (ils prélèvent des ressources naturelles dans leur environnement) et producteurs de déchets (qu'ils rejettent, également dans leur environnement). Ce faisant, ils participent du mouvement général de dégradation de l'énergie : ils prélèvent de l'énergie de basse entropie (disponible) et rejettent une entropie dégradée (entropie haute ou indisponible). L'économie n'est donc pas un processus physiquement neutre qui se borne à déplacer de la matière, elle est soumise aux lois de l'entropie, qui sont celles du désordre, de l'énergie dégradée et de la perte de chaleur universelle.

Les limites de l'économie renvoient aux lois de l'entropie, qui obligent à tenir compte de l'irréversibilité des phénomènes, ce qui implique une diminution inévitable de l'énergie pour les systèmes humains, une disponibilité finie des ressources naturelles. Les limites deviennent ainsi le concept central d'un dispositif théorique d'ensemble. Mais, du même coup, elles changent de statut. Parler de rareté absolue est le résultat d'un passage à la limite, qui se situe dans une perspective globale, aussi bien spatialement (toute la terre) que temporellement (dans une échelle de temps indéfinie). Aussi Georgescu-Roegen jugeait-il précipitée l'annonce, faite dans le rapport Meadows, d'un effondrement prévisible dans les cent ans à venir. Mais, s'il tendait ainsi à relâcher la pression que le rapport Meadows avait pu faire peser sur la réflexion économique, il n'en attirait pas moins l'attention sur la nécessité d'insérer les processus économiques dans l'ensemble

13. N. Georgescu-Roegen, « L'énergie et les mythes économiques » [1975], *in La Décroissance, Entropie-Écologie-Économie*, trad. fr., Paris, Sang de la Terre, 2008, p. 117.
14. *Id.*

des processus matériels. C'est sur cette articulation entre limites physiques et flux économiques que s'est développée ce que l'on a nommé l'économie écologique. Celle-ci a mis la question des limites au centre de ses préoccupations. Comme l'écrit Robert Costanza dans le premier numéro de la revue *Ecological Economics* : « Les questions de soutenabilité sont, en dernière instance, des questions de limites »[15].

Officiellement introduite dans le rapport Brundtland (1987), précisée dans la Déclaration de Rio (en 1992), la notion de développement durable, ou soutenable (*sustainable development*), procède de la rencontre entre deux programmes des Nations unies, le programme pour le développement (PNUD), créé en 1966, et qui se donne pour mission les objectifs de la Charte de 1945 (promouvoir la démocratie, faire disparaître la pauvreté) et le programme pour l'environnement (PNUE), créé à l'issue de la première conférence mondiale sur les questions d'environnement, réunie à Stockholm en 1972. Résultat de ces travaux conjoints, la notion de développement durable intègre les trois pôles, ou trois piliers, énumérés par la Déclaration de Rio, en cherchant à concilier contraintes environnementales, croissance économique et justice sociale au sein d'un contexte qui est celui des inégalités de développement entre les différents pays du monde, ce que l'on va désigner, dès les années 1990, comme la tension entre le Nord et le Sud.

Le développement durable n'a donc rien d'un projet utopique, c'est une notion de compromis entre exigences (économiques et sociales) de développement et exigences écologiques (faisant valoir des contraintes ou des limites), et les différentes variantes de ce compromis vont s'orienter selon deux pôles, celui de la soutenabilité faible et celui de la soutenabilité forte. On y retrouve l'opposition entre l'orientation vers les ressources naturelles et les flux d'énergie, et vers les prix et les flux monétaires, autour de laquelle s'était structurée la discussion du rapport Meadows.

On parle de « soutenabilité faible » pour ceux qui considèrent que le capital naturel peut être à peu près entièrement remplacé par du capital technique. C'est l'hypothèse adoptée par Solow : une quantité accrue d'équipements, de connaissances et de compétences doit pouvoir prendre le relais de quantités moindres de capital naturel pour assurer le maintien, à travers le temps, des capacités de production et de satisfaction du bien-être des individus.

Même les économistes les plus fidèles au raisonnement néo-classique, comme Solow, reconnaissent que tout ne peut pas être remplacé. Il y a de l'insubstituable : les grands parcs naturels américains (Yellowstone, Yosemite) notamment. Mais cela reste une exception. C'est ce que contestent les tenants de la soutenabilité forte : le capital technique ne peut venir complètement remplacer le capital naturel. On retrouve l'argument de Georgescu-Roegen : fabriqué grâce à de la

15. « Issues of sustainability are ultimately issues about limits » R. Costanza, 1989, « What is ecological economics? », *Ecological economics*, I (1), p. 5.

matière et de l'énergie, le capital technique a besoin aussi, pour fonctionner, de matière et d'énergie. L'objectif de la soutenabilité se définit alors comme la non-décroissance, à travers le temps, du stock de capital naturel. Il s'agit de maintenir et même de renforcer un capital naturel dont les fonctions ne peuvent pas être suppléées par du capital fabriqué[16]. On peut voir là une raison du succès de la notion de services écosystémiques qui, absente de la Convention sur la diversité biologique adoptée à Rio en1992, a eu ensuite une importance croissante (dans le *Millenium Ecosystem Assessment*, comme dans la plateforme intergouvernementale sur la biodiversité et les services écosystémiques, IPBES).

Cependant, pour opposés que soient ces deux pôles, il s'agit, dans les deux cas, de transmettre un capital. La question devient donc celle de l'allocation, à travers le temps, d'un capital (naturel, technique ou financier). D'où l'importance des générations futures, comme le montre la définition que le rapport Brundtland donne du développement durable : « celui qui répond aux besoins du présent sans compromettre la capacité des générations futures à répondre à leurs propres besoins ». Définition remarquable en ce qu'il n'y est pas question d'environnement. Sans doute le terme est-il introduit dans la Déclaration de Rio, qui se donne comme objectif de « satisfaire équitablement les besoins relatifs au développement et à l'environnement des générations présentes et futures », mais l'environnement y est subordonné aux besoins humains, et c'est bien le passage d'une génération à l'autre qui est décisif.

Quelle que soit l'insistance de Costanza sur la question des limites, celles-ci tendent à disparaître des conceptions d'un développement où l'accent est mis moins sur la soutenabilité (le respect des limites écologiques) que sur la durabilité (la poursuite des processus économiques). On en arrive ainsi à une quasi-tautologie : le développement durable, c'est celui qui dure. Telle est la conclusion qu'Allan Holland, philosophe de l'environnement, donne à son article sur la soutenabilité : « En résumé, le développement durable peut être défini comme un développement d'une telle sorte qu'il n'entrave pas le développement ultérieur »[17].

Kenneth Boulding pouvait bien traiter de fous les économistes qui ne tenaient pas compte de la finitude de la Terre, c'est finalement eux qui l'ont emporté dans le débat autour d'un développement dont la durabilité compte plus que la soutenabilité. Victime de ce débat, l'idée des limites va se voir donner une deuxième chance quand la transition écologique va prendre la place d'un développement durable qui avait déçu les espoirs mis en lui, et que la conception des « limites planétaires » va être pleinement systémique.

---

16. F.-D. Vivien, *op. cit.*
17. « Sustainable development may be summarily defined as a development of a kind that does not prejudice future development », A. Holland, « Sustainability », *in* D. Jamieson (ed.), *A Companion to Environmental Philosophy*, Blackwell Publishing Ld, 2003, p. 400.

II. LES LIMITES PLANÉTAIRES : UN MODÈLE SYSTÉMIQUE

Cela ressort de l'ensemble des données scientifiques collectées sur l'ensemble de la planète : les impacts des activités humaines ont fait de l'humanité, dans son ensemble, une force géologique capable de transformer le Système Terre, au point d'engager la planète dans une nouvelle période de son histoire géologique. D'où la proposition, soumise dès 2000 (dans la *Newsletter* de *l'International Geosphere-Biosphere Program*), puis, en 2002 (dans un article de *Nature*), par deux scientifiques, Eugene Stoermer (géologue et biologiste américain) et Paul Crutzen (géochimiste néerlandais – prix Nobel de chimie) : nommer Anthropocène (du grec « *anthropos* », homme) cette nouvelle période[18]. Elle s'ajouterait ainsi aux deux ères jusque-là distinguées au sein du quaternaire, le Pléistocène (marqué par des cycles glaciaires) et l'Holocène (où le recul des glaciations s'est accompagné, pour les humains, du développement de l'agriculture et de l'élevage et de la différenciation historique des civilisations)[19].

Dans ces changements, l'élévation de la concentration en dioxyde de carbone et en méthane, due aux émissions humaines, a joué un rôle décisif, au point que l'Anthropocène peut apparaître comme un autre nom du changement climatique. Celui-ci affecte la biosphère, dans son ensemble, et dans toutes ses dimensions. C'est un ensemble de processus irréversibles, au sens où, quelles que soient les mesures que l'on prenne pour limiter les émissions de gaz à effet de serre, ou les absorber de façon à équilibrer le bilan carbone, le changement en cours se poursuivra du fait de l'inertie de l'accumulation des gaz antérieurement émis. Cependant l'Anthropocène ne se résume pas au changement climatique. Parmi les modifications globales en cours, figure au premier rang l'érosion de la biodiversité, dont les causes sont déjà anciennes, mais que le changement climatique accélère en forçant nombre de populations animales et végétales à se déplacer ou à disparaître si elles ne peuvent pas s'adapter assez vite. Par ailleurs, le tableau des dégradations écologiques qui composaient la crise environnementale dans les années 1970 (épuisement des ressources, pollutions diverses atteignant les différents éléments, eau, terre, air…) est toujours là.

Ce tableau s'est même considérablement aggravé et, au regard des résultats présents et du renforcement du caractère des dégradations écologiques, les préconisations du développement durable semblent nettement insuffisantes. S'engager dans un développement durable, c'était conjuguer des exigences d'efficacité

18. P. J. Crutzen and E. F. Stoermer, « The Anthropocene », *IGBP Newsletter* 2000, 41 ; P. J. Crutzen, « Geology of Mankind. The Anthropocene », *Nature* 3 janv. 2002, n° 415, p. 23 ; trad. fr., *Ecologie & politique* 2007, n° 34, p. 143-148.
19. V. R. Beau et C. Larrère (dir.), *Penser l'anthropocène*, Paris, Les Presses de Sciences Po, 2018.

économique, de justice sociale et de viabilité écologique dans la poursuite des processus en cours. Or il ne suffit pas de continuer à faire, avec plus de prudence, ce que l'on faisait auparavant. L'environnement se dégrade de plus en plus, l'érosion de la biodiversité se poursuit, et les émissions de gaz à effet de serre se sont considérablement accrues. Les inégalités économiques et sociales n'ont cessé de se creuser, tant à l'intérieur des États qu'entre les pays développés (ou émergents) et les autres. La croissance demeure la priorité de tous les gouvernements (même de ceux qui s'étaient dotés de politiques environnementales), mais elle est en berne – certes de façon inégale – et le capitalisme éprouve les pires difficultés à sortir de la crise dans laquelle l'ont plongé (à la fin des années 2000) les spéculations de la finance internationale. À partir du constat que les choses ne peuvent plus continuer selon le cours qu'elles ont pris depuis quelques décennies, il apparaît nécessaire de prendre congé du développement durable, et même de tout développement dès lors qu'il est assimilé à une croissance continue et sans limite[20].

On ne peut donc pas se contenter de se maintenir dans le même système, il s'agit d'en changer, et c'est pourquoi on parle de transition écologique. Emprunté à la théorie des systèmes, le terme de transition désigne un processus au cours duquel un système passe d'un régime d'équilibre dynamique à un autre. L'accent porte sur la globalité du changement attendu, et la question centrale est celle du chemin permettant de passer d'un état à un autre, de son rythme et des moyens de le contrôler. Comment engager cette transition de manière à ce qu'elle ne bute pas sur une rupture brusque, mais permette le passage d'un système à un autre ? C'est là qu'intervient la nouvelle conception des « limites planétaires » présentée par J. Rockström et son équipe en 2009[21], actualisée par W. Steffen en 2015[22].

Il s'agit d'un tableau de la biosphère, réunissant une série de paramètres physiques, chimiques et biologiques qui en affectent l'équilibre global : le climat, le cycle du carbone, l'érosion de la biodiversité (diversité génétique et fonctionnelle), l'acidification des océans, les perturbations globales du cycle de l'azote et du phosphore, l'usage des sols, la déplétion de la couche d'ozone, les aérosols atmosphériques, l'usage de l'eau douce, les entités nouvelles introduites dans la biosphère (dont la pollution chimique). Pour chaque domaine, une limite à ne pas franchir est définie, ce qui permet de dessiner le tableau qui est celui des limites de sécurité des actions humaines (« *a safe operating space for humanity* »)[23].

20. C. Larrère, R. Larrère, « Les transitions écologiques à Cerisy », *Natures, Sciences et Sociétés* 2016, 24, p. 242-250.
21. *Nature*, 24/09/2009.
22. 2015, *Science*.
23. W. Steffen *et al., Science* 13 Feb 2015, vol. 347, Issue 6223, 1259855.

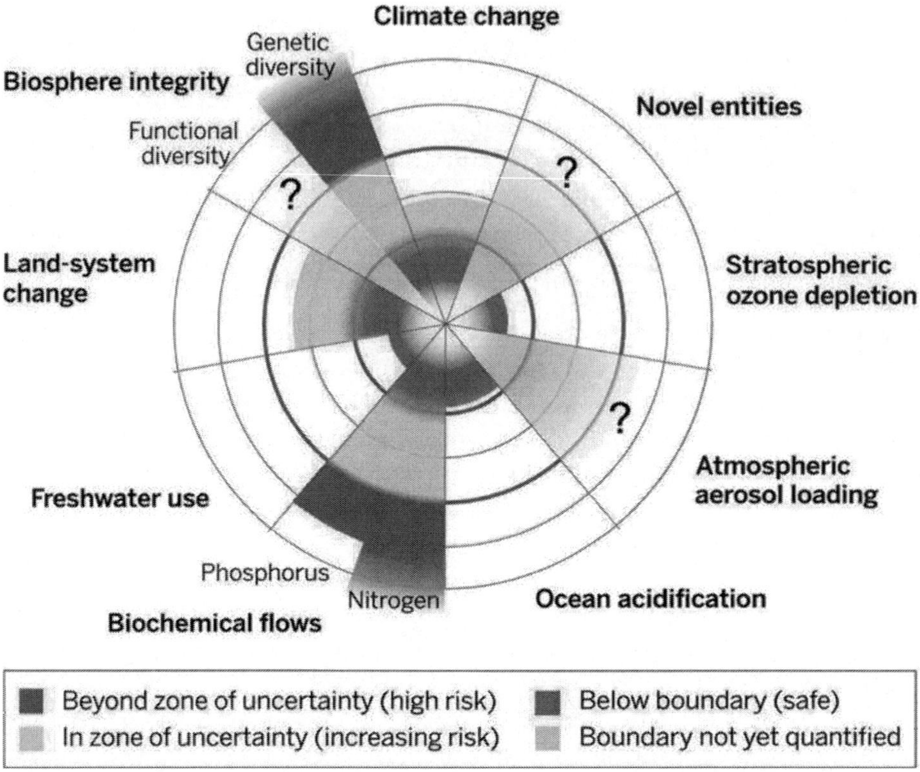

Par rapport aux années 1970-1990, marquées par la discussion du rapport Meadows et la proposition du développement durable, la conception des limites a considérablement changé. Limites et rareté ne sont plus équivalentes : l'état des ressources naturelles ne figure pas sur le tableau des limites planétaires. Si l'on voulait résumer l'importance du changement de conception, on pourrait dire que dans la première période (celle de la crise environnementale et du développement durable) on craint de manquer de pétrole, on s'inquiète de l'épuisement des ressources naturelles. Dans la deuxième période (celle de l'Anthropocène, du changement climatique et de la transition écologique), on a trop de pétrole : il s'agit de le laisser sous terre[24]. D'une vision statique de l'état des stocks, désignés comme des « réservoirs » (celui des ressources qui se vide, celui des pollutions qui

24. En 2007, devant les Nations unies, le président équatorien Rafael Correa lança le projet Yasuni-IT. Il s'agissait d'interdire les forages dans le parc naturel du Yasuni, où vivent des communautés indigènes isolées, moyennant compensation financière payée par la communauté internationale. Celle-ci n'ayant pas tenu ses engagements, Rafael Correa a annoncé le 15 août 2013 qu'il mettait fin au projet Yasuni.
L'idée a été reprise dans un « Appel de la société civile », « Laissons les fossiles dans le sol pour en finir avec les crimes climatiques » publié en annexe de *Crime Climatique Stop ! L'appel de la société civile*, Paris, Seuil, 2015, p. 312-313.

menace de déborder), on est passé à une vision dynamique (celle de grands cycles interdépendants), et, surtout, systémique (on parle de l'« écosystème global »).

Sans doute la « bioéconomie » de Nicholas Georgescu-Roegen est-elle déjà systémique, fondée qu'elle est sur la thermodynamique. À partir de là, il envisage l'économie comme un sous-système encastré dans le Système Terre, qui lui impose ses contraintes et ses interdépendances. C'est précisément ce que mettent en œuvre Rockström et Steffen en dessinant, à la surface du globe, l'espace des actions humaines et en en indiquant les limites. Mais ils donnent ainsi un contenu plus précis à ce qui restait, chez Georgescu-Roegen, une référence générale à une théorie physique déjà ancienne. Entre-temps, on a assisté à l'émergence des Sciences du Système Terre, qui envisagent la Terre comme un ensemble cohérent et interactif, et qui se proposent d'en développer la connaissance en mettant en relation des disciplines scientifiques (géologie, géochimie, géophysique….) bien développées mais insuffisamment interconnectées. C'est l'IGPB (*l'International Geosphere-Biosphere Program)* qui est le support institutionnel de ces connaissances émergentes, et il est important, de ce point de vue, que ce soit dans la *Newsletter* de l'IGPB qu'ait été publiée la proposition de l'Anthropocène.

Le débat des années 1970-1990, autour des limites entendues comme rareté, s'était focalisé sur l'opposition entre une conception forte des limites (rareté absolue) et une conception faible (rareté relative). Relativiser la rareté revenait à en diminuer l'importance, voire à en contester l'existence (les limites ne sont pas données, elles sont construites et peuvent être donc être reconfigurées). C'était passer à côté de l'idée que dans « relatif » il y a « relation », et que les limites ne sont pas une série de seuils distincts, mais un système de relations entre des données interdépendantes et des processus opposés. C'est de cette conception des limites, comme système de relations, que Rockström et Steffen présentent les modèles. Parce qu'ils indiquent la possibilité de maintenir en équilibre un système de processus opposés, leurs tableaux sont des propositions pratiques. Ce sont des modèles d'ingénieurs.

Ces tableaux s'insèrent donc bien dans l'objectif d'une transition écologique, conçue comme passage d'un système à un autre. Ce sont des propositions de pilotage global du Système Terre : le titre de l'article de Steffen – « *Planetary boundaries : Guiding human development on a changing planet* » – énonce clairement cet objectif. En dessinant un « *safe operating space for humanity* », il énonce la promesse du contrôle de l'évolution potentiellement catastrophique du système. Mais il agite aussi la menace : si l'on franchit les limites, on va au-devant de ces ruptures brusques qui sont caractéristiques de l'Anthropocène (processus non linéaires, rétroactions positives, points de basculement) et qui conduisent à l'effondrement. Le contexte de cette proposition est bien celui de l'émergence des sciences du Système Terre, celui de l'hypothèse de l'Anthropocène. Mais peut-on coupler ce modèle d'ingénieur avec des propositions normatives, politiques et constitutionnelles ?

III. LIMITES PHYSIQUES ET LIMITES NORMATIVES

« La République veille à un usage économe et équitable des ressources, respectueux des limites de la planète Terre. Elle organise le financement des investissements nécessaires à l'adaptation publique aux grands changements naturels en cours et à venir »[25].

La proposition de révision constitutionnelle, présentée au nom de la Fondation Nicolas Hulot, a été élaborée par un collectif de juristes, philosophes et politologues. La formulation tient compte des deux étapes de la conception des limites. L'« usage économe et équitable des ressources » réunit les trois composantes du développement durable : l'économique, le social et l'environnemental. L'objectif est bien de ménager des ressources rares d'une façon qui soit à la fois rationnelle et équitable. Mais cet usage est « respectueux » des limites planétaires : il doit se situer à l'intérieur de l'espace où l'humanité peut opérer en sûreté. Ces « limites planétaires », ainsi introduites dans la Constitution, peuvent-elles devenir un concept juridique ? Il s'agit, selon les défenseurs de la proposition, de permettre au Conseil constitutionnel de juger si les lois votées ont bien respecté ces limites. C'est mettre la politique sous condition de la science. Ce qui n'est peut-être ni possible, ni souhaitable.

Dans un livre consacré à l'Anthropocène, dans son rapport avec les limites planétaires, Alexander Federau explique que, si l'on veut éviter l'effondrement, il faut mettre en place « une intendance responsable » du Système Terre, où les limites planétaires garantissent « un espace fonctionnel sûr pour l'humanité basé sur les processus biophysiques intrinsèques qui règlent la stabilité du Système Terre »[26]. Les limites ainsi définies, explique-t-il, sont « non négociables »[27], elles sont l'objet d'une expertise scientifique. Cela ne signifie pas qu'elles ne peuvent pas être modifiées. L'actualisation, en 2015, de l'article publié par Rockström et son équipe, en 2009 (qui a conduit à redéfinir le contenu de certaines limites), montre bien que, là comme ailleurs, le savoir scientifique est sujet à révision constante. Mais cette révision est de la seule compétence des scientifiques, et les politiques n'ont qu'à appliquer ce qu'on leur dit. Les limites planétaires sont donc porteuses d'un projet de pilotage scientifique du vaisseau spatial Terre, d'une « entreprise de monitoring bio-géo-physique » comme le disent François Thoreau et Bénédicte Zitouni[28]. Ce projet global, ce « revival cybernétique », est, disent-ils, « le pendant vertueux » des projets de géo-ingénierie planétaire (ceux qui se proposent, par exemple, d'agir sur le bilan radiatif de la Terre en injectant

25. D. Bourg (présente), *Inventer la démocratie du XXIe siècle. L'Assemblée citoyenne du futur*, Paris, Les Liens qui libèrent, 2017, p. 70.

26. A. Federau, *Pour une philosophie de l'Anthropocène*, Paris, PUF, 2017, p. 97.

27. *Ibid.* p. 102 (citation de Rockström).

28. F. Thoreau et B. Zitouni, « Contre l'effondrement : agir pour des milieux vivaces », *Lundi matin* ≠170, 19 déc. 2018.

des aérosols de souffre dans la stratosphère pour compenser l'effet de serre). La géo-ingénierie poursuit l'ambition moderne de maîtrise en en partageant les illusions et les erreurs : pas plus que ceux qui les ont précédés les projets de géo-ingénierie ne tiennent compte de leurs effets involontaires négatifs – qui sont à l'origine de la dégradation écologique présente, comme si l'on pouvait résoudre les problèmes posés par la technique par une fuite en avant dans le même type de technique. À l'opposé, le respect des limites de la Terre reconnaît celles de l'action humaine, ce qui le rend humble et vertueux. Mais avec la géo-ingénierie il partage – et même renforce – l'ambition d'une gouvernance planétaire aux mains des scientifiques, en quoi Bonneuil et Fressoz dénoncent un « système hégémonique de représentation du monde comme un tout à gouverner »[29]. Un tel pilotage global suppose une gouvernance mondiale, non seulement scientifique, mais également politique, et celle-ci n'est sans doute ni possible, ni souhaitable (selon Montesquieu, suivi sur ce point par Kant, plus on augmente l'échelle du gouvernement, plus on s'expose au despotisme : les raisons qui faisaient écarter ce que l'on appelait alors la « monarchie universelle » valent aujourd'hui contre un gouvernement mondial[30]).

Sébastien Dutreuil en étudiant, depuis le XVIIIe siècle, l'histoire des sciences du Système Terre, et en y replaçant l'IGPB (dont sont issus la proposition de l'Anthropocène et les travaux de Rockström), a fait ressortir sa constante ambition prédictive et sa focalisation sur le futur et les échelles de temps courtes (les 100 prochaines années). Cela procède, explique-t-il, « d'une attention aux changements globaux contemporains et de la volonté explicite de produire une science qui informe, alerte et propose des "solutions" aux décideurs publics »[31]. Or cette ambition scientifique relève d'un idéal normatif, de ce que Lorraine Daston nomme « l'économie morale des sciences[32] ». Elle désigne par là un ensemble lié de valeurs et d'affects qui orientent et justifient la démarche scientifique et qui ne sont ni individuels, ni universels, mais composent une culture de la science à un moment donné. Pour une grande partie, les sciences modernes se sont construites en plaçant la quantification en tête de la hiérarchie des valeurs. Ce qui a eu des conséquences dans l'orientation de la recherche : valoriser le prédictif conduit à préférer l'exactitude quantitative au détriment de la pertinence qualitative.

Les sciences du Système Terre, telles que les soutient l'IGPB, font primer les modèles globaux, la saisie du Tout, et la projection dans le futur, sur l'étude

29. C. BONNEUIL et J.-B. FRESSOZ, *L'Événement Anthropocène. La Terre, l'histoire et nous*, Paris, Seuil, 2013, p. 64.
30. V. C. LARRÈRE, « L'Empire entre fédération et république », *Revue Montesquieu* 2005-2006, n° 8, p. 111-136.
31. S. DUTREUIL, « L'Anthropocène est-il un concept d'histoire de la Terre ? », *in* R. BEAU et C. LARRÈRE (dir.), *op. cit.*, p. 361.
32. L. DASTON, *L'économie morale des sciences modernes. Jugements, émotions et valeurs*, trad. fr., Paris, La Découverte, 2014.

historique de la diversité et des singularités. En conséquence, l'Anthropocène, comme l'ont montré Bonneuil et Fressoz, attribue le changement climatique et les transformations du Système Terre à l'humanité comme un tout, masquant de la sorte la grande inégalité historique de la contribution des populations à un changement qui est, pour l'essentiel, le résultat de la révolution industrielle et des rapports sociaux, économiques et politiques qui l'ont rendu possible : plutôt que de parler d'Anthropocène, il vaudrait mieux l'appeler Capitalocène[33]. Ce qui pose des problèmes de responsabilité historique et de justice climatique (faut-il attribuer uniformément la responsabilité – rétrospective et prospective – à tous les humains également, ou tenir compte des différences et des inégalités sociales et historiques ?), mais également d'articulation entre données scientifico-techniques et réalités sociales et politiques. Comment intégrer les actions humaines dans un système de limites défini au niveau planétaire ? Orienté qu'il est, par son idéal normatif, vers la prédiction du futur en vue d'une meilleure gestion, plutôt que vers l'étude des événements singuliers et contingents du passé, le modèle des limites planétaires ne favorise guère la prise en compte de la diversité conflictuelle des situations sociales et historiques dans l'action politique.

Pour importante que soit la totalité bio-géo-physique que nous a fait découvrir le GIEC et que précise la conception des limites planétaires, elle n'épuise pas la diversité du monde. Il n'y a pas un monde mais des mondes, qui vivent chacun, dans leur condition propre, les effets des dégradations écologiques. C'est à ce niveau que l'action se fait et que se maintient l'ouverture des possibles. Il n'y a pas sept milliards d'individus que l'on pourrait soumettre à une gouvernance mondiale, mais des collectifs de taille multiple, engagés dans des expériences et des tentatives politiques. Juan Martinez Alier, l'auteur de *L'Environnementalisme des pauvres*[34], et son équipe de l'Université autonome de Barcelone, s'emploient à dresser un inventaire des luttes écologiques, l'*Atlas de la justice environnementale* : mobilisations contre des exploitations pétrolières, ou des explorations de gaz de schiste, actions contre la privatisation de l'eau, rassemblements pour la préservation de la forêt et le maintien de l'agriculture paysanne… Il s'agit de cartographier, tout autour du monde, les conflits autour de la distribution écologique et de la défense du milieu de vie. C'est dans ces luttes que se décide l'habitabilité de la Terre et que s'engage la transition écologique, vers un ensemble de systèmes moins destructifs de la planète et plus soucieux de justice sociale.

Peut-on, d'ailleurs, continuer à faire confiance à l'idéal prédictif qui a caractérisé les sciences modernes ? Savoir, c'est prévoir, et prévoir, c'est pouvoir. De Bacon à Auguste Comte, l'ambition de la technique, comme science appliquée a reposé sur ses capacités prédictives, et ce sont ses succès qui ont conduit le modèle de l'efficacité technique à déborder le domaine de la maîtrise de la nature

---

33. C. Bonneuil, J.-B. Fressoz, *op. cit.*
34. J. Martinez Alier [2011], trad. fr., *L'écologisme des pauvres. Une étude des conflits environnementaux dans le monde,* Paris, Les Petits Matins, 2014.

pour servir de modèle d'action sociale et politique, et se transformer en « idéologie »[35]. Mais peut-être cette valeur exemplaire n'a-t-elle plus lieu d'être. Comme le montre Sébastien Dutreuil, « les limites planétaires sont le pendant conceptuel de la catastrophe »[36]. La menace de rupture brusque est certes présente, mais, pourvu que les humains affectent les variables du système dans des limites raisonnables, promesse est faite que le futur se fera sans heurt, sans événement brutal, dans un état de stabilité du système potentiellement indéfini. Faut-il croire à ces promesses, qui font appel à la confiance dans la prédictibilité ? Les ruptures brusques, les points de bascule, tout cela, qui mène aux catastrophes, échappe à la prédictibilité. Or, plutôt que de les cantonner dans un futur, sinon improbable, du moins évitable, si l'on maîtrise suffisamment la transition, ne faut-il pas considérer que la multiplicité des événements imprévus, s'ils ne mènent pas forcément à une catastrophe aussi unique que globale, sont cependant une des caractéristiques de l'Anthropocène ?

La « nature autonome », celle qui échappe à notre contrôle, a toujours existé : tremblements de terre, inondations, tsunami, mais aussi épidémies dévastatrices sont de tout temps dans la mémoire humaine[37]. Mais cette nature « turbulente » (« rambunctious » selon Carolyn Merchant) est restée exceptionnelle pendant l'Holocène, marqué par une stabilité climatique qui a permis le développement des sociétés humaines, et sur laquelle a pu s'appuyer la capacité à prévoir. Mais la nature de l'Anthropocène est de plus en plus turbulente, tandis que l'augmentation de notre puissance technique oblige à des études de plus en plus complexes, ce qui rend la prévision d'autant plus difficile (complexité et capacité à prévoir étant en relation inverse). Faut-il alors s'accrocher, en le renforçant, à l'idéal prédictif, ou accepter que tout n'est pas prévisible, qu'il y a des situations d'incertitude ou d'extrême complexité auxquelles nos connaissances ne nous permettent pas de répondre suffisamment pour guider notre action ? Ce sont des considérations de cet ordre (complexité, incertitude liées aux controverses scientifiques non résolues) qui ont conduit à ne pas s'en tenir aux seules politiques fondées sur la prévention pour adopter un principe de précaution : en l'absence de certitude scientifique et dans la nécessité de prendre une décision, parce que retarder la décision exposerait à de graves dangers, la décision politique doit être découplée de l'expertise scientifique (tout en poursuivant et en diversifiant la recherche des connaissances). Une des conséquences est que l'action politique a besoin d'autres modèle que celui – idéologique – de l'action technique. Elle doit les chercher du côté du droit et de la politique, plutôt que des sciences de la nature.

Peut-être serait-il bon de relire Montaigne :

35. J. Habermas, *La technique et la science comme « idéologie »*, trad. fr., Paris, Gallimard, 1973.

36. S. Dutreuil, *op. cit.*, p. 369.

37. C. Merchant, *Autonomous Nature ; Problems of Prediction and Control From Ancient Times to The Scientific Revolution*, New York, Routledge, 2016.

« Voilà pourquoi, en cette incertitude et perplexité que nous apporte l'impuissance de voir et choisir ce qui est le plus commode, pour les difficultés que les divers accidents et circonstances de chaque chose tirent, le plus sûr, quand autre considération ne nous y convierait, est, à mon avis, de se rejeter au parti où il y a plus d'honnêteté et de justice ; et puisqu'on est en doute du plus court chemin, tenir toujours le droit... »[38].

---

38. M. de MONTAIGNE, *Essais,* I, XXIV (*OC,* Pléiade, 1962, p. 127).

L'ÉROSION CÔTIÈRE ENTRE IRRÉVERSIBILITÉ SCIENTIFIQUE ET ACCLIMATATION JURIDIQUE

Éric Naim-Gesbert
Professeur à l'Université Toulouse 1 Capitole
Directeur de la Revue juridique de l'environnement
Membre du comité de pilotage du GDR ClimaLex

et

Rémi Radiguet
Maître de conférences à l'Université Perpignan Via Domitia
Membre du comité de pilotage du GDR ClimaLex

RECUL DU TRAIT DE CÔTE IRRÉVERSIBLE

Est irréversible ce qui ne fait pas retour. La mort l'est *a priori*. La disparition des espèces, aussi. Mais l'application du concept d'irréversibilité est d'un maniement plus délicat lorsqu'il est utilisé à propos de processus naturels en constante détérioration, dont on peut espérer, non sans optimisme, qu'un jour ils se régénéreront.

C'est le cas de l'érosion côtière, qui est un processus naturel dépendant largement des rapports de force entre flux d'énergie – vents, courants marins, marées – et sédiments. Autrement dit, l'érosion côtière s'observe en période dite de « pénurie sédimentaire » constatée sur certaines parties côtières, ce qui n'exclut donc pas *a fortiori* et dans l'absolu qu'un jour le processus ne soit inversé : la *progradation*. Rare, le « réengraissement » naturel existe[1].

Les chiffres sont cependant sans appel. Partout les études scientifiques démontrent un recul du trait de côte, la mer, le vent, les pluies rongeant la terre. À l'échelle européenne, le phénomène concerne 20 000 km de côtes, soit environ 20 % des côtes de l'Union, et la superficie terrestre estimée perdue ou sérieusement endommagée par l'érosion est de 15 km^2 par an[2]. À l'échelle de la

1. H. McDonald, « Irish beach washed away 33 years ago reappears overnight after freak tide », *The Guardian*, 8 may 2017.
2. V. l'étude *Vivre en Europe avec l'érosion côtière : espaces et sédiments pour un développement durable. Bilan et recommandations du projet Eurosion*, 10 mai 2004.

France, il touche, selon l'indicateur national d'érosion prévu à l'article L. 321-13 du Code de l'environnement, près de 20 % du trait de côte naturel, et il a fait perdre près de 30 km^2 de terre sur les secteurs exposés au phénomène en cinquante ans (DOM y compris, sauf la Guyane). Le droit en prend acte. Dans un jugement relatif à la détermination de l'aléa d'érosion dans le cadre des plans de prévention des risques des falaises picardes, le tribunal administratif d'Amiens reconnaît explicitement, sur le fondement des cartes d'aléas, « le caractère irréversible et inéluctable du recul du trait de côte »[3].

Ce phénomène naturel est accentué par plusieurs facteurs principalement de nature anthropique – urbanisation à outrance du littoral ; construction d'ouvrages fluviaux et/ou côtiers empêchant le transport des sédiments ; dérèglement climatique qui renforce la vulnérabilité des côtes en générant une élévation du niveau de la mer, des tempêtes plus imprévisibles et des phénomènes climatiques plus extrêmes – qui questionnent la pertinence du qualificatif « naturel » attribué au risque d'érosion[4].

SCIENCE ET DROIT

Face à cette réalité saisie par la science, le droit doit réagir et définir les éléments de l'acceptabilité du risque d'érosion côtière, essentiellement par le prisme de la prévention et de la réparation. Tel est l'enjeu du droit de l'environnement, qui acclimate ses normes afin de réguler mieux le *réel écologique* en adaptant ses dénominations au plus juste[5] – ce que nous qualifions de nominalisme[6]. Il en trace le chemin dans les différents ordres juridiques en faisant progresser la reconnaissance du *droit de l'homme à un environnement sain.*

3. TA Amiens, 2 mai 2018, *Commune d'Ault c. État*, n° 1601350.
4. C. Meur-Férec et V. Morel, « L'érosion sur la frange côtière : un exemple de gestion des risques », *Natures Sciences Sociétés* 2004/3, vol. 12, p. 263 et s., encadré 3.
5. É. Naim-Gesbert, *Les dimensions scientifiques du droit de l'environnement. Contribution à l'étude des rapports de la science et du droit*, Bruylant & VUBPress, 1999 ; « Théorie pour une norme environnementale acclimatée à l'outre-mer », *in Itinéraires du droit et terres des hommes, Mélanges en l'honneur de Jean-Marie Breton*, Mare et Martin, 2017, p. 761-768.
6. É. Naim-Gesbert, « L'accord du nom et de la chose, *initium* du droit de l'environnement », *in La doctrine en droit de l'environnement, RJE* 2016, n° spéc., p. 15-19 ; « La définition nominaliste du droit de l'environnement », *in Des petits oiseaux aux grands principes, Mélanges en hommage au professeur Jean Untermaier*, Mare et Martin, 2018, p. 283-289 ; « Que le droit de l'environnement soit une langue vivante ! Du nominalisme et de ses effets sur le statut de la nature : définition de l'équité environnementale », *RJE* 2018, n° 3, p. 449-453 ; *Droit général de l'environnement*, 3e éd., LexisNexis, 2019, § 19-20.

Ainsi, sur demande de la Colombie, la dégradation de la zone côtière et des fonds marins en Grande Caraïbe donne lieu à un avis fondateur de la Cour interaméricaine des droits de l'homme[7]. La Cour consacre le *droit à un environnement sain* ; c'est, face au défi de l'irréversibilité du changement climatique, un droit de l'homme fondamental. Et il est intéressant de relever qu'elle se fonde non seulement sur le corpus juridique de son système propre, mais aussi sur d'autres systèmes tels ceux en vigueur au Conseil de l'Europe (CEDH), en Afrique (Commission africaine des droits de l'homme) ou à l'ONU (Rapporteur spécial des droits de l'homme de l'ONU). Dès lors, le droit à un environnement sain est garanti par le respect des grands principes du droit international : coopération transfrontière, prévention des risques majeurs, mise en œuvre du principe de précaution, démocratie environnementale.

Avec une vision nécessairement anthropocentrée, la Cour européenne des droits de l'homme s'est appuyée à maintes reprises sur le droit au respect de la vie privée et familiale et de son domicile prévu à l'article 8 de la Convention pour faire émerger la reconnaissance d'un droit de l'homme à un environnement sain en développant un réseau d'obligations positives à la charge de l'État constitutif d'un *ordre public environnemental*[8]. Toutefois la Cour se montre réticente à reconnaître une violation de l'article 1er du protocole 1 de la Convention relatif à la protection des biens quand une atteinte au droit de propriété est justifiée par un intérêt général environnemental. En notre domaine, les règles de la domanialité publique maritime, si elles empêchent la pérennisation d'un logement situé en bord de mer, sont légitimées par l'intérêt général lié à la protection du littoral[9]. Il n'est pas certain, à l'inverse, que la privation de propriété résultant du phénomène naturel d'érosion côtière ne puisse entraîner une condamnation d'un État dans la mesure où celui-ci n'aurait pas pris toutes les précautions de nature à empêcher la destruction de l'habitation concernée[10]. En soulignant qu'entre 1999 et 2002 environ 250 à 300 habitations ont été abandonnées en Europe à la suite d'un risque d'érosion, l'étude précitée *Vivre en Europe avec l'érosion côtière* met en exergue les potentialités contentieuses de ce phénomène notamment, et surtout, par rapport au droit français.

En effet le droit français est bien plus nuancé : à propos de l'appréciation de la légalité d'une contravention de grande voirie, le Conseil d'État affirme la « préoccupation de s'assurer de la conformité de l'affectation du domaine public ainsi constitué à l'utilité publique ou à d'autres objectifs légitimes, tirés notamment du libre accès au rivage de la mer, de la protection de l'environnement ou

7. CIDH, avis, 7 févr. 2018, OC-23/17.

8. R. Radiguet, *Le service public environnemental*, thèse, Université Toulouse 1, 2016, § 73 et s.

9. CEDH, 29 mars 2010, *Brosset-Triboulet c. France*, n° 34078/02, § 83 ; CEDH, 29 mars 2010, *Depalle c. France*, n° 34044/02, § 81.

10. CEDH, 30 nov. 2004, *Öneryildiz c. Turquie*, n° 48939/99, § 136.

de l'aménagement du territoire »[11]. L'affaire est très significative, elle concerne des enrochements non autorisés et des remblais de matériaux, ainsi que la mise en place d'une piste de circulation (objet de ladite contravention donc) sur le domaine public maritime du littoral de la commune de Vias (Hérault).

Or le recul du trait de côte influe sur la délimitation du domaine public maritime naturel puisque celle-ci est purement recognitive[12]. C'est sans doute ce qui motive, en l'espèce, la philosophie énoncée avec clarté applicable à l'érosion côtière – tenant compte de son caractère irréversible et de la nature même de la domanialité publique : « Un propriétaire riverain du rivage ne dispose d'aucune espérance légitime de pouvoir conserver son titre de propriété sur les terrains qui sont incorporés au domaine public maritime par la progression du rivage de la mer »[13].

DU RÔLE DES ÉCOSYSTÈMES

Dès lors est fondamentale la reconnaissance en droit des fonctions écosystémiques pour lutter contre l'érosion. Ici joue à plein la *consubstantialité scientifique du droit de l'environnement*. Et l'acclimatation inévitable de ses normes. Ainsi en est-il, évidemment, de la *notion juridique de littoral* : c'est une « entité géographique qui appelle une politique spécifique d'aménagement, de protection et de mise en valeur » ayant notamment pour objet la « protection des équilibres biologiques et écologiques, la lutte contre l'érosion, la prévention des risques naturels liés à la submersion marine, la préservation des sites et paysages et du patrimoine »[14]. Interface entre la mer et la terre, s'y appliquent progressivement les stratégies de lutte contre l'érosion[15], en mêlant le droit de l'environnement, le droit de l'urbanisme, le droit de l'aménagement du territoire…, mais aussi le droit forestier.

En effet la forêt est essentielle dans le maintien des sols. Depuis longtemps déjà, en Chine ou ailleurs, cette réalité naturelle est connue[16]. Aujourd'hui sont d'intérêt général : « 1° La protection et la mise valeur des bois et forêts ainsi que le reboisement dans le cadre d'une gestion durable ; 2° La conservation des ressources génétiques et de la biodiversité forestières ; 3° La protection de la

---

11. CE, 22 sept. 2017, *SCI APS*, n° 400825.
12. R. Radiguet, « Érosion côtière et domanialité publique. Quand nature fait loi », *RJE* 2019, n° 1, p. 31-43.
13. Cons. 6 de l'arrêt *SCI APS*.
14. Art. L. 321-1, I et II, 2°, C. envir.
15. B. Drobenko, « Risques littoraux : entre stratégie et droit », *VertigO*, hors-série 21, avr. 2015.
16. É. Naim-Gesbert, « Le droit vu de la forêt », *in L'Arbre, l'Homme & le(s) droit(s)*, Éd. L'Epitoge, coll. Revue méditerranéenne de droit public, vol. X, 2019, p. 261-267.

ressource en eau et de la qualité de l'air par la forêt dans le cadre d'une gestion durable ; 4° La protection ainsi que la fixation des sols par la forêt, notamment en zone de montagne ; 5° La fixation du dioxyde de carbone par les bois et forêts et le stockage de carbone dans les bois et forêts, le bois et les produits fabriqués à partir de bois, contribuant ainsi à la lutte contre le changement climatique. Il est tenu un inventaire permanent des ressources forestières de la Nation »[17].

Le rôle primordial des forêts justifie que leur soient consacrés des droits de la nature, et même le statut de sujet de droits, ce qu'a effectué une sentence de la Cour suprême de justice colombienne[18]. L'arrêt est une évolution majeure de notre temps, dans la lignée des révolutions néo-zélandaises et indiennes en attribuant la personnalité juridique à des fleuves, des glaciers, des montagnes…[19] La Cour y affirme l'existence en droit international d'un ordre public écologique mondial (« un orden público ecológico mundial », 2. 6) fondé sur des prérogatives supra-légales telles la vie, la santé ou la dignité humaine (« prerrogativas *supralegales* como la vida, la salud o la dignidad humana », 2. 9). Et, au nom de l'équité intergénérationnelle (« al criterio de equidad intergeneracional », 2. 11.2), le statut nouveau de la forêt amazonienne comme une entité « sujet de droits » (« como entidad, "sujeto de derechos" », 2. 14).

Aussi le droit forestier montre-t-il la voie pour assurer une politique préventive efficace de lutte contre le phénomène d'érosion. Le droit applicable au littoral l'emprunte-t-il ?

Pour le moment, *le droit* semble se résigner face au recul du trait de côte, ou alors est-il encore sur la pente d'une relative indifférence, peut-être insuffisamment mûr.

La lutte, quand elle est mise en œuvre contre ce phénomène, est depuis longtemps une lutte contre l'écosystème, laquelle se traduit par la réalisation d'ouvrage de défense *contre* la mer. Il en est ainsi de l'article 33 de la loi du 16 septembre 1807 relative au dessèchement des marais[20], toujours en vigueur, qui autorise les propriétaires riverains du bord de mer à construire à leur frais, sur leur terrain, des digues à la mer. Il en est ainsi aussi de la loi n° 2014-58 du 27 janvier 2014 de modernisation de l'action publique territoriale et d'affirmation des métropoles[21], qui confère explicitement aux collectivités territoriales et à leur groupement la compétence en matière de « gestion des milieux aquatiques et de prévention contre les inondations » (GEMAPI) et autorise, en vertu de l'article L. 211-7 du Code de l'environnement, la réalisation de travaux de défense

17. Art. L. 112-1, C. for. nouveau.
18. Bogotá, D.C., 5 avr. 2018, n° STC 4360-2018.
19. É. Naim-Gesbert, « Êtres et choses en droit de l'environnement : l'appel du sacré », *RJE* 2017, n° 3, p. 405-408 ; « Que le droit de l'environnement soit une langue vivante !… », art. cité.
20. Recueil Duvergier, p. 193.
21. Loi MAPTAM, *JO*, 28 janv. 2014.

contre la mer. Outre le fait que les travaux d'ingénierie lourde que cette compétence sous-tend – digues, épis, brise-lames – sont conçus pour assurer la finalité de protection contre le risque de submersion marine et non explicitement contre le risque d'érosion côtière, la terminologie de « défense *contre* la mer » est illustrative d'une solution *contre nature*. Cette prévention à court terme – les digues pouvant céder, comme nous l'enseigne le bel arrêt *Sieur Dupont*[22] – impacte les courants marins et/ou la libre circulation des sédiments ; c'est pourquoi elle doit céder la place à une prévention à long terme respectueuse des écosystèmes. Or c'est par une approche fataliste que le droit des risques naturels et le droit de l'urbanisme interviennent.

Ainsi les plans de prévention des risques naturels scellent par zonage le recul prévisible pour en tirer toutes les conséquences sur la possible urbanisation du littoral. La détermination de ce zonage inclut subrepticement l'aléa d'érosion, non pas par le biais d'un traitement juridique spécifique, mais par l'intermédiaire de la circulaire du 27 juillet 2011 relative à la prise en compte du risque de submersion marine (encore !) – réaction juridique à la tempête Xynthia. Cette circulaire précise que les plans de prévention des risques littoraux doivent être réalisés sur « une échelle géographique présentant une cohérence hydrosédimentaire » et incluent « tous les aléas qui impactent le bassin de risque considéré : submersion marine, érosion du trait de côte et migration dunaire »..., avant d'indiquer que « la présente circulaire ne traite que de l'aléa "submersion marine" » !

Le droit de l'urbanisme poursuit la même logique défaitiste. La loi Littoral interdit les constructions dans la bande des 100 mètres et permet d'étendre cette interdiction au sein des plans locaux d'urbanisme « lorsque des motifs liés à la sensibilité des milieux ou à l'érosion des côtes le justifient »[23]. En outre, il prend le relais des plans de prévention des risques naturels en ne délivrant pas les autorisations d'urbanisme dans les zones d'aléa, d'une part sur le fondement de ces plans, qui constituent des servitudes d'utilité publique annexées aux documents d'urbanisme et opposables directement aux autorisations d'urbanisme[24], d'autre part en cas de carence de ces plans, pour motif de sécurité publique, sur le fondement de l'article R. 111-2 du Code de l'urbanisme[25].

Cette « prévention-statique » renforce l'impression d'irréversibilité en avalisant juridiquement l'avancée inéluctable des flots. Or opter pour une approche « optimiste » de l'irréversibilité[26], consistant à passer d'une *prévention-résignée* à une *dynamique de la prévention*, peut se concevoir.

---

22. CE, 17 oct. 1934, *Sieur Dupont*, n° 36688, *Rec.*, p. 927.
23. Art. L. 121-19 C. urb.
24. Art. L. 562-4 C. envir.
25. CE, 15 févr. 2016, *M. A...B...*, n° 389103.
26. M. Rémond-Gouilloud, « L'irréversibilité : de l'optimisme dans l'environnement », *RJE* 1998, n° spéc., p. 7.

Une telle approche est timidement prévue depuis la loi n° 2016-1088 du 8 août 2016 pour la reconquête de la biodiversité, de la nature et des paysages[27], qui insère au sein du Code de l'environnement un article L. 321-14 disposant que toute région comportant des territoires littoraux *peut* fixer des objectifs de moyen et long termes en matière de gestion du trait de côte dans son schéma régional d'aménagement, de développement durable et d'égalité des territoires (SRADDET) ; ou, pour les régions outre-mer, dans le schéma d'aménagement régional (SAR), valant lui-même schéma de mise en valeur de la mer (SMVM).

Il est surtout indiqué que ces schémas précisent comment anticiper et gérer les évolutions du trait de côte en déterminant « les modalités d'un partage équilibré et durable de la *ressource sédimentaire* ». Ici débutent les prémices d'une prise en compte normative du fonctionnement de l'écosystème côtier invitant à privilégier des solutions fondées sur de l'ingénierie écologique.

Et il n'est pas rare que l'acclimatation juridique s'effectue d'abord par des *approches a-juridiques*. Le développement de la stratégie nationale de gestion intégrée du trait de côte et des programmes d'actions qui en découlent en atteste nonobstant le caractère par trop général de leur contenu.

DU PRINCIPE DE PRÉCAUTION

L'on pourrait être tenté, entre irréversibilité de la science et acclimatation du droit, d'appliquer le principe de précaution à l'érosion côtière. Toutefois les connaissances scientifiques sont trop peu incertaines, ou assez certaines, pour l'écarter au profit du principe de prévention et des stratégies de maîtrise des risques naturels. En ce sens est éclairante la décision du Conseil d'État relative à l'exploitation de granulats en mer avec incidence possible sur l'érosion côtière, créant ainsi des dommages graves et irréversibles pour l'environnement ; la précaution est écartée alors même qu'est reconnue l'existence d'un risque plausible en l'état des connaissances scientifiques – et non pour les risques de destruction des organismes benthiques, d'augmentation de la turbidité et de destruction des frayères et nourriceries[28].

DES ÉTUDES D'IMPACT

Aussi, corollaire de la logique préventive, l'érosion côtière est un enjeu capital pour les études d'impact, comme expertise scientifique insérée dans le droit. Le

27. *JO*, 9 août 2016, art. 159.
28. CE, 25 févr. 2019, *Association Peuple des Dunes des Pays de la Loire*, n° 410170, pts. 20 à 23.

droit international l'énonce avec clarté : « Un État doit, avant d'entreprendre une activité pouvant avoir un impact préjudiciable sur l'environnement d'un autre État, vérifier s'il existe un risque de dommage transfrontière important, ce qui déclencherait l'obligation de réaliser une évaluation de l'impact sur l'environnement »[29]. La Cour, pour fonder sa sentence, prend en compte les données circonstanciées du projet de construction de la route, et en particulier les risques accrus d'érosion dans une région de catastrophes naturelles fortes (ouragans, tempêtes tropicales, séismes), tout comme les incidences sur les dynamiques des écosystèmes (§ 153-156). Pour la Cour, dans une autre espèce, en vertu de la *diligence requise*, tout État doit « déterminer, dans le cadre de sa législation nationale ou du processus d'autorisation du projet, la teneur exacte de l'évaluation de l'impact sur l'environnement requise dans chaque cas en prenant en compte la nature et l'ampleur du projet en cause et son impact négatif probable sur l'environnement »[30].

DE LA RÉPARATION

En droit français, les victimes de l'érosion côtière n'ont pas droit à réparation sur le fondement de l'article L. 561-1 du Code de l'environnement, c'est-à-dire dans le cadre de l'expropriation pour cause d'utilité publique des risques naturels[31]. En effet ce phénomène abrasif de l'érosion dunaire ne peut être assimilé à la submersion marine[32]. Ce que réaffirme le juge administratif du fait des connaissances scientifiques « dont l'évolution régulière a pu être observée depuis près d'un demi-siècle »[33].

DE LA NON-INDEMNISATION DES SERVITUDES D'URBANISME

Cette question doit être rapprochée de celle du principe de non-indemnisation des servitudes d'urbanisme, forte singularité du droit français fondée sur l'article L. 105-1 du Code de l'urbanisme. Le principe n'est pas intangible,

29. CIJ, 16 déc. 2015, *Construction d'une route au Costa Rica le long du fleuve San Juan, Nicaragua c. Costa Rica*, *Rec. CIJ 2015*, § 104.
30. CIJ, 20 avr. 2010, *Affaire relative à des usines de pâte à papier sur le fleuve Uruguay, Argentine* c. *Uruguay*, *Rec. CIJ 2010,* arrêt *Usines de pâtes à papier*, § 205.
31. V. le dossier spécial *Les aspects juridiques de l'érosion côtière*, *RJE* 2019, n° 1, p. 12-88.
32. Cons. const, 6 avr. 2018, *Syndicat secondaire Le Signal*, n° 2008-698 QPC, pts. 6 et 7, *AJDA* 2018, p. 1109, note R. Radiguet ; *RJE* 4/2018, p. 823, note Ch. Huteau ; *Constitutions* 2018, p. 255, note J.-F. Giacuzzo.
33. CE, 16 août 2018, *Syndicat secondaire Le Signal*, n° 398671, pt. 8.

subtilement nuancé par la jurisprudence *Bitouzet* précisant qu'il n'est pas « général et absolu » ; en effet, l'indemnisation reste possible si la servitude porte atteinte aux droits acquis, ou mène à une modification de l'état antérieur des lieux déterminant un dommage matériel, direct et certain, ou (grand apport de l'arrêt), dans le cas exceptionnel d'une « charge spéciale et exorbitante, hors de proportion avec l'objectif d'intérêt général poursuivi ». C'est-à-dire en cas de disproportion par rapport au but poursuivi[34]. Solution transposée au phénomène de l'érosion côtière par la Haute juridiction administrative[35], en réaction à la position stricte du Conseil constitutionnel[36], refusant toute indemnisation pour privation de propriété du fait de l'avancée du domaine public maritime dans les terres. Ainsi cette absence d'indemnisation ne fait pas obstacle « à ce que le propriétaire obtienne une réparation dans le cas exceptionnel où le transfert de propriété entraînerait pour lui une charge spéciale et exorbitante, hors de proportion avec l'objectif d'intérêt général de protection du rivage de la mer dans l'intérêt de l'ensemble des usagers poursuivi par ces dispositions ».

Se fait sentir ici l'influence jurisprudentielle de la Cour européenne des droits de l'homme dans son appréciation de l'article 1er du protocole additionnel 1, lequel est formulé, dans son passage pertinent, de la manière suivante : « Toute personne physique ou morale a droit au respect de ses biens ». Sur cette base, la Cour sanctionne le trouble de la jouissance paisible d'un bien causé par une expropriation qui fait supporter aux requérants une charge excessive et disproportionnée (§ 62), celle-ci étant motivée par la découverte d'une source minérale sur le terrain dont la propriété était contestée[37].

L'arrêt de la Grande Chambre *Depalle* est très intéressant : la préservation du littoral implique une politique d'aménagement du territoire appropriée dans l'intérêt général, nécessairement évolutive et laissant aux autorités nationales une marge d'appréciation, notamment quant à la réglementation des biens[38]. Était ici en jeu la démolition d'une maison sise depuis plus de cent ans sur le domaine public maritime. La Cour ne retenant pas la rupture d'équilibre entre les intérêts de la communauté et ceux du requérant, elle conclut donc à la non-violation de l'article 1er du protocole n° 1[39].

---

34. CE 3 juill. 1998, *Bitouzet*, n° 158592.
35. CE, 22 sept. 2017, *SCI APS*, n° 400825, *AJDA* 2017, p. 1807 ; *RDI* 2019, p. 104, note N. Foulquier.
36. Cons. const., 24 mai 2013, *SCI Pascal*, n° 2013-316 QPC, *AJDA* 2013, p. 2260, note N. Foulquier ; *Dr. adm* 2013, n° 10, note G. Eveillard ; *Les Nouveaux Cahiers du Conseil constitutionnel*, n° 41, oct. 2013, note H. Hoepffner.
37. CEDH, 15 janv. 2013, *Arsovski c. Ancienne République yougoslave de Macédoine*, n° 30206/06.
38. CEDH, 29 mars 2010, *Depalle c. France*, n° 34044/02, § 81 et 87.
39. § 92 et 93. V. aussi CEDH, gde ch., 29 mars 2010, *Brosset-Triboulet et a. c. France*, n° 34078/02.

Cette influence est confortée par l'arrêt CEDH du 6 octobre 2016, *Malfatto et Mielle c. France* : interdiction de construire dans la bande littorale des 100 mètres de la calanque des Anthénors (près de Marseille), la Cour affirmant à l'unanimité que l'article 1er dudit protocole est en l'espèce respecté en l'absence de rupture d'équilibre entre les droits de propriété des requérants et l'intérêt général ; dans le raisonnement de la Cour sont mentionnés d'ailleurs la jurisprudence *Bitouzet* et le principe selon lequel « la protection du rivage de la mer constitue un but légitime dans l'intérêt général ». Cette approche manichéenne consistant à assurer la protection du rivage de la mer contre les constructions d'un côté et à délaisser la protection des constructions contre l'avancée du rivage de l'autre, s'avère peu équitable dans un contexte global de multiplication des risques naturels insufflé par le dérèglement climatique. D'autant si l'on compare avec la possibilité d'indemnisation offerte par le Fonds Barnier pour d'autres risques littoraux[40]. L'inscription au budget de l'État de la somme de 7 millions d'euros par la loi de finances pour 2019[41] afin d'indemniser les 75 copropriétaires de l'immeuble Le Signal appelle à une réflexion générale pour une indemnisation plus équitable des victimes d'érosion côtière.

POUR UN CADRE GÉNÉRAL D'INDEMNISATION ÉQUITABLE ACCOMPAGNANT UNE POLITIQUE DE GESTION ACTIVE DU RISQUE D'ÉROSION CÔTIÈRE

Les réflexions sur la prise en compte globale des risques littoraux ne manquent pas, et les initiatives répétées par certains représentants du Sénat pour réformer le cadre législatif actuel, au rang desquelles la dernière initiative en date (la proposition de loi relative au développement durable des territoires littoraux déposée le 13 septembre 2017, adoptée en première lecture par le Sénat le 30 janvier 2018), reprenant en grande partie les éléments des anciennes (la proposition de loi n° 176 (2016-2017) portant adaptation des territoires littoraux au changement climatique), sont instructives. Les outils innovants comme les zones d'activité résiliente et temporaire (ZART) et le bail réel immobilier littoral (BRILI) invitent à repenser l'aménagement du territoire côtier afin de réduire la pression exercée sur l'écosystème côtier[42]. À côté du droit, plusieurs territoires expérimentent alors la solution dite « du recul stratégique » sur appel à projet du ministère de l'Écologie, du Développement durable et de l'Énergie (MEDDE) et dans le

40. M.-L. Lambert, L. Stahl, A. Bernard-Bouissières, « Risques littoraux : à la recherche d'une "juste" indemnisation par le Fonds Barnier », *RJE* 2019, n° 1, p. 89.
41. V. Assemblée nationale, PLF pour 2019 (n° 1490), 14 déc. 2018, amendement n° 589, art. 39, État B, Mission « Écologie, développement et mobilités durables ».
42. M. Sousse, « Faut-il adapter la loi littoral face au phénomène d'érosion ? », *RJE* 2019, n° 1, p. 45.

cadre de la stratégie nationale de gestion intégrée du trait de côte. Ces solutions de long terme devront s'effectuer sur la base d'une gouvernance adaptée et être accompagnées de dispositifs d'indemnisation adéquats pour pouvoir être socialement acceptables et ainsi créer « une culture des risques littoraux partagée »[43].

Avril 2019.

43. M.-L. Lambert, « Le recul stratégique : de l'anticipation nécessaire aux innovations juridiques », *VertigO*, hors-série 21, avril 2019.

L'URGENCE D'AGIR CONTRE LA CRISE CLIMATIQUE : LEÇONS TIRÉES*

Santiago M. ÁLVAREZ CARREÑO
Professeur de droit public
Universidad de Murcia (Espagne)

I. L'URGENCE D'AGIR

Plusieurs organismes ont publié récemment des rapports remarquables qui mettent en évidence l'urgence d'agir et de faire face aux crises climatique et écologique auxquelles nous sommes confrontés aujourd'hui. Tout d'abord, le GIEC a pu constater scientifiquement que la portée des conséquences dérivées du changement climatique sera encore plus à l'origine de bouleversements[1]. En second lieu, l'ONU met en lumière que les principaux problèmes environnementaux auxquels l'homme est confronté sont encore loin de se résoudre[2]. Troisièmement, l'IPBES a démontré que le processus d'extinction d'espèces – la perte de biodiversité et des services écosystémiques fournis – se poursuit rapidement et à un rythme sans précédent[3]. Pour finir, le PNUE souligne que, malgré

* Ce travail est le résultat d'un séjour de recherche réalisé au cours des mois de mars à juin 2019 à l'Université Paris 1 Panthéon-Sorbonne financé par la Fondation Séneca-Agence de la Science et de la Technologie de la Région de Murcie (Espagne) dans le cadre du programme régional de mobilité « Jiménez de la Espada » (référence 20589/EE/18). Je suis très reconnaissant à Marta Torre-Schaub, de m'avoir invité à participer au groupe de recherche du Réseau Droit et Changement climatique ClimaLex. Je remercie Paola Andrea Díaz Cordero, chercheuse prédoctorale au CNRS, pour sa traduction française.

1. V. MASSON-DELMOTTE, P. ZHAI, H. O. PÖRTNER, D. ROBERTS, J. SKEA, P. R. SHUKLA, A. PIRANI, W. MOUFOUMA-OKIA, C. PÉAN, R. PIDCOCK, S. CONNORS, J. B. R. MATTHEWS, Y. CHEN, X. ZHOU, M. I. GOMIS, E. LONNOY, T. MAYCOCK, M. TIGNOR, T. WATERFIELD (eds.), *Global warming of 1,5 °C. An IPCC Special Report on the impacts of global warming of 1,5 °C above pre-industrial levels and related global greenhouse gas emission pathways, in the context of strengthening the global response to the threat of climate change, sustainable development, and efforts to eradicate poverty*, IPCC, 2018 (accessible en <https://www.ipcc.ch/sr15/>. Dernier accès : 14/05/2019).

2. UN Environment, *Global Environment Outlook—GEO-6: Healthy Planet, Healthy people*, Nairobi, 2019 (accessible en <https://www.unenvironment.org/resources/global-environment-outlook-6>. Dernier accès : 19/05/2019).

3. IPBES, Intergovernmental Science-Policy Platform on Biodiversity and Ecosystem Services, *Global Assessment Report on Biodiversity and Ecosystem Services*, 2019 (accessible

le foisonnement des normes environnementales, celles-ci ne représentent pas une solution appropriée pour lutter contre la dégradation de l'environnement[4].

Les constats scientifiques ne laissent pas place au doute, l'analyse de leurs conclusions fait supposer un progrès qualitatif qui impose, de manière indéfectible, la nécessité de placer la protection de l'environnement au faîte des objectifs que doivent se fixer les sociétés politiquement organisées dans le monde présent.

Afin de pouvoir comprendre l'ampleur de la crise écologique actuelle, il convient de saisir quelques chiffres extraits de ces rapports : depuis 1880 la température moyenne à la surface du globe a augmenté de 0,8 à 1,2 degrés Celsius. Au cours de la dernière décennie ont été répertoriées huit des dix années les plus chaudes jamais enregistrées. Pour atteindre les objectifs fixés par l'Accord de Paris de 2015, et également pour éviter les pires conséquences du changement climatique, il faudrait une réduction des émissions de gaz à effet de serre de 40 % à 70 % entre 2010 et 2050. La pollution atmosphérique provoque entre 6 et 7 millions de décès prématurés par an, et 95 % de la population de la planète résident dans des zones où le niveau de particules fines est supérieur à celui recommandé par l'Organisation mondiale de la santé (OMS).

En ce qui concerne la biodiversité, les zones protégées n'atteignent même pas 15 % des habitats terrestres, ni 16 % des zones côtières et marines. 42 % des invertébrés terrestres, 34 % des invertébrés d'eau douce et 25 % des invertébrés marins sont menacés d'extinction. La hausse de la température a endommagé 50 % de la « grande barrière de corail » australienne, tandis que les mangroves ont perdu entre 20 % et 35 % de leur superficie depuis 1980. Chaque année, huit millions de tonnes de plastiques finissent dans les océans. Depuis 1970, 40 % des zones humides de la planète, écosystèmes essentiels dans la lutte contre le changement climatique, ont disparu.

En ce qui concerne le sol, il est prévu qu'environ 4 milliards de personnes vivront dans des terres désertifiées en 2050. La déforestation, bien qu'elle ait quelque peu ralenti, continue de progresser dans le monde. Malgré tout, 33 % de la nourriture, en particulier dans les pays développés, sont encore perdus ou gaspillés.

L'ensemble de ces données, et les conséquences que l'on peut tirer de leur énonciation, ne veulent pas dire, bien évidemment, que toutes les autres conséquences au niveau international de l'injustice, des inégalités croissantes et des luttes arbitraires pour le pouvoir qui ravagent de nombreuses sociétés sont des réalités moins dramatiques ou de moindre importance[5], telles les guerres, la faim, la pauvreté, la violence contre les femmes ou contre d'autres groupes vulnérables

---

en <https://www.ipbes.net/>. Dernier accès : 14/05/2019).

4. UNEP, *Environmental Rule of Law: First Global Report,* 2019 (accessible en <https://www.unenvironment.org/resources/assessment/environmental-rule-law-first-global-report>. Dernier accès : 19/05/2019).

5. B. Soro Mateo, « La vulnerabilidad en Derecho ambiental », *Revista Aranzadi de Derecho Ambiental* 2019, nº 42, p. 11-18.

compte tenu de leur orientation ethnique ou sexuelle, de leur langue ou de leur religion, les maladies causées par le manque d'eau potable ou faute d'un assainissement approprié des eaux usées, entre autres.

Bien au contraire, comme c'était déjà le cas auparavant, il leur faudrait des mesures efficaces et urgentes capables de remédier et de redresser leur situation précaire actuelle. Car précisément, comme s'il s'agissait d'une malédiction biblique, ces populations, déjà à la base particulièrement vulnérables, le seront davantage encore étant donné qu'elles souffriront plus intensément des conséquences négatives des phénomènes susmentionnés. L'injustice climatique et environnementale viendra accabler avec plus d'intensité encore ceux qui sont déjà victimes de l'injustice sociale et politique[6].

Or, du point de vue de la survie de l'homme sur la planète – du moins avec la générosité avec laquelle elle a été mise à notre disposition jusqu'à présent –, la mise en œuvre de mesures de protection et de préservation de l'environnement constitue déjà une nécessité inéluctable, scientifiquement prouvée, et qui, à ce stade du diagnostic, devrait s'élever au-dessus de toute différence politique. Il est juste d'admettre que subsistent encore à l'heure actuelle quelques positions scientifiques sceptiques, sincères dans l'exposé de leurs arguments, et qui devraient constituer de bons stimulants pour continuer à approfondir notre connaissance des mécanismes qui gouvernent et dirigent le changement climatique[7]. Plus inquiétantes sont les avancées électorales dans plusieurs pays européens, en particulier en Espagne, celles du parti Vox, qui entretiennent par rapport à la crise climatique une perspective négationniste conforme à son idéologie générale. Celle-ci fait resurgir des dogmes totalitaires anciens et obsolètes que nous croyions déjà surmontés[8].

II. L'INCERTITUDE SCIENTIFIQUE DONNE UN POINT FAIBLE AU DROIT DE L'ENVIRONNEMENT

Certes, le mouvement écologique, dans ses différentes positions[9], doit reconnaître que les niveaux d'incertitude scientifique et de controverse conceptuelle qui existent de façon toute naturelle dans le monde de la recherche scientifique

6. S. Borràs Pertinat, « Refugiados ambientales: el nuevo desafío del Derecho internacional del medio ambiente », *Revista de Derecho* 2006, vol. 19, n° 2, p. 85 ; N. Myers, *Environmental Refugees*, Climate Institute of Washington D. C., 1995, p. 17.
7. C. Gollier, *Le climat après la fin du mois*, Paris, PUF, 2019, p. 29.
8. V. la qualification de « mensonge climatique » faite par la numéro 1 de ce parti pour Madrid au Journal *ABC*. Accessible en <https://www.abc.es/espana/madrid/abci-rocio-monasterio-llevaria-orgullo-y-fiestas-similares-casa-campo-201901270112_noticia.html>. [Dernier accès : 19/06/2019].
9. G. Foladori, « El pensamiento ambientalista », *Tópicos en educación ambiental* 2000. (accessible en <https://issuu.com/agoraambiental/>.

– là où les vifs débats et la critique entre positions contradictoires ou, du moins, divergentes sont innés – constituent néanmoins une source de faiblesse pour le droit de l'environnement. Car le droit de l´environnement, qui est contraint par la logique juridique orientée de manière finaliste pour permettre la résolution pratique d'un conflit d'intérêts dans le domaine social, doit choisir d'accepter en son sein ou, au contraire, de rejeter la réception normative de concepts ou de principes faisant l'objet du débat scientifique susmentionné.

Cette situation de dépendance et de doute sur le degré de fiabilité et de certitude des connaissances scientifiques acquises dans un secteur ou un sujet donné profite parfois aux voix opposées à une application plus rigoureuse des normes de protection de l'environnement. En effet, l'importance et la fonctionnalité des concepts scientifiques qui finissent par être incorporés dans les textes juridiques relatifs à l'environnement résident également dans leur capacité à résister aux positions sceptiques à l'égard du paradigme environnemental, lesquelles jouissent encore de la diffusion et de l'acceptation sociale dans certains domaines[10]. Ces positions trouvent un abri dans lesdits partis conservateurs d'idéologie extrême, nostalgiques même des régimes atroces apparus en Europe continentale dans les années 30 du siècle dernier[11].

Toutefois, il y a quelques domaines dans lesquels il ne s´agit pas de nier l´exactitude du consensus scientifique concernant la nécessité d´agir, d´empêcher ou de limiter les effets nocifs sur l´environnement produits par une industrie spécifique. Sinon, et au contraire, ils ont pour but de retarder le plus possible la mise en place des décisions prises par les pouvoirs publics, afin de gagner du temps et d'obtenir ainsi des avantages concurrentiels qui leur permettront potentiellement de trouver un positionnement avantageux sur le futur marché émergent – une nouvelle technologie, une nouvelle source d'énergie, un nouveau produit… – qui remplace l'ancienne devenue obsolète en raison du constat de ses impacts négatifs sur l'environnement. C´est dans ce domaine que l'on peut placer le fameux *greenwashing* pratiqué par certaines entreprises dans leurs tentatives pour repousser le plus possible la totale décarbonisation du processus de production[12], ou les efforts des *lobbies* auprès des gouvernements afin de repousser la mise en œuvre des mesures nécessaires pour faire face au changement climatique[13]. Dans de nombreux cas, ces argu-

10. M. Crichton, *State of Fear, HarperCollins,* 2004 ; B. Lomborg, *The skeptical environmentalist,* Cambridge University Press, 2001.
11. S. Stella Schaller, A. Carius, *Convenient Truths Mapping climate agendas of right-wing populist parties in Europe,* adelphi consult GmbH, Berlin, 2019.
12. V. sur ce sujet « *The Guardian*, The troubling evolution of corporate greenwashing ». Accessible en <https://www.theguardian.com/sustainable-business/2016/aug/20/greenwashing-environmentalism-lies-companies> [Dernier accès : 28/03/2019].
13. V. le rapport de InfluenceMap, *Big Oils's Real Agenda on Climate Change.* Accessible en <https://influencemap.org/report/Climate-Lobbying-by-the-Fossil-Fuel-Sector> [Dernier accès : 28/03/2019].

ments provenant des secteurs concernés – lesquels, en utilisant des arguments d'experts, parviennent à semer le doute chez l'agent public responsable et le conduisent dans une zone d'incertitude – imprègnent le travail administratif et finissent par se cristalliser dans des réformes régressives de la législation environnementale[14].

III. CONSÉQUENCES JURIDIQUES DU HAUT NIVEAU DE CONSENSUS SCIENTIFIQUE ATTEINT

Au contraire, le degré élevé de consensus scientifique atteint sur le caractère anthropique de la crise climatique à laquelle nous assistons devrait avoir des conséquences importantes également pour le système juridique. Il est temps de surmonter l'état de prostration dans lequel se trouvent de nombreuses structures organisationnelles, internationales et espagnoles qui ont été créées pour servir à la protection de l'environnement. Il est également nécessaire de surmonter le haut degré d'inefficacité que montrent de nombreuses réglementations environnementales. Dans de nombreux cas, les normes environnementales ne sont approuvées que pour combler un vide, sans avoir de fond réel, tel celui qui acquiert une œuvre d'art pour le salon de sa maison : il orne mais ne dérange pas, il rend beau mais sans utilité.

Pourtant par ailleurs il ne semble pas approprié de tomber dans le catastrophisme ou dans le pessimisme, ni en tant que juristes, ni en tant que citoyens. Nous sommes certainement tentés de le faire compte tenu du caractère désolant que la contemplation de ce panorama peut nous offrir. Les écologistes sont en quelque sorte confrontés à la même malédiction que Cassandre – la fille de Priam, roi de Troie, maudite par Apollon parce que refusant son amour – : bénéficiant du don de clairvoyance, mais tristes malheureux dont personne ne croyait jamais les paroles, qui annoncent des catastrophes et des malheurs, et dont les terribles présages proclament la nécessité de corriger immédiatement les manifestations dramatiques de l'état environnemental apocalyptique de notre planète et ne sont ni écoutées ni suivis par la plupart des politiciens, ni finalement par les citoyens qui votent pour eux.

Il convient donc de rappeler, comme l'a prévenu Martín Mateo, que « les moralistes dépendants du Mur des Lamentations sont inutiles… »[15]. Avec la ferme détermination que nous donne l'optimisme de la volonté, malgré le pessimisme

14. V. *The New York Times*, « 78 Environmental Rules on the Way Out Under Trump ». Accessible en <https://www.nytimes.com/interactive/2017/10/05/climate/trump-environment-rules-reversed.html> [Dernier accès : 29/03/2019].
15. R. Martín Mateo, « La ingeniería social garantiza la eficacia del Derecho Administrativo », *Discurso con motivo de su investidura como Doctor Honoris Causa*, Universidad de Murcia, 2012, p. 38.

de l'intelligence, paraphrasant Gramsci, il faut rappeler, comme le fait Jordano, que « si nous n'agissons pas de manière urgente et décisive, même si la situation s'améliore, cela ne suffira pas pour atteindre les seuils d'amélioration dont nous avons besoin pour qu'il y ait vraiment un changement de tendance ; le schéma du changement est si puissant que nous devons mettre en œuvre des mesures drastiques afin de ne pas atteindre une transition irréversible, qui nous mènerait vers un point de non-retour »[16].

IV. FINAL : NOUS NE NOUS CONTENTONS PAS…

Il est certain que les normes environnementales ne permettent pas d´atteindre un niveau de protection de l'environnement conforme aux besoins actuels. Les sanctions en cas de non-respect des obligations ne sont pas adaptées aux objectifs poursuivis, la responsabilité pour les dommages environnementaux causés n'est pas juste, elle n´entraîne pas la réparation des dommages et la restauration des écosystèmes. Les règles d'accès à la justice mettent à l´écart la défense des intérêts environnementaux[17]. Le rôle du droit de l´environnement n´est pas reconnu, notamment dans la formation des avocats, des juges et des magistrats… Nous ne pouvons pas nous en contenter. Plus précisément, en Espagne, il est nécessaire de rétablir immédiatement et à la première occasion où les événements politiques le permettront, l´ancienne exigence de placer la protection de l´environnement au plus haut sommet du système juridique – État social, écologique et démocratique – et de garantir effectivement le droit fondamental de chaque personne à vivre dans un environnement écologiquement sain qui favorise sa santé, son bien-être, sa dignité, sa culture et son développement (Jordano Fraga, 1985)[18].

Les générations futures nous poseront la question à propos des actions que nous aurons déployées pour éviter et contrer le processus de dégradation de notre planète. La plupart d'entre nous voudront pouvoir témoigner que, au moins à

16. Déclarations de Pedro Jordano, Prix national « Alejandro Malaspina » de sciences et technologies de Ressources naturelles. Ministère des Sciences, Innovation et Universités (« Jordano : El medioambiente ya manifiesta fragilidades, muchas irreversibles », *El Periódico*, 14 déc. 2018. Accessible en <https://www.elperiodico.com/> [Dernier accès : 14/05/2019]).

17. E. Salazar Ortuño, *El acceso a la justicia en conflictos ambientales a partir del convenio de Aarhus. Retos y soluciones para el acceso a la justicia ambiental*, Thomson/Aranzadi Cizur Menor, 2019.

18. J. Jordano Fraga, *La protección del derecho a un medio ambiente adecuado*, Barcelone, José María Bosch Editor, 1985. En ligne avec « Appel de 100 juristes pour l'adoption d'un Pacte mondial pour l'environnement », *Le Club des Juristes* (accessible en <http://www.leclubdesjuristes.com/> [Dernier Accès : 14/05/2019]).

un moment donné, dans la mesure de nos forces et de nos capacités, nous avons élevé notre voix en faveur d'une plus grande justice pour l'environnement.

Aujourd'hui s'ouvre une nouvelle ère, dotée des armes de la raison scientifique et de la force de la loi. De plus en plus de gens doivent se lever pour éviter la victoire des devastateurs qui ravagent notre belle et généreuse planète.

RECONSTRUIRE LES TRAJECTOIRES DE VULNÉRABILITÉ DES TERRITOIRES POUR S'ADAPTER AU CHANGEMENT CLIMATIQUE

Virginie K. E. DUVAT
Professeur de géographie, UMR LIENSs 7266
La Rochelle Université-CNRS, La Rochelle
Membre du comité de pilotage du GDR ClimaLex

Alexandre K. MAGNAN
Chercheur associé à l'Institut du Développement Durable
et des Relations Internationales, Paris

Cette contribution met en évidence la pertinence de l'approche scientifique qui consiste à reconstruire les trajectoires de vulnérabilité des territoires pour soutenir les politiques d'adaptation au changement climatique. Elle défend l'idée qu'il est fondamental de prendre en compte les échelles locales à régionales auxquelles se construisent les territoires dans l'élaboration de ces politiques. Ici le territoire est appréhendé comme un éco-morpho-socio-système, et la vulnérabilité définie comme étant fonction de l'exposition, de la sensibilité et de la capacité d'adaptation du système considéré. Le choix d'une approche par les trajectoires de vulnérabilité repose sur un postulat majeur : le passé récent (des années 1950 à aujourd'hui) révèle les facteurs et mécanismes de production de la vulnérabilité, sans la connaissance desquels l'on ne peut concevoir de politiques d'adaptation pertinentes, c'est-à-dire contexte-spécifiques et évolutives. Deux exemples permettront de démontrer la pertinence de la reconstruction de trajectoires de vulnérabilité pour l'adaptation. D'abord, celui des atolls, qui comptent parmi les territoires les plus exposés aux impacts du changement climatique. Ensuite, celui des territoires côtiers en général.

I. L'EXEMPLE DES ATOLLS : EN QUOI LA RECONSTRUCTION DES TRAJECTOIRES DE VULNÉRABILITÉ DES ÎLES CORALLIENNES A PERMIS DE DÉPASSER L'IDÉE REÇUE QU'ELLES ÉTAIENT EN COURS DE DISPARITION

Dans le contexte de l'accélération de l'élévation du niveau de la mer qui s'est manifestée dès le début des années 1990, un discours a émergé d'une partie de la communauté scientifique et du monde des ONG, qui a ensuite été amplifié par les médias : le discours sur la disparition des îles coralliennes des atolls[1]. Ce discours s'est appuyé sur un postulat intuitif bien qu'il soit simpliste : l'élévation du niveau de la mer a pour effet d'engendrer la submersion graduelle de ces îles, si bien que celles-ci ont déjà perdu de la surface au cours des dernières décennies et finiront par être intégralement submergées lorsque l'élévation du niveau de la mer aura atteint leur altitude maximale (exemple : une élévation du niveau marin de 1 mètre submergera les îles culminant à cette altitude). Jusqu'en 2010, en l'absence d'études scientifiques sur la question, ce discours a dominé la scène médiatique et les négociations internationales. Il a eu deux effets : d'une part, il a incité les responsables politiques des pays et territoires constitués d'atolls à fortifier leurs îles par la construction d'ouvrages lourds (digues, cordons d'enrochement, murs de protection, etc.) ; d'autre part, il a fait émerger un second discours, annonçant la migration internationale des populations de ces territoires, destinées à devenir les premiers réfugiés climatiques.

La première étude scientifique qui a évalué l'évolution de la surface émergée d'îles basses d'atolls a été publiée en 2010[2]. Basée sur un échantillon de 27 îles du Pacifique, elle a révolutionné la connaissance en montrant que la grande majorité de ces îles avaient connu au cours des dernières décennies soit un maintien, soit une augmentation de leur surface, alors qu'une minorité avaient connu une réduction de leur superficie. Depuis lors, les nombreuses études qui ont été réalisées ont permis de documenter la situation de 709 îles réparties entre les océans Pacifique et Indien, et appartenant à six pays et territoires

1. V. Duvat, A. Magnan, *Ces îles qui pourraient disparaître,* Paris, Le Pommier-Belin, coll. Essais, 2012, ISBN : 978-2-7465-0589-6 ; D. Vallot, *Le récit corallien : production, diffusion et cadrage des récits d'action publique de la disparition des États atolliens entre Tuvalu, Kiribati et la Nouvelle-Zélande,* thèse de sciences politiques, Université de Bordeaux, 2015.
2. A. Webb, P.S. Kench, « The dynamic response of reef islands to sea-level rise : evidence from multi-decadal analysis of island change in the Central Pacific », *Global and Planetary Change* 2010, 72, 234-246.

différents[3]. Les résultats de ces études confirment les conclusions de l'étude pionnière de 2010 : 73,1 % de ces îles ont connu une stabilité de leur superficie au cours des 30 à 100 dernières années, alors que 15,5 % ont connu une augmentation de surface et 11,4 % seulement une diminution. Ces dernières sont toutes des îles de moins de 10 hectares, pour la plupart inhabitées et inexploitées. Dans le cas des îles inhabitées et rurales, cette situation s'explique par le maintien, à ce stade, de leur capacité à s'ajuster à l'élévation du niveau marin à travers des processus de réorganisation sédimentaire. Là où les stocks de sédiments mobilisables par les vagues et les courants marins ont été suffisants pour continuer à les alimenter, et où aucun obstacle n'a empêché les transferts de sédiments de s'opérer du récif à la côte, ces îles ont pu conserver leur surface en dépit de l'élévation du niveau marin. Dans certains cas, leurs plages et arrière-plages ont même gagné en altitude sous l'effet de l'apport de sédiments par des tempêtes. Sur les îles densément peuplées et fortement modifiées par l'homme, les gains de surface observés résultent en général de leur extension artificielle par dragage-remblayage, en réponse à la pression démographique et au besoin d'espaces plans pour le développement économique.

Cette révolution de la connaissance, qui n'écarte pas totalement le scénario d'une submersion progressive de ces îles au cours du XXIe siècle sous l'effet de l'augmentation des pressions océaniques (réchauffement et acidification de l'océan) et climatiques (intensification des cyclones et des houles d'origine distante) qui s'exercent sur les récifs coralliens et les îles qu'ils portent, a de fortes implications en termes d'adaptation. Elle démontre qu'envisager la migration des populations des atolls vers des pays d'accueil est prématuré, et que l'un des grands enjeux des prochaines décennies est de maintenir, là où celle-ci est encore fonctionnelle (ce qui n'est pas le cas dans les îles-capitales), la capacité du système île-récif à s'ajuster au niveau marin, en réduisant les pressions anthropiques directes susceptibles de lui porter atteinte (pollution, extraction de sédiments, perturbation par les aménagements, etc.). En parallèle, il n'y aura pas d'autre solution, pour réduire les risques de submersion et d'érosion sur les îles fortement peuplées et modifiées par l'homme, que de mieux les en protéger (Figure 1). La reconstruction des trajectoires de vulnérabilité de ces systèmes a ainsi montré *(i)* qu'en dépit de leur forte exposition aux pressions météo-marines ils ne sont pas aussi sensibles qu'on le pensait à l'élévation du niveau de la mer, et *(ii)* qu'ils possèdent, sous certaines conditions et dans une certaine mesure, la capacité de s'adapter aux pressions climatiques. Elle a montré que ces systèmes doivent être appréhendés et gérés comme des systèmes dynamiques et non pas inertes, et a livré des éléments fondamentaux sur les solutions d'adaptation à promouvoir, en fonction des îles et de leurs trajectoires spécifiques (ici, différentes entre îles-capitales, d'une part, et îles rurales et « naturelles », d'autre part).

---

3. V. Duvat, « A global assessment of atoll island planform changes over the past decades », *WIREs Climate Change* 2019, doi:10.1002/wcc.557.

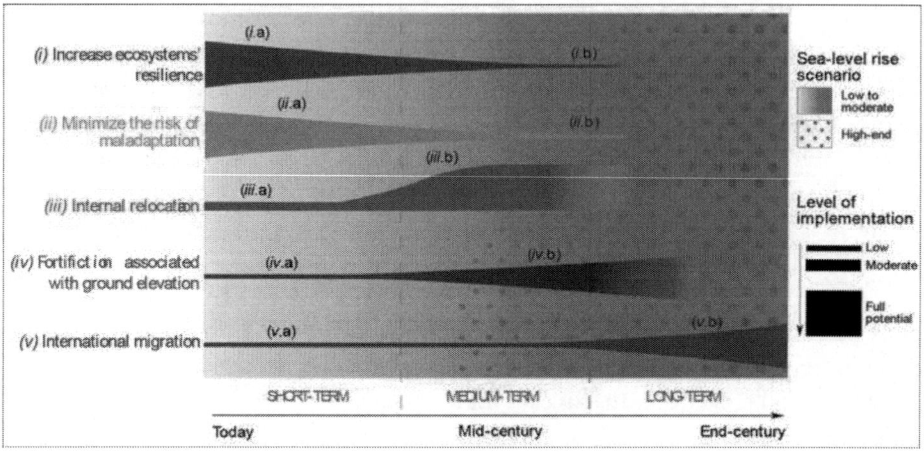

Figure 1 : L'adaptation au changement climatique dans les atolls : quatre solutions à mobiliser avant d'en arriver à la migration internationale[4].

II. LA PRODUCTION DES RISQUES CÔTIERS ET LES SOLUTIONS « INCONTOURNABLES » POUR L'ADAPTATION AU CHANGEMENT CLIMATIQUE

Reconstruire les trajectoires de vulnérabilité des territoires côtiers livre des éléments fondamentaux et génériques sur les mécanismes de production du risque, et sur le rôle des modalités d'aménagement et de développement des territoires des dernières décennies dans les niveaux de risque actuels[5]. Les catastrophes récentes constituent d'efficaces révélateurs des causes « profondes » de la vulnérabilité[6], qui sont relativement identiques d'un cas à l'autre, même lorsque l'on considère des cas aussi divers que la Nouvelle-Orléans aux États-Unis, les terres deltaïques du Bangladesh, Saint-Martin aux Antilles et les côtes de Vendée ou de Charente-Maritime en France[7]. Quatre grands facteurs interconnectés (Figure 2) expliquent la vulnérabilité croissante des territoires littoraux depuis les années 1950 : (1) l'implantation croissante des enjeux humains (bâti, infrastructures, activités économiques) dans des zones fortement exposées aux pressions météo-marines (en particulier, sur des terres

4. A.K. Magnan, *A theory for adaptation to climate change. From trajectories of vulnerability to adaptation pathways*, HDR, Université de la Rochelle, 2018.

5. V. Duvat, A. Magnan, *Des catastrophes… « naturelles » ?*, Paris, Le Pommier-Belin, coll. Essais, 2014.

6. P. Blaikie, T. Cannon, I. Davis, B. Wisner, *At Risk : Natural Hazards, People's Vulnerability and Disaster*, 1st ed., Londres, Routledge, 1994, p. 436.

7. V. Duvat, A. Magnan, *Des catastrophes… « naturelles » ?*, *op. cit.*

basses, inondables et submersibles) ; (2) la dégradation des zones tampons naturelles (systèmes plages-dunes, mangroves, récifs coralliens, par exemple) sous l'effet de l'urbanisation et des activités humaines, qui accroît l'exposition des enjeux humains et la sensibilité des écosystèmes aux pressions climatiques, tout en portant atteinte à leur capacité d'adaptation ; (3) le « mythe de la sécurité » ou « paradoxe du développement sûr »[8], qui désigne l'émergence de la pensée selon laquelle les ouvrages d'ingénierie, en donnant une illusion de protection totale, encourageraient du même coup le développement dans des zones à risque ; et (4) la perte du lien des sociétés à leur environnement proche, qui se traduit par l'effondrement de la connaissance et de la mémoire du risque, lequel engendre une baisse de la conscience du risque, et donc de la vigilance face aux risques associés aux événements météo-marins, au sein de la population.

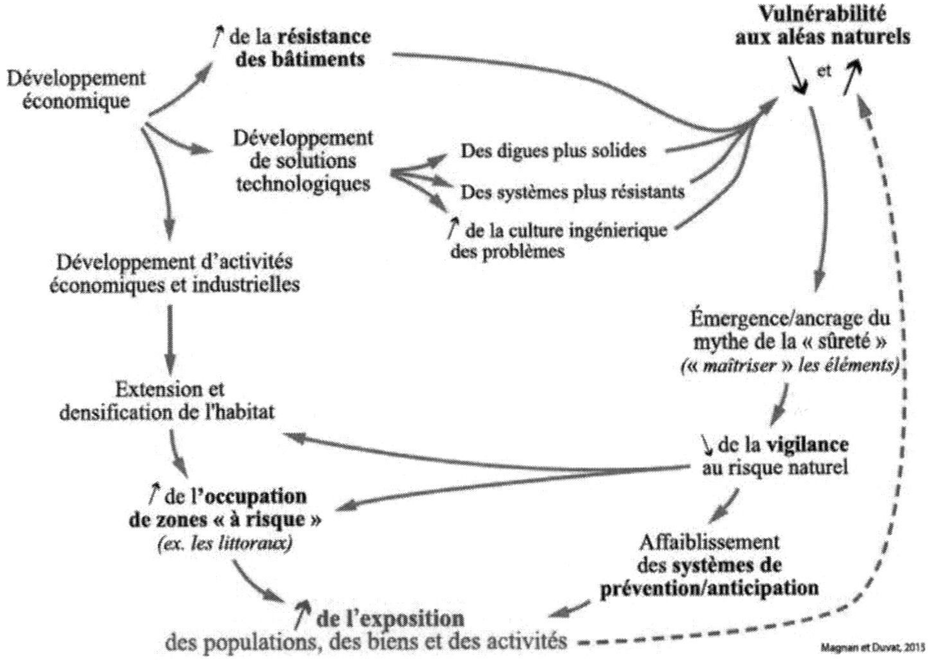

Figure 2 : Facteurs et processus de production des risques côtiers.

La mise en évidence des facteurs et mécanismes interconnectés de production du risque hérités des dernières décennies amène inévitablement à identifier des solutions « incontournables » pour s'adapter. Cela revient à dire que les stratégies d'adaptation doivent d'abord consister à inverser certaines tendances

8. R.J. Burby, « Hurricane Katrina and the paradoxes of government disaster policy : bringing about wise governmental decisions for hazardous areas », *Annals AAPSS* 2006, 604:171-191.

lourdes qui contribuent à accroître le risque et réduisent au fil du temps le panel des options d'adaptation mobilisables. Au vu des causes profondes de la vulnérabilité des territoires littoraux listées ci-dessus, il apparaît en effet incontournable (1) de réduire l'exposition des enjeux humains, en adaptant (c'est ce que l'on appelle l'accommodation – par exemple, dans les zones exposées à l'aléa submersion, par des modifications de la hauteur des bâtiments au sol ou par l'ajout d'un étage servant d'espace refuge) ou en relocalisant ceux qui sont situés dans des zones fortement exposées ; (2) de mieux protéger et de restaurer les zones tampons là où cela est pertinent, ce qui impose de réduire les impacts négatifs qu'ont sur elles les activités humaines, à travers différentes stratégies (par exemple, la réduction de la pollution, la relocalisation à l'intérieur des terres d'enjeux humains qui contribuent à la compression des milieux naturels entre mer et espace bâti, et réduisent par là même leur capacité d'amortissement des impacts des tempêtes) ; (3) de prendre acte du fait que les ouvrages d'ingénierie ont leurs limites, en prévoyant non seulement leur amélioration (en particulier leurs réfection et rehaussement là où cela s'avère nécessaire), mais aussi en mettant en œuvre d'autres actions visant à réduire la vulnérabilité, telles que l'évacuation des populations des zones les plus basses en cas d'événement ou, à plus long terme, la relocalisation des biens que ces ouvrages protègent des aléas météo-marins ; (4) la reconnexion des sociétés littorales à leur environnement, à travers des actions de sensibilisation-éducation, la mise en place d'exercices d'évacuation, l'utilisation de marqueurs paysagers du risque (panneaux, repères de submersion), etc.

Ainsi, peuvent être définies comme « incontournables » les solutions qui s'imposent pour inverser les tendances passées, en agissant directement sur les facteurs et mécanismes de production du risque. L'identification de ces solutions démontre que les voies d'adaptation sont, en toute logique, à déterminer dans la continuité des trajectoires de vulnérabilité (Figure 2).

La partie A de la figure 3 montre l'impact d'appliquer ou non les solutions incontournables qui sont présentées dans la partie B sur la trajectoire de vulnérabilité des littoraux. On voit que la mise en œuvre des solutions « incontournables » permet de réduire considérablement la vulnérabilité. La partie B de cette figure montre plus concrètement quels sont les leviers de la réduction de la vulnérabilité actuelle et future, donc de l'adaptation : réduire le nombre d'enjeux humains situés dans la bande côtière pour réduire l'exposition, favoriser le maintien de la position du trait de côte là où il recule, restaurer les zones tampons terrestres (par exemple les systèmes plages-dunes), limiter la stratégie de défense des côtes aux zones dans lesquelles elle est efficace et pertinente.

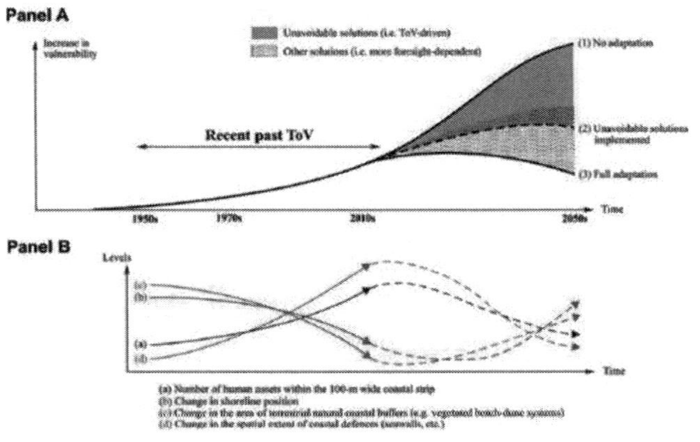

Figure 3 : Des trajectoires de vulnérabilité aux solutions incontournables pour l'adaptation[9].

*

* *

Mesurer et analyser les trajectoires de vulnérabilité des territoires permet, d'une part, d'ancrer les politiques d'adaptation dans la réalité des territoires (et non pas dans une représentation de cette réalité, laquelle peut être erronée, tel qu'illustré dans cette contribution par le cas des atolls), et d'autre part, d'identifier les actions « incontournables » pour s'adapter au changement climatique. Ces actions, qui consistent à s'attaquer aux causes profondes de la vulnérabilité, sont incontournables en ceci qu'elles constituent des passages obligés pour inverser les tendances actuelles de croissance de la vulnérabilité en s'attaquant aux principaux facteurs qui la contrôlent. Ces actions sont d'autant plus cruciales à mettre en œuvre qu'elles sont sans regret (par les co-bénéfices qu'elles produisent, par exemple dans le cas de la restauration d'un écosystème) et robustes (produisant ces bénéfices quels que soient les scénarios climatiques qui se réaliseront).

9. A.K. Magnan, V. Duvat, « Unavoidable solutions for coastal adaptation in Reunion Island (Indian Ocean) », *Environmental Science & Policy* 2018, 89, 393-400. doi : 10.1016/j.envsci.2018.09.002.

SOLUTIONS FONDÉES SUR LA NATURE : LEVIER OU FREIN POUR LA PRÉSERVATION DE LA BIODIVERSITÉ ? RÉFLEXIONS JURIDIQUES*

Alexandra LANGLAIS
Chargée de recherche au CNRS
Institut de l'Ouest : Droit et Europe (IODE, UMR 6262)
Université de Rennes 1
Membre du comité de pilotage du GDR ClimaLex

La lutte contre l'érosion de la biodiversité est souvent restée dans l'ombre de celle menée contre le changement climatique. En premier lieu, une telle divergence d'intérêt à l'égard de ces deux changements qualifiés de globaux peut aisément s'expliquer par le caractère beaucoup plus diffus de la biodiversité. Alors que l'action contre le changement climatique s'articule autour de la réduction des émissions de gaz à effet de serre, celle destinée à combattre l'effondrement de la biodiversité s'annonce moins ciblée, la biodiversité formant elle-même un ensemble particulièrement hétérogène. Cette divergence n'a toutefois pas empêché la politique de lutte contre l'érosion de la biodiversité de calquer largement ses outils ainsi que son système institutionnel sur celui de la politique de lutte contre le changement climatique. Par exemple, à l'instar des marchés d'unités de carbone ont été développés des marchés d'unités de biodiversité. De même l'IBPES (plateforme intergouvernementale sur la biodiversité et les services écosystémiques) s'est largement inspirée du GIEC (groupe d'experts intergouvernemental sur l'évolution du climat)[1]. En second lieu, ce déséquilibre dans l'attention portée au changement climatique et à la perte de biodiversité a pu se traduire par une certaine forme d'« accessoirisation » de la biodiversité, et donc à une certaine forme de hiérarchisation des enjeux. La forêt et les premières expériences du mécanisme REDD (Réduction des émissions issues

* Une partie de ces travaux a été réalisée dans le cadre du programme de recherche *WOODNET – Biodiversa – Connectivy patterns and processes along a gradient of european landscapes with woody vegetation and spatial heterogeneity*, sous la direction de J. BAUDRY.

1. N. H. FOURNEREAU et A. LANGLAIS, « Ecosystem services: promoting new synergies between European strategies on climate and biodiversity? », *in* F. MAES, A. CLIQUET, W. du PLESSIS et H. MACLEOD-KILMURRAY (dir.), *Biodiversity and climate change, Linkages at International, National and local levels*, Edward Elgar Editor, 2013, p. 65-93.

de la déforestation et de la dégradation des forêts dans les pays en développement) avant qu'il ne soit assorti d'un « + » sont particulièrement éloquentes : la constitution de forêt ne visait qu'à alimenter les crédits carbone sans réelle considération pour la forêt elle-même. L'exemple le plus représentatif est le recours aux essences d'eucalyptus comme réponse à un besoin de bois supérieur à la capacité de régénération des forêts, mais également comme solution pour lutter contre la déforestation. L'intérêt de planter ces essences exotiques tient à leur croissance rapide assortie d'un rendement élevé en produits ligneux. Un rapport de 1986 de la FAO souligne la grande popularité des eucalyptus, notamment en Australie ou en Asie du Sud-est. Cependant, à l'origine de ce rapport figurent les craintes formulées à l'égard des eucalyptus en raison d'un risque d'« appauvrissement du milieu en ce qui concerne les sols, les ressources en eau et la faune sauvage, même lorsque les plantations sont établies sur des terrains en friche dépourvues d'arbres »[2].

Loin de cette concurrence entre ces changements globaux, il s'avère toutefois de plus en plus nécessaire de souligner et soutenir les interactions réciproques entre la biodiversité et le changement climatique[3], actuellement de plus en plus considérées par les deux politiques qui les sous-tendent. Les solutions fondées sur la nature, portées par l'IUCN, apparaissent comme l'une des expressions de cette vision intégrée des enjeux à la fois de la biodiversité et du changement climatique. Elles sont définies comme « des actions visant à protéger, gérer de manière durable et restaurer les écosystèmes naturels ou modifiés pour relever directement les enjeux de société de manière efficace et adaptative tout en assurant le bien-être humain et des avantages pour la biodiversité »[4]. La biodiversité devient un enjeu important car ce sont surtout les écosystèmes terrestres et les océans qui stockent le carbone[5]. De plus, une dégradation généralisée et accélérée de ces écosystèmes constitue non seulement une source

---

2. FAO, *Les effets écologiques des eucalyptus*, Étude FAO forêt par M.E.D Poore et C. Fries, Rome, 1986, http://www.fao.org/3/ap415f/ap415f00.pdf, consulté le 10 juin 2019.
3. UICN France, *Les Solutions fondées sur la Nature pour lutter contre les changements climatiques et réduire les risques naturels en France*, 2018, Paris.
4. UICN, 2016. Motion 77 : Définition des Solutions fondées sur la Nature. Plus précisément, c'est lors du Congrès mondial de la nature de l'UICN qui s'est tenu en 2016 à Hawaï que cette motion définissant les solutions fondées sur la nature a été prise.
5. K. Jo Mulongoy et A. Cung, « Les approches d'atténuation et d'adaptation aux changements climatiques fondées sur les écosystèmes », *RJE* 2011, n° spécial, p. 29 : « Environ 2500 gigatonnes de carbone sont stockées dans les écosystèmes terrestres comparativement à environ 750 gigatonnes dans l'atmosphère. Un montant supplémentaire d'environ 38 000 gigatonnes est stocké dans les océans ». Ces solutions ont été mentionnées comme des solutions par le GIEC pour rester en deçà des 1,5 degré de réchauffement climatique, IPPC, *Global warming of 1,5 °C, Special report on the impacts of global warming of 1, 5 °C above pre-industrial levels and related global greenhouse gas emission pathways, in the context of strengthening the global response to the therat of climate*

considérable d'émissions de gaz à effet de serre[6], mais diminue leur capacité à séquestrer le carbone[7].

En raison de cette approche intégrée revendiquée, il n'apparaît pas surprenant que les solutions fondées sur la nature reçoivent une écoute de plus en plus attentive. Cependant, si ce concept est séduisant jusque dans sa terminologie, l'expression « solutions fondées sur la nature » peut dérouter dans la mesure où les composantes qui la caractérisent sont loin d'être toutes consensuelles et font ressurgir des débats récurrents sur la relation de l'homme à la nature (I). Les solutions fondées sur la nature sont accompagnées, en sus d'une définition commune, d'une série de principes « dans le but d'orienter (leur) application efficace et appropriée »[8]. Ces principes restent cependant relativement flous quant aux garanties juridiques offertes à la préservation de la biodiversité. Les conditions de cette garantie ne pourraient-elles pas être recherchées dans la prise en compte de l'« intégrité des écosystèmes » figurant dans l'Accord de Paris ? (II).

I. LES SOLUTIONS FONDÉES SUR LA NATURE : UNE FORMULATION ATTRACTIVE MAIS TERMINOLOGIQUEMENT SUJETTE À CONTROVERSES

L'usage du terme « solutions » comme celui de fondé « sur la nature » sont deux termes qui n'ont certainement pas été choisis au hasard. L'expression traduit la recherche d'une notion capable d'englober la diversité des actions envisageables. Elle traduit également une certaine pédagogie en simplifiant la dynamique qu'elle défend. Plus encore, il peut s'agir d'une vision imagée pour mettre en scène le rôle qu'il convient d'attribuer à la biodiversité. Cependant, les « images sont comme des procédés déformants et jouent comme de véritables obstacles épistémologiques à la mise au point du concept »[9]. Certains auteurs ont pu conclure

change, sustainable development, and efforts to eradicate poverty, Summary for policymakers, Incheon, 8 octobre 2018, p. 33, pt. C.3.1.

6. *Ibid.*, p. 30 : « La déforestation, qui représente environ 13 millions d'hectares de forêt perdus chaque année, est responsable de 18 à 25 % des émissions de gaz à effet de serre annuelles ».

7. Les modes d'utilisation des terres y participent, comme vient récemment de le rappeler le rapport du GIEC consacré aux modes d'utilisation des terres, GIEC, Rapport spécial sur *Le changement climatique, la désertification, la dégradation des terres, la gestion durable des sols, la sécurité alimentaire et les flux de gaz à effet de serre dans les écosystèmes terrestres*, Genève, 8 août 2019.

8. UICN, 2016. Motion 77, considérant n° 5 et et pt. 2 de l'annexe 2.

9. M. Doat, « Remarques sur les rapports entre concepts juridiques et complexité », *in* M. Doat, J. Le Goff, P. Pédrot (dir.), *Droit et complexité. Pour une nouvelle intelligence du vivant*, Presses universitaires de Rennes, 2008, p. 184.

que l'usage d'images et de métaphores est de nature à renforcer le flou du droit[10]. Dans la mesure où les solutions fondées sur la nature ont une vocation normative, la question mériterait d'être posée. De façon plus immédiate, chacun des principaux termes formant l'expression de solutions fondées sur la nature résonne de manière particulière dans le droit actuel. En effet, les termes de « solutions » (A) comme celui de « nature » (B) font ressurgir de vieux débats sur la relation entre l'homme et la nature, laquelle est au cœur du droit de l'environnement.

A. – L'emploi du terme « solutions »

Au sens littéral, le terme solution signifie « Réponse à un problème, à une question »[11]. Il peut également s'entendre comme étant l'« élément d'un ensemble donné pour lequel une équation ou un système d'équations est satisfait »[12]. Dès lors, il peut être compris aussi bien comme un résultat que comme un élément contribuant à l'obtention d'un résultat.

En renvoyant à un résultat, les solutions fondées sur la nature peuvent être taxées de solutions à finalité anthropocentrée. Ceci se reflète dans l'expression du but général attribué aux solutions fondées sur la nature[13] par l'IUCN où de nombreuses attentes sociétales sont formulées. En effet, il est spécifié que le but général des solutions fondées sur la nature est de « soutenir la réalisation des objectifs de développement de la société et sauvegarder le bien-être humain de manière à refléter les valeurs culturelles et sociales et à renforcer la résilience des écosystèmes, leur capacité de renouvellement et la fourniture de services ; les solutions fondées sur la nature sont conçues pour relever les principaux enjeux de société tels que la sécurité alimentaire, le changement climatique, la sécurité de l'eau, la santé humaine, les risques de catastrophe, le développement économique et social ». Rapporté à la question de la préservation de la biodiversité, le but fixé par ces solutions fondées sur la nature peut faire ressurgir un débat entre une vision instrumentale et une vision intrinsèque de la biodiversité[14].

Par solution, il peut également s'agir d'un élément contribuant à l'obtention d'un résultat. Cet élément peut prendre la forme d'une action, d'une technique, d'un outil technologique… En l'espèce, derrière le terme « solutions » se cacherait dans ce cas toute la réflexion éthique sur l'ensemble des actions et techniques permettant de façonner la nature en vue de répondre à une finalité précise. Ceci nous permet de faire aisément un parallèle avec la compensation écologique

10. *Id.*
11. Dictionnaire Larousse.
12. *Id.*
13. UICN, 2016. Motion 77, Annexe 1, pt. 2 motion IUCN.
14. M. Pétel, « La nature : d'un objet d'appropriation à un sujet de droit. Réflexions pour un nouveau modèle de société », *RIEJ* 2018/1, vol. 80, p. 207-239.

« décriée sur le plan éthique et consacrée sur le plan juridique »[15]. Toutefois, si plusieurs éléments permettent de croiser la dynamique de la compensation écologique et celle des solutions fondées sur la nature, elles ne se confondent pas. Les solutions fondées sur la nature, à l'inverse de la compensation écologique, pourraient s'insérer dans une logique de réparation des atteintes à l'environnement (*ante* et *post*), mais non s'y limiter. Ces solutions apparaissent beaucoup plus englobantes.

Néanmoins, compensation écologique et solutions fondées sur la nature se rejoignent dans la mesure où elles sont tous deux largement amenées à faire usage de techniques d'ingénierie écologique[16]. Le recours à ces techniques fait encore l'objet de controverses. Comme nous l'indique Benoît Grimonprez, « si la capacité de l'homme à détruire l'environnement est avérée, celle de le reproduire est contestée ». Il ajoute que « la civilisation aurait fait sortir l'homme de la nature si bien qu'il ne pourrait que venir perturber son fonctionnement harmonieux. À cette aune, la nature retravaillée est toujours taxée d'artificielle : elle est l'équivalent d'une contrefaçon (...). La technique humaine est jugée au plan moral comme un acte qui dénature le vivant ». L'auteur conclut que si « l'espèce humaine est bien d'essence "naturelle" pourquoi faudrait-il retirer cet attribut à toutes ces actions »[17]. À cet effet, il rappelle, dans la lignée des travaux de Philippe Descola, qu'une séparation radicale entre nature et culture n'a pas lieu d'être[18]. En outre, l'entrée dans l'ère de l'anthropocène[19], soit la période de l'histoire de la Terre à partir de laquelle l'influence de notre espèce sur son milieu a commencé à le transformer radicalement, invite à repenser les fondements de notre action humaine sur la nature. En particulier, pour certains auteurs, elle s'inscrirait dans un devoir de réparation de la nature et commanderait à ce

15. B. Grimonprez, « Réparer le vivant : éthique de la compensation », *RJE 2017*, n° 4, p. 681.
16. « Pour mettre en application ce type de solution, on peut utiliser plus particulièrement le génie écologique et végétal, qui représente l'ensemble des techniques reposant sur un principe d'utilisation du vivant, animal et végétal, et plus globalement de moyens et de processus naturels, pour préserver, restaurer ou gérer les écosystèmes en répondant de manière efficace à divers objectifs écologiques, économiques et sociaux », F. Rey, V. Breton, P. Breil et P. Mériaux, « Les solutions fondées sur la nature pour accorder la prévention des inondations avec la gestion intégrée des milieux aquatiques », *Sciences Eaux et Territoires* 2018, n° 26, Irstea, p. 36. V. égal. G. Barnaud et J.-L. Chapuis, « Ingénierie écologique et écologie de la restauration : spécificités et complémentarités », *Ingénieries* 2004, n° spécial, p. 123 et s.
17. B. Grimonprez, art. cité, p. 684.
18. Ph. Descola, *Par-delà nature et culture*, Gallimard, 2005.
19. Ch. Bonneuil, J.-B. Fressoz, *L'événement anthropocène. La terre, l'histoire et nous*, Le Seuil, coll. Anthropocène, 2013 ; R. Beau et C. Larrère, *Penser l'anthropocène*, Presses de Sciences Po, coll. Académique, 2018.

titre une action humaine[20]. Dans le sillage des fondements d'une intervention humaine, c'est également le degré de cette intervention humaine qui se pose. L'idée d'un niveau d'intervention acceptable semble s'exprimer derrière la célèbre phrase du philosophe anglais Bacon, « on ne commande la nature qu'en lui obéissant ». Elle semble également présente dans la revendication d'un pilotage de la nature et non d'une fabrication de celle-ci[21].

Ces réflexions axées sur les enjeux d'une des composantes des solutions fondées sur la nature ne sont pas neutres. Elles projettent différentes représentations du monde naturel. En particulier, l'accès à de nouvelles techniques ou technologies fait évoluer cette représentation en modifiant notre manière d'intervenir sur ce monde naturel. En outre, elles participent à nourrir le fondement de toute intervention juridique. Il en va de même de l'emploi du terme « nature » sur lequel ces solutions sont fondées.

B. – L'emploi du terme « nature »

De prime abord, il est aisé de comprendre l'idée véhiculée par cette expression : une solution fondée sur la nature, par opposition, ne serait pas fondée sur de l'artificiel. On retrouve cette même idée dans le concept européen d'infrastructures vertes[22], lequel s'oppose aux infrastructures grises. Les infrastructures vertes y sont définies comme « un réseau constitué de zones naturelles et semi-naturelles et d'autres éléments environnementaux faisant l'objet d'une planification stratégique, conçu et géré aux fins de la production d'une large gamme de services écosystémiques ». Les mêmes arguments comparatifs entre une solution naturelle et une solution artificielle sont utilisés. Concernant les infrastructures vertes, la Commission européenne souligne qu'il s'agit d'« un outil qui a fait ses preuves et qui permet de générer des avantages écologiques, économiques et sociaux grâce à des solutions naturelles »[23]. De même, la Commission précise qu'« elle permet également de ne pas dépendre d'une infrastructure dont la construction est coûteuse alors que, souvent, la nature peut offrir des solutions moins onéreuses et plus durables »[24]. Ces mêmes arguments sont mobilisés pour vanter les mérites des solutions fondées sur la nature aux lieu et place des solutions grises. En parti-

---

20. A. Aragao « Du devoir d'abstention au devoir d'action », *in* A. Langlais et M. Lemoine-Schonne, *Droit et politiques de l'ingénierie climatique et environnementale*, Grenoble, UGA éd., coll. Ecotopiques, à paraître 2020.
21. C. Larrère, R. Larrère, *Penser et agir avec la nature. Une enquête philosophique*, Paris, La Découverte, 2015.
22. Communication de la Commission au Parlement européen, au Conseil, au Comité économique et social européen et au Comité de région, Infrastructure verte – Renforcer le capital naturel de l'Europe, COM (2013) 249 final du 6 mai 2013.
23. *Ibid*, p. 2.
24. *Ibid*, p. 3.

culier, elles apportent une réponse à un ensemble d'enjeux lorsque les solutions grises ne répondent qu'à un seul problème[25] et s'avéreraient plus avantageuses économiquement[26]. Cependant, cette dichotomie entre naturel et artificiel s'avère fragile, souvent interrogée et malaisée à appréhender juridiquement.

En particulier, l'enjeu est ici de situer l'intervention humaine dans cette dualité entre le naturel et l'artificiel. Pour certains auteurs, une telle réflexion n'aurait plus lieu d'être. C'est le cas si l'on considère que l'homme fait partie de la biosphère, il n'est pas extérieur à son environnement, mais fait corps avec lui. À ce propos, Philippe Descola avait souligné que « la nature est une invention de l'Occident »[27] pour indiquer que la séparation humains-non humains est culturellement marquée et donc non partagée. L'intervention de l'homme ne serait donc pas plus artificielle que celle d'une autre espèce[28]. D'autres auteurs considèrent que, de par l'ampleur de notre empreinte humaine, nous sommes entrés dans l'ère de l'anthropocène, littéralement l'« âge de l'homme »[29]. Par exemple, pour Bruno Latour, cette entrée met un terme également au grand partage moderne entre nature et culture dès lors que l'histoire de la Terre rejoint l'histoire des civilisations[30]. Dans cette logique, il suggère directement l'abandon du terme de nature[31]. Dans ce cas, l'objet de nature ne serait donc pas un terme pertinent pour éclairer le choix et l'ambition de solutions fondées sur la nature. À l'inverse, d'autres auteurs voient dans cet abandon de la nature un risque de prôner l'éthique de la technique et non de la nature. Dans ce cas, la reconnaissance de notre entrée dans l'ère de l'anthropocène aurait pour conséquence non plus d'abandonner l'idée de nature, mais d'admettre qu'elle est largement dépendante de nos actions, et qu'une éthique, ici de l'anthropocène, s'avérerait nécessaire pour favoriser notamment le respect de la nature[32].

Dans le même temps, même si le terme de nature peut s'avérer inadapté, il pourrait s'avérer plus consensuel. Si l'on revient sur la conception européenne

25. *Les Cahiers de BIODIV'2050*, Évaluation socio-économique des solutions fondées sur la nature, n° 17, juin 2019, p. 8 et s.
26. Reguero B.G., Beck M.W., Bresch D.N., Calil J., Meliane I., 2018. Comparing the cost effectiveness of nature-based and coastal adaptation: A case study from the Gulf Coast of the United States, PLoS ONE 13, 11 avril 2018, https://doi.org/10.1371/journal.pone.0192132.
27. Ph. Descola, « La nature est une invention de l'occident », *in* présentation de son intervention au colloque de rentrée des 18, 19 et 20 octobre 2017 au Collège de France, « Les natures en questions », https://youtu.be/YSs7E4zRnhE, consulté le 14 juin 2019.
28. B. Grimonprez, art. cité.
29. Pour B. Bensaude-Vincent et S. Loeve, il s'agit de « l'annonce d'une nouvelle ère centrée sur l'homme », B. Bensaude-Vincent, S. Loeve, « Penser carbone », *in* R. Beau *et al.*, *Penser l'anthropocène*, Presses de Sciences Po, 2018, p. 379.
30. B. Latour, « Face à Gaïa », Paris, La Découverte, 2015.
31. Cité par B. Bensaude-Vincent, *op. cit.*, p. 378 : Latour interviewé par Alexandre Lacroix, « Les pieds sur terre », *Philosophie Magazine* 2015, 94, p. 62-67, p. 64.
32. D. Jamieson, « Respecter la nature », *in* R. Beau *et al.*, *op. cit.*, p. 446.

des solutions fondées sur la nature, la définition retenue des infrastructures vertes par la Commission européenne est particulièrement explicite quant à la finalité de ces solutions dites « naturelles » : elles sont « conçu(es) et géré(es) aux fins de la production d'une large gamme de services écosystémiques ». Au regard de la vocation normative internationale des solutions fondées sur la nature, éviter tout renvoi explicite aux services écosystémiques[33] est une garantie pour imposer le concept au plus grand nombre. À ce titre, il n'est pas inutile de rappeler que les inquiétudes et incompréhensions relatives à la notion de services écosystémiques ont conduit à faire évoluer le cadre conceptuel de la Plateforme Intergouvernementale sur la Biodiversité et les Services Ecosystémiques (IPBES) afin d'intégrer une approche pluraliste reconnaissant la diversité des valeurs[34]. En particulier, le cadre conceptuel fourni par les services économiques a été considéré comme maladroit car enfermant cette diversité de valeurs dans une relation de producteurs à consommateurs[35]. Le terme de « nature's contributions to people » ou les valeurs attribuées aux contributions de la nature à l'homme est désormais celui qui est reconnu dans le cadre conceptuel de l'IPBES et qui permet « d'embrasser explicitement des concepts reflétant d'autres visions du monde des relations homme-nature et des systèmes de connaissance (par exemple, le concept de « cadeaux de la nature » existant dans de nombreuses cultures indigènes) »[36].

En définitive, si le choix terminologique s'est arrêté sur celui de nature, c'est en réalité sur l'écosystème que l'expression est fondée[37]. En d'autres termes, les solu-

33. La multifonctionnalité des solutions fondées sur la nature est annoncée comme une contribution essentielle à la fourniture de services écosystémiques tout en étant élargie à la biodiversité, *Les Cahiers de la BIODIV'2050*, *op. cit.*, p. 9.
34. U. Pascual *et al.*, « Valuing nature's contributions to people: the IPBES approach », *Current Opinion in Environmental Sustainability*, Elsevier, 2017, vol. 26, p. 7-16.
35. UNEP: IPBES-2/4, Conceptual framework for the Intergovernmental Science-Policy Platform on Biodiversity and Ecosystem Services. In Report of the Second Session of the Plenary of the Intergovernmental Science-Policy Platform on Biodiversity and Ecosystem Services, 2014 ; V. aussi, UNEP : IPBES 5/INF/25, Work programme of the Platform: methodological assessment regarding the diverse conceptualization of multiple values of nature and its benefits. In fith session Session of the Plenary of the Intergovernmental Science-Policy Platform on Biodiversity and Ecosystem Services, 2017 : https://www.ipbes.net/sites/default/files/.../pdf/ipbes-5-inf-25.pdf.
36. U. Pascual *et al.*, art. cité, p. 9. Traduit par nous.
37. V. par ex. *Les Cahiers de la BIODIV'2050*, édito, « Les Solutions fondées sur la Nature, qui se basent sur les fonctionnalités des écosystèmes pour atténuer et s'adapter au changement climatique de façon durable, répondent à une approche intégrée des enjeux globaux ». V. également l'article écrit par des représentants du secrétariat de la Convention sur la diversité biologique qui renvoient à des « approches d'atténuation et d'adaptation aux changements climatiques fondées sur les écosystèmes », K. Jo Mulongoy et A. Cung, « Les approches d'atténuation et d'adaptation aux changements climatiques fondées sur les écosystèmes », *RJE* 2011, n° spécial, p. 29.

tions fondées sur la nature s'appuieraient dès lors sur une vision scientifique de la nature, soit un système complexe du vivant, et moins sur une approche culturelle de celle-ci. Pour autant, si les écosystèmes sont bien au cœur de la Convention sur la diversité biologique de Rio de 1992, la garantie d'une préservation de la biodiversité reste encore une question non résolue. Une partie de la réponse serait à rechercher non pas dans le terme de solutions, ou dans celui de nature, mais dans la jonction entre les deux. La force des solutions fondées sur la nature ne devrait pas résider dans une acceptation « molle » de cet élément de jonction entre solutions et nature. L'expression « fondées sur » devrait être entendue dans son sens le plus littéral, d'« élément essentiel sur lequel s'appuie tout le reste »[38]. Ce n'est qu'à ce prix que les écosystèmes bénéficieront de toute l'attention qu'ils méritent et que les solutions fondées sur la nature pourront offrir de vraies opportunités pour la préservation de la biodiversité, au-delà donc de leur intérêt dans la lutte contre le changement climatique. À la lecture des rapports et communications formulés par l'IUCN, cette option semble clairement être celle choisie. Inger Andersen, directrice générale de l'IUCN, mentionnait très récemment que « les Solutions fondées sur la Nature se concentrent sur la protection et la restauration des systèmes naturels à grande échelle ». Pour garantir une telle vision, le concept d'« intégrité des écosystèmes » figurant dans l'Accord de Paris s'annonce particulièrement porteur (II).

II. LE POTENTIEL DU CONCEPT D'« INTÉGRITÉ DES ÉCOSYSTÈMES » COMME GARANT DE LA PRÉSERVATION DE LA BIODIVERSITÉ DANS L'APPLICATION DES SFN

S'assurer de l'application des SFN implique que ces dernières soient en mesure de répondre pleinement aux objectifs de lutte contre le changement climatique. Cela exige aussi que ces solutions soient réalisées dans le respect de la biodiversité et en faveur de celle-ci afin de devenir également un outil au service de la biodiversité. Cette attention spécifique à l'égard de la biodiversité semble pouvoir trouver un écho dans la notion d'« intégrité de tous les écosystèmes » consacrée par l'Accord de Paris du 12 décembre 2015, accord qui lui-même accorde un intérêt explicite aux solutions fondées sur la nature. Si l'esprit retenu dans ce concept n'est pas étranger aux notions et concepts retenus dans les actuels systèmes juridiques, il reste cependant juridiquement discret (A). Or, pour répondre aux attentes notamment juridiques associées à l'idée de solutions fondées sur la nature, il convient de lui faire exprimer tout son potentiel juridique, que ce soit dans sa capacité à couvrir l'ensemble des hypothèses, qu'elles soient ou non inédites, et ce en vue de garantir le respect et la promotion de la biodiversité lors de la mise en œuvre de SFN (B).

38. Définition du fondement selon le dictionnaire Larousse.

A. – L'« intégrité de tous les écosystèmes » : un concept encore juridiquement discret

Sans faire usage de la notion de solutions fondées sur la nature, l'Accord de Paris dans son article 7, pt. 9, en a clairement accepté l'idée. En effet, il est indiqué que : « Chaque Partie entreprend, selon qu'il convient, des processus de planification de l'adaptation et met en œuvre des mesures qui consistent notamment à mettre en place ou à renforcer des plans, politiques et/ou contributions utiles, y compris en faisant intervenir : a) La réalisation de mesures, d'engagements et/ou d'efforts dans le domaine de l'adaptation ; b) Le processus visant à formuler et réaliser des plans nationaux d'adaptation ; c) L'évaluation des effets des changements climatiques et de la vulnérabilité à ces changements en vue de formuler des mesures prioritaires déterminées au niveau national, compte tenu des populations, des lieux et des écosystèmes vulnérables ; d) Le suivi et l'évaluation des plans, des politiques, des programmes et des mesures d'adaptation et les enseignements à retenir ; e) Le renforcement de la résilience des systèmes socioéconomiques et écologiques, notamment par la diversification économique et la gestion durable des ressources naturelles ». Plus encore, il est également possible de considérer que ces solutions fondées sur la nature sont considérées à double titre : au titre de systèmes écologiques, mais également au titre de puits et réservoirs de gaz à effet de serre.

Le fait de mentionner dès le préambule de cet accord, que sera prise en compte « l'intégrité de tous les écosystèmes » peut s'annoncer comme un fort indice en faveur de la préservation de la biodiversité dès lors que le préambule vise à guider l'interprétation des termes de l'accord. Il est énoncé que : « notant qu'il importe de veiller à l'intégrité de tous les écosystèmes, y compris les océans, et à la protection de la biodiversité, reconnue par certaines cultures comme la Terre nourricière, et notant l'importance pour certaines cultures de la notion de "justice climatique", dans l'action menée face aux changements climatiques ». Cette mention explicite en faveur de la biodiversité s'avère par ailleurs cruciale à la lecture d'un précédent paragraphe dans le préambule de l'Accord de Paris. Dans ce paragraphe, il est fait mention des obligations auxquelles les parties doivent faire face au moment où elles prennent des mesures pour lutter contre les changements climatiques[39]. S'il est fait référence aux droits de l'homme, au droit à la santé, ..., aucune référence explicite à des obligations environnementales, ou plus spécifiquement à la préservation de la biodiversité, n'est en revanche formulée.

39. « Conscientes que les changements climatiques sont un sujet de préoccupation pour l'humanité tout entière et que, lorsqu'elles prennent des mesures face à ces changements, les Parties devraient respecter, promouvoir et prendre en considération leurs obligations respectives concernant les droits de l'Homme, le droit à la santé, les droits des peuples autochtones, des communautés locales, des migrants, des enfants, des personnes handicapées et des personnes en situation vulnérable et le droit au développement, ainsi que l'égalité des sexes, l'autonomisation des femmes et l'équité entre les générations ».

Cependant, faire ensuite mention d'« intégrité environnementale » dans le corps du texte de l'accord, et non plus d'« intégrité de tous les écosystèmes », peut contribuer à brouiller les pistes. Ce brouillard conceptuel peut s'épaissir lorsque l'on souligne que la formulation la plus habituellement usitée est celle d'intégrité écologique[40]. Ces options terminologiques n'aident pas à clarifier et stabiliser les conséquences juridiques susceptibles de découler de ce concept d'intégrité, et ce, en vue de garantir le respect et la promotion de la biodiversité de solutions fondées sur la nature destinées à lutter contre les effets du changement climatique.

Certes, l'esprit de cette notion n'est pas complètement étranger au droit existant, y compris lorsqu'il n'appartient pas au langage juridique du droit européen[41]. Cependant, si elle vise à se porter garante de la préservation de la biodiversité lors de l'application de SFN, l'intégrité de tous les écosystèmes doit exprimer tout son potentiel pour servir d'assise juridique à une protection de la biodiversité, mais également pour éviter tout projet démiurgique où l'homme se prendrait pour un apprenti sorcier.

B. – Penser à la construction d'un cadre juridique applicable aux SFN : le potentiel de l'intégrité des écosystèmes

Selon le dictionnaire Larousse, l'intégrité revêt plusieurs sens, lesquels correspondent à plusieurs facettes de l'intégrité. L'intégrité y est définie, d'une part, comme l'« état de quelque chose qui a toutes ses parties, qui n'a subi aucune diminution, aucun retranchement », d'autre part, comme l'« état de quelque chose qui a conservé sans altération ses qualités, son état originel », et enfin la « qualité de quelqu'un, de son comportement, d'une institution qui est intègre, honnête ». L'intégrité s'entend donc à la fois dans une dimension spatiale, fonctionnelle, mais également morale. Cette triple dimension de l'intégrité permettrait d'asseoir le champ juridique de la protection des écosystèmes, socle des solutions fondées sur la nature. Établir juridiquement une protection des écosystèmes à partir de ce concept d'intégrité des écosystèmes fait également écho aux principes de mise en œuvre dont l'UICN s'est dotée pour consolider le recours à ces SFN[42].

---

40. A. Michelot, « Ecological integrity in European law », *in* L. Westra, P. Taylor, A. Michelot, *Confronting Ecological and Economic Collapse*, Londres, Routledge, 2013, chap. 5.
41. *Id.*
42. Motion pour l'intégration des SFN dans les stratégies adoptées au Congrès mondial de la Nature (2016) ; V. aussi, Atelier international « Mise en œuvre de solutions basées sur la nature pour lutter contre le changement climatique : focus sur la région méditerranéenne » qui s'est déroulé à Marseille du 22 au 24 janvier 2019, http://planbleu.org/fr/event/atelier-international-mise-en-oeuvre-de-solutions-basees-sur-la-nature-pour-lutter-contre-le, consulté le 10 mars 2019.

Cette triple composante de l'intégrité appliquées à l'écosystème nous renvoie à de nouveaux enjeux du droit, lesquels invitent, en premier lieu, à penser à une évolution des modes d'écriture du droit et, en second lieu, à une meilleure prise en compte juridique de certains enjeux sociaux dans l'application des solutions fondées sur la nature.

Concernant une meilleure prise en compte de certains enjeux sociaux dans l'application de solutions fondées sur les écosystèmes, la dimension morale de l'intégrité des écosystèmes invite à une réflexion sur la valeur morale de référence pour guider nos choix et nos actions, soit pour orienter nos conduites vers des choix irréprochables. Au cœur de cette réflexion figure le concept de justice environnementale. Si certains auteurs déplorent le manque de considération accordée à ce concept dans les Accords de Paris[43], l'inscription ambigüe mais imbriquée de l'intégrité des écosystèmes et de justice environnementale dans le préambule de l'accord peut être lue comme un point de vigilance à l'égard de cette dimension morale de l'intégrité. Si l'on s'attarde sur la finalité affichée des SFN (une lutte contre le changement climatique préservant également les écosystèmes), les SFN peuvent être considérées comme une source de bénéfices environnementaux. Cependant, le nœud du problème ne sera pas ici, comme c'est classiquement le cas, axé sur la problématique de la distribution des bénéfices et des nuisances liés à l'environnement[44], mais visera la charge supportée ou l'investissement réalisé en faveur de l'environnement par les différents pays ou institutions locales. Des différences de niveau de contributions environnementales peuvent créer des inégalités spatiales et géographiques au nom de l'environnement et appeler à des redistributions de ces « charges environnementales ». Par exemple, les solutions fondées sur la nature réalisées et entretenues sur un territoire pourront bénéficier à d'autres territoires qui n'ont, quant à eux, pas investis dans de telles solutions. Le choix de ces territoires peut parfois s'imposer de lui-même[45] et être vécu comme une forme d'injustice par l'État ou l'institution locale concerné. Certains auteurs nous mettent en garde contre un risque à « penser la redistribution uniquement en termes de droits ou permis d'émissions, (lequel) témoigne d'une conception anthropocentrée de

43. A. Michelot, « La justice climatique et l'Accord de Paris sur le climat », *RJE* 2016, vol. 41, p. 71-79.
44. Comme cela a pu être souligné, « l'inéquité dans la distribution est au fondement de la justice environnementale. Les travaux relatifs à ce champ d'analyse soulignent que les coûts des pollutions comme les bénéfices de la protection de l'environnement sont inégalement répartis à travers la société ». À cet effet, sont distingués « les coûts disproportionnés subis par certaines catégories de populations, tels que les localisations de déchets dangereux » et « les inégalités dans les bénéfices de biens environnementaux tels que les parcs, les aires naturelles de jeux, la qualité de l'eau et de l'air », J. Ballet, D. Bazin, J. Pelenc, « Justice environnementale et approche par les capabilités », *Revue de philosophie économique* 2015, vol. 16, p. 17 et s.
45. C'est tout particulièrement le cas de l'Amazonie, considérée comme le poumon vert de la planète.

l'environnement comme "gâteau à se partager" plutôt que biens communs à défendre »[46]. Ce même auteur rappelle que « ces questions de justice concernent aussi les conditions par lesquelles il est possible de pérenniser une coexistence êtres-milieux sans nuire aux pratiques collectives d'usages des milieux qui contribuent aux biens communs »[47]. Dans cette veine, les paiements pour services environnementaux (PSE)[48], soit le financement des efforts ou des contributions fournis en faveur de l'environnement, peuvent également se poser en ces termes pour appréhender cette logique de protecteur/payé. En particulier, l'efficacité environnementale de cet outil ne doit pas effacer l'équité comme dimension essentielle des PSE pour penser la distribution des bénéfices du PSE et conserver la relation de groupes autochtones notamment à leur milieu.

Quant à l'enjeu lié à une évolution des modes d'écriture du droit[49], il est en phase avec ce qu'expriment les dimensions spatiales et fonctionnelles de l'intégrité appliquées à l'écosystème. L'objet de l'attention, l'écosystème, exprime en lui-même une ouverture à la complexité du vivant ainsi qu'à la nécessité de prendre en compte une variabilité spatiale. En effet, l'écosystème a été défini comme « le complexe dynamique formé de communautés de plantes, d'animaux et de micro-organismes et de leur environnement non vivant qui, par leur interaction, forment une unité fonctionnelle » (article 2 Convention sur la diversité biologique).Cette notion, qui est au cœur de la Convention sur la diversité biologique, doit être distinguée de celle d'« habitat », les écosystèmes dépassant toute échelle spatiale particulière[50]. Cependant, plus encore, exiger le respect de l'intégrité spatiale et fonctionnelle de l'écosystème invite à formuler des réponses juridiques en vue de lutter contre des atteintes à l'intégrité des composantes d'un écosystème, qu'il s'agisse de son aire géographique ou de ses qualités intrinsèques, soit ses fonctions écologiques[51]. Cependant, en l'état, le droit n'est pas nécessairement armé pour couvrir la variabilité de ces atteintes, ou bien encore pas totalement adapté pour appréhender les atteintes à la complexité dynamique des écosystèmes.

46. L. Laigle, « Quels rapports de la notion d'anthropocène à la justice climatique ? », *in* R. Beau *et al*, *op. cit.*, p. 471.

47. *Ibid.* p. 471. V. également A. Michelot (dir.), *Justice climatique, enjeux et perspectives*, Bruxelles, Bruylant, 2016.

48. A. Langlais (dir.), *L'agriculture et les paiements pour services environnementaux : quels questionnements juridiques ?*, PUR, 2019.

49. D. Bourcier, « Pour une morphogénèse du droit : comment analyser l'émergence d'un concept juridique ? », https://www.u-picardie.fr/curapp-revues/root/40/daniele_bourcier.pdf_4a0932a08c088/daniele_bourcier.pdf.

50. E. Morgera, « The ecosystem approach and the precautionary principle », *in* E. Morgera et J. Razzaque, *Biodiversity and nautre protection law, Elgar encyclopedia of environmental law*, 2017, vol. 3, p. 71.

51. A. Langlais et J. Baudry, v° « Fonctions écologiques », *in* F. Collart Dutilleuil, A. Van Lang et V. Pironon (dir.), *Dictionnaire juridique des transitions écologiques*, Institut Universitaire Varenne, 2018, p. 421 et s.

Dès lors, avec le respect de ces intégrités, se dessine un appel à une nouvelle écriture du droit qui pourrait prendre la forme d'une plus grande flexibilité juridique. Les motivations d'un recours à une plus grande flexibilité juridique peuvent assez aisément se comprendre et s'entendre. En premier lieu, en raison de la variabilité spatiale associée à celle de l'hétérogénéité spatiale des écosystèmes, une plus grande flexibilité juridique pour appliquer des SFN ou des solutions fondées sur les écosystèmes pourrait être envisagée. Pour illustrer les bénéfices apportés par les solutions fondées sur la nature, la directrice générale de l'IUCN en propose une liste non exhaustive soulignant la diversité des échelles d'action et l'hétérogénéité des solutions possibles : « Les Solutions fondées sur la Nature se concentrent sur la protection et la restauration des systèmes naturels à grande échelle. Les forêts et autres espaces naturels, par exemple, aident à stabiliser les pentes et ainsi à réduire le risque de glissement de terrain. Les zones humides sont primordiales pour l'approvisionnement en eau potable ; elles abritent une biodiversité importante, servent de zone tampon pour réduire l'impact des inondations et sécheresses et sont un lieu privilégié pour la reproduction des espèces aquatiques et terrestres. (…) Les Solutions fondées sur la Nature telles que la reforestation, l'investissement dans la santé des sols et la restauration d'écosystèmes côtiers peuvent permettre la séquestration du carbone et apporter plus d'un tiers des réductions d'émissions nécessaires d'ici 2030 »[52]. Une telle vision par écosystème n'appellerait pas une écriture radicalement différente du droit, lequel s'est d'ores et déjà soucié d'écosystèmes spécifiques comme la montagne. Plus encore, l'ouverture juridique plus récente à une meilleure prise en compte des paysages[53] et de leurs fonctionnalités témoigne de cette aptitude à capter l'hétérogénénité des écosystèmes. C'est également à cette échelle que la promotion des SFN est envisagée[54].

Dès lors, ce serait plutôt dans le cadre de la captation juridique de la complexité du vivant et de son corollaire, les incertitudes scientifiques, que la question de la flexibilité juridique se pose. En effet, en mettant en perspective la complexité du vivant, le rapport entre le droit et la science est de nouveau au cœur des débats et du parallélisme entre la loi scientifique et celle juridique. Comme nous l'indique Danièle Bourcier, « en ce qui concerne les paradigmes scientifiques, on peut observer (…) que la notion de loi est née avec le déterminisme. Depuis la révolution quantique, le statut de loi a changé en science : la notion de prévisibilité est de plus en plus aléatoire. La même évolution peut être observée pour la loi juridique. Depuis quelques décennies, d'autres paradigmes

---

52. Mission Economie et biodiversité, Évaluation socioéconomique des Solutions fondées sur la Nature, *Les Cahiers de la BIODIV'2050*, juin 2019, p. 4, http://www.mission-economie-biodiversite.com/type-publication/biodiv2050.

53. Loi n° 2016-1087 du 8 août 2016 pour la reconquête de la biodiversité, de la nature et des paysages, *JO*, 9 août 2016. V. également, Convention européenne du paysage du 20 octobre 2000.

54. V. motion IUCN, *op. cit.*

sont nés, qui n'ont pas encore été explorés systématiquement par le droit : celui du désordre par exemple (...) »[55]. En effet, on peut retrouver ce même fondement déterministe dans la loi. Comme le souligne André-Jean Arnaud, les juristes ont été formés à l'« idée que la norme juridique est close, certaine, fixe, établie, stable, simple, claire, que formalisme et hiérarchie lui sont consubstantiels, que la continuité est de son essence »[56]. Conscients de ces évolutions, plusieurs auteurs se sont attachés à penser le lien entre complexité et droit et à s'interroger sur un modèle juridique conciliant l'ordre et le mouvement[57]. Ces réflexions ont un écho certain dans le droit de l'environnement en général, et plus spécifiquement dans l'application du droit aux SFN. Le droit de l'environnement, qui s'est construit à partir d'une représentation stable et linéaire de la nature[58], s'est plutôt appuyé sur des outils qui visent à conserver un certain « équilibre naturel ». Or, pour répondre à cette complexité, synonyme d'aléatoire, de changement et d'imprévisible, certains auteurs soulignent que l'enjeu pour le droit est d'être plus adaptatif[59] pour accompagner les trajectoires sur lesquelles nous sommes engagés. Cette plus grande flexibilité, dont les formes restent encore à consolider, pourrait faciliter la mise en œuvre juridique de solutions fondées sur la nature. Cette ouverture à la flexibilité ne marquerait toutefois pas le basculement de la prévision vers la précaution. En effet, la précaution, actionnable uniquement en cas de dommage grave et irréversible[60], s'inscrirait dès lors dans un « monde de la certitude du pire »[61], alors qu'il s'agit en l'espèce d'agir dans un monde certes incertain, mais en se rendant « disponible à la pluralité des éventualités »,

55. D. Bourcier, *op. cit.*, p. 215.
56. A.-J. Arnaud, « L'impact du discours de la complexité sur l'enseignement du droit », *in* M Doat, J. Le goff, P. Pédrot (dir.), *Droit et complexité. Pour une nouvelle intelligence du vivant*, Presses universitaires de Rennes, 2008, p. 159.
57. M. Delmas-Marty, « 21. La grande complexité juridique du monde », *in* P. Bourgine (dir.), *Déterminismes et complexités : du physique à l'éthique. Autour d'Henri Atlan*, Paris, La Découverte, « Recherches », 2008, p. 349-362. URL : https://www.cairn.info/determinismes-et-complexites--9782707150905-page-349.htm.
58. Par ex. V. T. Arnold and L. Gunderson, « Adaptive Law and Resilience », *Environmental Law Reporter* 2013, vol. 43, p. 10426-10443, University of Louisville School of Law Legal Studies Research Paper Series n° 2014-04. Available at SSRN: https://ssrn.com/abstract=2225619, consulté le 20 juin 2019.
59. T. Arnold and L. Gunderson, « Adaptative law », *in* Ahjond S. Garmestani and Craig R. Allen (eds), *Social-Ecological Resilience and Law*, Columbia University Press, 2014, chap. 11.
60. Article 5 de la Charte de l'environnement : « Lorsque la réalisation d'un dommage, bien qu'incertaine en l'état des connaissances scientifiques, pourrait affecter de manière grave et irréversible l'environnement, les autorités publiques veillent, par application du principe de précaution et dans leurs domaines d'attributions, à la mise en œuvre de procédures d'évaluation des risques et à l'adoption des mesures provisoires et proportionnées afin de parer à la réalisation du dommage ».
61. C. Larrère, « Anthropocène : le nouveau grand récit ? », *in* R. Beau *et al.*, *op. cit.*, p. 492.

en maintenant « l'ouverture des possibles au lieu de céder à la sidération de la catastrophe »[62]. En d'autres termes, il s'agirait de rechercher des solutions adaptatives, soit des solutions offrant une capacité à évoluer ou à se modifier selon le contexte. La dimension adaptive étant au cœur des solutions fondées sur la nature, le recours à ces dernières pourrait s'inscrire dans un tel schéma juridique.

En tout état de cause, une protection juridique contre les atteintes à l'intégrité des écosystèmes implique d'une certaine manière de les respecter en tant qu'entité pleine et entière, et donc au-delà d'une seule vision utilitariste. Elle impulse également naturellement une responsabilité envers les écosystèmes, et donc un garde-fou contre d'éventuelles dérives dans l'application de ces SFN.

---

62. *Id.*

PARTIE 4

LES DIALOGUES NORMATIFS

INCERTITUDES JURIDIQUES ET PERSPECTIVES SCIENTIFIQUES AUTOUR DES « PERTES ET PRÉJUDICES » RÉSULTANT DES CHANGEMENTS CLIMATIQUES

Sabine Lavorel
Maître de conférences HDR en droit public
Université Grenoble-Alpes – Centre de Recherches juridiques (CRJ)
Membre du comité de pilotage du GDR ClimaLex

Parmi les nombreuses pierres d'achoppement des négociations climatiques internationales, la question des pertes et préjudices résultant des changements climatiques est indéniablement l'une des plus sensibles. Si le dialogue d'experts de Suva[1] et la COP25 de Madrid[2] ont récemment permis de faire avancer les discussions sur le sujet, les dissensions intergouvernementales demeurent particulièrement fortes en la matière, en dépit – ou sans doute à cause – des enjeux qui y sont liés : le PNUE estime ainsi qu'entre 2030 et 2050, le montant des pertes et préjudices pour le seul continent africain s'élèverait à 100 milliards de dollars par an, dans l'hypothèse (désormais optimiste) où le réchauffement était maintenu sous le seuil des 2 °C[3].

La question est pourtant loin d'être inédite. Dès 1991, dans le cadre des négociations de Rio qui allaient aboutir à l'adoption de la Convention-cadre des Nations unies sur les changements climatiques, l'Alliance des petits États insulaires (AOSIS) avait évoqué l'existence de dommages inévitables et irrémédiables causés par les changements climatiques d'origine anthropique, et proposé

1. Le Dialogue d'experts de Suva est un processus d'expertise mandaté par les États parties à l'issue de la COP23 pour améliorer la mobilisation des connaissances et renforcer les mesures de soutien – notamment en matière de financement, de technologie et de renforcement des capacités – afin de prévenir, minimiser et lutter contre les pertes et les dommages liés aux effets néfastes du changement climatique (Décision 3/CP.18). Le rapport final du Dialogue d'experts a été remis au Comité exécutif du Mécanisme international de Varsovie en août 2018 (Report of the Suva Expert Dialogue, *Loss and Damage associated with Climate Change Impacts*, August 2018, https://unfccc.int/sites/default/files/resource/SUVA%20Report_ver_13_Nov.pdf).

2. V. Conférence des Parties agissant comme réunion des Parties à l'Accord de Paris, *Mécanisme international de Varsovie relatif aux pertes et préjudices liés aux incidences des changements climatiques et examen de 2019 du Mécanisme*, 15 déc. 2019, Doc. FCCC/PA/CMA/2019/L.7.

3. UNEP, *Africa's Adaptation Gap 2. Technical Report*, 2015, p. 12, https://wedocs.unep.org/rest/bitstreams/16582/retrieve.

que ces dommages soient pris en compte, évalués et compensés. Cette démarche visait alors principalement à aider les petits États insulaires en développement à gérer les effets de l'élévation du niveau des océans, et plus particulièrement les déplacements de populations en résultant.

Si la CCNUCC reconnaît la nécessité de répondre aux besoins spécifiques des pays en développement face aux « effets néfastes des changements climatiques » (art. 4.8), elle ne consacre pas pour autant le concept plus spécifique de « pertes et préjudices ». La stratégie prônée au niveau international dans les années 1990 est celle de la réduction des émissions de gaz à effet de serre (GES), afin d'éviter la réalisation des effets des changements climatiques. Au début des années 2000, lorsque les études scientifiques ont montré l'insuffisance des seules politiques d'atténuation, l'adaptation s'est imposée comme une stratégie complémentaire, en vue de modérer les dommages attendus. L'approche par l'adaptation a cependant rapidement montré, à son tour, ses propres limites : les impacts négatifs des changements climatiques, notamment dans les États les plus vulnérables, ne pourront pas tous être contenus par des mesures d'adaptation – même dans l'hypothèse où ces mesures seraient pleinement appropriées et efficaces.

Le constat de l'insuffisance du tandem atténuation/adaptation a conduit la communauté internationale à reconnaître progressivement l'existence de dommages résultant des changements climatiques, qui ne pourront être ni atténués même si les émissions mondiales de GES étaient durablement réduites, ni surmontés par des efforts d'adaptation[4]. L'expression *« loss and damage »*, empruntée à l'AOSIS pour désigner ces dommages résiduels, apparaît pour la première fois en 2007 dans le Plan d'action de Bali[5]. Cette première inscription des « pertes et préjudices »[6] dans la *soft law* internationale constitue toutefois

4. L'émergence des discussions sur les pertes et préjudices dans les négociations internationales sur le climat est directement liée à la prise de conscience par les chercheurs de l'existence de limites et de contraintes à l'adaptation et de l'impossibilité d'éviter tous les impacts des changements climatiques, en particulier dans les pays vulnérables. En ce sens, v. E. Roberts, S. Huq, « Coming Full Circle: the History of Loss and Damage Under the UNFCC », *International Journal of Global Warming* 2015, vol. 8-2, p. 141-157 ; D. Stabinsky, J. P. Hoffmaister, « Establishing Institutional Arrangements on Loss and Damage under the UNFCC: the Warsaw International Mechanism for Loss and Damage », *International Journal of Global Warming* 2015, vol. 8-2, p. 295-318.

5. Le Plan d'action de Bali adopté lors de la COP13 appelle les États parties à envisager des *"Disaster reduction strategies and means to address loss and damage associated with climate change impacts in developing countries that are particularly vulnerable to the adverse effects of climate change"* (Doc. FCCC/CP/2007/6/Add.1, p. 4).

6. Dans la version française du plan d'action de Bali, l'expression « *loss and damage* » est traduite par « sinistres et dommages » (https://unfccc.int/resource/docs/2007/cop13/fre/06a01f.pdf). Ce n'est qu'en 2010 que l'expression « pertes et préjudices » apparaît en tant que telle dans les traductions françaises officielles (v. Décision 1/CP.16, *Les accords de Cancún : Résultats des travaux du Groupe de travail spécial de l'action concertée à long terme au titre de la Convention*, Doc. FCCC/CP/2010/7/Add.1).

un succès en demi-teinte pour les petits États insulaires. En effet, ni le sens ni la portée juridique des *« loss and damage »* ne sont précisés dans le Plan d'action, pas plus qu'ils ne le seront dans les instruments internationaux qui y feront référence par la suite[7]. Ensuite, contrairement à ce que revendiquaient les pays membres de l'AOSIS, les *« loss and damage »* sont alors rattachés à l'adaptation : ils ne sont pas consacrés comme un troisième pilier de l'action de la communauté internationale en matière climatique et ne bénéficient donc pas de mécanismes de financement dédiés. Enfin, la reconnaissance des pertes et préjudices ne s'accompagne d'aucune réflexion quant à la compensation de dommages qui, pour l'essentiel, ont été causés par les émissions historiques des pays industrialisés[8].

Forts néanmoins de cette première consécration textuelle, l'AOSIS, soutenue par le G77 et la Chine, a poursuivi ses efforts en vue de l'établissement d'un mécanisme institutionnel de gestion des pertes et préjudices. Les négociations, pour le moins houleuses entre la COP13 de Bali et la COP19 de Varsovie[9], ont conduit à l'adoption en 2013 du Mécanisme international de Varsovie pour les pertes et préjudices associés aux impacts des changements climatiques (MIV). Ce mécanisme, toujours rattaché au pilier de l'adaptation, est doté de trois fonctions principales : renforcer la connaissance et la compréhension des outils globaux de gestion du risque ; renforcer le dialogue, la coordination, la cohérence et les synergies entre les acteurs concernés ; et renforcer l'action et le soutien, notamment en matière de financement, de technologie et de renforcement des capacités, au profit des pays les plus affectés. Il est à noter que le MIV concerne les impacts négatifs résiduels des changements climatiques exclusivement dans les pays en développement (PED). Le Mécanisme est doté d'un Comité exécutif

---

7. L'ambiguïté quant à la définition des *« loss and damage »* demeure d'autant plus forte que, dans une déclaration prononcée à l'ouverture de la réunion de haut niveau de la COP13 de Bali, le Président du GIEC « a insisté sur le fait que l'ensemble des incidences négatives des changements climatiques pourrait être évité ou atténué si des mesures efficaces visant à réduire les émissions de GES étaient rapidement prises », témoignant ainsi des incertitudes, y compris scientifiques, qui persistaient alors quant à l'existence même de dommages résiduels des changements climatiques (*Rapport de la 13e session de la Conférence des Parties tenue à Bali du 3 au 15 décembre 2007. Première partie : Compte rendu des débats.* Doc. FCCC/CP/2007/6, § 116).
8. Alors même que les pays de l'AOSIS et du G77 avaient suggéré la création de mécanismes ambitieux à cet égard. V. not. S. Maljean-Dubois, « Au milieu du gué : le mécanisme de Varsovie relatif aux pertes et préjudices liés aux changements climatiques », *in* A.-S. Tabau (dir.), *Quel droit pour l'adaptation des territoires aux changements climatiques ? L'expérience de l'île de la Réunion*, Confluence des droits [en ligne], Aix-en-Provence, UMR Droits international, comparé et européen (DICE), 2018, p. 128-129.
9. V. not. E. Calliari, « Loss and Damage : A Critical Discourse Analysis of Parties' Positions in Climate Change Negotiations », *Journal of Risk Research* 2018, vol. 21-6, p. 725-747.

composé de 20 membres provenant paritairement de pays développés et de PED, et chargé d'assurer les fonctions du MIV[10].

Les pressions diplomatiques des PED se sont poursuivies dans le contexte des négociations de Paris : le G77 et la Chine souhaitaient en effet élargir le mandat du Mécanisme de Varsovie et lui donner un statut permanent. Cette question a été l'un des principaux points d'achoppement des négociations de la COP21 : plusieurs pays industrialisés, en particulier ceux de l'*Umbrella Group*, dont faisaient notamment partie les États-Unis[11], s'opposaient à toute inclusion des pertes et préjudices dans le futur accord. Un compromis a été trouvé dans les dernières heures de négociation, sous la forme de l'article 8 de l'Accord de Paris : « *Les Parties reconnaissent la nécessité d'éviter les pertes et préjudices liés aux effets néfastes des changements climatiques, notamment les phénomènes météorologiques extrêmes et les phénomènes qui se manifestent lentement, de les réduire au minimum et d'y remédier* ». Les pertes et préjudices sont ainsi reconnus comme un domaine d'action à part entière de la communauté internationale, au même titre que l'atténuation et l'adaptation. De ce point de vue, la création du Mécanisme de Varsovie et sa consécration dans l'Accord de Paris peuvent donc être considérées comme des progrès notables de la justice climatique en faveur des populations et des territoires les plus vulnérables aux effets des changements climatiques – bien que l'Accord de Paris ne restreigne plus le concept de pertes et préjudices aux seuls PED.

Pour autant, la portée et l'efficacité réelles de ce dispositif sont plus qu'incertaines. L'Accord de Paris laisse en suspens nombre de questions fondamentales en matière de pertes et préjudices, qu'il s'agisse des flux de financements envisageables pour y faire face, du traitement des déplacements liés aux changements climatiques ou de la compensation des dommages subis par les territoires et les populations vulnérables[12].

Cette situation témoigne des difficultés de la communauté internationale à parvenir à un consensus qui permettrait au Mécanisme de Varsovie de devenir

---

10. À l'issue de la COP25, il a été décidé que le fonctionnement du MIV serait révisé tous les cinq ans, la prochaine révision étant prévue pour 2024. En revanche, faute d'accord entre les États parties, la question de la gouvernance du MIV – portant sur le point de savoir si le Mécanisme doit fonctionner en vertu de la CNUCC et de l'Accord de Paris, comme le réclament les Pays en développement, ou en vertu uniquement de l'Accord de Paris, comme l'exigent les États-Unis – a été reportée à des négociations ultérieures. V. Conférence des Parties agissant comme réunion des Parties à l'Accord de Paris, *Mécanisme international de Varsovie relatif aux pertes et préjudices liés aux incidences des changements climatiques et examen de 2019 du Mécanisme*, 15 déc. 2019, Doc. FCCC/PA/CMA/2019/L.7.

11. L'*Umbrella Group* était un groupe de négociation informel composé de pays développés qui ne souhaitaient pas la négociation d'une deuxième période d'engagement du Protocole de Kyoto. L'Australie, le Canada, les États-Unis, l'Islande, le Japon, la Norvège, la Nouvelle-Zélande, la Russie et l'Ukraine en faisaient partie.

12. M. Burkett, « Reading Between the Red Lines : Loss and Damage and the Paris Outcome », *Climate Law* 2016, vol. 6, p. 118-129.

pleinement opérationnel. Pour expliquer ces difficultés, les observateurs mettent souvent en avant – à raison – les dissensions politiques entre PED et pays industrialisés. L'absence de progrès dans la mise en œuvre du MIV conduit cependant à s'interroger sur le concept même de « pertes et préjudices » : son cadre actuel est-il véritablement adapté aux enjeux et aux objectifs que les pays vulnérables voudraient atteindre ? L'analyse des discussions internationales sur le sujet, y compris les plus récentes, conduisent à répondre à cette question par la négative : en l'état actuel du droit international, le Mécanisme de Varsovie n'est pas opérationnel car le processus de conceptualisation des « pertes et préjudices » est encore inabouti (I).

Dès lors se pose directement une seconde question : quelles pourraient être les pistes envisageables pour pallier ces difficultés conceptuelles ? La réponse réside essentiellement dans la recherche scientifique : la création de mécanismes appropriés pour aider les États vulnérables à faire face aux pertes et préjudices ne pourra se faire en l'absence de connaissances suffisantes sur les impacts réels des changements climatiques sur les territoires et les populations[13]. Le *statu quo* politique ouvre ainsi des perspectives intéressantes pour la recherche collaborative, qui doivent être mises en avant alors même que les initiatives de recherches pluri-, inter-, voire transdisciplinaires pour l'étude des changements climatiques et de leurs effets sur les sociétés se multiplient[14]. Plusieurs pistes de réflexion interdisciplinaires seront donc envisagées, qui pourraient contribuer à systématiser le mécanisme des « pertes et préjudices » (II).

I. UNE CONCEPTUALISATION EMBRYONNAIRE DES PERTES ET PRÉJUDICES

La lecture des textes internationaux n'est pas d'une grande aide pour cadrer la notion de pertes et préjudices ; au contraire, l'expression semble entourée d'une incertitude sémantique volontairement entretenue par les États parties (A), qui se double d'une indétermination tout aussi volontaire quant au régime juridique applicable à ces pertes et préjudices (B).

A. – L'absence de définition consensuelle

Bien que la notion de « pertes et préjudices » ait été formalisée dans différentes déclarations internationales à partir de 2007, il n'en existe pas de définition actée

13. R. James, F. Otto, H. Parker, E. Boyd, R. Cornforth, D. Mitchell, M. Allen, « Characterising Loss and Damage from Climate Change », *Nature Climate Change* 2014, vol. 4-11, p. 938-939.
14. Le Groupement de Recherche ClimaLex en est un exemple topique.

dans le cadre des négociations climatiques. L'Accord de Paris ne précise pas le sens donné à l'expression, pas plus que les rapports successifs du GIEC.

Les travaux menés dans le cadre du Mécanisme international de Varsovie peuvent cependant contribuer à en rendre les contours moins flous. En 2012, dans la perspective de l'établissement du MIV, les États parties à la CCNUCC ont commissionné une revue de la littérature sur les pertes et préjudices. Dans le cadre de ce travail, l'Organe subsidiaire de mise en œuvre (SBI) de la CCNUCC a proposé de définir les pertes et préjudices comme « les manifestations existantes et/ou potentielles des impacts associés aux changements climatiques dans les pays en développement, qui affectent négativement les systèmes humains et naturels »[15]. Les « pertes » sont identifiées comme les impacts négatifs irréversibles, pour lesquels une réparation ou une restauration est impossible (perte de ressources en eau potable, disparition de sites culturels, disparition de territoires...), tandis que les « préjudices » sont associés aux incidences négatives dont les écosystèmes et les populations peuvent guérir (dommages sur les infrastructures dus à un événement climatique violent, dommages à une mangrove par des submersions côtières...)[16]. Cette définition contribue à clarifier la compréhension du concept, mais elle n'a jamais été formellement approuvée par la communauté internationale. Par ailleurs, le fait de cantonner la portée des pertes et préjudices aux seuls pays en développement – alors même que les pays développés, au-delà des considérations politiques, en sont aussi potentiellement victimes – peut être sujet à débat ; cette restriction, on l'a noté, n'a pas été reprise dans l'Accord de Paris.

La littérature scientifique, qui devient de plus en plus riche sur ce thème, fournit des clés de lecture complémentaires en proposant différents cadres d'analyse. Les chercheurs tendent en effet à distinguer les impacts de deux types de phénomènes : les événements climatiques extrêmes et les changements qui se manifestent lentement. Les pertes et préjudices résultant des uns ou des autres peuvent difficilement être appréhendés de la même manière – ne serait-ce que parce que les mécanismes d'assurance classiques, très utilisés pour couvrir les risques liés aux événements extrêmes, ne sont pas adaptés aux phénomènes à occurrence lente. Cette distinction a été officiellement entérinée en 2010 par le Cadre de l'adaptation de Cancun, qui liste ainsi huit changements lents : l'élévation du niveau des mers, la hausse des températures, l'acidification des océans,

15. « For the purpose of this literature review, loss and damage has been broadly defined as "the actual and/or potential manifestation of impacts associated with climate change in developing countries that negatively affect human and natural systems" » (UNFCCC, *A literature review on the topics in the context of thematic area 2 of the work programme on loss and damage : a range of approaches to address loss and damage associated with the adverse effects of climate change*. Note by the Secretariat, Doc. FCCC/SBI/2012/INF.14, 15 Nov.2012, § 2, http://unfccc.int/resource/docs/2012/sbi/eng/inf14.pdf).
16. *Id.*

le retrait des glaciers et les effets connexes, la salinisation, la dégradation des terres et des forêts, la diminution de la diversité biologique et la désertification[17].

Une autre distinction communément admise par les chercheurs et les instances internationales est celle permettant de caractériser les pertes et préjudices en fonction de leur caractère économique ou non économique. Les premiers font référence à des pertes de ressources couramment échangées sur les marchés, qu'il s'agisse de biens, d'actifs, d'infrastructures, de production agricole et/ou de revenus. À l'inverse, les secondes recouvrent les pertes et dommages difficilement quantifiables en termes économiques, tels que les pertes en vies humaines, la dégradation de la santé, les pertes induites par la mobilité humaine, ainsi que la perte ou la dégradation de territoires, du patrimoine culturel, des savoirs autochtones, de la biodiversité, des identités sociales et culturelles, ou de services écosystémiques[18]. En raison des difficultés liées à l'identification et à l'évaluation des pertes et préjudices non économiques, le Comité exécutif du MIV a fait de leur étude l'une des priorités de son premier plan de travail quinquennal[19].

Ces distinctions successives permettent aux instances onusiennes de cerner la notion de pertes et préjudices en les énumérant et en les classant, sans toutefois préciser si l'énumération est exhaustive, ni jamais en donner une définition englobante qui permettrait de clarifier les discussions. L'infographie qui en résulte témoigne d'un effort de clarté et de pédagogie (Fig. 1), mais se révèle bien insuffisante sur le plan conceptuel.

Cette absence de définition est pleinement volontaire de la part des États. C'est même précisément l'ambiguïté et le flou conceptuels autour de la notion de « pertes et préjudices » qui ont permis son intégration dans le régime international du climat[20]. En effet, l'adoption en 2013 du MIV a véritablement déconcerté les observateurs, car les fondements mêmes de ce mécanisme étaient catégoriquement contestés par plusieurs États clés des négociations, États-Unis en tête. Deux conceptions principales s'opposaient alors, l'une axée sur la responsabilité et l'indemnisation (défendue par les PED), l'autre sur les risques et l'assurance (prônée par l'*Umbrella Group*). L'adoption d'un cadre volontairement indéterminé sur le plan conceptuel permettait donc aux États parties de continuer d'attribuer des significations différentes à un mécanisme qu'ils acceptaient certes d'institutionnaliser, mais sans en préciser les effets juridiques.

---

17. Décision 1/CP.16, § 25. V. à cet égard les documents produits dans le cadre du programme de travail sur les pertes et préjudices, notamment *Slow onset events. Technical Paper*, Doc. FCCC/TP/2012/7, 26 November 2012.
18. V. *Non-Economic Losses in the Context of the Work Programme on Loss and Damage. Technical Paper*, Doc. FCCC/TP/2013/2, 9 October 2013.
19. Doc. FCCC/SB/2017/1/Add.1.
20. En ce sens, v. L. Vanhala, C. Hestbaek, « Framing Climate Change Loss and Damage in UNFCCC Negotiations », *Global Environmental Politics* 2016, vol. 16-4, p. 111-129.

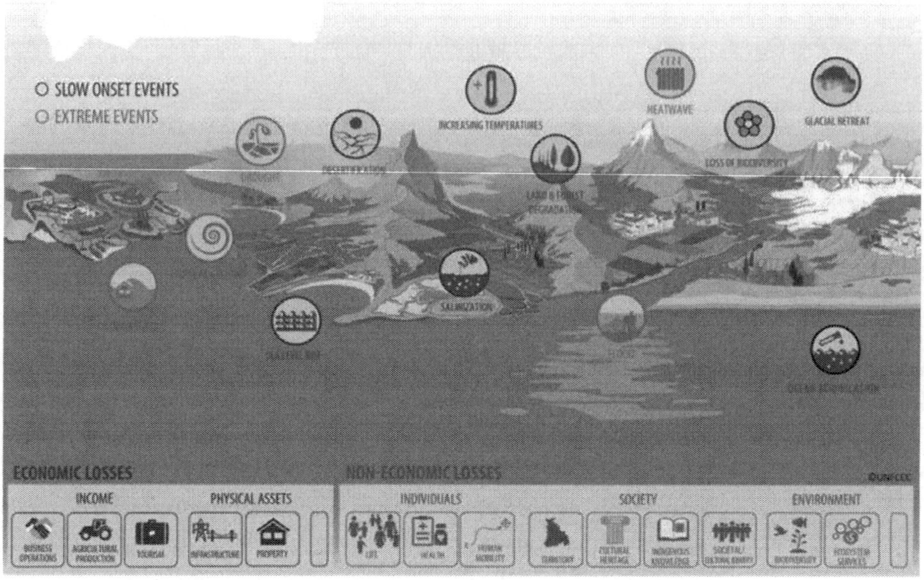

Fig. 1 : Vue d'ensemble des pertes et préjudices.

Source : UNFCCC, *Loss and Damage Online Guide*, January 2019, p. 5, https://unfccc.int/sites/default/files/resource/Online_guide_on_loss_and_damage-January_2019.pdf

B. – L'absence de cadre juridique précis

L'article 8 de l'Accord de Paris est la première disposition conventionnelle reconnaissant l'existence et la nécessité de faire face aux pertes et préjudices. Il s'apparente néanmoins à une simple déclaration d'intention des États parties, dans la mesure où il ne précise aucunement les moyens qui pourraient ou devraient être mis en œuvre pour « *éviter, réduire au minimum et remédier* » aux « *pertes et préjudices liés aux effets néfastes des changements climatiques* ». Plus encore, la décision qui précède l'Accord de Paris exclut expressément que l'article 8 ouvre la voie à la reconnaissance de la responsabilité des États ayant contribué ou contribuant à la réalisation des dommages, ou à l'indemnisation de ces dommages[21], limitant ainsi très fortement l'intérêt du mécanisme. La reconnaissance des pertes et préjudices dans l'Accord de Paris a donc été détachée de toute considération quant aux conséquences juridiques et financières que cette reconnaissance pourrait ou devrait avoir : alors même que les pays industrialisés ont accepté de contribuer au financement de l'adaptation, ils refusent de s'engager en matière de pertes et préjudices.

21. « L'article 8 de l'Accord ne peut donner lieu ni servir de fondement à aucune responsabilité ni indemnisation » (Décision 1-/CP.21, *Adoption de l'Accord de Paris*, Doc. FCCC/CP/2015/10/Add.1, § 51).

Cette absence volontaire d'implications juridiques est visible aujourd'hui dans le programme de travail quinquennal glissant du Comité exécutif du MIV[22] : les experts sont invités à se pencher en priorité sur la mise en place de mécanismes d'assurance et de transfert des risques, en excluant donc toute compensation ou réparation pour les dommages subis ou à venir, qui supposerait de reconnaître préalablement la responsabilité des États émetteurs.

Ce constat nous conduit à deux remarques complémentaires. La première, d'ordre sémantique, concerne la traduction en français de l'expression *« loss and damage »* par *« pertes et préjudices »*, que l'on retrouve depuis 2010 dans l'ensemble des documents onusiens, y compris l'Accord de Paris. Au regard du constat qui vient d'être fait, cette traduction pourtant officielle paraît inappropriée : le terme « dommages » (en lieu et place de « préjudices ») serait en effet plus proche du sens que les États parties souhaitent effectivement donner au terme anglais *« damage »*. Le dommage et le préjudice correspondent en effet à « deux moments distincts et successifs dans l'appréciation d'un événement dommageable »[23] : le dommage relève du fait, alors que le préjudice est la conséquence juridique du dommage (un dommage peut entraîner des préjudices très différents en fonction de la victime, voire ne pas créer de préjudice du tout)[24]. Au regard de l'absence de conséquence juridique de l'existence de *« loss and damage »*, la traduction « pertes et dommages » correspondrait donc mieux à l'état actuel du droit international positif.

La deuxième remarque, de nature plus prospective, vise à considérer les options juridiques possibles pour *« éviter, réduire au minimum et remédier »* aux pertes et préjudices. À cette fin, il est intéressant de revenir sur les approches concurrentes défendues par les États, que nous évoquions plus haut. La lecture des opinions soumises aux instances onusiennes en 2012 et 2013, dans la perspective de la création du Mécanisme de Varsovie[25], permet de préciser les positionnements des États parties face aux pertes et préjudices. Quatre postures peuvent être distinguées : les États soutenant que les pertes

22. Doc. FCCC/SB/2017/1/Add.1, https://unfccc.int/sites/default/files/resource/docs/2017/sb/fre/01a01f.pdf.

23. I. Poirot-Mazeres, « La notion de préjudice en droit administratif français », *RDP* 1997, p. 521.

24. Pour une analyse plus large, v. M. Poupard, « La distinction entre le dommage et le préjudice », *Revue juridique de l'Ouest* 2005, n° 2, p. 187-233.

25. Plusieurs États et groupes d'États avaient alors soumis un document précisant leur position par rapport à l'institutionnalisation d'un mécanisme international sur les pertes et préjudices : la Gambie (document soumis le 7 octobre 2012), le Ghana (30 oct. 2012), l'Union européenne (5 nov. 2012), la Bolivie, l'Equateur, la Chine, le Salvador, le Guatemala, la Thaïlande, les Philippines et le Nicaragua (document commun soumis le 7 nov. 2012), les États-Unis (16 nov. 2012), le groupe des États africains (25 nov. 2012), le G77 et la Chine (12 nov. 2013). Ces soumissions sont reproduites dans les documents FCCC/SBI/2012/MISC.14/Add.1 et Add.2, et FCCC/SBI/2013/CRP.1.

et préjudices peuvent être surmontés par des mesures d'adaptation adéquates ; ceux intégrant les pertes et préjudices dans une gestion globale des risques, aux côtés des stratégies de réduction des risques de catastrophe, d'adaptation aux changements climatiques et de gestion humanitaire des catastrophes ; ceux définissant les pertes et préjudices comme les impacts des changements climatiques auxquels les populations et les écosystèmes ne sont pas en mesure de s'adapter ; et enfin ceux estimant que les pertes et préjudices constituent une menace vitale pour les populations et les territoires vulnérables. Ces postures sont bien évidemment loin d'être neutres : chacune d'entre elle emporte des conséquences juridiques différentes, en termes d'étendue des pertes et préjudices couverts, de moyens envisageables pour y faire face et y remédier, de financements à mettre en œuvre, et d'éventuelles responsabilités à engager. Cette première observation est appuyée par une étude publiée en 2017 dans la revue *Nature Climate Change*[26], qui établit une typologie des manières de concevoir les pertes et préjudices, en se fondant sur une quarantaine d'entretiens semi-directifs avec des acteurs clés des négociations climatiques et de la recherche sur le climat. Le recoupement des résultats obtenus par les auteurs de cette étude et de nos propres observations permet de déterminer les différentes perspectives envisageables pour les pertes et préjudices sur le plan du droit – en d'autres termes, quelles seraient les implications juridiques respectives des différentes approches défendues par les États parties. Les résultats, synthétisés dans le tableau de la Figure 2, révèlent certains points d'accord entre les États, mais, surtout, de nombreuses dissensions quant au contenu d'un potentiel régime juridique des pertes et préjudices. L'intérêt d'une telle synthèse est de permettre une meilleure compréhension des perspectives juridiques existantes en matière de pertes et préjudices, et de clarifier les implications juridiques des différents positionnements étatiques.

26. E. Boyd, R. James, R. Jones, H. Young, F. Otto, « A Typology of Loss and Damage Perspectives », *Nature Climate Change* 2017, vol. 7, p. 723-729.

	Positionnement 1 : **les P&P peuvent être surmontés par l'adaptation**	**Positionnement 2 :** **la gestion des P&P relève de la gestion globale des risques**	**Positionnement 3 :** **les P&P constituent des limites à l'adaptation**	**Positionnement 4 :** **les P&P constituent des menaces existentielles**
Liens avec l'adaptation	Les P&P peuvent être traités par le biais de mesures d'atténuation et d'adaptation	Les mécanismes de P&P doivent traiter à la fois les impacts auxquels l'adaptation est possible, et ceux allant au-delà de l'adaptation	Les P&P font référence aux impacts résiduels, au-delà de l'atténuation et de l'adaptation	Les P&P sont des dommages permanents, irréversibles et inévitables, auxquels l'adaptation est impossible
Risques clima-tiques pris en compte	Les P&P font référence aux impacts de l'ensemble des évènements liés au climat	L'ensemble des risques climatiques doit être intégré dans la gestion globale des risques ; l'accent est mis toutefois sur les événements climatiques extrêmes.	Les mécanismes de P&P doivent prendre en charge tous les dommages liés au climat (pas uniquement les impacts des changements climatiques anthropiques)	L'accent est mis sur le traitement des impacts des changements climatiques d'origine anthropique, qu'ils résultent d'événements climatiques lents ou extrêmes
Mesures prioritaires	Atténuation et adaptation peuvent être mobilisées pour prévenir les éventuels P&P (approche ex-ante)	Centrage sur la prévention des risques futurs (ex-ante) et les mécanismes d'assurance visant à faciliter la restauration (ex-post)	Centrage sur la prévention des P&P et la réduction des risques sur le terrain (ex-ante) et sur le traitement des P&P inévitables (ex-post)	La priorité est le traitement des P&P inévitables, notamment non économi-ques, déjà réalisés ou à venir (ex-post)

Implications en matière de financement	Les P&P ne nécessitent pas de financement supplémentaire au-delà de ceux existant	Les P&P doivent être couverts par des régimes d'assurance spécifiques et le financement par le secteur privé	L'accent n'est généralement pas mis sur les financements	Les P&P doivent être couverts par des fonds spécifiques, destinés notamment à la compensation des dommages subis
Implications en matière de justice	Implique une responsabilité commune mais différenciée déjà inscrite dans les mécanismes existants	Approche fondée sur les principes de justice distributive	L'accent est mis sur le soutien et la protection des plus vulnérables	L'accent est mis sur la justice et la responsabilité, en particulier la justice compensatoire et/ou réparatrice
Stratégies associées	Stratégies de réduction des risques	Stratégies de réduction et de transfert des risques	Stratégies de transfert des risques et de protection face au risque. Stratégies de résilience	Stratégies de protection face au risque et de compensation (monétaire ou non) des dommages subis
Actions associées	Atténuation et adaptation (Cadre de l'adaptation de Cancun).	Assurance, fonds Catastrophe, assurance-vie, services climatologiques et d'alerte rapide, ingénierie climatique, renforcement des capacités.	Assurance, filets de protection sociale, micro-assurance, innovations en matière de technologies de survie (alerte rapide), participation	Protection des déplacés climatiques, réinstallations collectives, préservation de l'intégrité culturelle des populations, reconnaissance des vulnérabilités, excuses officielles, compensation, contentieux international

Fig. 2 : Comparaison et implications des principales approches des « pertes et préjudices » sur la scène internationale.

D'après E. Boyd, R. James, R. Jones, H. Young, F. Otto, « A Typology of Loss and Damage Perspectives », *Nature Climate Change* 2017, vol. 7, p. 723-729.

Les insuffisances conceptuelles et les incertitudes juridiques que nous venons de mettre en exergue limitent fortement l'intérêt pratique de la consécration des pertes et préjudices – tout au moins en l'état actuel du droit international. Pour autant, elles ne doivent pas nous amener à conclure que le concept même de pertes et préjudices serait inadéquat : les carences actuelles du MIV résultent en grande partie d'une connaissance insuffisante des dommages résiduels des changements climatiques et d'un manque d'analyse comparative des différentes approches envisageables pour y faire face – ce qui ouvre plusieurs perspectives de recherche interdisciplinaire.

II. DES PERSPECTIVES DE RECHERCHE INTERDISCIPLINAIRE SUR LES PERTES ET PRÉJUDICES

Si l'analyse des différentes postures adoptées par les États face aux pertes et préjudices met en lumière l'ampleur des dissensions qu'ils devront dépasser pour parvenir à une approche politique intégrative et consensuelle, elle révèle également les questions saillantes qui nécessiteraient un investissement plus important de la part des chercheurs, qu'il s'agisse d'approfondir des questions laissées jusqu'ici en suspens, ou de mesurer l'efficacité de projets ou d'activités mis en œuvre sur le terrain pour faire face aux pertes et préjudices.

Parmi les nombreuses pistes de recherche ouvertes en matière de pertes et préjudices, trois seront évoquées ici à titre principal : la première vise à déterminer et évaluer plus précisément les pertes et préjudices (A), la deuxième à proposer des mécanismes de soutien des victimes (B) et la troisième à étudier la possibilité et la pertinence de l'établissement d'une responsabilité juridique en matière de pertes et préjudices (C).

A. – Déterminer et évaluer les pertes et préjudices

L'absence de définition précise des pertes et préjudices rend malaisées leur identification et leur évaluation. Le dernier rapport d'évaluation du GIEC (2014) emploie très peu la formulation *« loss and damage »* et n'analyse pas de manière explicite les impacts des changements climatiques qui pourraient entrer dans cette catégorie[27]. Il fait néanmoins ponctuellement référence à des « impacts

27. Pour une analyse plus détaillée, v. K. Van der Geest, K. Warner, « What the IPCC 5th Assessment Report has to Say about Loss and Damage », *UNU-EHS Working Paper*, n° 6, Bonn, United Nations University Institute of Environment and Human Security, 2015.

résiduels »[28] et, pour la première fois, consacre un chapitre entier à la question des « Opportunités, contraintes et limites de l'adaptation »[29], dans lequel il reconnaît expressément que « les changements climatiques entraîneront des pertes et préjudices résiduels malgré les mesures d'adaptation et d'atténuation »[30] mais que cette question reste encore largement sous-documentée[31].

Ce dernier constat est désormais en partie inexact, car les recherches de terrain visant à explorer les divers types de pertes et préjudices actuels ou à venir ont significativement augmenté ces cinq dernières années. Pour autant, en raison du caractère hautement sensible de cette question dans le cadre des négociations internationales, les États parties n'ont pas donné explicitement aux auteurs du prochain rapport du GIEC, prévu pour 2021, le mandat de traiter les résultats de ces recherches ; de fait, l'ébauche du sixième rapport d'évaluation ne contient, pour l'heure, aucune référence explicite aux pertes et préjudices[32]. Comme dans le précédent rapport, les notions de « risques résiduels » et de « limites de l'adaptation » sont en revanche mentionnées et permettront d'intégrer en grande partie les recherches pertinentes sur les pertes et préjudices. Cependant, ces différentes notions ne se recouvrent pas totalement. Le GIEC définit en effet le « risque » comme les « conséquences éventuelles quand quelque chose ayant une valeur pour l'être humain (les êtres humains eux-mêmes également) est en jeu *et qu'il pèse une incertitude sur ces conséquences* »[33]. Dès lors, les pertes et préjudices ayant un caractère certain, soit qu'ils soient déjà survenus, soit que leur réalisation future est certaine (hausse du niveau de la mer, acidification des océans…), ne sont pas couverts par la notion de « risques résiduels ».

Pour l'heure, les demandes des autorités publiques – notamment locales – en vue de recenser, cartographier et évaluer les pertes et préjudices sont croissantes. Si la question du coût des dommages économiques préoccupe évidemment les

---

28. IPCC, *Climate Change 2014 : Impacts, Adaptation, and Vulnerability. Part B : Regional Aspects*, Contribution of Working Group II to the 5th Assessment Report of the Intergovernmental Panel on Climate Change, New York, Cambridge University Press, 2014, p. 214, 834, 1124.
29. IPCC, *op. cit.*, chapter 6.
30. « Residual loss and damage will occur from climate change despite adaptation and mitigation action » (IPCC, *op. cit.*, p. 903).
31. « As adaptation practice has focused on what adaptation efforts can achieve in terms of avoided damages rather than on the residual damages that adaptation cannot avoid (…), this question remains largely unexplored. » (IPCC, *op. cit.*, p. 927).
32. IPCC, *Climate Change 2021: Impacts, Adaptation and Vulnerability*, Approved Outline of the Working Group II Contribution to the Sixth Assessment Report, September 2017, https://www.ipcc.ch/site/assets/uploads/2018/03/AR6_WGII_outlines_P46.pdf.
33. GIEC, *Changements climatiques 2014 : Incidences, adaptation et vulnérabilité. Résumés, foire aux questions et encarts thématiques, Contribution du Groupe de travail II au cinquième Rapport d'évaluation du Groupe d'experts intergouvernemental sur l'évolution du climat*, Annex II : Glossaire, Genève, OMM, p. 195 (nous soulignons).

décideurs publics, celle de l'évaluation des dommages résiduels non économiques (tels que la perte de biodiversité ou la disparition de pratiques culturelles), qui ne peuvent pas être mesurés en termes monétaires, soulève d'autres questionnements liés notamment à la difficulté d'analyser les coûts de l'inaction. La question de l'identification et de l'évaluation des pertes et préjudices futurs devient également une préoccupation grandissante pour les autorités publiques : lorsque les limites de l'adaptation seront en passe d'être atteintes, les décideurs seront en effet contraints d'arbitrer entre les risques acceptables, les risques tolérables et les risques considérés comme intolérables – c'est déjà le cas dans certains États. Une meilleure connaissance scientifique de ces différents risques sera alors nécessaire pour soutenir la prise de décision en matière de gestion globale des risques, en signalant quand les limites de l'adaptation seront approchées, quelles seraient les conséquences de leur dépassement et les options de gestion des pertes et préjudices identifiés. De telles études ne font sens que lorsqu'elles sont localisées et centrées sur les collectivités concernées : des menaces climatiques similaires peuvent en effet produire des effets très différents en fonction du niveau de développement, du degré de résilience, de l'organisation sociale et des valeurs culturelles[34]. Le besoin de recherches *in situ* est donc primordial.

B. – Proposer des mécanismes de soutien des victimes

L'Accord de Paris suggère que l'assurance pourrait constituer la voie principale de prise en charge des risques liés aux changements climatiques, en particulier le risque de perte ou de préjudice[35]. À cet égard, la micro-assurance pourrait constituer un mécanisme intéressant de transfert du risque, permettant de protéger les personnes vulnérables contre la réalisation de pertes et préjudices spécifiques, comme la perte de cultures agricoles ou les dommages causés par une inondation. Il existe déjà un certain nombre de projets pilotes d'assurance indexée sur les conditions météorologiques dans différentes régions du monde – notamment dans les Caraïbes, en Afrique et au Bangladesh[36] – mais des recherches

34. À cet égard, v. la très intéressante analyse suivante, menée à partir de 100 études de cas localisés, témoignant de la perception très variable de la nature et de l'étendue des pertes et préjudices en fonction des communautés étudiées : P. Tschakert, N. Ellis, C. Anderson, A. Kelly, J. Obeng, « One Thousand Ways to Experience Loss: A Systematic Analysis o Climate-Related Intangible Harm from around the World », *Global Environmental Change* March 2019, vol. 55, p. 58-72.

35. L'article 8, al. 4, qui définit les domaines de coopération prioritaires dans le cadre du MIV, inclut « les dispositifs d'assurance dommages, la mutualisation des risques climatiques et les autres solutions en matière d'assurance », sans aucune autre mention de dispositifs alternatifs (Déc. 1/CP.21).

36. V. not. L. Brooks, « The Caribbean Catastrophe Risk Insurance Facility: Parametric Insurance Payouts Without Proper Parameters », *Arizona Journal of Environmental Law and Policy* 2011, vol. 2-2, p. 135-152 ; D. Clarke, R. Vargas Hill, *Cost-Benefit*

plus approfondies seraient nécessaires pour examiner l'utilité et l'adéquation des différents mécanismes assurantiels envisageables pour faire face aux pertes et préjudices à venir.

D'autres questions connexes nécessiteraient également des analyses dédiées, comme celle du financement des primes d'assurance. Le meilleur moyen serait-il de recourir au principe du pollueur-payeur en créant des taxes carbones – ce qui semble peu envisageable à ce jour, tout au moins dans le domaine des transports internationaux, aériens comme maritimes[37] ? L'élargissement du mandat du Fonds Vert pour couvrir la notion de pertes et préjudices serait-il une alternative envisageable ? Un projet-pilote mis en place par le Bangladesh et l'Allemagne pourrait, à cet égard, être inspirant[38] : dans le cadre de ce projet, des fonds publics allemands servent à financer les primes d'assurance auprès d'un assureur national, pour les risques d'inondation des populations locales qui ne sont pas en mesure d'en payer les mensualités.

L'accent mis sur l'assurance reflète cependant l'approche centrée sur le risque qui prédomine actuellement dans les enceintes internationales[39] et que nous dénoncions précédemment. En effet, les dispositifs assurantiels sont pleinement adaptés à la gestion de risques dont la réalisation est, par définition, incertaine ; ils sont en revanche inappropriés pour faire face aux dommages dont la survenance est inéluctable, et pour lesquels d'autres mécanismes comme les « fonds catastrophe » ou les fonds de prévention des crises seraient plus adaptés. Le rôle de l'assurance dans la lutte contre les phénomènes climatiques à évolution lente, tels que l'élévation du niveau de la mer, fait également l'objet de questionnements[40]. En la matière, l'étude fouillée des alternatives possibles devient donc une nécessité.

Analysis of the African Risk Capacity Facility, International Food Policy Research Institute, Discussion Paper 01292, September 2013.

37. V. à cet égard la proposition de R. Lyster, « A Fossil Fuel-Funded Climate Disaster Response Fund under the Warsaw International Mechanism for Loss and Damage Associated with Climate Change Impacts », *Transnational Environmental Law* 2015, vol. 4-1, p. 125-152.

38. *COP21 : L'assurance climat, enjeu clé des négociations*, Novethic, 2 décembre 2015, [En ligne] URL : http://www.novethic.fr/empreinte-terre/climat/isr-rse/cop21-l-assurance-climat-enjeu-cle-des-negociations-143728.html.

39. La mise en place du Centre d'échange d'informations sur le transfert de risques (*Fiji Clearing House for Risk Transfer*) à l'issue de la COP23 est symptomatique de ce tropisme assurantiel. Le but de ce Centre est de servir de source centrale de données afin de faciliter le développement et la mise en place de mécanismes (principalement assurantiels) de transfert des risques liés aux changements climatiques.

40. À cet égard, v. not. S. Adelman, « Climate Justice, Loss and Damage and Compensation for Small Island Developing States », *Journal of Human Rights and the Environment* 2016, vol. 7-1, p. 32-53 ; K. Balogun, « Applicability of Risk Transfer Tools to Manage Loss and Damage from Slow-onset Climatic Risks », *Procedia Economics and Finance* 2014, vol. 18, p. 710-717 ; M. Burkett, « Rehabilitation : A Proposal for a Climate

Enfin, au-delà des mécanismes de soutien financier des victimes de pertes et/ou de préjudices, il est également nécessaire de s'interroger sur les moyens d'établir un système de soutien de la capacité des États ou des territoires à y faire face, ce qui nécessite cependant plus que des financements monétaires. Les transferts de technologie, le renforcement des capacités et l'accès à des outils de planification sophistiqués font partie d'un éventail de mesures de soutien qui pourraient renforcer la résilience dans les pays les plus vulnérables – et dont l'intérêt pour la gestion des pertes et préjudices devrait être davantage documenté[41].

C. – Envisager une responsabilité juridique en matière de pertes et préjudices

Le paragraphe 51 de la Décision précédant l'Accord de Paris, aux termes duquel « l'article 8 de l'Accord ne peut donner lieu ni servir de fondement à aucune responsabilité ni indemnisation », a semé la confusion – si ce n'est la consternation – parmi les défenseurs de la justice climatique. Cette disposition semble en effet fermer la porte à toute forme de responsabilité juridique des émetteurs de gaz à effet de serre du fait de leur contribution à la réalisation de pertes et préjudices.

Une analyse un peu plus poussée de ce paragraphe 51 et du contexte de son adoption conduit cependant à une conclusion moins tranchée. Les termes « responsabilité » et « indemnisation » n'ont jamais été discutés par les États parties de manière suffisamment détaillée pour permettre une compréhension claire et unanime de leur signification ou de leurs implications juridiques[42]. Par

---

Compensation Mechanism for Small Island States », *Santa Clara Journal of International Law* 2015, vol. 13, p. 81-124 ; K. Warner *et al.*, *Innovative Insurance Solutions for Climate Insurance: How to Integrate Climate Risk Insurance into Comprehensive Climate Risk Management Approach*, United Nations University Institute for Environment and Human Security, Report n° 12, November 2013, https://i.unu.edu/media/ehs.unu.edu/news/3796/11484.pdf ; J. Wenta, J. Mcgee, L. Phelan, « Can a Regional Insurance Mechanism Enhance Resilience to Slow Onset Impacts of Climate Change », *University of Tasmania Law Review* 2016, vol. 35-2, p. 23-57.

41. À cet égard, il sera intéressant de suivre les démarches entreprises dans le cadre du « Réseau de Santiago », dont la création a été décidée lors de la COP25 « afin de catalyser l'assistance technique des organisations, organes, réseaux et experts compétents pour la mise en œuvre d'approches pertinentes aux niveaux local, national et régional dans les pays en développement » (Doc. FCCC/PA/CMA/2019/L.7, § 43).

42. L'analogie peut toutefois être faite avec le principe 13 de la Déclaration de Rio sur l'environnement et le développement de 1992 : « Les États doivent élaborer une législation nationale concernant la responsabilité de la pollution et d'autres dommages à l'environnement et l'indemnisation de leurs victimes. Ils doivent aussi coopérer diligemment et plus résolument pour développer davantage le droit international concernant la responsabilité et l'indemnisation en cas d'effets néfastes de dommages causés à l'environnement dans des zones situées au-delà des limites de leur juridiction par des activités menées dans les

ailleurs, le fait que la clause interprétative contenue dans ce paragraphe 51 figure dans la décision d'adoption de l'Accord de Paris et non dans le traité lui-même n'est pas anodin : bien que le statut juridique des décisions des COP fasse l'objet de débats, les juristes s'accordent à dire qu'elles relèvent de la *soft law*[43]. Elles rendent compte de l'accord des États parties sur un point donné au moment où elles sont adoptées, mais peuvent être écartées par une décision ultérieure. Enfin, une décision de COP ne peut ni modifier ni déroger aux règles générales du droit international coutumier : les voies de recours du droit international public – notamment l'engagement de la responsabilité d'un État ayant commis un acte internationalement illicite – restent donc disponibles en cas de litige interétatique[44].

Cette argumentation rapide nous conduit donc à relativiser la portée du paragraphe 51 de la décision 1/CP.21. Il est probable que les États parties qui ont soutenu l'adoption de cette clause interprétative aient voulu éviter que l'article 8 de l'Accord de Paris ne soit au fondement d'un futur régime de responsabilité internationale des États en matière climatique[45] ou de responsabilité civile des opérateurs émetteurs de gaz à effet de serre[46]. Il reste néanmoins possible aux États, notamment dans le cadre du Mécanisme de Varsovie, de mettre en place un régime de compensation des pertes et préjudices susceptible

---

limites de leur juridiction ou sous leur contrôle » (UN Doc. A/CONF.151/26/Rev.1, vol. I, 14 juin 1992).

43. J. Brunnée, « COPing with Consent: Law-Making under Multilateral Environmental Agreements », *Leiden Journal of International Law* 2002, vol. 15-1, p. 1-52 ; J. Dellaux, « Contribution pour une (re)définition du concept de normativité en droit international. Questionnements autour d'instruments de *soft law* : les décisions des Conférences des Parties », *Revue Québécoise de Droit International* mars 2016, Hors-Série 1, p. 135-157.

44. Plusieurs petits États insulaires en développement ont d'ailleurs accompagné leur instrument de ratification de déclarations interprétatives en ce sens. Ainsi, la Déclaration de Nauru précise : « Nauru declares its understanding that the ratification of the Agreement shall in no way constitute a renunciation of any rights under international law concerning State responsibility [for] the adverse effects of climate change. Further, the Government of Nauru declares that no provisions in the Agreement can be interpreted as derogating from the principles of general international law. And further, the Government of Nauru declares its understanding that Article 8 and decision 1/CP.21, paragraph 51 in no way limits the ability of Parties to UNFCCC or the Agreement to raise, discuss, or address any present or future concerns regarding the issues of liability and compensation. » (les déclarations interprétatives des États parties à l'Accord de Paris sont disponibles sur le site https://treaties.un.org/doc/Publication/MTDSG/Volume%20II/Chapter%20XXVII/XXVII-7-d.en.pdf).

45. À l'exemple du régime créé par la Convention sur la responsabilité internationale pour les dommages causés par des objets spatiaux (conclue le 29 mars 1972, entrée en vigueur le 1er septembre 1972).

46. À l'exemple du mécanisme établi par la Convention de Bâle sur le contrôle des mouvements transfrontières de déchets dangereux et de leur élimination (ouvert à la signature le 21 mars 1989, entré en vigueur le 4 mai 1992).

de répondre aux attentes des pays en développement et dont il faudrait alors concevoir le fonctionnement. Le fait que l'article 8 lui-même ne mentionne pas les questions de responsabilité et d'indemnisation pourrait, à cet égard, permettre la mise en place d'un mécanisme international qui traiterait ces questions de manière moins antagonique, en impliquant l'ensemble des États, voire les acteurs non étatiques. Nul doute que les chercheurs auraient pleinement leur rôle à jouer dans l'exploration de nouvelles formes de « responsabilité climatique »[47].

*

*   *

Six ans après la création du Mécanisme de Varsovie, les progrès réalisés dans la connaissance et la compréhension des pertes et préjudices sont notables – mais les questions de financement, de protection des victimes et de compensation des impacts négatifs des changements climatiques restent des écueils majeurs dans les négociations internationales. Ces problématiques sont les plus déroutantes, mais sans doute aussi les plus pertinentes pour faire avancer le débat sur les pertes et préjudice dans la voie d'une plus grande justice climatique. Dans cette perspective, il revient au MIV de jouer pleinement son rôle dans la définition, l'évaluation et l'appréhension des pertes et préjudices[48], mais il revient aussi aux chercheurs s'intéressant aux changements climatiques, quel que soit leur domaine de compétence, d'être forces d'analyse et de propositions. Les obstacles politiques auxquels se heurte l'établissement d'un véritable régime juridique des pertes et préjudices peuvent sans doute paraître décourageants, mais ce sont eux, précisément, qui invitent à penser un cadre juridique international qui permettrait véritablement de mettre en œuvre les idéaux correctif et distributif qui sont au fondement de la justice climatique[49].

---

47. Des études prospectives ont d'ores et déjà été publiées, mettant en exergue les difficultés de répartition des responsabilités (E. Lees, « Responsibility and Liability for Climate Loss and Damage after Paris », *Climate Policy* 2017, Vol. 17-1, 2017, p. 59-70 ; R. Verheyen, « Loss and Damage due to Climate Change : Attribution and Causation – Where Climate Science and Law Meet », *International Journal of Global Warming* 2015, vol. 8-2, p. 158-169), mais aussi les bénéfices de la mise en place de mécanismes imposant une « responsabilité de précaution » aux parties prenantes (E. Gsottbauer, R. Gampfer, E. Bernold, A.-M. Delas, « Broadening the Scope of Loss and Damage to Legal Liability: An Experiment », *Climate Policy* 2018, vol. 18-5, p. 600-611).

48. En ce sens, v. M. J. Mace, R. Verheyen, « Loss, Damage and Responsibility after COP21 : All Options Open for the Paris Agreement », *Review of European Community & International Environmental Law* 2016, vol. 25-2, p. 210 et s. ; S. Maljean-Dubois, « Au milieu du gué : le mécanisme de Varsovie relatif aux pertes et préjudices liés aux changements climatiques », *op. cit.*, p. 132-133.

49. R. Lyster, « The Idea of (Climate) Justice, Neoliberalism and the Talanoa Dialogue », *Journal of Human Rights and the Environment* 2019, vol. 10-1, p. 35-61.

LE DIALOGUE INNOVATION ET DROIT, L'EXEMPLE DE LA THERMODYNAMIQUE AU SOUTIEN DE LA LUTTE CONTRE LE CHANGEMENT CLIMATIQUE : ÉLÉMENTS DE PROSPECTIVE

Blanche LORMETEAU
Docteure en droit de l'environnement
Membre du comité de pilotage du GDR ClimaLex

L'ensemble de la vie sur Terre est dépendant de l'énergie. « Faute d'énergie, pas de vie, pas d'activité créatrice »[1]. Pour l'homme, les disponibilités en énergie sont facteurs d'organisation et de développement des sociétés. L'affirmation ne s'arrête pas à l'usage courant de l'énergie pour la satisfaction des besoins pour son chauffage, faire rouler sa voiture, conserver ses aliments, etc. Tout ce qu'il consomme et qu'il utilise est de l'énergie transformée, de l'eau qu'il boit au sol sur lequel il construit sa maison, etc[2].

Ainsi, la domestication et l'élevage des animaux, le développement des moulins à vent, puis la mécanisation de l'agriculture, l'industrialisation des systèmes de production ont permis à l'homme d'augmenter la quantité d'énergie à sa disposition, donc de libérer de nouveaux services, de nouvelles richesses, synonymes de rente énergétique[3].

Cette notion, prise dans son acception originelle[4], rend compte du lien entre appropriation des ressources naturelles, travail fourni par l'homme pour en

---

1. C. M. CIPOLLA, « Sources d'énergie et histoire de l'humanité », *Annales Economies, Sociétés, Civilisations* 1961, n° 3, p. 521 ; J.-P. DELÉAGE, *Histoire de l'écologie. Une science de l'homme et de la nature*, La Découverte, coll. Histoire des sciences, 2010, p. 123 et s.
2. R. PASSET, *Les grandes représentations du monde et de l'économie à travers l'histoire. De l'univers magique au tourbillon créateur*, Actes Sud, coll. Thesaurus, 2012, p. 139 et s.
3. V. not. J.-B. SAY, *Traité d'économie politique*, 1803, rééd. Calmann-Lévy, 1972, p. 65-66. : « Qu'on suppose qu'en place des ailes d'un moulin à vent il y ait une roue à marcher que dix hommes feraient tourner : alors le produit du moulin pourrait être considéré comme le fruit du service d'un capital, qui serait la valeur de la machine et du service des dix hommes qui la feraient tourner ; et si l'on substitue des ailes à la roue à marcher, il devient évident que le vent, qui est un agent fourni par la nature, exécute le travail de dix hommes ».
4. J.-B. SAY, *op. cit.* ; A. SMITH, *Recherches sur la nature et les causes de la richesse des nations*, trad. de G. GAMIER, 1843, rééd. Otto Zeller, 1966 ; D. RICARDO, *Principes de l'éco-*

extraire un service énergétique et production de richesses. La rente énergétique, fondement de toutes activités économiques et donc de l'organisation de toutes politiques publiques, est conditionnée par la maîtrise d'une source d'énergie, relevant de l'expression de la souveraineté de l'État. La souveraineté s'entend traditionnellement de la « prérogative que possède l'État d'exercer une domination légitime, inaliénable et impersonnelle sur une population déterminée et un territoire donné »[5].

Cette maîtrise s'entend à la fois d'une emprise sur la source d'énergie, en rapport direct avec les capacités du territoire[6], et d'une capacité technique et technologique pour produire, puis distribuer l'énergie dégagée.

Chaque État va alors organiser son développement[7], créant une dépendance envers les sources et les formes d'énergie qu'il privilégie. Elle peut, et c'est l'enjeu mis en lumière par la lutte contre le changement climatique, aboutir à ce qu'il est alors possible de qualifier de « servitude »[8] ou dépendance énergétique.

La première forme de dépendance est *écologique*, c'est-à-dire une dépendance à des sources fossiles épuisables, dont les modes de production, de transformation et de distribution sont générateurs de GES[9]. Elle s'observe également par la destruction des écosystèmes, la recherche de sources fossiles d'énergie mettant en péril leur capacité d'assurer l'ensemble des fonctions écologiques et des services écosystémiques. La deuxième forme de dépendance est *géopolitique*[10]. Le système énergétique est fortement dépendant de la stabilité des lieux de captation et de distribution des énergies fossiles. La troisième forme est *économique*, révélée par le taux d'intensité énergétique[11] correspondant au taux de dépendance énergétique, c'est-à-dire le rapport entre la consommation énergétique du pays et son produit

---

nomie politique et de l'impôt, 1815, trad. F. Constancio et A. Fonteyraud, Flammarion, coll. Champs, 1977 ; K. Marx, *Le Capital. Critique de l'économie politique*, 1867, trad. J. Roy, Éditions sociales, 1976.

5. V° « souveraineté », *in* O. Nay (dir.), *Lexique de science politique. Vie et institutions politiques*, Dalloz, 2014.

6. Art. 18 de la Charte de l'énergie, *JOCE L. 69, 9 mars 1998, p. 1.*

7. V. not. G. Fischer, « La souveraineté sur les ressources naturelles », *AFDI* 1962, n° 1, p. 516 ; A. Michelot, « Protection internationale du climat et souveraineté étatique », *VertigO [en ligne]*, mai 2018 ; sur les liens entre conflits sociaux et systèmes énergétique v. T. Mitchell, *Pétrocratia. La démocratie à l'âge du carbone*, Édition Ere, 2011, p. 35.

8. Entendue comme une dépendance extrême qui affecte l'autonomie d'une collectivité, v. J.-C. Debeir, J.-P. Deléage, D. Hémery, *Une histoire de l'énergie : les servitudes de la puissance*, Flammarion, coll. Nouvelle bibliothèque scientifique, 2013.

9. AIE, *World Energy Outlook 2018.*

10. S. Furfari, *Politique et géopolitique de l'énergie : une analyse des tensions internationales au XXIe siècle*, Technip, coll. Géopolitique, 2012.

11. L'intensité énergétique de la France était de 53 % en 2017, v. CGDD, *Bilan énergétique de la France pour 2017[en ligne]*, Datalab n° 30, mars 2018.

intérieur brut. La dépendance énergétique est également reconnaissable par le manque de diversité des formes d'énergie privilégiées, créant une *dépendance technique et technologique*[12].

Ces formes de dépendance énergétique sont à la base du changement climatique, enjeu planétaire et global. Pourtant le droit de l'énergie s'est construit comme l'encadrement de l'utilisation des ressources naturelles énergétiques du territoire, expression du principe de souveraineté nationale sur les ressources naturelles[13].

Dès le début du XIXe siècle, qui a vu naître la notion d'énergie[14], une image de l'énergie s'est imposée : elle serait une réalité physique, identifiée par ses sources, maîtrisée par l'homme grâce à la technologie. En ce sens, C.-M. Cipolla explique que l'histoire de l'homme se confond avec l'histoire de sa maîtrise des convertisseurs, entendus comme « "un objet" qui recueille telle ou telle forme d'énergie et la transforme en une autre forme »[15]. Ces convertisseurs sont biologiques, tel que l'arbre qui, par la photosynthèse, transforme l'énergie solaire en énergie chimique permettant à l'homme de respirer ; ou des convertisseurs artificiels, c'est-à-dire les machines.

Ainsi, à la fin du Moyen Âge, les pénuries répétées de terres, de ressources et d'énergie sont facteurs de l'apparition du capitalisme, qui « a fondé toute l'activité sociale qu'il organisait non pas sur une valeur d'usage intrinsèquement déterminée, mais sur une valeur d'échange destinée au marché »[16]. Le capitalisme « représente une rupture radicale avec tous les systèmes énergétiques que l'humanité a connus jusqu'alors. Avec lui cesse le primat des énergies biologiques et s'instaure celui des énergies fossiles »[17]. Cette valeur d'échange est au cœur du développement de l'utilisation d'une source d'énergie, car elle va par la suite connaître une évaluation pécuniaire par le biais d'un équivalent monétaire[18].

---

12. V. not., L. Puiseux, « Les bifurcations de la politique énergétique française depuis la guerre », *Annales. Économies, Sociétés, Civilisations* 1982, n° 4, p. 609.
13. M. Dutu, « La dépendance énergétique, la souveraineté et le droit international général », *in* S. Doumbé-Billé (dir.), *Défis énergétiques et droit international*, Larcier, Centre de droit international, Lyon 3, 2011.
14. J.-C. Debeir, J.-P. Deléage, D. Hémery, *op. cit.*
15. C. M. Cipolla, « Sources d'énergie et histoire de l'humanité », *Annales Economies, Sociétés, Civilisations* 1961, n° 3.
16. J.-C. Debeir, J.-P. Deléage, D. Hémery, *op. cit.*, p. 135.
17. I*bid.*, p. 129.
18. Ainsi, dans l'Angleterre du XVIe siècle, la pénurie de bois a entraîné le développement de l'usage du charbon. La surexploitation des forêts, l'accroissement démographique, la hausse générale des prix, justifient l'utilisation massive de cette ressource jusqu'alors sous-exploitée. Le charbon présente toutes les caractéristiques souhaitées par le modèle capitaliste économique émergeant. Son extraction et son transport ne posent pas de

Une redistribution de chaque élément de l'écosystème se met en place en fonction de sa capacité à répondre aux utilités majoritairement anthropocentriques[19]. Chaque élément naturel se voit attribuer une valeur subjective ou une fonction comme nourrir, éclairer, extraire des minerais énergétiques. L'énergie, comme ses sources, est donc désormais appelée à ne répondre qu'à un certain type de fonctions : se chauffer, manger, produire des biens et des services. Les sources d'énergie ne sont plus une pomme, le soleil ou l'air, mais le charbon, le pétrole, le gaz, l'uranium.

Le droit est le reflet de cette appréhension des fonctions des éléments de l'environnement. La place des sources d'énergie dans la sphère juridique représente ce lien entre la finalité attribuée à un élément naturel et sa qualification[20].

Les sources renouvelables et fossiles sont réparties suivant qu'elles soient ou non des biens, c'est-à-dire toute chose susceptible d'appropriation. Ces catégories, la chose ou le bien, sont évolutives, dès lors que la qualification de bien est fondée, notamment, sur leurs valeurs d'usage et d'échange reconnues à l'objet de la qualification[21]. Pour les sources d'énergie, c'est la reconnaissance de leurs potentiels énergétiques, leurs valeurs subjectives, qui conduit le droit à leur accorder une qualification.

Ainsi, ce sont d'abord les sources d'énergie fossiles qui ont été dotées d'une qualification juridique[22]. Puis la prise de conscience de la dépendance de l'approvisionnement à certaines sources et formes d'énergie et des impacts environnementaux liés à leurs modes d'exploitation, ont orienté les études[23] et les qualifications juridiques en opposant les sources fossiles aux sources renouvelables[24].

Toutefois, si c'est le caractère pérenne qui fonde la distinction de régime juridique entre sources fossiles et sources renouvelables, leurs intégration comme objet juridique est initialement liée à leur valeur d'échange, donc celles transportables.

---

difficultés technologiques spécifiques et le coût de ces activités est peu élevé. Il permet de libérer la pression anthropique sur les autres ressources énergétiques, notamment la bouse de vache qui, au lieu de servir de combustible, va être utilisée comme engrais, augmentant alors le rendement agronomique des terres cultivées, J.-C. Debeir, J.-P. Deléage, D. Hémery, *op. cit.*, p. 190.

19. F. Ost, *La nature hors la loi. L'écologie à l'épreuve du droit*, La Découverte, 1995.

20. R. Savatier, « Vers les nouveaux aspects de la conception et de la classification juridique des biens corporels », *RTD civ.* 1958, p. 23 ; R. Savatier, « Le droit de l'énergie : conclusions et perspectives », *Annales de la Faculté de droit de Liège* 1967, p. 362.

21. V. not. W. Dross, *Droit civil. Les choses*, LGDJ, 2012.

22. « Toutes les énergies n'ont pas donné lieu à législation et réglementation : seules celles utilisées par le plus grand nombre ont suscité un encadrement juridique », P. Sablière, *Droit de l'énergie*, Dalloz Action, 2014-2015, p. 3.

23. B. Le Baut-Ferrarese (dir.), I. Michallet (coll.), *Traité de droit des énergies renouvelables*, Le Moniteur, 2012.

24. Art. L. 211-2 C. énergie.

Les sources tangibles, palpables, c'est-à-dire fossiles[25] ou la biomasse[26], se voient reconnaître la qualification de bien. Seules les sources intangibles, impalpables, l'air, l'eau, le soleil, restent dépourvues de qualification juridique en raison de leur nature physique[27] (insaisissables, abondantes et immédiatement disponibles). N'étant pas qualifiées de biens, elles n'intègrent pas directement le marché[28]. Cette absence de qualification juridique a pour conséquence, notamment, de diminuer leur capacité a être valorisées, ce qui participe de leur utilisation jusqu'alors réduite dans nos sociétés[29].

Le droit de l'énergie, se fondant initialement sur les sources tangibles, est défini comme « l'ensemble des règles de droit qui accompagne l'exploration, la production, l'importation, l'exploitation (parfois la transformation), le transport, la distribution et l'utilisation des différentes sources d'énergie »[30]. Il s'est construit au travers de l'organisation étatisée de l'accès à la ressource et la répartition de ses usages, à différentes échelles spatiales. Cette définition correspond au seul aspect énergétique des ressources naturelles, à savoir l'utilité énergétique que l'homme peut retirer de ces sources, sans tenir compte de la capacité des écosystèmes à remplir leurs fonctions naturelles pour lutter contre le changement climatique, et participe à la valorisation des seules sources d'énergie tangibles, matérielles[31], majoritairement fossiles.

L'appréhension de l'écosystème par la thermodynamique permet d'englober l'ensemble des usages des ressources naturelles[32]. Or la garantie de la pérennité de la capacité de l'écosystème à produire de l'énergie est la clef de voûte de la lutte contre le changement climatique ; en garantissant l'équilibre écosystémique, il est garanti l'accès à l'énergie[33]. Ainsi le droit de l'énergie peut prendre en compte chacune des utilités accomplies par ce qui est traditionnellement observé comme des sources anthropiques d'énergie, en intégrant les fonctions écologiques et les services écosystémiques.

---

25. Art. L. 131-4 C. minier.
26. Art. 547 C. civ.
27. B. Le Baut-Ferrarese (dir.), *op. cit.*, p. 112.
28. R. Libchaber, *Rép. civ. Dalloz*, v° Biens, n° 89.
29. Comp. A. Marrec, *Histoire des énergies renouvelables en France, 1880-1990*, thèse histoire des sciences et des techniques, Université de Nantes, 2018.
30. L. Grammatico, *Les moyens juridiques du développement énergétique dans le respect de l'environnement en droit français*, PUAM, 2003, p. 25.
31. F. Ost, *op. cit.*
32. Il s'agit de l'énergie qui est stockée dans les éléments de la nature et potentiellement disponible pour l'utilisation.
33. M. de Assis Espécie, P. Ninô de Carvalho, M. F. B. Pinheiro, V. Mesquita Rosenthal, L. A. Ferreira da Silva, M. Rodrigues de Carvalhaes Pinheiro, S. A. Espig, C. Fiorillo Mariani, E. Medeiros de Almeida, F. N. Ganança Abreu dos Santos Sodré, « Ecosystem services and renewable power generation : A preliminary literature review », *Renewable Energy* 2019, vol. 140, p. 39.

Dans le contexte de la lutte contre le changement climatique, la création d'un dialogue entre la thermodynamique et le droit[34] permet de renforcer les réflexions sur une nouvelle approche juridique des éléments de l'écosystème grâce à une conception énergétique de l'écosystème (I), et d'introduire une nouvelle grille de conception des politiques énergétiques fondée sur un nouveau principe directeur : l'irréversibilité des usages de l'écosystème (II).

I. DIALOGUE ENTRE LA THERMODYNAMIQUE ET LE DROIT : RENFORCER LA PROTECTION DE L'ÉCOSYSTÈME PAR LE DROIT DE L'ÉNERGIE

La thermodynamique, parce qu'elle permet d'identifier l'équivalent en énergie nécessaire pour réaliser une fonction ou un service rendu par les éléments de l'écosystème (A), réconcilie le droit de l'énergie et le droit des écosystèmes au bénéfice de la lutte contre le changement climatique (B).

A. – Fonctions écologiques et services écosystémiques : la représentation énergétique des dynamiques écosystémiques

Dans l'article « The energetic basis for valuation of ecosystem services »[35], publié en 2000, les frères Odum développent l'un des aboutissements de l'application de leur méthodologie initiale[36]. Mêlant l'écologie, l'énergie et l'économie, ils mettent en œuvre un nouveau mode de gestion des éléments de l'environnement, défendant l'exigence de durabilité. L'absence d'évaluation de la contribution de chaque écosystème aboutit, pour eux, d'une part, à leurs dégradations et, d'autre part, à une diminution de leurs capacités de production[37]. C'est sur ce dernier constat que l'apport scientifique est majeur. Si des théoriciens ont fondé l'application du principe pollueur-payeur sur l'internalisation des externalités[38], ils proposent, eux, de développer une externalisation des internalités. Ils suggèrent que, pour mettre à égalité environnement et économie, il faut recourir à un dénominateur commun : l'équivalent en énergie[39], qu'ils nomment volontaire-

34. B. Lormeteau, *Chaleur et droit*, thèse de droit, Université de Nantes, 2014.
35. H. T. Odum, E. P. Odum, « The energetic basis for valuation of ecosystem services », *Ecosystems* 2000, vol. 3, n° 1, p. 21.
36. H.T. Odum, E. P. Odum, *Fundamentals of ecology*, W.B. Saunders Co., 1953.
37. H. T. Odum, E. P. Odum, « The energetic basis... », art. cité, p. 21.
38. À l'initiative de A. C. Pigou, *The economics of welfare*, 4e éd., Londres, MacMillan, 1932.
39. H. T. Odum, E. P. Odum, « The energetic basis... », art. cité, p. 21 : « Effort by economists and others have been made in the last two decades to "internalize the externalities" or to modify market valuation to give more consideration to ecosystems. What

ment « emergy »[40]. L'émergie, en français, permet de quantifier l'énergie solaire qui a été nécessaire pour la production d'un bien ou d'un service, naturel ou artificiel[41]. Concrètement cela revient à quantifier l'énergie solaire qui a été nécessaire pour produire un arbre[42].

Relativement proche de la notion d'exergie (cf. II), cette évaluation permet de montrer les liens intrinsèques des éléments de l'environnement, justifiant une recherche interdisciplinaire. Ancrant leurs méthodologies dans celle proposée par les frères Odum, et en rupture avec l'économie orthodoxe[43], des économistes vont ouvrir la voie à la reconnaissance des fonctions écologiques et des services écosystémiques[44]. Ainsi, des chercheurs comme R. Costanza[45], H. Daly[46], N. Georgescu-Roegen[47], ou le Français R. Passet[48], vont créer une nouvelle méthodologie de la science économique visant à introduire, dans l'économie,

---

is needed is the reverse : to "externalize the internalities" to put the contributions of the economy on the same basis as the work of the environnement. We sugest that the best way to do this is to use kind of energy as the common denominator ».

40. H. T. Odum, E. P. Odum, « The energetic basis… », art. cité, p. 22.

41. H. T. Odum, *Environmental accounting : Emergy and environmental decision making*, John Wiley & Sons, 1996 ; H. T. Odum, *Emergy evaluation*, contribution présentée lors de l'Atelier international de Porto Venere, le 27 mai 1998, portant sur « Advances in energy studies : energy flows in ecology and economy », disponible sur http://www.epa.gov.

42. Pour une application empirique, v. N. Y. Amponsah, *Contribution à la théorie de l'éMergie : application au recyclage* [en ligne], thèse, Nantes, Angers, Le Mans, 2011.

43. Not. R.M. Solow, « Intergenerational equity and exhaustible resources », *Review of Economic Studies Symposium Issue on the Economics of Exhaustible Resources* 1974, n° 103, p. 29 ; W. D. Nordhaus, « The allocation of energy resources », *Brookings Papers on Economic Activity* 1973, n° 3, p. 529.
Pour une présentation générale, v. J. Farley, « Ecosystem services : the economics debate », *Ecosystem services* 2012, n° 1, p. 40.

44. E. Gómez-Baggethun, R. de Groot, P. Lomas, C. Montes, « The history of ecosystem services in economic theory and pratice : from early notions to markets and payment schemes », *Ecological Economics* 2010, vol. 69, p. 1209.

45. R. Costanza, « Embodied energy and economic valuation », *Sciences* 1980, vol. 10, n° 4475, p. 1219.

46. H. Daly, *Steady-state economics*, 2e éd., Earthscan, 1992 ; pour une présentation synthétique de sa théorie : H. Daly « The Economics of the steady state », *The American Economic Review* 1974, vol. 64, n° 2, p. 15.

47. N. Georgescu-Roegen, *La décroissance : entropie, écologie, économie*, 2e éd., trad. J. Grinevald, I. Rens, Ellébore-Sang de la Terre, 1995.

48. R. Passet, *L'Économique et le vivant*, Payot, coll. Traces, 1979 ; R. Passet, *La bioéconomie de la dernière chance*, Les Liens qui Libèrent, 2013 ; R. Passet, « La thermodynamique d'un monde vivant : des structures dissipatives à l'économie », *Futuribles 1980, n° 39, p.* 3 ; R. Passet, « L'économie de l'environnement et de la biosphère », *Cahiers du centre économie, espace, environnement* 1989, n° 84, p. 15.

les concepts de l'écologie développés par les écologues[49]. Dans le domaine de l'énergie, cela va se traduire par l'association de la dynamique des systèmes et la thermodynamique.

R. Costanza modélise l'insertion de l'épistémologie dans l'économie par la modélisation de l'énergie grise, « embodied energy », dans le calcul des évaluations économiques des biens et services. Rejoignant l'analyse de l'émergie, R. Costanza explique que le facteur primaire de toute production, naturelle comme artificielle, est le soleil[50]. Source de tout, notamment de toutes les énergies (travail, capital), l'absence d'insertion de cette donnée dans l'évaluation globale d'un bien ou d'un service aboutit à un gaspillage des matières. C'est en tenant compte des liens d'interdépendance entre les facteurs primaires de production, c'est-à-dire les éléments de l'environnement, et ceux les liant avec l'objet produit, que le système sera efficient[51]. Ainsi que l'explicite P. Point « le pouvoir énergétique, la capacité de refroidissement, la régulation des écosystèmes participent comme facteur de production à l'élaboration de biens de consommation et de production »[52].

Dans le contexte de crise énergétique des années 1970[53], les travaux scientifiques des écologues se multiplient. À la faveur de l'épistémologie des frères Odum[54], les notions de « service de la nature »[55] ou de « service écosystémique »[56] s'introduisent assez rapidement dans les publications des écologues. Deux analyses des services vont alors être proposées. La première voit dans les services les bénéfices que l'homme peut retirer des écosystèmes « pour savoir comment les remplacer après dégradation des milieux »[57], mais sans tenir compte

49. « The required perspective is an ecological or "systems" view that considers human to be a part or, and not apart from, their environment », R. COSTANZA, art. cité, p. 1224. C'est en ce sens que sera élaboré et publié le rapport Meadows en 1972, D. MEADOWS et coll., *The Limits to Growth*, New York, Universe Books, 1972.

50. R. COSTANZA, art. cité, p. 1219.

51. « The question might be asked whether the same tings we have done with energy could not be done with any of the other currently definied primary factors and thus support capital, labor, or gouvernement service theories of value. The answer is that on paper this could be done. We must look to physical reality to determine which factors are net inputs and which are internal transactions. No one would seriously suggest that labor crates sunlight ». R. COSTANZA, art. cité, p. 1224.

52. P. POINT, « Les services rendus par le patrimoine naturel : une évaluation fondée sur des principes économiques », *Economie et statistique* 1992, n°s 258-259, p. 12.

53. Mais également la succession de catastrophes touchant l'environnement, v. A. VAN LANG, *Droit de l'environnement*, 4e éd., PUF, coll. Thémis Droit, 2016, p. 2-5, n°s 3-4.

54. H.T. ODUM, E. P. ODUM, *Fundamentals of ecology*, W.B. Saunders Co., 1953.

55. W. WESTMAN, « How much are nature's services worth ? », *Sciences* 1977, n° 197, p. 960.

56. P. EHRLICH, A. MOONEY, « Extinction substitution and the ecosystem services », *Bioscience* 1983, n° 33, p. 248.

57. G. SERPANTIÉ, P. MÉRAL, C. BIDAUD, « Des bienfaits de la nature aux services écosystémiques », *op. cit.*, § 30.

de l'irréversibilité de leurs disparitions[58]. L'objectif n'est pas de les préserver, mais de les référencer afin de mettre en place des modes artificiels de remplacement. La seconde, qui introduit le terme de service écosystémique, procède à la même analyse des bénéfices naturels, mais l'objectif scientifique est de les conserver. Cette conception sera privilégiée, et son influence est juridiquement perceptible dans les travaux du Sommet de la Terre en 1992[59]. L'approche est résolument anthropocentrique, mais pose pourtant les jalons de la reconnaissance des fonctions écologiques dès lors qu'il est mis en avant que les services rendus à l'homme découlent du fonctionnement des écosystèmes.

La publication, en 1997, de l'ouvrage collectif *Nature's services : societal dependence on natural ecosystems*[60] et de l'article « The value of the world's ecosystemservices and natural capital »[61] suscite un engouement international pour cette nouvelle méthodologie[62]. À partir de cette date, cette approche va s'institutionnaliser, particulièrement par l'élaboration, sous l'égide de l'ONU, du *Millenium Ecosystem Assessment,* et se concrétiser, notamment par l'usage des paiements pour services environnementaux[63]. Les frontières s'amenuisent entre la science et le droit.

Les fonctions écologiques visent les processus biologiques de fonctionnement et de maintien de l'écosystème. Les services écosystémiques, d'approvisionnement, de régulation et à caractère social se rapportent aux bénéfices retirés par l'homme des processus biologiques. Parce que les « sous-composantes physiques, chimiques et biologiques de la Terre interagissent et, que ce soit par hasard ou à dessein, modifient mutuellement leur destinée collective »[64], le droit, par une méthodologie naturaliste, doit permettre à ces relations de disposer de traduction juridique. Si de multiples dispositions juridiques existent déjà pour la préservation des écosystèmes[65], il n'apparaît pas de changement dans la réception

58. SCEP, *Man's impact on the global environment. Assessment and the recommendations for action,* The Massachusetts Institute of Technology, 1970.
59. V. Principe 1, Déclaration de Rio sur l'environnement et le développement du 13 juin 1992.
60. G. Daily (dir.), *Nature's services : societal dependence on natural ecosystems,* Island Press.
61. R. Costanza et coll., « The value of the world's ecosystemservices and natural capital », *Nature* 1997, vol. 387, p. 253.
62. P. Jeanneaux, O. Aznar, S. de Mareschal, « Une analyse bibliométrique pour éclairer la mise à l'agenda scientifique des "services environnementaux" », *VertigO [en ligne],* vol. 12, n° 3, 2012.
63. V. not. A. Langlais (dir.), *L'agriculture et les paiements pour services environnementaux. Quels questionnements juridiques ?,* PUR, 2019.
64. S. Schneider, « The Greenhouse effect », *Science* 1989, n° 243, p. 771, cité par E. Naim-Gesbert, *Les dimensions scientifiques du droit de l'environnement. Contribution à l'étude des rapports de la science et du droit,* Bruylant, VUBPRESS, 1999, p. 359.
65. v. not. A. Van Lang, *op. cit.*

juridique des éléments, qui demeurent ancrés dans un rapport d'appropriation par les qualifications de biens ou de choses dans la définition juridique de leurs valeurs.

L'approche objective autorisée par les fonctions écologiques et les services écosystémiques offre aux éléments naturels les valeurs qui manquaient à leurs qualifications classiques[66]. Comme l'indique C. Atias, « En schématisant à peine, l'évolution de l'idéologie des juristes peut être présentée ainsi. Pour se libérer de la métaphysique et du droit naturel, ils sont devenus positivistes par imitation de ce que leur semblaient être les sciences naturelles (de ce qu'elles avaient cru être) ; et, pourtant, ils ont manqué le rendez-vous de l'épistémologie scientifique. En reconnaissant toutes les différences qui séparent la science du droit des autres sciences, ils ont renoncé à cet apport, mais ils ont subi l'influence du scientisme et de l'évolutionnisme les plus désuets dans l'analyse du mouvement du droit »[67].

Mais, les fonctions et les services n'étant pas eux-mêmes des qualifications juridiquement existantes, même si consacrées en droit notamment à la faveur de la loi relative à la biodiversité de 2016[68], les sources d'énergie ne peuvent être uniquement définies par elles. C'est pourquoi les qualifications de « chose » et de « bien » demeurent, mais elles peuvent être renforcées par la reconnaissance

66. « La perte d'une colonie d'une même espèce végétale [...] d'un écosystème comme une vallée ne doit pas s'analyser uniquement au regard de son appartenance à cette espèce, mais aussi au regard des fonctions qu'elle remplit dans l'écosystème auquel elle appartient et dans les écosystèmes environnants. [...]. Ainsi, la fonction écologique des individus, en plus de leur appartenance à une variété génétique spécifique, doit participer à leur qualification juridique permettant ainsi de savoir quels sont les droits et les obligations du sujet de droit sur cette composante de la biodiversité », M.-P. Camproux-Duffrène, « Un statut juridique protecteur de la diversité biologique ; regard de civiliste », *RJE* 2008, n° spécial, p. 35.

67. C. Atias, *Épistémologie juridique*, PUF, coll. Droit fondamental, Droit politique et théorique, 1985, p. 119, n° 68 ; v. égal. M. Villey sur la faiblesse des thèses positivistes : « La faiblesse de leur argument est dans leurs prémisses : ils ont commencé par vider la nature et l'être de leur teneur axiologique. Dans l'être et la nature concrets, il y a plus que le fait scientifique. Il suffit de réintégrer l'ancienne vision réaliste de la nature, de rendre à la nature cette "valeur" dont les modernes l'ont arbitrairement amputée, pour qu'apparaisse la vanité des critiques positivistes. », M. Villey, *Philosophie du droit. Définitions et fins du droit, les moyens du droit,* Dalloz, 2001, p. 253, n° 200 ; *contra.* D. de Béchillon, « Retour sur la nature. Critique d'une idée classique du Droit naturel », *in* P. Gerard, F. Ost, M. van de Kerchove, (dir.), *Images et usages de la nature en droit,* Facultés universitaires Saint-Louis, coll. Publications des Facultés universitaires Saint-Louis, vol. 57, 1993, p. 563.

68. R. Mongruel, P. Méral, I. Doussan, H. Levrel« L'institutionnalisation de l'approche par les services écosystémiques : dimensions scientifiques, politiques et juridiques », *in* P. Roche *et al.* (dir.)., *Valeurs de la biodiversité et services écosystémiques. Perspectives interdisciplinaires*, Editions Quæ, 2016, p. 191 ; A. Van Lang, « La loi Biodiversité du 8 août 2016 : une ambivalence assumée. Le droit nouveau : la course à l'armement (1re Partie) », *AJDA* 2016, p. 238.

de la valeur objective des éléments de l'écosystème, renouant avec les thèses objectivistes de la valeur.

B. – Amplifier les mesures de lutte contre le changement climatique par la conciliation de la protection de l'environnement et du droit de l'énergie

La proposition consistant à placer, aux côtés des qualifications classiques du droit des biens, les notions de fonctions écologiques et de services écosystémiques permettrait de dépasser cette frontière artificiellement créée entre les fonctions et usages de l'écosystème[69] et amplifiant l'effectivité des mesures de lutte contre le changement climatique. A. B. Cambel soutient que « The solution to the conflict between energy and the environment must not be in curtailing energy supply, but in reducing the irreversible and dissipative effects when we convert and consume energy »[70].

Pour exemple, en matière de réparation des atteintes à l'écosystème, la consécration du préjudice écologique est disposée dans des termes très larges : « Toute personne responsable d'un préjudice écologique est tenue de le réparer »[71], est complétée par la définition du dommage écologique comme étant « une atteinte aux éléments ou aux fonctions des écosystèmes ou aux bénéfices collectifs tirés par l'homme de l'environnement »[72]. La définition du dommage écologique supporte donc deux types de préjudices spécifiques : le préjudice écologique pur objectif, constitué de l'atteinte aux éléments ou aux fonctions ; le préjudice écologique teinté de subjectivisme constitué de l'atteinte aux bénéfices collectifs tirés par l'homme de l'environnement[73].

Quant à la caractérisation du dommage susceptible de donner lieu à réparation, le champ a été restreint par le législateur, qui a donc respecté les canons du droit de la responsabilité civile : seules comptent les atteintes « non négligeables » à l'environnement. Le Sénat avait privilégié l'approche par le critère de « l'anormalité », notamment en référence à des catégories juridiques existantes telles que les troubles anormaux du voisinage. L'avantage de cette référence était de

69. V. E. T. Campbell, D. R. Tilley, « Relationships between renewable emergy storage or flow and biodiversity : A modeling investigation », *Ecological Modelling* 2016, vol. 340, p. 134.
70. « La solution du conflit entre l'énergie et l'environnement ne doit pas être dans la réduction de l'approvisionnement en énergie, mais dans la réduction de l'irréversibilité et des effets de dissipation lorsque nous convertissons et consommons l'énergie », A. B. Cambel, « Impact of energy demands », *Physics Today* 1970, vol. 23, n° 12, p. 38, nous proposons cette traduction.
71. Art. 1246 C. civ.
72. Art. 1247 C. civ.
73. V. not. L. Neyret, G. J. Martin, (dir.), *La nomenclature des préjudices environnementaux*, LGDJ-Lextenso, coll. Droit des affaires, 2012 ; A. Van Lang, art. cité.

pouvoir se référer par la suite à des référentiels maîtrisés, notamment en termes d'expertise, par les juridictions. L'expression « non négligeable » a finalement été préférée par l'Assemblée nationale, en référence directe aux termes retenus par la jurisprudence *Erika*. Pourtant, dans cette jurisprudence, le choix de la Cour est loin d'être explicité. Ainsi, J. Valantin, président de la cour d'appel, justifie l'usage de ce terme comme permettant de souligner la spécificité du dommage tout en le rapprochant directement de la notion de trouble anormal du voisinage[74]. Les deux éléments se confondent donc.

Dans tous les cas, il serait parfaitement loisible d'envisager, au titre des demandes en réparation du préjudice écologique, la prise en charge de l'atteinte de la capacité de l'écosystème à fournir de l'énergie. La thermodynamique, parce qu'elle introduit la possibilité, par le dénominateur commun qu'est l'émergie, de convertir en équivalent énergétique les fonctions et les services écosystémiques portés par les éléments de l'écosystème, permet de compléter le champ des préjudices réparables. En ce sens, puisque la lutte contre le changement climatique induit l'exigence d'accéder aux sources d'énergie renouvelables, l'atteinte à leurs accès pourrait être sanctionnée par le droit, renforçant, au titre du droit de l'énergie, la protection des éléments de l'écosystème. Cette ambition pourrait également trouver à s'appliquer dans le champ de la logique « éviter, réduire, compenser »[75].

Les développements de l'écologie moderne vont placer l'écosystème comme « la pierre angulaire du paradigme [...] qui fonde l'écologie moderne des flux de matière et d'énergie »[76]. En ce sens, l'identification des différentes fonctions écologiques et des services écosystémiques permet d'adopter une représentation normalisée de l'écosystème. Tous les éléments, l'homme et la nature, y sont représentés comme participant d'un même équilibre, assurant en cela l'objectivation de la valeur de chaque partie. Ainsi que l'exprimait M. Villey, une « montagne n'en est pas moins belle parce qu'il ne s'est trouvé personne jusqu'à présent pour l'admirer. Il y a des beautés dans de lointaines planètes qu'on n'a pas encore visitées. Cette bouteille de vin n'est point bonne parce que je m'en délecte, je m'en délecte parce qu'elle est bonne. »[77].

Il faut nécessairement que cette valeur objective soit reconnue par le système juridique pour qu'elle accède à la réalité sociale[78]. Rejoignant E. Naim-Gesbert,

---

74. J. Valantin, « Responsabilité environnementale – Le procès en appel Erika », *Env.* 2014, n° 10, doss. 6.
75. V. B. Lormeteau, « Regards sur les émissions de gaz à effet de serre dans le mécanisme de compensation écologique », *RJE* 2017/4.
76. D. Bergandi, « Les métamorphoses de l'organicisme en écologie : de la communauté végétale aux écosystèmes », *Revue d'histoire des sciences* 1999, n° 1, p. 28.
77. M. Villey, *op. cit.*, p. 253-254, n° 200.
78. C. Krief-Semitko, *La valeur en droit civil français. Essai sur les biens, la propriété et la possession*, L'Harmattan, coll. Logiques juridiques, 2009, p. 13.

« il est alors nécessaire que la science et le droit donnent un sens à notre relation à la nature en intégrant la subjectivité humaine à la gestion objective des écosystèmes au nom d'un équilibre naturel réel ou fictif »[79].

L'incorporation de la dimension énergétique des écosystèmes par les fonctions écologiques et les services écosystémiques invite à une lecture objective de la valeur en droit. Cette intégration aboutit à un changement de paradigme du droit de l'énergie. Dépassant la logique classique du droit de propriété, les notions de fonctions écologiques et de services écosystémiques assurent la prise en compte des éléments de l'écosystème pour l'ensemble des fonctions qu'ils assurent, valorisant toutes les sources d'énergie renouvelables[80]. Effectivement ces qualifications dépassent la seule valorisation attribuée, par la qualification de bien, aux sources d'énergie tangibles et permettent d'introduire en droit de l'énergie l'accès aux éléments tels que l'air ou le soleil. Ce qui porte intérêt c'est la garantie de l'accès à une fonction et/ou à un service énergétique, et donc la protection de l'écosystème afférent. Le droit de l'énergie n'est donc plus opposé au droit de l'écosystème, mais ferait partie intégrante de modalités de préservation et de protection à la faveur de la lutte contre le changement climatique.

Il convient alors de faire évoluer le paradigme juridique dominant fondé sur le droit de propriété pour y inclure les fonctions écologiques et les services écosystémiques dans le droit des sources d'énergie.

Ces éléments permettent de renouer avec l'identification économique de la rente énergétique d'un État, dans l'optique de conserver les moyens de production d'énergie. Plutôt que d'appliquer le principe pollueur-payeur[81], ces notions proposent de développer une externalisation des internalités grâce au dénominateur commun qu'est l'énergie, et donc de quantifier l'énergie solaire qui a été nécessaire pour la production de bien ou de service, naturel ou artificiel.

L'attention n'est plus portée sur la fin, la production d'énergie utile, mais sur le moyen, le maintien de la capacité à produire un élément de l'écosystème, et

---

79. E. NAIM-GESBERT, *op. cit.*, p. 364.

80. R. A. HOLLAND *and al.*, « Energy production and ecosystem services », *in* P. EKINS, *M.* BRADSHAW, J. WATSON, *Global Energy. Issues, Potential and Policy Implications,* Oxford University Press, 2015, p. 112 ; E. PAPATHANASOPOULOU *and al.* « Energy and ecosystem service impacts », *eod. loc.*, p. 525 ; R. A. HOLLAND *and al.,* « Bridging the gap between energy and the environment », *Energy Policy* 2/2016, p. 181 ; T.D. ALLISON, T.L. ROOT, P.C. FRUMHOFF, « Thinking globally and siting locally. Renewable energy and biodiversity in a rapidly warming world », *Climatic Change* 2014, n° 126, p. 1 ; R. HASTIK and al., « Renewable energies and ecosystem service impacts », *Renew. Sustain. Energy Rev.* 2015, n° 48, p. 608 ; D.C. HOWARD *and al.,* « Energyscapes : linking the energy system and ecosystem services in real landscapes », *Biomass Bioenergy* 2013, n° 55, p. 17 ; A. BRADBROOK, J. G. GARDAM, « Placing Access to Energy Services within a Human Rights Framework », *Human Rights Quarterly* 2/2006, p. 389.

81. A. C. PIGOU, *op. cit.*

donc de l'énergie utile. Dès lors, pour assurer le maintien de l'équilibre écosystémique, un accès à l'énergie, et réduire les émissions de gaz à effet de serre, il est nécessaire de privilégier les sources renouvelables[82].

II. DIALOGUE ENTRE LA THERMODYNAMIQUE ET LE DROIT : PLACER LE DROIT DE L'ÉNERGIE COMME UNE DES SOLUTIONS AU CHANGEMENT CLIMATIQUE

Pour garantir un environnement équilibré, il faut en rationaliser les usages. Puisque tout est énergie, ce sont les usages des sources et des formes de l'énergie auxquels il faut s'attacher. Comme le révèle C.M. Cippola, « l'utilisation des différentes formes d'énergie représente, en fait, le fil conducteur d'une histoire matérielle de l'Humanité »[83]. Ces usages sont limités au même titre que les ressources, y compris pour celles qualifiées de renouvelables, qui ne sont renouvelables que parce que leur vitesse de régénération est relativement courte. Une nouvelle approche de l'irréversibilité[84] des usages de l'écosystème est identifiable par les lois de la thermodynamique (A), qui fonderait l'introduction en droit d'un nouveau principe directeur du droit de l'énergie en lien direct avec la lutte contre le changement climatique : le principe d'exergie (B).

A. – Renforcer la lutte contre le changement climatique par une lecture exergétique de l'irréversibilité des usages de l'écosystème

La notion d'*irréversibilité* gouverne les recours anthropiques aux éléments naturels[85]. Ainsi que le souligne S. Gutwirth, l'irréversibilité du temps « implique à son tour celle de l'historicité de la matière. Dorénavant, tout changement

82. V. égal. D. E. de Blas, J. Naredo, E. Gemmez-Baggethun, « La part manquante de l'approche par services écosystémiques : analyse thermodynamique et trajectoire de durabilité », *in* P. Roche *et al.* (dir.), *Valeurs de la biodiversité et services écosystémiques. Perspectives interdisciplinaires*, Éditions Quæ, « Update Sciences & Technologies », 2016, p. 161 ; Q. Yang, G. Liu, M. Casazza, E. T. Campbell, B. F. Giannetti, M. T. Brown, « Development of a new framework for non-monetary accounting on ecosystem services valuation », *Ecosystem Services* 2018, vol. 34/A, p. 37.

83. C. M. Cipolla, « Sources d'énergie et histoire de l'humanité », *op. cit.*

84. D. E. de Blas, J. Naredo, E. Gemmez-Baggethun, « La part manquante de l'approche par services écosystémiques : analyse thermodynamique et trajectoire de durabilité », *in* P. Roche *et al.* (dir.), *Valeurs de la biodiversité et services écosystémiques*, *op. cit.*

85. C'est elle également qui porte les mécanismes de réparation en nature des préjudices écologiques, A. Van Lang, *Droit de l'environnement*, *op. cit.*, p. 275, n° 309.

redéfinit les conditions de possibilité du prochain changement. Tout événement dans la matière redistribue la donne »[86].

Du latin *energia*, provenant lui-même du grec ἐνέργεια, l'énergie signifie *force en action*. L'énergie est la quantité de travail qu'un système peut effectuer, ou la quantité de chaleur qu'il peut transférer pendant une durée de temps donnée. Le travail est effectué dès lors qu'un objet ou une substance quelconque est déplacé.

Deux principes guident l'approche conceptuelle de l'énergie : le principe de la *conservation* de l'énergie ; le principe de la *dégradation* de l'énergie. Le premier indique que l'énergie totale d'un système isolé reste constante au sens où elle est en quantité invariable dans la nature. Alors l'énergie n'est jamais créée au sens propre, elle change de forme grâce aux convertisseurs[87]. Le second définit le phénomène selon lequel l'énergie change spontanément de forme, sans intervention humaine. À la différence du principe de conservation, ce principe introduit la notion d'irréversibilité et d'*entropie*[88].

Ce second principe, le principe de la dégradation, moins connu[89], introduit la notion d'irréversibilité en définissant le phénomène selon lequel l'énergie

86. S. Gutwirth, « Sciences et droit de l'environnement : quel dialogue ? », *in* F. Ost, S. Gutwirth, *Quel avenir pour le droit de l'environnement ?*, Facultés Universitaires de Saint-Louis, Vubpress,1996, p. 24.

87. « Rien ne se perd, rien ne se crée, tout se transforme », cette maxime attribuée à A. Lavoisier est issue de son étude des travaux du philosophe grec A. de Clazomenes. Il élabore une théorie révolutionnaire pour l'époque fondée sur l'idée du *Nouç*, énergie ordonnant le monde, organisant la matière et l'être. Il ajoutait que l'être et la matière ne se produisent pas ni ne se créent, mais se transforment. L'énergie ordonnatrice du monde n'est donc qu'une succession de transformations. A. Lavoisier reprend cette maxime en l'appliquant aux matières. Ainsi, dans son « Traité élémentaire de chimie » de 1798, il en parle en ces termes : « On voit que, pour arriver à la solution de ces deux questions, il fallait d'abord bien connaître l'analyse et la nature du corps susceptible de fermenter, et les produits de la fermentation ; car rien ne se crée, ni dans les opérations de l'art, ni dans celles de la nature, et l'on peut poser en principe que, dans toute opération, il y a une égale quantité de matière avant et après l'opération ; que la qualité et la quantité des principes est la même, et qu'il n'y a que des changements, des modifications. », A.-L. de Lavoisier, *Traité élémentaire de chimie : présenté dans un ordre nouveau et d'après les découvertes modernes*, 1789, rééd. Culture et civilisation, 1965, p. 140-141.

88. L'entropie est une mesure du désordre, c'est-à-dire qu'elle identifie le degré d'agitation d'un système : plus l'entropie est élevée, moins ses éléments sont ordonnés. Plus les éléments sont désordonnés, plus ils sont capables de produire une certaine quantité d'énergie.

89. D'ailleurs la raison de l'omission de l'exergie est relativement proche de celle ayant conduit à surinterpréter les capacités de résilience de la nature : l'inconscience de l'irréversibilité de chaque phénomène. Ainsi, le deuxième principe de la thermodynamique est une « sorte de statue du Commandeur, on le craint, […], mais à l'irréversibilité qu'il représente et à la flèche du temps qu'il impose, tout le monde préfère les charmes de la stationnarité et de la symétrie. La raison en est, probablement, que la physique moderne, […], doit son succès à l'expérience. Or l'indispensable vertu de l'expérience est

change spontanément de forme. L'énergie n'est jamais créée au sens propre. Elle change de forme grâce aux convertisseurs, biologiques tel un arbre réalisant la photosynthèse, ou artificiel à l'exemple d'une éolienne produisant de l'électricité à partir de la force du vent. À chaque changement de forme il y a des pertes, qui sont justement identifiées par le principe de dégradation sous le terme d'exergie, c'est-à-dire le travail (l'énergie) maximal qui peut être obtenu par un système, à savoir la part d'irréversibilité dans l'évolution d'un système : « Dans l'énergie que possède un système isolé, livré à lui-même, il y a *quelque chose* qui se perd. Ce *quelque chose*, [...], c'est l'*énergie utilisable* ; ce qui diminue sans cesse, c'est la fraction de l'énergie totale susceptible de servir à quelque chose. Si l'on a le droit de parler de quantité totale d'énergie fixe dans l'univers, on a le même droit de parler de l'énergie utilisable de l'univers et d'affirmer que cette énergie utilisable est chaque jour moindre qu'elle n'était la veille. Il n'y a pas de *déperdition* d'énergie, mais il y a *dégradation* de l'énergie »[90].

Ainsi, ce n'est pas la quantité d'énergie qui est au cœur de la crise énergétique, mais les pertes irréversibles d'accès à l'énergie induites par un usage irrationnel de l'énergie extraite. Transformer un mouvement en chaleur est plus facile et plus rentable que de transformer la chaleur en mouvement. Dans un logement ordinaire, l'électricité est la forme d'énergie permettant l'éclairage, l'utilisation des appareils électro-ménagers et informatiques. Pour chacun de ces usages, cette forme d'énergie va donc être de nouveau transformée, pour finir par se dégrader sous forme de chaleur. La chaleur, elle, est une forme d'énergie qui permet de se chauffer. Elle ne va pas connaître une autre transformation, elle se consomme par le premier usage. Partant, lorsque l'on utilise de l'électricité pour se chauffer, on perd en qualité d'exergie, parce qu'une fois transformée pour assurer du chauffage l'électricité ne peut plus être utilisée, elle est perdue. Au lieu d'avoir servi deux fois, la chaleur dégagée par le fonctionnement d'un appareil de chauffage n'aura été utilisée qu'une seule fois, pour se chauffer. L'exergie recommande de se chauffer directement avec de la chaleur qui ne soit pas, elle, le résultat de la transformation d'une autre forme d'énergie pour être produite.

La capacité d'un système pour produire de l'énergie, c'est-à-dire une pomme, un arbre, du pétrole, du vent etc., est la clef de voûte de la lutte contre le

---

la répétabilité : une observation unique n'est pas un fait scientifique. D'où l'importance des états stationnaires [...]. La nature se présente à nous comme ces petites mouches des journées chaudes d'été, que nous voyons presque immobiles, soutenues par un battement d'ailes si vif qu'on le discerne à peine, et qui, soudain, changent de place presque instantanément, en un bref vol rapide, pour s'immobiliser un peu plus loin : les états stationnaires s'étalent devant nos yeux, mais pour apercevoir les transitoires, il faut les chercher », G. LOCHAK, « Préface », *in* B. BRUNHES, *La dégradation de l'énergie*, *op. cit.*, p. 8. R. Passet dresse un constat similaire sur les liens entre l'évolution de la pensée économique et l'appréhension des lois de la thermodynamique, R. PASSET, *Les grandes représentations du monde...*, *op. cit.*, p. 341-610.

90. B. BRUNHES, *La dégradation de l'énergie*, *op. cit.*, p. 37, c'est l'auteur qui souligne.

dérèglement climatique affectant la pérennité de la vie humaine sur Terre. C'est pourquoi l'énergie devient l'axe central de la réflexion[91] que doivent mener les sociétés humaines, à la fois pour diminuer l'impact des activités anthropiques sur le climat mondial, sur les ressources naturelles, et pour s'adapter aux nouvelles données climatiques[92].

Cette approche exergétique, par l'irréversibilité des transformations, révolutionne la représentation de la rareté à l'origine du service public de l'énergie parce qu'elle se détache de la notion de quantité pour se concentrer sur la qualité[93]. Ainsi, au lieu de se focaliser sur des formes et sources d'énergie spécifiques, tels l'électricité ou le gaz, ou sur des usages sectoriels tels que la performance énergétique de l'habitat, l'exergie englobe toutes les sources, toutes les formes, tous les usages de l'énergie en la reliant avec l'écosystème dont elle est issue et dans lequel elle se libère.

La question n'est alors plus uniquement de gérer la quantité des sources ou la quantité d'énergie délivrée, mais de réfléchir à la qualité de l'énergie naturelle et artificielle, sa capacité à permettre la réalisation d'un travail, d'un effet utile, disposant du meilleur rendement *exergétique*, c'est-à-dire impliquant le moins de perte, guidant alors les usages de chaque forme d'énergie[94].

Cette rationalisation des usages des sources et des formes d'énergie n'est pas totalement inconnue du droit puisque l'on connaît la notion d'efficacité énergétique. L'article L100-1 du Code de l'énergie dispose notamment en ce sens que :

---

91. GIEC, R. K. Pachauri, A. Reisinger (dir.), *Changements climatiques 2014 : Rapport de synthèse*, GIEC, 2014.
92. L'illustration du cycle de la vie délivrée par B. Brunhes est didactique : « La plus grande partie de la chaleur versée par le soleil à notre planète sert tout simplement à la réchauffer, et à la préserver, [...] du refroidissement que subirait, [...], la terre abandonnée au rayonnement solaire. La chute de cette chaleur, tombant de la température du soleil à la température de la terre, est une transformation naturelle qui rend possible la transformation d'une part de la chaleur solaire en énergie mécanique : les grands courants atmosphériques et marins ont leur première raison d'être dans l'échauffement des régions tropicales par rapport aux régions tempérées ou polaires ; ils sont eux-mêmes la cause de l'afflux constant d'eau sur les chaînes de montagne : en retombant à la mer, cette eau nous donne, sous forme de courants rapides ou de cascades susceptibles de mouvoir nos turbines et nos roues hydrauliques, la plus importante source naturelle d'énergie mécanique. La radiation solaire, en tombant sur les plantes vertes, leur permet de décomposer l'acide carbonique de l'air, pour en rejeter l'oxygène et en extraire le carbone ; elle crée ainsi dans les végétaux une réserve d'énergie chimique qu'une allumette suffit à transformer en énergie calorifique ; les gisements de charbon qui alimentent nos machines à vapeur proviennent eux-mêmes de végétaux fossiles ; et l'énergie qu'il représente et qui, chaque jour, s'épuise, est tout entière, elle aussi, empruntée à l'énergie des rayons solaires », B. Brunhes, *La dégradation de l'énergie*, *op. cit.*, p. 43-44.
93. M. Waline, « Hypothèses sur l'évolution du droit en fonction de la raréfaction de certains biens nécessaires à l'homme », *RRJ* 1976, n° 2, p. 9.
94. B. Lormeteau, *op. cit.*

« La politique énergétique : 1° favorise l'émergence d'une économie compétitive et riche en emplois grâce à la mobilisation de toutes les filières industrielles, notamment celles de la croissance verte qui se définit comme un mode de développement économique respectueux de l'environnement, à la fois *sobre et efficace en énergie* et en consommation de ressources et de carbone, socialement inclusif, soutenant le potentiel d'innovation et garant de la compétitivité des entreprises »[95].

Ainsi le droit de la construction dispose désormais d'un principe directeur lié à la recherche de l'efficacité énergétique des bâtiments, qui se traduit essentiellement par une meilleure isolation, l'accès à de l'énergie de source renouvelable et locale, etc. C'est également l'efficacité énergétique qui guide certaines dispositions du Code de la consommation, telles que les étiquettes énergies sur les appareils électroménagers[96].

Enfin, faisant le lien avec les fonctions écologiques, c'est le droit de l'urbanisme et de l'aménagement du territoire qui accueille favorablement cette notion d'irréversibilité, notamment par l'intégration dans les documents d'urbanisme des obligations de prendre en compte les masques solaires, l'effet d'albédo, le coefficient de surface biotope, le bioclimatisme, etc[97].

Le droit de l'énergie demeure étrangement absent du raisonnement. Droit relativement nouveau[98], formé uniquement sur l'accès à l'énergie, il ne traite pas des enjeux liés aux usages de l'énergie ou de ses formes. Le dialogue entre le droit et la thermodynamique est quelque peu étranger au droit de l'énergie. Pourtant le droit de l'énergie pourrait s'enrichir d'un nouveau principe directeur[99] fondé sur l'analyse exergétique des politiques énergétiques.

B. – Prospective pour la lutte contre l'irréversibilité des usages de l'écosystème : l'introduction en droit de l'énergie du principe d'exergie

À l'exemple de E. Naim-Gesbert, « il convient d'examiner les possibilités – la vocation – de l'ordre juridique environnemental à construire une réalité juridique qui corresponde aux exigences scientifiques de la réalité objective, cette production devant être juridiquement efficace afin d'instrumentaliser et de finaliser la protection de l'environnement »[100].

95. Nous soulignons.
96. S. Nadaud (dir.), *Intelligence énergétique*, PULIM, 2017.
97. V. les actes et résultats du projet MAPuCE visant à intégrer dans les politiques urbaines et dans des documents juridiques des données quantitatives de microclimat urbain, climat et énergie, dans une démarche applicable à toutes les villes de France : https://www.umr-cnrm.fr/ville.climat/spip.php?rubrique120.
98. Ph. Terneyre, C. Boiteau, « Existe-t-il un droit de l'énergie ? », *RFDA* 2017, p. 517.
99. *Id.*
100. E. Naim-Gesbert, *op. cit.*, p. 20, c'est l'auteur qui souligne.

Qualifier l'exergie comme concept juridique n'est ni neutre ni purement objectif[101]. Un concept juridique ne fait pas que décrire la réalité brute, il a aussi pour fonction « de provoquer l'application de solutions appropriées »[102]. Il est alors déterminant d'en connaître les sources, notamment car « le fait étudié par la science du droit est, à la fois, un texte et une réalité dont celui-ci est le signe, l'indice. Cette réalité dont la nature (la volonté...) est discutée ne peut être exprimée qu'en employant des mots [...], des concepts dont la signification ne peut résulter intégralement du texte »[103]. Partant, si l'identification de l'exergie comme principe scientifique est acquise, l'insertion de l'exergie comme concept juridique répond à une volonté assumée de répondre aux besoins d'améliorer, par le droit, la gestion des sources et des usages, l'énergie, en passant par une valorisation de la chaleur comme source et forme d'énergie[104].

La codification du droit de l'énergie en 2011 fait évoluer la conception de l'énergie en dotant sa gestion de principes directeurs articulant maintien de l'organisation économique actuelle et impératifs écologiques[105]. L'adoption de la loi relative à la transition énergétique pour la croissance verte en 2015[106] amplifie ce mouvement.

Le droit de l'énergie adopte une nouvelle définition téléologique, dépassant la problématique des sources, en ce qu'il dispose désormais d'« une finalité sociale et économique traduite dans la transition énergétique »[107]. La transition énergétique recherchée pourrait être portée par le principe d'exergie comme principe directeur du droit de l'énergie.

C'est le choix effectué par le Canton de Genève qui, en plus de fonder sa politique de l'énergie sur le principe de l'exergie, associe, par exemple, droit de l'énergie et droit de la construction. Ainsi la loi sur l'énergie du Canton de Genève[108] a pour but de déterminer les mesures visant notamment à l'utilisation rationnelle et économe de l'énergie, qui y est définie comme « une utilisation caractérisée

101. C. Atias, *op. cit.*, p. 153, n° 81.
102. *Ibid.*, p. 154, n° 82.
103. *Id.*
104. « Très largement maîtresse de l'appareil conceptuel, la science du droit tient l'arsenal sans lequel aucune guerre ne sera gagnée, quelle que soit la "source du droit" qui l'engage », C. Atias, *ibid.*, p. 154, n° 81.
105. Art. L. 100-1 et s. C. énergie.
106. Loi n° 2015-992 du 17 août 2015 relative à la transition énergétique pour la croissance verte, *JO* n° 189, 18 août 2015, p. 14263.
107. Ph. Terneyre, C. Boiteau, « Existe-t-il un droit de l'énergie ? », *RFDA* 2017, p. 517 ; B. Lormeteau, « Identification de l'objet transition énergétique », *in* A. Van Lang (dir.), *Penser et mettre en œuvre les transitions écologiques*, Mare et Martin, 2018 ; B. Lormeteau, « La validation par le Conseil constitutionnel de la méthode de transition comme principe directeur de l'action publique dans le champ de l'énergie », *Constitution* 4/2015.
108. L 2 30 : Loi sur l'énergie (Len), 1986.

par un rendement exergétique optimisé qui minimise la consommation d'énergie pour un besoin donné »[109]. L'exergie y est aussi juridiquement inscrite comme « la quantité maximale de travail, c'est-à-dire d'énergie fournie par l'action d'une force qui peut être tirée d'une ressource énergétique ». Les définitions juridiques et scientifiques se rejoignent, renforçant les possibilités de dialogue[110].

Concrètement, l'introduction de ce principe dans le droit du canton se traduit ensuite comme un guide à destination de la détermination des mesures d'économie d'énergie : « 1. L'énergie doit être utilisée de manière économique et rationnelle. 2. La nature des mesures visant à économiser l'énergie doit être adaptée à l'évolution des techniques applicables. 3. Le coût et la nature des mesures doivent satisfaire au principe de la proportionnalité. »[111]. Les installation de production de chaleur ne sont autorisées que si « la preuve est apportée par le requérant que : [...] b) l'installation intègre la meilleure technologie disponible et présente un haut degré d'efficacité exergétique »[112]. De même, le règlement d'application de la loi prévoit, pour exemple, que l'État et les communes élaborent un plan directeur lumière, chargé de décrire les mesures à prendre visant à concevoir, maintenir et exploiter lesdites installations de manière exemplaire en termes d'utilisation rationnelle de l'énergie, donc d'exergie, et de diminution des émissions lumineuses polluantes[113].

Le droit français de l'énergie, s'il porte bien des objectifs en termes d'utilisation des EnR, de réduction des consommations ou des principes directeurs tels que la recherche de la sécurité énergétique, la lutte contre la précarité énergétique, n'en demeure pas moins un droit tourné vers l'accès aux sources d'énergie et non vers l'usage de l'énergie[114].

Pourtant l'introduction en droit français de l'exergie comme l'un des principes directeur du droit de l'énergie pourrait servir à la détermination d'indicateurs permettant d'assurer l'articulation, nécessaire pour assurer l'effectivité des politiques climatiques, entre les politiques énergétiques et environnementales. En ce sens, le Plan biodiversité annonçait l'ambition de « déployer les solutions fondées sur la nature pour des territoires résilients »[115], et ce faisant actait de l'importance de renforcer l'utilisation des solutions fondées sur la nature pour contribuer à l'adaptation aux changements climatiques et favoriser la résilience des territoires.

Pour répondre à cet enjeu de société, les solutions proposées s'appuient sur la préservation et la restauration d'écosystèmes en bon état. C'est toute la question

109. Art. 6, Len.

110. M. Groult P. Louis, J. Roger, *Transfert de Vocabulaire dans les Sciences*, CNRS, 1988.

111. Art. 12, Len.

112. Art. 21, Len.

113. Art. 12 Q, L 2 30.01 R. d'application de la loi sur l'énergie.

114. Art. L. 110-1 C. énergie.

115. Plan Biodiversité, *op cit.* Objectif 1.2.

de l'usage de la nature comme puits de carbone qui est posée, et notamment des enjeux d'ingénierie climatique et environnementale[116]. Doit également être mise en perspective l'inscription de l'objectif de neutralité carbone comme principe directeur du droit de l'énergie[117], défini comme l'« équilibre entre les émissions anthropiques par les sources et les absorptions anthropiques par les puits de gaz à effet de serre. Les absorptions anthropiques sont les quantités de gaz à effet de serre absorbées par les écosystèmes anthropiques, c'est-à-dire les milieux naturels gérés par l'homme (forêt, prairies, sols agricoles, zones humides, etc.) et certains procédés industriels (capture et stockage ou réutilisation du carbone) »[118]. Cet objectif, qu'il soit couplé ou non avec celui de la réduction des émissions de GES, doit par la suite être transposé dans des moyens dont la teneur n'est pas encore fixée. L'exergie pourrait permettre de déterminer les mesures les plus efficaces pour y arriver, ou du moins de constituer l'un des indicateurs à prendre en compte pour satisfaire cet objectif de neutralité carbone. Ainsi, pour chaque environnement délimité, au regard des sources d'énergie qu'il offre, il est possible de privilégier celle(s) dont l'utilisation présente le meilleur rendement exergétique sans altérer irréversiblement les capacités écologiques du milieu.

*

*   *

Pour conclure, la thermodynamique offre donc une nouvelle lecture du cycle écosystémique en combinant, par ses deux premiers principes, l'approche créatrice et destructrice des transformations des éléments de la nature, qu'elles soient ou non le fait de l'Homme. Prenant acte de la mise en garde de J. Untermaier, pour qui « le droit ne devrait recourir qu'avec prudence au jargon scientifique qui n'exclut pas les interprétations divergentes et se trouve souvent lié étroitement à des doctrines, des idées, voire des idéologies qui ne sont nullement immuables »[119], l'insertion dans le droit de ces classifications ne doit pas être entendue, comme le souligne E. Naim-Gesbert, en une « simple ratification des concepts scientifiques »[120]. En effet, vérité scientifique et vérité juridique ne sont pas similaires.

---

116. V. le Colloque organisé par A. Langlais et M. Lemoine-Schonne, « Tempête sur la Planète. Penser le droit et les politiques de l'ingénierie climatique et environnementale à l'heure de l'anthropocène », 11-12 oct. 2018, Rennes, dont les actes seront publiés.
117. *Avis du CESE sur l'article 1er du projet de loi relatif à l'énergie*, févr. 2019.
118. Projet de Stratégie nationale Bas-Carbone, La transition écologique et solidaire vers la neutralité carbone, Version projet, déc. 2018, M. Torre-Schaub, « Neutralité carbone : le nouveau projet de loi énergie-climat acte-t-il une révision à la baisse des objectifs de la France ? », *Droit de l'env.* févr. 2019, n° 274.
119. J. Untermaier, « La qualification des biens culturels en droit français », *in* Y. Jegouzo (dir.), *Droit du patrimoine culturel immobilier*, Economica, 1986, p. 27.
120. E. Naim-Gesbert, *op. cit.*, p. 232.

Mais instaurer un dialogue entre le droit et la thermodynamique permet d'introduire une nouvelle façon d'identifier l'irréversibilité des actions de l'Homme sur l'écosystème, en se concentrant sur les moyens pour lutter contre le changement climatique. Une grille de lecture juridique des usages de l'énergie se construit en application du principe de l'exergie : utiliser les formes d'énergie les plus performantes en fonction des usages anthropiques attendus ; utiliser les sources d'énergie et les modes d'extraction portant le moins atteinte aux fonctions écologiques et aux services écosystémiques. Comme l'explicite E. Naim-Gesbert, « produit d'artefacts humains, le droit demeure fondamentalement distinct de la science, mais il n'empêche pas que s'instaure cependant un dialogue privilégié entre la science et le droit eu égard à des objets *transscientifiques* [...]. Dès lors, si le recours explicite à l'expertise scientifique est source de questionnements, elle devient, en droit de l'environnement, un modèle du droit, plus rationnel et plus objectif, parce que construit sur une scientificité "pure" institutionnalisée [...] »[121].

B. Brunhes conclut ainsi son ouvrage sur la dégradation de l'énergie : « Quand je vois, sur les pentes raides du Puy-de-Dôme, aux points où une herbe maigre recouvre à peine un sol de domite friable et poudreuse, un troupeau de moutons venir arracher les dernières touffes du gazon protecteur, je pense qu'il y aurait sans doute quelque paradoxe à soutenir que le berger imprévoyant se laisse guider par une notion erronée de la conservation de l'énergie. Et, pourtant, n'est-il pas certain qu'il a subi l'influence des idées ambiantes ? Et cet aphorisme, cent fois répété à l'école et dans tous les ouvrages de vulgarisation, que la science a démontrée que "rien ne se perd" n'est-il pas une tentation, permanente et terrible, de tirer de la terre le plus grand profit immédiat, sans nul souci du lendemain ? de se détourner d'une gestion conservatrice pour escompter les "forces conservatrices et toujours présentes" qui viendront "rétablir l'ordre accoutumé" ? Quand le torrent, créé par la dénudation des pentes, aura rejoint d'autres torrents, et formé un fleuve capricieux qui dévastera les villages et ensablera les plaines, osera-t-on répéter que, dans le monde "rien ne se perd" ? »[122].

121. E. Naim-Gesbert, *ibid.*, p. 591, c'est l'auteur qui souligne.
122. B. Brunhes, *op. cit.*, p. 402.

PROPRIÉTÉ, CHANGEMENTS CLIMATIQUES ET GESTION COMMUNAUTAIRE DES FORÊTS : HEURS ET MALHEURS DE L'APPROCHE PLURIDISCIPLINAIRE DES COMMUNS

Fabien GIRARD
Maître de conférences en droit privé
Université Grenoble-Alpes
Centre de recherches juridiques (CRJ)

Cette contribution se concentre sur les seuls liens entre la biodiversité – appréhendée sous l'angle de la gestion des forêts – et les changements climatiques. Dans ce cadre, elle se limite d'ailleurs au rôle de la biodiversité dans l'*atténuation des changements climatiques,* sans évoquer la question de l'adaptation de la biodiversité aux conséquences des changements climatiques. Cette dernière question a déjà reçu une large attention des anthropologues, économistes et juristes qui se sont consacrés à la gestion collective des ressources génétiques et des savoirs associés, ainsi que des écologues, sélectionneurs et généticiens qui s'intéressent de près à la diversité génétique *in situ*[1]. Rappelons-en simplement l'enjeu principal : compte tenu de l'impact prévisible du changement climatique, ces prochaines décennies, sur la production agricole, il devient impérieux de garantir la résilience des systèmes de production de manière à maintenir la production lorsque les conditions fluctuent ou changent, et faire ainsi face à l'accroissement prévisible de la population mondiale[2].

---

1. V. not., S. S. YADAV, *Food security and climate change*, Chichester, Wiley Blackwell, 2018 ; E. J. HOLLO *et al.*, *Climate Change and the Law*, Dordrecht, Springer, 2013.
2. V. en particulier, D. I. JARVIS *et al.*, *Crop Genetic Diversity in the Field and on the Farm*, Yale University Press, New Haven & Londres, 2016, p. 3, 51, 61, 120, 125, 138-139, 321-322. Au cours des deux derniers siècles, la combustion des carburants fossiles et des changements dans l'usage des terres ont provoqué l'élévation du taux de concentration de CO_2 dans l'atmosphère, qui est passé de 280 ppm durant la phase préindustrielle à 440 ppm aujourd'hui (R. SHOWSTACK, « Carbon dioxide tops 400 ppm at Mauna Loa, Hawaii », *Eos* 2013, vol. 94, n° 21, p. 192-193). Certaines études sont rassurantes : les techniques dites d'enrichissement des plantes en CO_2 à l'air libre ont permis de montrer des niveaux plus élevés de photosynthèse et une meilleure productivité (D. DERYNG *et al.*, « Regional disparities in the beneficial effects of rising CO_2 concentrations on crop water productivity », *Nature Climate Change* 2016, vol. 6, p. 786-790). Il n'en faut pas moins oublier que cette hausse potentielle de la productivité dépendra aussi des changements affectant d'autres facteurs, tels que la température, l'humidité, la disponibilité

L'autre grand défi est d'agir sur les causes des changements climatiques pour limiter leur impact sur la productivité agricole, ainsi que sur la sécurité alimentaire et la santé[3], et de contribuer plus largement aux politiques d'atténuation des changements climatiques. Plusieurs solutions sont envisageables, mais l'on voudrait étudier ici la contribution de la gestion des systèmes forestiers en l'analysant en particulier sous l'angle de la théorie des communs. On retiendra de l'atténuation la définition suivante : il s'agit de l'« [i]ntervention humaine visant à réduire les sources ou à renforcer les puits de gaz à effet de serre (GES) qui conduisent au changement climatique »[4]. Dans le domaine de la biodiversité, *l'intervention humaine se rapporte aux interventions politiques, législatives et programmatiques portant sur les territoires forestiers et agricoles* pour fixer le CO_2 de l'atmosphère (par des plantations) ou maintenir le carbone dans un espace (par l'évitement de la déforestation) sans affecter négativement les autres enjeux sociaux et écologiques liés aux moyens de subsistance et la préservation de la biodiversité[5]. Ces interventions sont parfaitement justifiées, et même indispensables du point de vue de l'atténuation des changements climatiques. L'agriculture, la foresterie et d'autres modes d'utilisation des terres produisent 24 % des gaz à effet de serre anthropiques dans le monde, soit la plus grande part de tout le secteur économique[6]. Par conséquent « reducing emissions from land-use change represents a significant climate change mitigation option »[7].

---

de nutriments limitatifs, et des changements dans les populations de parasites (insectes) et de pathogènes (D. Deryng et *al.*, art. cité). Plus inquiétant : des travaux montrent que l'augmentation du CO_2 dans l'atmosphère est de nature à réduire la valeur nutritive de céréales et légumineuses, dont des cultures de base (riz, blé, pommes de terre, orge) (K. L. Ebi, L.H. Ziska, « Increases in atmospheric carbon dioxide : Anticipated negative effects on food quality », *PLoS Med* 2018, vol. 15, n° 7 : e1002600).

3. FAO, *L'état de la sécurité alimentaire et de la nutrition dans le monde*, FAO-ONU, Rome, 2018, p. 42.

4. IPCC, *Climate Change 2014 : Impacts, Adaptation, and Vulnerability. Part B : Regional Aspects. Contribution of Working Group II to the Fifth Assessment Report of the Intergovernmental Panel on Climate Change*, Cambridge et New York, Cambridge University Press, 2014 Annex II : Glossary, p. 1757-1776 (sauf indication contraire, les traductions ont été réalisées par nos soins).

5. A. Agrawal *et al.*, « Governing agriculture-forest landscapes to achieve climate change mitigation », *Global Environmental Change* 2014, vol. 29, p. 270-280.

6. IPCC, *Climate Change 2014 : Mitigation of Climate Change. Contribution of Working Group III to the Fifth Assessment Report of the Intergovernmental Panel on Climate Change*, Cambridge et New York, Cambridge University Press, 2014.

7. W. Collen *et al.*, « Building local institutions for national conservation programs : lessons for developing Reducing Emissions from Deforestation and Forest Degradation (REDD+) programs », *Ecology and Society* 2016, vol. 21(2), p. 4. L'équation est difficile : 73 % de la déforestation peut être attribuée à l'agriculture, et cette proportion devrait s'accroître d'après les augmentations prévisibles de la demande alimentaire (v. N. Hosonuma *et al.*, « An assessment of deforestation and forest degradation drivers in developing countries », *Environ. Res. Lett.* 2012, vol. 7, p. 4).

Or en quoi la théorie des communs est-elle ici pertinente pour éclairer la contribution de la gouvernance de la biodiversité et des forêts dans l'atténuation des changements climatiques ? Si l'on veut bien voir en Elinor Ostrom l'une des principales représentantes de la théorie des communs, il faut alors souligner l'importance de deux concepts clés de son œuvre qu'elle a particulièrement mobilisés à la fin de sa vie pour répondre au défi des changements climatiques : la réponse au « piège » ou « dilemme » social et la « polycentricité ». Comme elle l'exprimait longuement dans un *Background Paper* rédigé pour la Banque mondiale en 2009[8] et de manière plus concise en 2010[9] :

> « No country can solve the global climate change problem by acting alone. If only one country in the world tried to solve climate change—even one of the wealthier countries of the world—this would be a grossly inadequate effort. On the other hand, waiting for a single worldwide "solution" to emerge from global negotiations is problematic »[10].

Doutant, comme on le voit, de l'aptitude de la communauté internationale à atteindre un jour un accord international ambitieux sur le climat, elle questionnait surtout l'efficacité de solutions globales qui ne seraient pas relayées par une série d'actions concurremment entreprises à différentes échelles inférieures (locales, régionales, nationales). Reprenant à son compte les analyses d'Arun Agrawal[11], elle soulignait du reste la nécessité d'adapter localement les politiques de réduction des émissions de GES en raison à la fois des impacts différenciés des changements climatiques sur les pays du globe, et de l'incapacité des populations les plus fragiles à faire entendre leurs voix et leurs besoins dans les négociations internationales et, partant, à obtenir les moyens nécessaires à la réduction de leurs émissions[12]. Elle mettait le tropisme en faveur d'actions globales au compte de la théorie classique de l'action collective qui continue de postuler que, dans le domaine de la fourniture des biens publics (au surplus mondiaux), la poursuite, par chaque agent, d'avantages à court terme les conduit à prendre des décisions qui ne sont pas socialement optimales. Il y a, en d'autres termes, *dilemme social, i.e.* la situation conduit à des décisions non coordonnées – d'où la nécessité d'établir une autorité extérieure chargée de fixer de nouvelles règles et de les sanctionner[13].

---

8. E. Ostrom, *A Polycentric Approach for Coping with Climate Change*, World Bank Policy Research Working Paper Series, vol. 1, 2009.
9. E. Ostrom, « A Multi-Scale Approach to Coping with Climate Change and Other Collective Action Problems », *The Solutions Journal* 2010, vol. 1, n° 2, p. 27-36.
10. *Id.*
11. A. Agrawal, *The Role of Local Institutions in Adaptation to Climate Change*, Report submitted to the World Bank, Washington, DC, 2008.
12. E. Ostrom, *op. cit.*
13. V. par ex., C.A. Miller, « Climate Science and the Making of a Global Political Order », *in* S. Jasanoff (dir.), *States of Knowledge : The Coproduction of Science and Social*

Or c'est tout le mérite de l'œuvre d'Ostrom et de celle de ses continuateurs de montrer – études empiriques et expérimentations à l'appui – que « [...] a surprisingly large number of individuals facing collective action problems do cooperate. Contrary to the conventional theory, many groups in the field have self-organized to develop solutions to common-pool resource problems at a small to medium scale »[14]. Le niveau local est donc un niveau pertinent pour agir contre les changements climatiques, d'autant que trois autres intérêts complémentaires s'y attachent : (i) les décisions prises à ce niveau peuvent produire des effets cumulés, potentiellement importants et bénéficiant à chaque niveau ; (ii) s'il y a une corrélation entre succès de l'action collective et lien de réciprocité et de confiance entre les parties prenantes[15], l'action globale est insuffisante en tant que telle, car la confiance entre tous les citoyens et les entreprises du monde lui fait défaut ; (iii) enfin, les citoyens et les responsables locaux ont, de manière générale, « l'autorité nécessaire à la résolution des problèmes locaux, problèmes dont les caractéristiques varient d'un endroit à l'autre »[16].

Ce n'est évidemment pas à dire qu'il faut remettre totalement en cause la stratégie de politiques publiques menées par les grandes institutions internationales ; il s'agit plutôt de souligner qu'on ne peut se contenter d'agir à une seule échelle pour résoudre un problème aussi complexe que les changements climatiques. Ostrom plaidait donc pour la mise en place d'une approche multi-niveaux, *i.e.* une approche polycentrique[17].

Les paragraphes qui suivent s'intéressent à un type particulier *d'intervention humaine locale* pour séquestrer le carbone ou augmenter les stocks de carbone des forêts, *à savoir la gestion communautaire des écosystèmes forestiers*. Il vise à décrypter la manière dont les problèmes particuliers d'action collective que posent les changements climatiques sont réglés à l'échelle locale par les communautés qui gèrent collectivement les systèmes socio-écologiques forestiers.

C'est un thème qui a reçu une attention considérable de la communauté internationale et des ONG environnementales. C'est que la gestion communautaire des forêts est vue aujourd'hui comme une option particulièrement crédible parmi la gamme des actions disponibles pour atténuer les changements climatiques. Il faut en montrer le contexte et les bénéfices (I), les conditions de succès (II) et les limites (III).

Order, New York, Routledge, 2004, p. 46-66.

14. E. Ostrom, *op. cit.*

15. V. *infra*, p. 254.

16. E. Ostrom, *op. cit.*

17. Outre E. Ostrom, v. K. Carlisle, R. L. Gruby, « Polycentric Systems of Governance : A Theoretical Model for the Commons », *The Policy Studies Journal* 2017.

I. CONTEXTE ET BÉNÉFICES DE LA GESTION COMMUNAUTAIRE DES FORÊTS

Utiliser la gestion des écosystèmes forestiers comme levier d'action sur les changements climatiques suppose de réduire les émissions de GES, ce qui implique d'agir sur le rapport entre la proportion d'émissions imputables à la foresterie et autres modes d'utilisation des terres et le volume de carbone stocké dans les forêts. Les flux qui résultent des activités anthropiques sont d'abord des flux de CO_2 et restent liés à la déforestation[18]. La foresterie et les autres utilisations des terres ont représenté 1/3 des émissions anthropiques de CO_2 entre 1750 et 2011 et 12 % des émissions entre 2000 et 2009[19]. Quant aux modes d'action, ils sont constitués du boisement et de la reforestation, plus largement aussi de toutes les mesures prises contre la dégradation des forêts[20] et la déforestation. Parmi les facteurs qui peuvent provoquer la déforestation, il faut signaler l'exploitation forestière et l'abattage illégal, les feux, la construction de routes et d'hébergements, les cultures itinérantes, la conversion des forêts en terres agricoles, qu'il s'agisse de la production de plantes alimentaires, d'exploitation du bétail ou de la production de biocarburants[21].

Depuis deux décennies au moins, ces modes d'action s'insèrent de plus en plus souvent dans des projets dits de « gestion communautaire des ressources naturelles », en anglais « *Community-based natural resources management* », encore connus, dans le domaine forestier, sous le nom de *community forestry, social forestry* ou *participatory forestry*[22]. Il s'agit même, pourrait-on dire, du nouveau paradigme des bailleurs de fonds internationaux, organisations internationales et ONG, qui y voient un moyen d'obtenir, outre une gestion durable des ressources forestières, une multitudes de co-avantages, comme une meilleure acceptabilité des plans et programmes de gestion, une plus grande confiance entre les parties prenantes, une diminution des coûts de mise en œuvre des politiques de conservation et une meilleure sensibilisation du public à l'importance des écosystèmes forestiers[23]. La gestion communautaire des forêts est également analysée comme capable de résoudre l'équation

18. Les autres émissions de GES sont limitées en comparaison et sont dues à la dégradation des tourbières causée par les drainages et la combustion de biomasse (IPCC, *op. cit.*, p. 825).
19. *Id.*
20. Sur quoi, v. T. R. H. Pearson *et al.*, « Greenhouse gas emissions from tropical forest degradation : an underestimated source », *Carbon Balance Manage* 2017, 12(1):3.
21. A. Agrawal *et al.*, art. cité, p. 271.
22. V. T. K. Nath *et al.*, *Community-Based Forest Management (CBFM) in Bangladesh*, Springer, 2016, p. 4.
23. M. Inoue, G. P. Shivakoti (dir.), *Multi-level forest governance in Asia : concepts, challenges and the way forward*, New Delhi, SAGE Publications, 2015.

difficile entre lutte contre la pauvreté et amélioration des conditions socio-économiques des populations rurales, d'une part, et préservation des ressources forestières, de l'autre[24].

Mais, avant d'être le résultat de politiques de « décentralisation »[25], la gestion communautaire des ressources est surtout un état de fait qui, quoique peu visible dans et depuis les systèmes juridiques occidentaux, lesquels valorisent presque exclusivement la propriété individuelle, n'en est pas moins massif et de mieux en mieux documenté. Liz Alden Wily l'observait récemment, dans une étude de grande ampleur battant en brèche des représentations bien ancrées sur les modes d'appropriation des terres : « [...] coerced conversion of customary rights into individualized statutory forms was never as widespread or successful as intended »[26]. Les terres communautaires (ce qui inclut les forêts) sont occupées par 2,5 à 3 milliards de personnes, dont la moitié se trouve en Afrique sub-saharienne, et elles représentent environ 6 milliards d'hectares[27]. Dans beaucoup de cas, comme on le verra, les droits fonciers sont seulement coutumiers et ne sont pas reconnus par les États[28]. S'agissant spécifiquement des forêts, les chiffres publiés par l'Organisation des Nations unies pour l'alimentation et l'agriculture (FAO) et *Rights Resources Initiative* (RRI) (Tableau n° 1) laissent apparaître de grands écarts dans la part estimée des forêts communautaires dans la surface forestière mondiale (de 3 % pour la FAO à 13 % pour la RRI), qui tiennent à l'emploi de méthodologies différentes. Dans les deux cas, toutefois, il n'est pas tenu compte des situations – extrêmement nombreuses – dans lesquelles les forêts

24. A. Agrawal *et al.*, « Changing governance of the World's forests », *Science* 2008, vol. 320(5882), p. 1460-1462.

25. Dans la littérature spécialisée anglo-américaine, la « décentralisation » recouvre trois modèles de transfert des pouvoirs de l'État au profit d'une autre institution ou groupe : la *déconcentration*, qui correspond au transfert du pouvoir administratif vers des échelons inférieurs à l'intérieur du gouvernement central ; la *délégation*, qui représente ce qu'on appelle en France la décentralisation et qui opère un transfert du pouvoir de l'État vers des personnes morales qui sont distinctes de lui ; la *dévolution*, qui transfère le pouvoir de gestion de certaines fonctions à un échelon local qui échappe largement au contrôle direct du gouvernement central (I. Ferguson, C. Chandrasekharan, « Paths and pitfalls of decentralization for sustainable forest management : experiences of the Asia-Pacific regions », *Paper presented at Interlaken workshop on decentralization in forestry*, 27-30 April 2004, Interlaken, 2004, p. 4).

26. L. Alden Wily, « Collective Land Ownership in the 21st Century : Overview of Global Trends », *Land* 2018, vol. 7(2), 68, p. 2.

27. Selon certaines estimations, les terres communautaires couvriraient 50 % de la surface totale des terres : Oxfam, International Land Coalition, Rights and Resources Initiative, *In Common Ground. Securing Land Rights and Safeguarding the Earth*, Oxfam, Oxford, 2016, p. 27.

28. L. Alden Wily, art. cité, p. 5. On consultera avec intérêt les cartes interactives du site www.landmarkmap.org qui montrent bien l'étendue des terres communautaires et leur statut juridique.

sont gérées par des communautés locales et autochtones « dans le cadre de leur système coutumier, mais sans reconnaissance juridique de l'État, ce qui pose la question du *dualisme juridique* plutôt que du *pluralisme juridique* »[29]. En cumulant la totalité des forêts sous contrôle, *de facto* ou de *jure*, de communautés, on obtient un chiffre bien supérieur de 732 millions d'hectares, soit environ 18 % des zones forestières mondiales[30].

Tableau n° 1

PROPRIÉTÉ DES FORÊTS

a) Estimations de la FAO – Chiffres de 2010

Forme de propriété des forêts	Hectares (millions)	Part de la superficie forestière mondiale
Forêts publiques	2 969	76%
Forêts appartenant à des individus	433	11%
Forêts appartenant à des communautés	116	3%
Forêts appartenant à des individus + forêts appartenant à des communautés	559	14%

b) Estimations de l'Initiative des droits et ressources (RRI)

Forme de propriété des forêts	Hectares (millions)	Part de la superficie forestière
Forêts publiques (administrées par l'État)	2 410	73%
Forêts appartenant à des individus et à des entreprises	397	11%
Forêts appartenant à des communautés	416	13%
Forêts placées sous le contrôle de communautés	96	3%
Forêts appartenant à des communautés, contrôlées par des communautés + forêts appartenant à des individus et à des entreprises	909	27%

Source : FAO, *La situation des forêts du monde 2018. Les forêts au service du développement durable*, FAO, 2018, Rome, p. 14 (à partir de FAO, *Évaluation des ressources forestières mondiales 2015 : Comment les forêts de la planète changent-elles?*, 2e éd., FAO, Rome, 2015, (tableau 2a) et RRI, *What future for reform? Progress and slowdown in forest tenure reform since 2002*, Rights and Resources Initiative, Washington, 2014 (tableau 2b)

Comme nous l'annoncions, la tendance des deux dernières décennies est à la reconnaissance par les États de droits fonciers au profit des communautés locales et peuples autochtones sur les forêts qu'ils gèrent ou qu'ils ont traditionnellement occupées, à tout le moins la reconnaissance de droits collectifs de jouissance sur un certain nombre de ressources[31]. Ce changement est d'abord dû au triomphe des revendications des peuples autochtones qui, formulées avec force à partir des années 1960[32], ont abouti à la fin des années 1980 à la reconnaissance internationale à leur profit de droits collectifs sur leurs terres, territoires et ressources, ainsi que sur le patrimoine culturel[33]. Ils ont

29. FAO, *The State of the World's Forests 2018 – Forest pathways to sustainable development*, Rome, FAO, 2018, p. 13.
30. D. Gilmour, *Forty years of community-based forestry. A review of its extent and effectiveness*, FAO Forestry Paper 176, Rome, FAO, 2016.
31. FAO, *The State of the World's Forests…*, *op. cit.*, p. 13.
32. S. J. Anaya, *Indigenous Peoples in International Law*, Oxford, New York, Oxford University Press, 2000, p. 46 et s.
33. V. Convention (n° 169) de l'OIT relative aux peuples indigènes et tribaux, adoptée en 1989 ; v. aussi la Déclaration des Nations unies sur les droits des peuples autochtones,

aujourd'hui le statut de sujets collectifs de droit international[34] et jouissent également parfois d'une protection constitutionnelle[35]. On voit aussi progresser, à l'échelle nationale et internationale, la reconnaissance des droits des communautés locales[36]. Le changement décrit au texte peut également être attribué au revirement opéré par ONG et organisations internationales de développement dans les *politiques et programmes de développement et de conservation*. Différents courants critiques du développement, plus radicalement le mouvement « post-développement »[37], y ont œuvré en mettant en lumière l'importance des connaissances et pratiques des communautés elles-mêmes et la nécessité de promouvoir la « participation locale »[38]. Y a aussi largement contribué le constat d'échec des politiques d'ajustement structurel, qui devaient pourtant conduire à la conversion des terres collectives, l'extinction des droits coutumiers et la délivrance de titres fonciers ; le modèle de la propriété privée n'a jamais réussi à s'implanter que dans que 6 des 54 États africains[39]. Enfin, sur le plan de la conservation, la remise en cause du modèle dit « forteresse de conservation »[40], modèle « préservationniste » et souvent raciste conduisant à exclure les communautés traditionnelles – alors vues comme ennemies de la nature – des aires protégées[41], a conduit à revoir la place des communautés dans les politiques de conservation.

---

adoptée en 2007 (Résolution de l'Assemblée générale, 61/295).

34. I. Watson (dir.), *Indigenous Peoples as Subjects of International Law*, Oxon, New York, Routledge, 2017.

35. V. G. Aguilar *et al.*, « The Constitutional Recognition of Indigenous Peoples in Latin America », *Pace Int'l L. Rev. Online Companion* 2010, vol. 2(2), p. 44-96 ; R. Sylvain, « Indigenous Peoples », *in* T. Spear (dir.), *Oxford Research Encyclopedia of African History*, Oxford, Oxford University Press, 2017.

36. Les avancées les plus grandes ont été accomplies par la Cour interaméricaine des droits de l'homme dans les affaires *Moiwana Village v. Suriname* (Inter-Am. C.H.R., n° 124, Ser. C (2005)) et *Saramaka People v. Suriname* (Inter-Am. C.H.R. n° 172, Ser. C (2007)). V. aussi, récemment, la Déclaration des Nations unies sur les droits des paysans et d'autres personnes travaillant dans les zones rurales, Soixante-treizième session, Troisième Commission Point 74 b) de l'ordre du jour, 30 oct. 2018, A/C.3/73/L. 30, spéc. art. 17.– *Adde*, A. Bessa, « Traditional Local Communities : What Lessons Can Be Learnt at the International Level from the Experiences of Brazil and Scotland ? », *RECIEL* 2015, 24(3), p. 330-340.

37. V. not., A. Escobar, *Encountering Development : the Making and Unmaking of the Third World*, Princeton, Princeton University Press, 2012.

38. R. Chambers, *Rural Development : Putting the Last First*, Londres, Prentice Hall, 1983.

39. V., par ex., L. Alden Wily, *Estimating National Percentages of Indigenous and Community Lands : Methods and Findings for Africa*, Washington, DC, LandMark, 2015.

40. A.A. Doolittle, v° « Fortress Conservation », *in* P. Robbins (dir.), *Encyclopedia of Environment and Society*, vol. 1, SAGE, Thousand Oaks, Londres, 2007, p. 704.

41. Sur ses conséquences : K.E. Brandon, M. Wells, « Planning for people and parks: design dilemmas », *World Development* 1992, vol. 20, p. 557-570.

Cette multiplicité de motifs à l'origine de la reconnaissance de droits fonciers ou de droits de jouissance collectifs s'est concrétisée, schématiquement, dans trois catégories de législations qui ont contribué à asseoir, avec des intensités et des fortunes diverses, la gestion communautaires des forêts. *La première catégorie* touche aux droits et intérêts des communautés (« *community-oriented laws* »)[42]. Il s'agit généralement de dispositions constitutionnelles et législatives visant à légitimer et protéger, à l'intérieur du système juridique formel, le mode de vie, le système coutumier et les institutions traditionnelles des peuples autochtones (parfois aussi des communautés locales), ce qui passe alors nécessairement par l'attribution de droits collectifs sur leurs terres, territoires et ressources[43], en plus de la reconnaissance de droits culturels. C'est d'abord en Amérique latine que cette reconnaissance a pris place, et c'est là qu'elle a été la plus large[44]. *Dans la deuxième catégorie,* qui est orientée vers la conservation et l'usage durable des ressources (« *conservation-oriented laws* »)[45], l'on trouve les textes relatifs aux aires protégées ou à la gestion des forêts et de la biodiversité, qui intègrent aussi des dispositions touchant directement à l'activité des communautés traditionnelles. Elles sont largement inspirées par le nouveau paradigme qui fait des communautés traditionnelles des acteurs majeurs de la conservation[46]. Les textes en matière de transfert de gestion[47], ainsi que ceux relatifs au mécanisme dit de Réduction des Émissions dues à la Déforestation et à la Dégradation des forêts dans les pays en développement (REDD+)[48], sont au cœur de cette catégorie.

Enfin, dans la dernière catégorie (dite « *resource exploitation-oriented laws* »)[49], qui est résiduelle, figurent les législations qui réglementent l'accès des communautés locales et autochtones aux ressources, mais qui n'ont pas pour objet d'assurer la reconnaissance des droits coutumiers, ou d'ailleurs même la protection de l'environnement. Les droits reconnus prennent la forme de droits d'usage ou de jouissance collectifs spéciaux sur une ou plusieurs ressources particulières, et elles

42. F. Almeida, *Legislative Pathways for Securing Community-Based Property Rights*, Rights and Resources Initiative, 2017, p. 2-3.
43. Sur les liens entre les droits sur les terres et la protection du mode de vie, v. *infra*.
44. V. *supra*, note 35.
45. F. Almeida, *op. cit.*, p. 2-3.
46. S. Stevens, *Indigenous Peoples, National Parks, and Protected Areas : A New Paradigm Linking Conservation, Culture, and Rights*, Tucson, USA : University of Arizona Press, 2014.
47. V. *infra*, p. 264 ; A. Agrawal et C. Gibson, « Enchantment and Disenchantment : the Role of Community in Natural Resource Conservation », *World Development* 1999, 27(4), p. 629-649 ; F. Berkes, « Rethinking Community-Based Conservation », *Conservation Biology* 2004, 18(3), p. 621-630.
48. V. C. Voigt (dir.), *Research Handbook on REDD+ and International Law*, Edward Elgar, Cheltenham, Northampton, 2016 ; F. Bernard, P. A. Minang, « Community forestry and REDD+ in Cameroon : what future ? », *Ecology and Society* 2019, 24(1):14.
49. F. Almeida, *op. cit.*, p. 2-3.

visent à garantir des activités de subsistance ou à promouvoir plus largement le développement socio-économique des communautés qui en sont titulaires. Le faisceau de droits transféré est donc plus limité que dans les cas précédents et, surtout, les droits ont un caractère temporaire. En constituent de bons exemples les mécanismes de concession de l'exploitation des ressources forestières en République démocratique du Congo[50] et au Mozambique[51].

II. LES CONDITIONS DE SUCCÈS DE LA GESTION COMMUNAUTAIRE DES FORÊTS

La grande masse des études produites par les néo-institutionnalistes et théoriciens qui se sont intéressés, ces dernières décennies, à la gestion communautaire des forêts ont cherché à comprendre à quelles conditions un système socio-écologique complexe comme une forêt peut être géré de manière durable par une communauté. Les « principes de conception communs aux institutions durables » décrits par Ostrom dans son œuvre maîtresse, publiée en 1990, *Governing the Commons*[52], constituent le point de départ de beaucoup de travaux. Ces principes reposent sur l'idée que, pour qu'un cadre institutionnel de gestion soit efficace et durable, il doit susciter la confiance et la réciprocité entre les membres et être collectivement défini et appliqué par les membres eux-mêmes, en tenant compte des conditions locales et de la préservation de la ressource à long terme. En revanche, comme Ostrom a eu l'occasion de le rappeler à maintes reprises, ces principes ne constituent pas un remède universel[53], car les conditions de succès du cadre institutionnel vont aussi dépendre d'autres facteurs qui agissent sur les décisions prises par les acteurs. En plus des variables endogènes, les acteurs sont ainsi soumis à des variables exogènes – les attributs du monde physique, les normes et valeurs partagées par la communauté et règles en usage – qui montrent que l'agent n'est pas un atome, mais un individu pris dans des relations sociales et contraint par des déterminants institutionnels multi-niveaux[54]. Ces principes, au nombre de huit, sont présentés de manière détaillée dans le tableau suivant (Tableau n° 2).

---

50. Loi n° 011/2002 du 29 août 2002, portant Code forestier, (*JO*, n° spéc., 6 nov. 2002), art. 22.
51. Lei 10/99 7 de Julho, *Lei de Florestas e Fauna bravia* et le Decreto 12/2002 6 de Junho, *Regulamento da Lei de Florestas e Fauna Bravia*.
52. E. Ostrom, *Governing the commons : the evolution of institutions for collective action*, Cambridge, Cambridge University Press, 1990.
53. E. Ostrom, « A diagnostic approach for going beyond panaceas », *PNAS* 2007, vol. 104(39), p. 15181-15187.
54. E. Ostrom, M. Cox, « Moving beyond panaceas : a multi-tiered diagnostic approach for social-ecological analysis », *Environmental Conservation* 2010, vol. 37(4), p. 451-463.

Tableau n° 2

1. Des limites clairement définies	Les droits d'utilisation et les frontières de la ressource doivent être clairement définis (même si une certaine fluidité est possible). Les commoners doivent ainsi connaître l'étendue de la forêt qu'ils gouvernent en commun, mais aussi qui a le droit d'accès, de prélèvement des ressources (e.g. abattage) et de gestion, et qui a le droit d'exclure autrui de l'accès à la ressource
2. LA CONCORDANCE ENTRE LES RÈGLES D'APPROPRIATION ET DE FOURNITURE ET LES CONDITIONS LOCALES	Les règles de gouvernance doivent reposer sur un bilan coût/avantage de l'activité de gestion, sans quoi elles perdent leur légitimité. Par ailleurs, en plus de la conformité aux conditions écologiques locales, les règles sur les choix opérationnels (accès & prélèvement) doivent être en harmonie avec les normes coutumières ou traditionnelles qui régissent les autres institutions locales et doivent s'appuyer sur les savoirs locaux
3. DES DISPOSITIFS DE CHOIX COLLECTIFS	Ceux (ou du moins une partie de ceux) qui sont affectés par les règles sur les choix opérationnels doivent être en mesure de participer à l'élaboration et à la révision de ces règles
4. La surveillance	Les contrôleurs (qui sont les utilisateurs ou des personnes qui répondent de leur activité de contrôle devant les utilisateurs) veillent au respect des règles qui régissent l'usage et la gestion de la ressource
5. Des sanctions graduelles	Les communs gérés durablement intègrent souvent un système de sanctions proportionnées à la gravité des violations constatées aux règles qui régissent l'usage et la gestion de la ressource . Ces sanctions sont collectivement définies et appliquées par les commoners eux-mêmes et peuvent aller jusqu'au retrait des droits d'accès
6. Des mécanismes de résolution des conflits	Les communs durables intègrent généralement un mécanisme à la fois rapide et peu coûteux de résolution des conflits entre commoners ou entre commoners et organes de l'État
7. UNE RECONNAISSANCE MINIMALE DES DROITS D'ORGANISATION	Les organes de l'État ne doivent pas remettre en cause le droit des commoners de créer et définir leurs propres institutions. La durabilité du commun n'est pas garantie lorsque les **organes de l'État imposent leurs propres règles sans tenir compte des conditions locales.** Deux enjeux associés sont **la sécurité foncière** et **l'autonomie normative** des communautés.
8. Des entreprises imbriquées	V. *supra*, la polycentricité

Source : à partir de E. OSTROM, *Governing the commons: the evolution of institutions for collective action*, Cambridge, Cambridge University Press, 1990 ; A. AGRAWAL, « Common resources and institutional sustainability », *in* E. OSTROM *et al.* (dir.), *The drama of the commons*, Washington, D.C., National Academy Press, 2002, p. 41-86 ; M. COX *et al.*, « A review of design principles for community-based natural resource management », *Ecology and Society* 2010, vol. 15(4): 38.

Plusieurs décennies d'études empiriques, d'expérimentations et de méta-analyses ont permis d'affiner ces principes, de mettre aussi en lumière les facteurs extérieurs qui ont un rôle déterminant. Il faut s'y attarder afin de comprendre à quelles conditions une communauté peut assurer la gestion à long terme d'une forêt et agir ainsi sur les puits de carbone et la libération de carbone dans l'atmosphère. On peut dire, de manière synthétique, que la gestion à long terme de la forêt communautaire est compromise sans mécanismes de contrôle et de sanction des règles (les forêts soumises à un contrôle régulier sont en meilleure condition que les forêts qui ne font l'objet que d'un contrôle sporadique ; la sanction locale des règles est également associée à une régénération de la forêt). Par ailleurs, les institutions locales doivent répondre au contexte local. Cette condition a plus de chance d'être satisfaite lorsque les *commoners* (ou les personnes qui ont une connaissance du contexte local dans le cadre des politiques de décentralisation) prennent part à la définition et la révision des règles[55]. Enfin, on sait aussi aujourd'hui toute l'importance d'une reconnaissance des droits fonciers des communautés.

La sécurisation foncière présente plusieurs bénéfices directs : elle permet notamment de préserver les moyens de subsistance d'une large population à travers le monde (environ 2,5 milliards de personnes)[56] ; il y a même un lien certain entre sécurité foncière et développement socio-économique et sécurité alimentaire[57]. Par ailleurs, et il faut y insister, le succès de gestion communautaire des ressources communes (en l'occurrence forestière) paraît directement dépendre de la reconnaissance juridique des titres fonciers[58]. C'est seulement lorsque les forêts sont inaccessibles, à distance des voies d'accès ou des marchés, ou alors soumises à une pression humaine minimale, que ce critère de la sécurité des droits foncier perd de son importance[59]. Il faut préciser que la sécurisation des titres fonciers doit évidemment conduire à la reconnaissance de droits collectifs[60], puisque l'enjeu est de consacrer le régime collectif « d'appropriation »[61].

55. V. not. C.M. Tucker, « Learning on Governance in Forest Ecosystems : Lessons from Recent Research », *International Journal of the Commons* 2010, vol. 4(2), p. 687-706.
56. F. Almeida, *op. cit.*, p. 14.
57. La littérature est abondante. Concernant spécifiquement les droits fonciers collectifs, v. par ex., G. Segura Warnholtz *et al.*, *Securing Forest Tenure Rights for Rural Development: Lessons from Six Countries in Latin America*, PROFOR, Washington DC, 2017.
58. C. M. Tucker, *op. cit.*, p. 694.
59. *Id.*
60. On suivra ici l'usage qui consiste à faire de la propriété « collective » l'antithèse de la propriété « individuelle » et de la propriété « commune » : F. Bettini, v° « Propriété collective (Italie) », *in* M. Cornu, F. Orsi, J. Rochfeld (dir.), *Dictionnaire des biens communs*, Paris, PUF, 2017, p. 959-960.
61. L'usage des guillemets est une mesure de prudence qu'inspirent les résultats de nombreux travaux anthropologiques : dans beaucoup de communautés traditionnelles, le droit de propriété au sens occidental est ignoré et la communauté entretient un

L'attribution de titres de propriété individuels (« *individual titling* ») dans un contexte de droits coutumiers collectifs aboutit à l'accaparement du pouvoir par des élites (« *elite capture* »)[62] et à des conflits fonciers[63]. Enfin, les systèmes *fonciers coutumiers sont généralement complexes* en ce qu'ils permettent le recoupement et la superposition de droits de nature différente (pour certains conditionnels), dont les communautés tirent d'ailleurs résilience face aux chocs environnementaux et économiques. Les procédures de reconnaissance des droits fonciers collectifs qui n'intègrent pas cette complexité compromettent généralement la subsistance des populations[64].

L'une des difficultés que l'on devine est que beaucoup de systèmes fonciers traditionnels ne répondent pas à la conception « géométrique » occidentale de la propriété délimitée[65]. Une façon de se représenter schématiquement cette complexité est de reprendre le cadre analytique offert par Schlager et Ostrom dans leur article fondateur de 1992[66]. L'autre grand mérite des travaux d'Ostrom et de l'École de Bloomington est, en effet, d'avoir montré, à partir des travaux de l'économiste institutionnaliste américain John Commons[67], que la propriété correspond à un « faisceau de droits », qu'il en est particulièrement ainsi pour les régimes de propriété collective, cette dernière étant capable de faire coexister plusieurs droits différents sur une même ressource et de réglementer ainsi, de manière différenciée, l'accès à la terre et ses ressources au sein de la communauté. Le cadre analytique distingue cinq types de droits réels : accès (physique), prélèvement, gestion, exclusion et aliénation (Tableau n° 3). Il sépare aussi les *droits*, tels qu'ils viennent d'être exposés, des *règles*, qui désignent les normes qui créent les droits eux-mêmes.

---

rapport au bien qui relève plutôt de « l'intendance » ou de la « garde » : E. Barritt, « Conceptualising Stewardship in Environmental Law », *Journal of Environmental Law* 2014, vol. 26, p. 1-23.

62. J.-P. Platteau, « Does Africa need land reform ? », *in* C. Toulmin et J. Quan (dir.), *Evolving land rights, policy and tenure in Africa*, DFID/IIED/NRI, Londres, 2000, p. 51-74.

63. D. Fitzpatrick, « Disputes and Pluralism in Modern Indonesian Land Law », *Yale Journal of International Law* 1997, vol. 22(1), p. 171-212.

64. R. Meinzen-Dic, « Property Rights for Poverty Reduction? », *DESA Working Paper No. 91*, T/ESA/2009/DWP/91, 2009, p. 4.

65. J.-P. Chauveau, « La logique des systèmes coutumiers », *in* P. Delville (dir.), *Quelles politiques foncières pour l'Afrique rurale ? Réconcilier pratiques, légitimité et légalité*, Paris, Karthala, 1999, p. 67-75, spéc. p. 68 (selon l'expression d'Étienne Le Roy).

66. E. Schlager, E. Ostrom, « Property-rights regimes and natural resources : A conceptual analysis », *Land Economics* 1992, vol. 68(3), p. 249-262.

67. F. Girard, « La propriété inclusive au service des biens environnementaux. Repenser la propriété à partir du *bundle of rights* », *Cahiers Droit, Sciences & Technologies* 2016, vol. 6, p. 185-236.

Tableau n° 3

		Propriétaire (*Owner*)	Propriétaire sans droit d'aliénation (Proprietor)	Détenteur de droits d'usage et de gestion (Claimant)	Utilisateur autorisé (Authorized User)
Règles sur les choix opérationnels	Accès et prélèvement (Access and Withdrawal)	X	X	X	X
Règles sur les choix collectifs	Gestion (Management)	X	X	X	
	Exclusion	X	X		
	Aliénation	X			

Source : E. SCHLAGER, E. OSTROM, « Property-rights regimes and natural resources: A conceptual analysis », *Land Economics* 1992, vol. 68(3), p. 249-262.

La richesse du cadre conceptuel est également de distinguer deux niveaux de droits. Le *niveau des règles sur les choix opérationnels,* tout d'abord, où se situent le droit d'accès à la ressource et le droit de prélèvement (« *withdrawal* ») des unités de la ressource (des poissons dans une pêcherie, du bois dans une forêt, etc.). Le *niveau supérieur*, ensuite, *qui est celui des règles sur les choix collectifs*, où sont définis les droits qui permettent d'agir sur le niveau opérationnel. C'est à cette échelle que l'on trouve trois types de droits : le droit de gestion, le droit d'exclure et le droit d'aliéner. La différence entre les droits de premier niveau et les droits de deuxième niveau tient à la « différence entre exercer un droit et participer à la définition des futurs droits à exercer »[68]. Le cadre conceptuel permet ainsi de rendre compte de la complexité des situations observées sur le terrain. Par exemple, un droit de pacage sur un pâturage peut être reconnu aux membres d'un village voisin, auquel se superpose un droit proche reconnu à d'autres utilisateurs pour la transhumance, tandis qu'un troisième groupe, défini par des règles de parenté ou de réciprocité, peut bénéficier d'autres droits saisonniers[69]. Assez souvent aussi, des droits différents sont distribués entre les membres d'une même communauté[70].

Une étude récente réalisée par la RRI montre que, lorsque la reconnaissance des droits fonciers collectifs accompagne la consécration constitutionnelle ou législative des droits des peuples autochtones (et parfois des communautés locales), l'assiette et le faisceau des droits sont généralement très étendus[71]. S'agissant ainsi de l'assiette, les droits collectifs portent, dans le meilleur des cas, sur les terres et territoires qui ont été traditionnellement occupés, ce qui inclut généralement aussi tous types de ressources, y compris celles du sous-sol[72]. Mais, assez fréquemment aussi, la reconnaissance est limitée aux forêts communautaires coutumières, comme c'est le cas pour les forêts dites « Adat » en Indonésie[73] ou les forêts couvertes par le *Forest Rights Act* (FRA) en Inde[74]. Certaines législations reconnaissent plus modestement des droits sur des sites religieux et culturels

68. E. Schlager, E. Ostrom, *op. cit.*, p. 251.
69. K. E. Andersen, *Communal Tenure and the Governance of Common Property Resources in Asia. Lessons from Experiences in Selected Countries*, FAO, Rome, 2011, p. 3-4.
70. V. RRI, *Mai-Ndombe : le laboratoire de la REDD+ bénéficiera-t-il aux Peuples Autochtones et communautés locales ? Analyse des risques et impacts cumulatifs des initiatives REDD+ dans le Mai-Ndombe*, Initiative des droits et ressources, Washington, 2018.
71. F. Almeida, *op. cit.*, p. 18.
72. *Id.*
73. « Adat » est un système de règles et sanctions traditionnelles qui encadre la vie communautaire des populations autochtones en Indonésie (J. A van Ast *et al.*, « The "Adat" institution and the Management of Grand Forest " Herman Yohannes" in Indonesian Timor : The Role of Design Principles for Sustainable Management of Common Pool Resources », *Conservation & Society* 2014, vol. 12(3), p. 294-305).
74. *Scheduled Tribes and Other Traditional Forest Dwellers (Recognition of Forest Rights) Act*, 2006.

importants, et dans ce cas uniquement à une communauté en particulier ; le territoire est d'ailleurs généralement très réduit et les droits limités[75].

C'est surtout le *faisceau des droits* reconnus qui est très étendu, et l'on retrouve tous les « rayons » qui sont nécessaires pour que l'on puisse parler de « propriété collective ». Il s'agit, pour Ostrom et Schlager, des *droits collectifs de gestion*[76] *et d'exclusion*[77]. Pour la RRI, qui classe les droits en trois catégories (Tableau n° 4), *le droit de gestion et les droits de sécurité foncière* sont jugés déterminants. Le premier permet notamment aux communautés autochtones et locales de répondre à leurs besoins *de subsistance et de maintenir leurs modes de vie traditionnels en ayant ainsi la maîtrise de l'accès aux ressources et de leur jouissance*. La question du droit de gestion reste problématique en pratique – et c'est d'autant plus vrai, on le verra, dans une perspective de limitation des activités qui peuvent agir sur la séquestration du carbone[78] –, dans la mesure où beaucoup de systèmes juridiques encadrent les activités des communautés, lesquelles ne peuvent généralement exploiter qu'à des fins de subsistance ou certains produits seulement (par exemple les produits forestiers non ligneux)[79]. Le *droit d'exclure* peut aussi poser des problèmes particuliers. Il n'est en effet pas rare, comme on l'a indiqué, que des droits (éventuellement différents) soient distribués entre plusieurs communautés ou alors que les systèmes d'usage de la terre soient itinérants. Par ailleurs, les communautés, qui sont des entités fluctuantes et évolutives aux frontières possiblement poreuses, peuvent être confrontées à des problèmes d'appartenance, lorsque ce n'est pas plus radicalement les frontières entre territoires voisins qui ne sont pas parfaitement délimitées[80]. Dans tous ces cas de figure, la reconnaissance du droit d'exclure s'avère extrêmement dangereuse, et il peut être préférable de laisser s'exercer les mécanismes coutumiers de règlement des conflits ou de consolider les régimes de co-exercice du droit disputé[81].

---

75. V. au Mozambique, Lei 10/99 7 de Julho, *Lei de Florestas e Fauna bravia* et le Decreto 12/2002 6 de Junho, *Regulamento da Lei de Florestas e Fauna Bravia*. Au Népal, le *Forest Act*, 2049 (1993), chap. 7, permet à un organisme, groupe ou communauté religieux qui souhaite développer, conserver ou utiliser une fraction de la Forêt Nationale qui a une dimension religieuse, d'obtenir des droits réels sur ce qui devient alors une forêt religieuse. Les droits sont limités à ce qui est nécessaire pour conduire les activités religieuses, à l'exclusion de toute activité commerciale, et sans préjudice des droits et intérêts des utilisateurs traditionnels (v. aussi le *Forest Regulation*, 2051 (1995), chap. VI).
76. E. Schlager, E. Ostrom, *op. cit.*, p. 251 : « Individuals who hold rights of management have the authority to determine how, when, and where harvesting from a resource may occur, and whether and how the structure of a resource may be changed ».
77. L'intensité du droit réel collectif – « *communal ownership* » ou « *communal proprietorship* » – va dépendre de l'intégration ou non du droit d'aliénation au niveau des règles de choix collectif.
78. V. *infra*.
79. F. Almeida, *op. cit.*, p. 8.
80. D. Hall *et al.*, *Power of Exclusion : Land Dilemmas in South Asia*, Singapour, National University of Singapore Press, 2011.
81. F. Almeida, *op. cit.*, p. 8.

Tableau n° 4

Droits de subsistance	**Droit d'accès** **Droit de prélèvement** **Droit de gestion**
Droits de sécurité foncière	**Droit d'exclure** **Perpétuité des droits reconnus** **Droit à des procédures équitables et à une juste compensation lorsque l'État modifie ces droits**
Droit d'aliénation	***Importance limitée pour les communautés locales et autochtones : l'échange marchand de la terre entre en conflit avec l'intelligence que ces communautés ont de la terre. Dépend aussi de l'intégration économique de la communauté***

Source : à partir de F. Almeida, *Legislative Pathways for Securing Community-Based Property Rights, Rights and Resources Initiative* 2017, p. 7-9.

III. LIMITES DE LA GESTION COMMUNAUTAIRE DES FORÊTS

Des études empiriques viennent aujourd'hui confirmer tout l'intérêt de la foresterie communautaire dans la conservation et la gestion durable des écosystèmes forestiers. Pelletier et *alii* ont récemment conclu à une gestion durable dans 87,5 % des 33 cas qu'ils ont étudiés, la gestion communautaire étant par ailleurs effective dans 60 % des cas pour réduire la dégradation de la forêt et dans 69 % des cas pour augmenter les stocks de carbone[82]. Dans les savanes boisées de l'Afrique de l'Est et de l'Afrique de l'Ouest, la foresterie communautaire permet de séquestrer entre 1 à 20 tonnes/ha de CO_2 par an, en plus de la réduction des émissions liées à la dégradation (environ 2 tonnes/ha de CO_2 par an)[83]. Force est pourtant d'admettre que la gestion communautaire n'est pas toujours couronnée de succès et que les exemples ne manquent pas de communautés à l'origine de la déforestation ou de la dégradation d'une forêt. En réalité, si la gestion communautaire présente des limites, celles-ci ne tiennent pas tant à la théorie des communs qu'à la méconnaissance de ses résultats les mieux établis dans l'élaboration et la mise en œuvre de programmes de transfert de gestion des ressources naturelles, ainsi que des programmes de paiements pour services écosystémiques ou REDD+ qui prennent appui sur la gestion communautaire

82. J. Pelletier *et al.*, « The place of community forest management in the REDD+ landscape », *Forest* 2016, vol. 7(8), 170.
83. F. Bernard, P.A. Minang, « Community Forestry and REDD+ in Cameroon : what future? », *Ecology and Society* 2019, vol. 24(1):14.

des ressources forestières. Elles tiennent aussi aux incertitudes presque ontologiques qui affectent la notion de « communauté » et à l'instrumentalisation problématique que le mouvement « environnementaliste » fait parfois du *foncier traditionnel* et du *collectivisme agraire* qui est paré de toutes les vertus[84].

La théorie des communs présentent bien sûr encore bien des limites et des incertitudes. On comprend ainsi encore mal l'effet de la taille du groupe sur la gestion des forêts, qui paraît dépendre aussi de la taille de la forêt, des ressources accessibles au groupe et des pressions qui pèsent sur la forêt[85]. Mais nous voudrions surtout montrer qu'il y a deux défis majeurs que rencontre la foresterie communautaire, et qu'ils sont susceptibles de prendre des proportions plus grandes encore avec le déploiement des programmes REDD+. Le premier a trait à la reconnaissance, par les États, des droits fonciers des communautés. Le second porte sur la nature de la propriété collective, dont il ne faut pas oublier qu'elle est partie intégrante d'une organisation institutionnelle complexe contrôlée par des règles coutumières et qu'elle met en jeu le mode de vie (et donc la reproduction) du groupe.

Déjà dans le contexte de la foresterie communautaire, mais de plus en plus aujourd'hui dans le cadre des activités REDD+, les arguments avancés en faveur de la sécurisation foncière sont souvent utilitaristes : elle minimise les risques liés aux investissements et facilite le partage des avantages produits par le marché des droits d'émission de carbone[86] ; elle permet aussi d'éviter que des activités d'exploitation non soutenables soient entreprises, fût-ce pour établir des actes clairs de possession ou pour maximiser les revenus en prévision d'une perte future d'accès[87]. D'aucuns y voient encore un moyen de faciliter la participation des communautés dans les projets en identifiant clairement ceux qui devront donner leur consentement libre, informé et préalable à la REDD+[88], ou un moyen de limiter les risques de rejet[89]. La Politique de la FAO concernant les peuples

84. A. Karsenty, « Des "communautés locales problématiques" », *in* Ph. Méral, Ch. Castellanet, R. Lapeyre (dir.), *La gestion concertée des ressources naturelles. L'épreuve du temps*, Paris, Gret-Karthala, 2008, p. 277-288.
85. C. M. Tucker, « Learning on Governance in Forest Ecosystems : Lessons from Recent Research », *International Journal of the Commons* 2010, vol. 4(2), p. 687-706, p. 699 et s.
86. UN-REDD Programme, *Background Paper for the Expert Meeting : Options for Addressing Tenure under REDD+* (25-27 February 2013), p. 12.
87. L. Westholm *et al.*, « REDD+ and Tenure : A Review of the Latest Developments in Research, Implementation and Public Policy Debates », *in* R.A. Bluffstone, E.J.Z. Robinson (dir.), *Forest Tenure Reform in Asia and Africa: Local Control for Improved Livelihoods, Forest Management, and Carbon Sequestration*, Oxon, Routledge, 2015, p. 221-236, spéc. p. 224.
88. L. Cotula, J. Mayers, *Tenure in REDD. Start-point or afterthought ?*, Natural Resource Issues n° 15, International Institute for Environment and Development, Londres, 2009, p. 3.
89. COP, CDB, XI/19, *Biodiversity and Climate Change Related Issues*, UN Doc UNEP/CBD/COP/DEC/XI/19 (5 December 2012) ("CBD Hyderabad Decision XI/19"),

autochtones et tribaux[90], qui constitue un point de référence pour le Programme UN-REDD[91], souligne aussi l'importance de la sécurité foncière pour garantir la sécurité alimentaire et réduire la pauvreté. Au-delà de cette valeur instrumentale, *la reconnaissance des droits sur la terre met surtout en jeu un mode de vie, une culture, une spiritualité, et elle se trouve indéfectiblement liée à l'identité et à la survie des peuples autochtones*[92] *et des communautés locales*[93]. Dans de nombreuses cosmovisions, le territoire est la « mère » (la terre-mère) dont les peuples sont issus[94], un lien que reconnaissent aujourd'hui de nombreux instruments internationaux[95] et la jurisprudence internationale[96] et régionale[97]. Sans reconnaissance de ce lien symbolique qui organise toute la vie de la communauté, il y a peu de chance que les valeurs attachées à la gestion communautaire des ressources (la « bonne intendance de la nature ») survivent à une lutte contre les immixtions de communautés voisines et les projets de développement et de conservation conduits par les États[98]. Remarquons d'ailleurs que le processus de sécurisation foncière est

annex, par. 10.

90. FAO, *Politique de la FAO concernant les peuples autochtones et tribaux*, Organisation des Nations unies pour l'alimentation et l'agriculture, Rome, 2010.

91. K. Gover, « REDD, Tenure and Indigenous Property Claims », *in* M. Tehan *et al.* (dir.), *The Impact of Climate Change Mitigation on Indigenous and Forest Communities: International, National and Local Law Perspectives on REDD*, Cambridge, Cambridge University Press, 2017, p. 87-129, spéc. p. 144 et s.

92. UNCHR, Indigenous Open-Ended Inter-Sessional Working Group on a Draft United Nations Declaration on the Rights of Indigenous Peoples, Consideration of a Draft United Nations Declaration on the Rights of Indigenous Peoples "Information Received from Non-Governmental and Indigenous Organizations", UN Doc 3/ CN. 4/1995/WG.15/4 (10 October 1995).

93. Le statut protecteur des peuples autochtones est progressivement étendu aux communautés locales ; v. *supra* note 36.

94. UNCHR, *op. cit.*

95. V. C. Charters, « Indigenous Peoples' Rights to Lands, Territories, and Resources in the UNDRIP. Articles 10, 25, 26, and 27 », *in* J. Hohmann et M. Weller (dir.), *The UN Declaration on the Rights of Indigenous Peoples. A Commentary*, Oxford, Oxford University Press, 2018 p. 395-424.

96. HRComm, Concluding Observations on Mexico's Fourth Periodic Report, UN Doc CCPR/C/79/Add.109 (27 July 1999), par. 10.

97. *Centre for Minority Rights Development (Kenya) and Minority Rights Group (on behalf of Endorois Welfare Council) v. Kenya,* African Commission on Human and Peoples' Rights, ACHPR Communication n° 276/2003, 2009 AHRLR 75 (4 February 2010) ; African Court of Human and Peoples' Rights, *ACHPR v. Republic of Kenya*, Application n° 006/2012 (26 May 2017) ; *Rio Negro Massacres v. Guatemala*, IACTHR (2012), Series C, n° 250, p. 160 ; *Case of the Mayagna (Sumo) Awas Tingni Community v Nicaragua*, IACtHR Series C n° 79 (21 August 2001), par. 149.

98. Tous ces risques sont malheureusement très présents en RDC : RRI, *Mai-Ndombe : le laboratoire de la REDD+ bénéficiera-t-il aux Peuples Autochtones et communautés locales ? Analyse des risques et impacts cumulatifs des initiatives REDD+ dans le Mai-Ndombe*, Initiative des droits et ressources, Washington, 2018.

tout sauf une opération aisée et anodine : sans prise en compte fine de toute la complexité des droits coutumiers en place, certaines communautés peuvent perdre un ou plusieurs de leurs droits[99] ; et gardons en vue que, dans certains cas extrêmes, mettant en jeu des revendications antagonistes, « [...], les efforts entrepris pour accroître la sécurité des droits fonciers de certaines personnes peuvent se traduire par la perte des droits détenus par d'autres »[100].

Si, en tout cas, ces risques sont fondés, il faut alors aborder avec beaucoup de circonspection les programmes de « décentralisation » de la gestion des ressources qui, à de très rares exceptions près, ne font que transférer des droits de jouissance temporaires et certainement pas des droits collectifs de propriété au sens entendu au paragraphe précédent[101]. Tandis que beaucoup d'États autorisent désormais les communautés traditionnelles à résider dans les espaces protégés ou autour des unités de conservation et/ou de participer à leur gestion, c'est presque toujours à la condition de respecter un certain nombre d'obligations environnementales plus ou moins strictes. Le « régime foncier »[102] mis en place ne reconnaît généralement aucun droit à la communauté sur le fonds de terre. Un contrat est conclu entre une communauté villageoise ou un groupe et l'État (ou une personne morale de droit public), qui implique un transfert, à la communauté, d'une partie des droits de gestion d'une forêt domaniale (ou non domaniale) et/ou des ressources associées[103]. Les programmes REDD+ qui s'appuient sur la foresterie communautaire suivent également le même modèle[104]. Le contrat est conclu pour une durée limitée et les communautés n'ont généralement pas le droit d'exclure[105].

99. Dans le contexte REDD+, *cf.* A.-K. Rothe, P. Munro-Faure, *Tenure and REDD+: Developing Enabling Tenure Conditions for REDD+*, Policy Brief, Issue n° 6, UN-REDD Programme, Genève, 2013, p. 3.

100. FAO, *Le régime foncier et le développement rural*, FAO Études sur les régimes fonciers n° 3, Organisation des Nations unies pour l'alimentation et l'agriculture, Rome, 2003, par. 3.36 ; v. aussi, K. Gover, *op. cit.*, p. 150.

101. V. *supra*.

102. FAO, *Le régime foncier et le développement rural*, *op. cit.*, par. 3.1.

103. À Madagascar, la loi n° 95-025 du 10 septembre 1996 portant sur la Gestion Locale Sécurisée (GELOSE) et le décret n° 2001-122 du 14 février 2001 fixant les conditions de mise en œuvre de la gestion contractualisée des forêts de l'État (GCF) constituent ensemble le fondement de la conservation contractualisée sur l'île. V. aussi au Népal, K.R. Kanel, G.R. Dahal, « Community forestry policy and its economic implications : an experience from Nepal », *International Journal of Social Forestry* 2008, vol. 1(1), p. 50-60.

104. V. par ex., à Madagascar : L. Brimont, M. Leroy, « Le mécanisme REDD+ et les projets pilotes à Madagascar : d'un idéal incitatif à la réalité des dispositifs de gestion », *Natures Sciences Sociétés* 2018, vol. 26(3), p. 308-319 ; au Cameroun : F. Bernard, P. A. Minang, art. cité ; au Népal : M. Poudel *et al.*, « REDD+ and Community Forestry: Implications for Local Communities and Forest Management – a Case Study from Nepal », *International Forestry Review* 2014, vol. 16(1), p. 39-54.

105. F. Almeira, *op. cit.*, p. 22. V. ainsi au Mozambique la *Lei* n° 10/99, art. 13, pour les Zones de valeur et d'usage culturel et historique ; v. aussi le statut des forêts religieuses

Enfin, et surtout, en vertu et pour les besoins du contrat de transfert de gestion, les communautés sont tenues de former une entité juridique *ad hoc*[106] et se voient imposer, à cette occasion, de nouvelles structures de gouvernance, comme des assemblées générales ou des organes de direction/exécutifs[107], jusqu'à devoir parfois partager le pouvoir de décision avec les organes ou agences de l'État[108]. Cette action sur ce que Schlager et Ostrom appelaient les règles sur le « choix constitutionnel »[109] pose deux séries de problèmes, en plus de l'absence problématique de reconnaissance du lien particulier que les communautés entretiennent à la terre : (i) le développement de nouvelles institutions et procédures, quand il n'aboutit pas à une véritable *réification* des communautés qui sont *construites* à partir d'une vision et d'une compréhension déformées des réalités communautaires locales et du propre agenda de l'État et des ONG[110], opère à tout le moins une redistribution des pouvoirs qui s'accompagne parfois de conflits ou violences[111] ou peut être l'occasion d'une véritable « capture par les élites »[112] ; (ii) comme à l'intérieur de ce nouveau cadre institutionnel les communautés sont censées jouer un rôle environnemental fort, une importante contrainte est nécessairement exercée sur les types d'actes et d'activités qui peuvent être entrepris par les membres du groupe.

---

au Népal (*Forest Act*, 2049 (1993), chap. 7, et celui des droits d'usage coutumiers reconnus aux communautés locales sur les forêts domaniales au Gabon (loi n° 2001-16 du 31 décembre 2001 portant Code forestier, art. 14, et art. 252 (nouveau)).

106. Au Brésil, par exemple, pour ce qui concerne les réserves extractives et les réserves de développement durable, les communautés doivent s'enregistrer auprès de l'*Instituto Chico Mendes*, qui est l'organe du ministère de l'Environnement responsable de l'administration des zones protégées. Au Kenya, une communauté qui souhaite recevoir l'autorisation de participer dans la conservation et la gestion d'une forêt publique domaniale ou non domaniale doit être enregistrée en tant qu'« association forestière » au sens de la loi sur les sociétés.

107. F. Almeida, *op. cit.*, p. 23.

108. Au Brésil, les « réserves extractives » sont gouvernées par un *Conselho Deliberativo*, qui est présidé par l'*Institut Chico Mendes*, et qui est chargé de gérer les réserves biologiques et écologiques du pays. Les populations traditionnelles ont un siège au Conseil, mais ne peuvent unilatéralement décider de la manière dont les ressources sont gérées (*Lei* nº 9.985, de 18 de julho de 2000, art. 18 et 20). Au Nigéria, les communautés ne sont même pas parties prenantes au processus décisionnel sur la gestion et l'allocation des ressources. Elles se voient seulement reconnaître un droit de prélèvement contrôlé (F. Almeida, *op. cit.*, p. 23).

109. Il s'agit des institutions et des procédures qui permettent d'agir sur les règles de gestion, d'exclusion et d'aliénation, E. Schlager, E. Ostrom, *op. cit.*, note 7, p. 251.

110. J. Pollini *et al.*, « The Transfer of natural resource management rights to local communities », *in* I.R. Scales (dir.), *Conservation and Environmental Management in Madagascar*, Londres, Routledge, 2013, p. 172-192, spéc. p. 180 et s.

111. Les institutions nouvelles peuvent ainsi aboutir à contourner les autorités traditionnelles en faisant place à des catégories moins représentées dans la structure traditionnelle d'autorité (femmes, minorités, etc.) – d'où un problème fort d'identité avec des risques de conflits (A. Karsenty, *op. cit.*).

112. M. Poudel *et al.*, *op. cit.*, p. 42.

On en vient ainsi au second problème : dans le cadre des politiques de décentralisation, on assiste généralement à une amputation ou une diminution des droits de gestion, puisque les communautés sont soumises à des objectifs environnementaux nouveaux qui les privent du droit de décider de certains actes (par exemple l'exploitation à des fins commerciales est prohibée) ou d'agir sur certaines ressources (par exemple les produits forestiers ligneux). Dans certains cas, comme au Vietnam avec le programme de *Distribution des Terres Forestières*, les conséquences ont été désastreuses, entraînant une remise en cause des institutions traditionnelles et une perte des savoirs agro-écologiques traditionnels[113]. Les programmes REDD+ sont d'ailleurs de nature à réduire encore l'autonomie des communautés. Il faut rappeler, en effet, qu'ils sont portés à la fois par un objectif principal (aujourd'hui concurrencé par d'autres) de réduction des émissions de GES ou d'augmentation des stocks de carbone et par la présomption que les communautés, par leurs valeurs intrinsèquement « écologiques » (on voit ici poindre le mythe du « bon sauvage écologique »[114]), sont susceptibles d'y satisfaire moyennant quelques *ajustements*. Or, non seulement la valorisation d'un objectif comme la séquestration du carbone ne peut se faire, sans arbitrages complexes, qu'au détriment d'autres objectifs (la sécurité alimentaire, la protection de la biodiversité, etc.), mais, plus encore il y a toujours un décalage plus ou moins grand entre le mode de vie et les pratiques communautaires et ce que les porteurs du programmes jugent nécessaires pour limiter la dégradation des forêts, la déforestation ou promouvoir leur usage durable – d'où les interventions institutionnelles qui affectent ainsi le droit de propriété collective et l'autonomie normative des communautés. Comme l'ont déjà exprimé certains auteurs, les programmes REDD+, en touchant ainsi parfois radicalement au régime traditionnel ou coutumier de propriété collective, sont susceptibles de mettre en péril la résilience des communautés en les faisant renoncer à certains savoirs et pratiques essentiels pour s'adapter aux changements climatiques[115], de remettre en cause leurs moyens de subsistance en condamnant certaines

113. MM. Bayrak *et al.*, « Restructuring space in the name of development: The socio-cultural impact of the forest land allocation program on the indigenous Co Tu people in central Vietnam », *J. Polit. Ecol.* 2013, vol. 20, p. 37-52. V. aussi, dans le cas de la forêt amazonienne équatorienne : M. Bayrak, L.M. Marafa, « Ten years of REDD+ : A critical review of the impact of REDD+ on forest-dependent communities », *Sustainability* 2016, vol. 8(7), 620, p. 11.

114. K. Redford, « The Ecologically Noble Savage », *Cultural Survival Quarterly* 1991, vol. 15(1), p. 46.

115. À Madagascar, par exemple, dans le cadre du projet Makira, porté par l'ONG WCS, les communautés ont été conduites à développer la riziculture irriguée de bas-fond, et ce au détriment de la riziculture pluviale, « sans prendre en compte le fait que la diversification entre les différents types de systèmes rizicoles était une stratégie de gestion du risque permettant de faire face aux événements cycloniques récurrents dans la sous-région » (L. Brimont, M. Leroy, *op. cit.*, p. 315).

pratiques[116] et en faisant augmenter les prix des terres, fermages et denrées alimentaires et, parfois aussi, de compromettre la biodiversité[117].

Pour le dire autrement, l'imposition de nouvelles institutions et de nouvelles règles entre en tension avec les institutions traditionnelles et coutumières. Même si elles ne disparaissent généralement pas immédiatement[118], leur disqualification fait perdre à la communauté tout ou partie de l'autonomie normative dont *la propriété « collective » est inséparable*, comme le rappelle le principe n° 7 identifié par Ostrom (une reconnaissance minimale des droits d'organisation). Cette *autonomie normative* est ce qui permet de médiatiser les trajectoires historiques propres des formations sociales et le présent, les relations complexes tissées entre l'État et les différentes strates sociales autour de la forêt comme *oïkos*, source de rente et arène d'alliances politiques. C'est ce qui permet d'éviter les reconfigurations brutales, les exclusions, les captures du pouvoir, les stratégies locales d'appropriation de nouvelles rentes ; ce qui permet en somme l'adaptation face aux changements écologiques, politiques, économiques et sociaux. D'où un appel à respecter autant que possible les institutions traditionnelles et coutumières, à s'appuyer aussi sur les savoirs traditionnels, en réaffirmant que tous deux maintiennent l'autonomie des communautés traditionnelles et, partant, une culture, une identité et un mode de vie[119]. L'oublier, c'est condamner ce qui forme le cœur même de la foresterie communautaire : la communauté.

116. M. BAYRAK, L.M. MARAFA, *op. cit.*, p. 11 ; J. GHAZOUL *et al.*, « REDD+: A reckoning of environment and development implications », *Trends Ecol. Evol.* 2010, 25, p. 396-402 (certaines de ces pratiques sont d'ailleurs parfois étroitement liées à la culture et à l'identité d'une communauté).
117. À travers les « garanties » et « co-avantages », les programmes REDD+ tiennent compte des risques et bénéfices susceptibles de découler de la poursuite d'activités REDD+, dont l'impact sur la biodiversité (v. L. GODDEN, « Benefit-Sharing in the REDD+ Regime Linking Rights and Equitable Outcomes », *in* M. TEHAN *et al.* (dir.), *op. cit.*, p. 172-200, spéc. p. 180 et s.). Mais certaines pratiques imposées dans les activités REDD+ sont parfois préjudiciables à la biodiversité : A. AGRAWAL, D. NEPSTAD, A. CHHATRE, « Reducing emissions from deforestation and forest degradation », *Annu. Rev. Environ. Resour.* 2011, vol. 36, p. 373-396.
118. T. LOIZA *et al.* rappellent aussi que « Not only informally persisting traditional forms of organization can clash with formal institutions, but also the overlap of de jure and de facto rights can create conflicts ». Ils ajoutent que « If REDD+ project developers overlook these discrepancies in forest management institutionalism, and instead impose new mechanisms for consultation and participation, organizations can become unequal and non-representative. As a result, customary forms of good forest administration can be diluted » (T. LOAIZA *et al.*, « REDD+ implementation in the Ecuadorian Amazon: Why land configuration and common-pool resources management matter », *For. Pol. Econ.* 2016, vol. 70, p. 67-79, p. 77).
119. *Id.*

LE RÔLE DU DROIT ADMINISTRATIF DANS LA LUTTE CONTRE LE CHANGEMENT CLIMATIQUE

Íñigo Sanz Rubiales
Professeur de droit public
Universidad de Valladolid (Espagne)

L'existence du phénomène du changement climatique est incontestable. Les « changements climatiques » ont toujours été. Cependant la nouveauté de la situation actuelle est qu'elle est fortement influencée – sinon causée – par l'activité humaine, par l'augmentation des concentrations de « gaz à effet de serre » (GES). De plus, la mutation se produit à un rythme accéléré par rapport à d'autres changements plus ou moins lointains dont il a été possible d'avoir des connaissances. En fait, l'augmentation de la température a été particulièrement intense au cours des dernières décennies du siècle dernier, et la première du XXIe siècle a maintenu la même ligne. Pour toutes ces raisons, contrairement aux termes habituels – « changement climatique » –, il est préférable de parler de « crise climatique », de manière à montrer la gravité de la modification en cours[1].

La globalité, la rapidité et la cause humaine caractérisent ce phénomène, et montrent que ce processus de réchauffement de la planète appelle des réponses globales et urgentes : il est nécessaire de briser la tendance mondiale à l'augmentation progressive de la concentration de gaz à effet de serre dans l'atmosphère par une forte réduction des émissions, en stabilisant cette concentration (s'il n'était pas déjà possible de la réduire), pour retrouver les paramètres normaux du climat.

Le rôle joué par le droit administratif (interne et européen) dans la lutte contre le changement climatique sera analysé ci-après.

1. Le journal britannique *The Guardian* et de nombreux autres médias (entre autres, l'espagnol *La Vanguardia*) ont récemment annoncé la décision de modifier leurs livres de style et d'utiliser l'expression « crise climatique » plutôt que « changement climatique » pour insister sur la gravité et le caractère négatif de ce changement.

I. DU GLOBAL AU LOCAL : LA LUTTE CONTRE LE CHANGEMENT CLIMATIQUE, DU DROIT INTERNATIONAL ET COMMUNAUTAIRE AU DROIT ADMINISTRATIF

A. – La crise climatique actuelle appelle à une prise d'engagements internationaux entre les États : la nécessité du droit international

Le changement climatique est un phénomène mondial, qui ne peut être abordé uniquement au niveau des États ou des entités infraétatiques ; il diffère en cela des phénomènes de pollution locale, déjà traditionnels (déversements dans les eaux, contamination du sol, etc.), qui peuvent être résolus simplement par la délivrance d'autorisations environnementales ou d'autres mesures localisées.

L'accumulation de GES partout dans le monde influe sur le changement climatique, sans préjudice de la pollution locale éventuelle. Il est donc nécessaire d'arriver à des conventions entre les États pour relever le défi de la réduction des émissions de tous. Ce besoin de coopération internationale découle également du coût extraordinaire de la réduction des émissions de gaz à effet de serre : on a toujours observé que la croissance économique des États était accompagnée d'une augmentation des émissions de gaz à effet de serre, conséquence de la combustion de combustibles fossiles tels que les hydrocarbures ou le charbon (pour l'industrie, les transports ou la production d'électricité entre autres). Dans un scénario traditionnel, la réduction des émissions par les États signifierait pour eux, de ce point de vue, de faire face à une situation d'incertitude en termes de croissance économique : d'où la pertinence – ou plutôt la nécessité – d'arriver à des accords internationaux, pour éviter que les coûts de la réduction n'affectent que certains États, alors que tous vont bénéficier de cette réduction.

B. – La mise en œuvre des engagements internationaux exige l'application du droit administratif

En effet, l'exécution des engagements internationaux exige une action des particuliers. Il est donc nécessaire d'appliquer le droit administratif pour s'assurer que le comportement des sujets privés soit conforme aux objectifs de l'État.

1. Les émissions (et leur réduction) sont des processus naturels ou des effets des activités matérielles de nature privée

Bien que l'accord des États soit nécessaire – si possible de la plupart des États ou des pays ayant la plus grande capacité d'émettre des gaz à effet de serre –, la mise en œuvre de la politique de lutte contre le changement climatique doit être réalisée, nécessairement, par les États. Ils sont les seuls à posséder les compétences et la capacité de coercition nécessaires pour stimuler ou, le cas échéant, imposer des actions à des sujets privés ajustées afin de réduire les émissions, parce que la réduction matérielle des émissions de GES n'est pas une activité publique, mais naturelle ou privée : seuls ceux qui les produisent peuvent réduire les émissions : industries, transports, logements, services, couverture végétale (naturelle : forêts, etc., ou transformée : agricole), bétail, etc. La capacité d'émission des institutions publiques est minimale et pratiquement dénuée de pertinence pour les effets du changement climatique.

2. Les États transfèrent leur engagement de réduction des émissions à leurs « administrés »

De cette manière l'obligation de réduction des émissions est assumée par les États dans le cadre international et transférée aux parties (privées) ayant la capacité d'émettre (et donc de réduire) des GES. Le jeu entre le droit international, le droit communautaire et le droit administratif est clair : les États s'engagent à lutter contre le changement climatique au niveau international, à transposer et à appliquer les réglementations européennes et à exiger de leurs citoyens et de leurs entreprises qu'ils réduisent leurs émissions. Deux phases sont nécessaires et complémentaires : les obligations des États sont soumises au droit international et communautaire, et les obligations des citoyens au droit national et, dans une large mesure, au droit communautaire. Mais l'État doit répondre des émissions faites sur son territoire même s'il ne les produit pas : il doit être capable de trouver et d'appliquer des instruments techniques adéquats qui permettent aux administrés d'agir conformément aux engagements souscrits par lui-même et par l'Union européenne.

C. – Droit administratif européen et droit administratif interne dans la lutte contre le changement climatique

Le droit administratif n'est pas seulement le droit interne : la « police administrative » du climat-environnement appliquée dans chaque État membre répond au droit administratif interne, mais aussi, dans une large mesure, au droit administratif communautaire.

En effet, le caractère administratif est inhérent au droit communautaire : l'Union européenne peut être décrite, dans un certain sens, comme une « communauté du droit administratif »[2], dont l'expression la plus importante et la plus caractéristique est actuellement la directive : l'environnement (et plus particulièrement le changement climatique) en est un exemple illustratif[3]. Et le droit

2. J. Schwarze, *Droit administratif européen*, vol I, Bruxelles, Bruylant, 1994, p. 7 et s.
3. E. Schmitdt-Assmann, *La teoría general del Derecho Administrativo como Sistema*, Instituto Nacional de Administración Pública-Marcial Pons, Madrid, 2003, p. 42.

interne de transposition du droit européen est aussi droit administratif, droit public. Cette branche juridique discipline les relations entre l'administration et les administrés ; elle permet, d'une part, à l'administration d'adopter des politiques climatiques contraignantes ou stimulantes de l'activité privée et, d'autre part, de déterminer le statut juridique des personnes physiques dont l'effort est essentiel pour obtenir les réductions souhaitées[4].

Le degré de communautarisation de cette politique n'est pas total, mais il est élevé, car, parallèlement à la réglementation communautaire – directives et règlements – et à l'exécution administrative étatique, il reste une importante activité de contrôle – « administrative » – de la Commission européenne, comme nous aurons l'occasion de le voir[5]. En réalité, les États remplissent une fonction de mise en œuvre indirecte de la réglementation européenne (avec une relative capacité de choix des moyens pour atteindre les objectifs fixés par l'UE et par l'Accord de Paris) ; les administrations nationales remplacent l'administration communautaire, mais l'Union européenne[6], par le biais de la Commission, conserve des compétences importantes, non seulement en matière de réglementation (principalement via les règlements et les directives), mais également en matière d'exécution (décisions relatives à l'enregistrement et aux allocations des quotas, aux réserves de droits, au financement de projets commerciaux de captage et stockage géologique du CO_2, etc.). Cela nous permet de parler, dans beaucoup de ces questions (telles que le marché), d'une co-administration authentique, d'une « co-titularité » de la compétence administrative de l'UE et des États membres[7].

II. LE CHANGEMENT CLIMATIQUE À L'ÉPREUVE DES TECHNIQUES DU DROIT ADMINISTRATIF

Les engagements pris par les États par le biais d'accords internationaux (Convention-cadre des Nations unies sur les changements climatiques, Protocole

4. V. M. Chiti, *Diritto amministrativo europeo*, 4ª ed., Milan, Giuffrè Editore, 2011, p. 123.
5. Sur la communautarisation des règles de police administrative, v. F. Lafarge, « Les catégories du droit de la police administrative », *in* J.-B. Auby, (dir), *L'influence du droit européen sur les catégories du droit public*, Paris, Dalloz, 2010, p. 707 et s. Cet auteur distingue différentes catégories de situations en raison du degré de communautarisation introduit par les normes européennes : si la première catégorie implique que l'ordre sectoriel applicable et son application correspondent aux institutions communautaires (par exemple le droit de la concurrence), le second – dans lequel la politique communautaire en matière de climat et d'environnement est clairement localisée – implique l'existence de normes européennes qui doivent être transposées par des normes nationales et appliquées par les autorités nationales compétentes : p. 708-709.
6. M. Chiti, *op. cit.*, p. 125.
7. *Id.*

de Kyoto, Accord de Paris, etc.) et ceux découlant du droit communautaire sont précisés, dans la sphère nationale de chaque pays, par un ensemble de mesures hétérogènes, destinées à réduire les émissions de GES ou à les capturer, ou à augmenter les absorptions de GES par des puits de charbon (forêts, techniques de capture et stockage du carbone). Ces mesures s'adressent aux opérateurs juridiques et économiques, qui sont ceux qui ont la capacité réelle de les appliquer.

Quels types de techniques sont ceux utilisés par l'État à cet effet ? On peut utiliser, pour les décrire, la référence aux formes d'activité de l'administration publique en raison de son impact sur la sphère juridique des personnes. Elles peuvent être réduites, dans ce cas, à deux : a) activité contraignante : limitations des droits, imposition de charges économiques, fiscales ou non, etc.[8] ; b) activité de stimulation (promotion) : subventions et aides d'État, marchés de quotas volontaires. Les autres formes d'activité administrative n'ont pas d'incidence remarquable dans la lutte contre le changement climatique.

En tout état de cause, la lutte contre le changement climatique et les caractéristiques de cet objectif en font un terrain d'essai pour de nouvelles techniques juridico-administratives : cet effort est un test évident de la potentialité du droit administratif[9].

A. – Techniques restrictives de droits

1. Le marché des émissions en tant que « nouvelle » police

La nouveauté de la lutte contre le changement climatique (qui dure en réalité depuis vingt-cinq ans, ou un peu plus) a conduit l'Union européenne et le législateur interne (dans le cas de celui-ci, conformément aux conventions internationales) à faire un effort d'imagination et à créer des techniques *ad hoc*. Parmi ces nouvelles techniques que l'imagination a créées ou adaptées pour lutter contre le changement climatique, le marché des droits d'émission se distingue sans aucun doute. Pour beaucoup de gens, le grand mérite de Kyoto a été justement de permettre l'introduction et le développement d'un vaste marché de quotas

---

8. L'activité administrative « restrictive » va au-delà de la police traditionnelle en tant que technique préventive – police générale ou police spéciale – caractéristique du droit administratif français, car elle comprend, outre les mesures de limitation, l'exigence de prestations patrimoniales obligatoires, l'activité ablatoire, les sanctions administratives, etc. Sur la police administrative, v. R. Chapus, *Droit administratif général*, t. 1, 15e éd., Montchrestien, 2001, p. 697 et s. ; J. Morand-Deviller, *Droit administratif*, 15e éd., Paris, LJGJ, 2017, p. 640 et s.

9. V. S. Rosado Pacheco, « Nuevos instrumentos del derecho público español en el ámbito del cambio climático (una contribución al estudio de las fuentes del derecho) », M. Arenilla Sáez (coord.), *La administración pública entre dos siglos (Ciencia de la Administración, Ciencia Política y Derecho Administrativo): Homenaje a Mariano Baena del Alcázar*, Madrid, Instituto Nacional de Administración Pública, 2010, p. 1276.

environnementaux : « Juste après Kyoto, le sentiment dominant en Europe était que des engagements fermes avaient été pris en matière d'émissions, malheureusement affaiblis par le principe du marché des quotas. Quelques années plus tard, on est tenté de dire que le grand mérite de Kyoto est d'avoir introduit le marché des quotas à un niveau jamais atteint dans les politiques environnementales »[10].

La « co-titularité » des compétences administratives de l'UE et des administrations des États membres est particulièrement appréciée dans le fonctionnement du marché des émissions. La Commission et les États partagent les fonctions administratives du contrôle du marché, bien que les fonctions des administrations internes aient été progressivement réduites pour éviter les distorsions du marché et mieux appliquer le principe d'égalité.

1.1. Le marché des droits d'émission : patrimonialisation des facultés et internalisation des coûts environnementaux

Au-delà de Kyoto (qui a créé un « marché des émissions » parmi les États soumis à l'obligation, repris à l'annexe B), l'Union européenne a créé un marché des émissions « interne » en tant que mécanisme permettant d'atteindre les objectifs de Kyoto. Il s'agit d'un marché entre particuliers, contrôlé par la Commission européenne et, dans une moindre mesure, par les États.

Le marché européen des droits d'émission (*European Trading Scheme, ETS, Système communautaire d'échange de quotas d'émission de gaz à effet de serre, SCEQE*) est obligatoire, et constitue donc une mesure restrictive des droits : la soumission obligatoire au marché constitue une limitation pour les entreprises obligées, bien que son application ne suppose pas – dans des cas spécifiques – un coût économique particulièrement élevé[11].

Dans le système SCEQE, les grands émetteurs de GES (installations de production d'énergie, de production et transformation des métaux ferreux, raffineries de pétrole, cokeries, installations destinées à la fabrication de produits céramiques, de ciment, du verre, etc.) doivent soutenir leurs émissions avec la possession-délivrance des droits d'émission ; ces droits sont dégagés des pouvoirs de l'autorisation de l'installation : constituent une patrimonialisation du pouvoir

10. R. Baron, C. Philibert, « Climat, énergie et marchés de quotas échangeables », *Revue de l'énergie* 2007, n° 575, p. 22-23.

11. Comme indiqué par l'arrêt de la Cour de justice de l'Union européenne (grande chambre) du 16 décembre 2008, dans l'affaire C-127/07, *Arcelor*, l'établissement du marché entraîne un désavantage pour les sociétés qui lui sont soumises : « À supposer même que, comme le soutient la Commission, la soumission à un tel système n'entraîne pas nécessairement et systématiquement des conséquences économiques défavorables, l'existence d'un désavantage ne saurait, pour ce seul motif, être niée, étant donné que le désavantage à prendre en considération au regard du principe d'égalité de traitement peut également être de nature à influer sur la situation juridique de la personne concernée par une différence de traitement » (n ° 44).

d'émettre des GES, qui devient indépendant de l'installation autorisée et peut circuler de manière autonome en tant que marchandise, par « dissociation » ou « découplage »[12].

L'objectif principal du marché est de réduire l'inefficacité des réglementations environnementales traditionnelles (*command and control*) et d'attribuer un prix aux émissions de GES. Si on peut acheter ou vendre des droits d'émission, nécessaires pour réaliser ces activités industrielles, le principe « pollueur-payeur » est également respecté, en internalisant les coûts environnementaux des activités industrielles[13].

1.2. Une valeur limite d'émission globale[14]

En général, en matière de pollution atmosphérique, les lois imposent des comportements qui limitent les droits (principalement la propriété et la liberté) des émetteurs ; mais ces comportements peuvent provenir des conditions (*conditiones iuris*) des autorisations d'émission de gaz (imposition de valeurs limites d'émission) ou de la création d'une valeur limite globale des émissions qui n'est pas imposée individuellement.

Cette (nouvelle) deuxième possibilité a été celle suivie par le législateur communautaire dans la directive « marché » : face à l'imposition rigide de valeurs limite d'émission individualisées incluses dans les conditions de l'autorisation d'émissions, la directive crée une sorte de valeur limite d'émission « globale ». Il impose aux émetteurs non pas des émissions limitées, mais des émissions soutenues par des droits d'émission, c'est-à-dire par des quotas créés par le pouvoir public lui-même.

La VLE globale garantit le respect des objectifs d'émission au niveau européen : par-dessus cette valeur globale aucune émission ne peut être faite en aucune circonstance ; mais, en même temps, les opérateurs ont la liberté d'émettre individuellement ce qu'ils jugent convenable conformément à leur plan d'entreprise, à condition que lesdites émissions soient garanties par les droits d'émission correspondants ; le nombre de quotas étant limité, la valeur limite d'émission « globale » ne peut jamais être dépassée. C'est pour cette raison que ce type de technique est appelé marché *cap and trade* : « plafond et marché ».

---

12. V. R. Gómez-Ferrer Rincón, *La desvinculación como técnica de regulación. De las transferencias de aprovechamiento urbanístico al comercio de derechos de emisión*, Civitas Thomson Reuters, Cizur Menor 2018, *in totum*.
13. Comme le souligne B. Lozano Cutanda, la création d'un marché « de droits de polluer » vise à contrôler les « externalités négatives » des activités économiques sur les biens environnementaux communs : « Derecho Ambiental : algunas reflexiones desde el Derecho Administrativo », *Revista de Administración Pública* 2016, n° 200, p. 415.
14. Í. Sanz Rubiales (dir.), *El mercado comunitario de derechos de emisión en España: aspectos jurídico-públicos*, Valladolid, Lex Nova, 2007, p. 45.

1.3. *Allocation publique de quotas et « re-allocation » privée*[15]

Les « droits d'émission » permettent à leurs titulaires d'émettre une tonne métrique de dioxyde de carbone équivalent (1 tm de CO_2e). La nécessité de limiter les émissions amène les autorités publiques à créer un nombre limité de quotas pour limiter aussi l'accumulation de GES. La répartition de ces droits entre les émetteurs (qui en ont besoin comme soutien de leurs émissions) peut être réalisée gratuitement (comme cela a été fait principalement au cours des périodes 2005-2007 et 2008-2012), avec des critères historiques ou d'efficacité, ou aux enchères. L'important est qu'une fois attribués (gratuitement ou à prix coûtant) ces quotas deviennent l'objet d'échanges entre opérateurs économiques : ils peuvent être achetés, vendus, donnés, détruits... Ils constituent, bien entendu, une « marchandise » nécessaire pour pouvoir exercer l'activité économique émettrice.

Cette possibilité d'achat et de vente, en fonction du jeu de l'offre et de la demande et de son impact sur le prix, permet de proposer différentes options de politique d'entreprise : l'acquisition de droits, la spéculation, l'investissement dans des technologies non émettrices, etc. Et tout cela donne un prix au charbon.

La restitution annuelle de quotas de soutien des émissions faites constitue également une prestation patrimoniale obligatoire[16]. Ce n'est pas l'acquisition de quotas, car elle peut être gratuite ou ne pas avoir d'origine publique, mais bien la livraison dans le registre, car tous les quotas enregistrés dans les comptes des opérateurs ont une valeur marchande.

1.4. *Un marché « réglementé » au regard du principe d'égalité*

En plus de tout cela, le rôle de la Commission européenne dans le marché des droits d'émission est similaire à celui d'un régulateur : elle est habilitée à adopter des actes délégués en ce qui concerne l'allocation des quotas gratuits (art. 10 bis.1 Directive marché), elle détermine le nombre de droits mis en circulation[17] ; prend des mesures contre les fluctuations de prix imprévues ou excessives[18] ;

---

15. V. J. Esteve Pardo, « El mercado de títulos administrativos : asignación objetiva, reasignación transparente », *Estudios de Derecho Público Económico, Homenaje a S. Martín-Retortillo*, Cosculluela, L. Montaner (coord.), Madrid, 2003, p. 743 et s.
16. I. Sanz Rubiales (coord.), *Cambio climático y Unión Europea. Presente y futuro del mercado europeo de emisiones (Estudios de Derecho Público)*, Tirant lo blanch, Valence, 2014, p. 148.
17. V. la décision 2010/634 du 22 octobre, adaptant la quantité de quotas à délivrer pour l'ensemble de l'Union pour 2013 dans le cadre du système d'échange de quotas d'émission de l'Union européenne et abrogeant la décision 2010/384/UE ; modifiée par la décision du 5 septembre 2013.
18. V. la décision 2015/1814 du Parlement européen et du Conseil du 6 octobre 2015 concernant la création et le fonctionnement d'une réserve de stabilité du marché pour le

contrôle les allocations gratuites provisoires proposées par les États[19]..., etc. Enfin, la Commission est responsable de la surveillance du fonctionnement du marché par le biais du registre électronique unique européen[20].

La limitation et la réduction progressives du nombre de quotas (établies par la directive) entraînent non seulement une réduction conséquente des émissions, mais également une augmentation du prix du carbone qui encourage les investissements dans les technologies à faible émission de carbone.

1.5. Autres « marchés » pour lutter contre le changement climatique : en particulier les marchés des « certificats verts »

Les marchés de certificats verts sont des mécanismes complémentaires du marché des émissions dans la mesure où ils visent la promotion des énergies renouvelables[21] et sont configurés comme des marchés de quotas de production d'énergie renouvelable. Ils constituent l'un des moyens pour respecter l'obligation imposée à certains secteurs d'opérateurs économiques de démontrer qu'un pourcentage de l'énergie produite, fournie ou consommée est d'origine renouvelable. Dans ce cas, les opérateurs concernés sont tenus de démontrer le respect de cette obligation en délivrant les certificats verts qu'ils doivent acquérir (à moins d'être eux-mêmes producteurs, auquel cas ils peuvent les obtenir auprès de l'organisme de certification lui-même). Par conséquent, en plus de la possibilité d'échange, une obligation préalable ou concomitante est imposée aux sujets en question[22].

Ces marchés constituent l'un des systèmes de soutien les plus largement utilisés pour la promotion de la production d'énergie renouvelable, même s'ils ne

---

système d'échange de quotas d'émission de gaz à effet de serre de l'Union et modifiant la directive 2003/87/CE.

19. Décision de la Commission 2011/278, du 27 avril 2011, définissant des règles transitoires pour l'ensemble de l'Union concernant l'allocation harmonisée de quotas d'émission à titre gratuit conformément à l'article 10 bis de la directive 2003/87/CE du Parlement européen et du Conseil, art. 15.

20. Règlement (UE) n° 389/2013 de la Commission du 2 mai 2013 établissant un registre de l'Union conformément à la directive 2003/87/CE du Parlement européen et du Conseil et aux décisions n° 280/2004/CE et n° 406/2009/CE du Parlement européen et du Conseil et abrogeant les règlements (UE) n° 920/2010 et (UE) n° 1193/2011 de la Commission.

21. Sur l'insuffisance du marché européen des émissions pour atteindre des objectifs ambitieux en matière de déploiement d'installations de production d'électricité à partir de sources d'énergie renouvelables et sur la nécessité de mécanismes de soutien, v. E. Gawel, S. Strunz, P. Lehmann, « A public choice view on the climate and energy policy mix in the EU – How do the emissions trading scheme and support for renewable energies interact ? » *Energy Policy* 2014, vol. 64, p. 175 et s.

22. V. Í. Sanz Rubiales, « Mercados de cuotas y protección del medio ambiente : el fomento de las energías renovables en la directiva 2009/28 », *Revista General de Derecho Administrativo* 2010, n° 25.

parviennent pas à stimuler le déploiement à court terme de ce type de production, qui favorise les systèmes d'aides tarifaires publiques, c'est-à-dire aides d'État appliquées aux tarifs. Cependant le système de certificats verts est un système très efficace du point de vue des coûts, et la sécurité juridique des opérateurs est suffisamment protégée, sans préjudice d'autres avantages[23].

2. Application des techniques juridiques administratives traditionnelles à la lutte contre le changement climatique. Quelques exemples

Le marché des émissions constitue la technique qui encadre toutes les mesures de réduction[24], mais ce n'est pas la seule utilisée dans cette politique. Loin de là. Les États signataires de l'Accord de Paris, et en particulier les États membres de l'UE, disposent d'une panoplie de techniques visant à compléter le rôle du marché en fonction des différents secteurs dans lesquels il faut réduire les émissions : techniques grâce auxquelles des limites ou des interdictions sont établies pour la défense de biens collectifs ou d'intérêts de nature diffuse qui n'ont pas de propriétaire particulier comme la qualité de l'air, et l'exercice de certaines activités ou projets est conditionné[25]. À certaines occasions, elles ont été incorporées dans des lois spécifiques sur le changement climatique, lois transversales et hétérogènes[26] ; dans d'autres, dans les lois environnementales ou réglementaires d'autres secteurs de la réalité. En tout état de cause, les administrations internes des États sont responsables de l'application de ces techniques. Certaines de ces mesures peuvent être mises en évidence :

2.1. L'activité de limitation des droits, en général

Les politiques de lutte contre le changement climatique imposent de nombreuses restrictions aux droits des citoyens. Il est possible de souligner, en raison de son application à tous les États membres de l'UE, les limites relatives à la construction de logements, cherchant l'efficacité énergétique.

---

23. V. R. Fagiani, J. Barquín, R. Hakvoort, « Risk-based assessment of the cost-efficiency and the effectivity of renewable energy support schemes : Certificate markets versus feed-in tariffs, *Energy Policy* 2013, vol. 55, p. 648 et s.
24. *Livre Vert – Une stratégie européenne pour une énergie sûre, compétitive et durable* {SEC(2006) 317} COM/2006/0105 final, n. 2.4.
25. V. B. Lozano Cutanda, *op. cit.*, p. 415-416.
26. En Espagne, plusieurs lois régionales ont été approuvées, bien que nous n'ayons toujours pas de loi d'État : le 22 février 2019, le projet de loi a été approuvé par le Conseil des ministres, mais la convocation et la tenue de nouvelles élections ayant conduit à l'expiration de sa procédure parlementaire, cela devrait commencer *ex novo*. Parmi les lois régionales figurent la loi catalane n° 16/2017 du 1er août sur les changements climatiques, la loi andalouse n° 8/2018 du 8 octobre sur les mesures de lutte contre les changements climatiques et la loi n° 10/2019 du 22 février, de changement climatique et transition énergétique des îles Baléares.

En Espagne, le décret royal n° 56/2016, du 12 février, portant transposition de la Directive 2012/27 du 25 octobre 2012 *relative à l'efficacité énergétique* en ce qui concerne les audits énergétiques, l'accréditation des fournisseurs de services et les auditeurs énergétiques et la promotion de l'efficacité de l'approvisionnement en énergie, part de l'idée que l'efficacité énergétique est l'un des moyens les plus rentables de réduire les émissions de GES. Ce décret a été par la suite complété par le décret royal n° 564/2017 du 2 juin, qui détermine : « Au plus tard le 31 décembre 2020, les nouveaux bâtiments seront des bâtiments à consommation d'énergie presque nulle (…) », tandis que « les nouveaux bâtiments qui seront occupés et qui appartiennent à l'État seront des bâtiments à consommation d'énergie presque nulle après du 31 décembre 2018 ». Il s'agit donc d'une réglementation restrictive, fondée sur le droit communautaire et visant à réduire les émissions de gaz à effet de serre en promouvant l'efficacité énergétique du secteur du logement (secteur situé hors du marché européen des émissions et nécessitant des mesures alternatives pour réduire les émissions).

L'avant-projet (déjà caduque) de loi *sur les changements climatiques et la transition énergétique*, du 22 février 2019, prévoyait qu'à partir de 2040 l'immatriculation et la vente en Espagne de voitures de tourisme et de véhicules utilitaires légers directement émetteurs de dioxyde de carbone ne seront plus autorisées (art. 15.2).

2.2. Taxes sur les émissions de GES

Il existe une grande variété de modèles de taxe sur les émissions de GEI. On peut faire référence à la taxe espagnole sur les hydrocarbures, ou à la « taxe carbone » française, qui cherchent à décourager la consommation (et indirectement les émissions de CO_2 afin de les réduire). Il s'agit, dans les deux cas, de taxes à la consommation. D'ailleurs, peuvent être localisées d'autres taxes sur les émissions de GES au niveau régional espagnol. La Cour suprême espagnole a reconnu la compatibilité de certaines de ces taxes avec le marché des émissions lorsque l'attribution est gratuite, mais en général on accepte que le principe « pollueur-payeur » soit largement respecté par le marché européen des droits d'émission, de sorte que les taxes sur les émissions de GES sont purement marginales.

2.3. Mesures procédurales

L'inclusion de la perspective du changement climatique dans les études d'impact sur l'environnement devrait être soulignée à cet égard. L'article 5 de la loi 21/2013 du 9 décembre sur l'évaluation environnementale, conformément aux prévisions de la directive 2014/52 du Parlement européen et du Conseil du 16 avril, inclut le changement climatique parmi les facteurs à prendre en compte dans l'évaluation des effets des plans et projets (v. également, l'article 35.1 c) et l'article 45.1 e) de la loi, l'annexe VI, etc.).

B. – Activités de promotion. Quelques mesures dignes de mention

1. La promotion « traditionnelle » : aides aux technologies « bas-carbone »

Les aides d'État constituent une forme traditionnelle d'activité administrative de promotion de l'activité privée respectueuse de la liberté des administrés. Contrairement à la direction impérative, la direction par stimulus est dirigée vers les citoyens afin qu'ils considèrent plus pratique à leurs intérêts l'accomplissement d'objectifs d'intérêt général (réduire ou d'éliminer la contamination[27] ou, dans ce cas, les émissions de GES).

Il existe de nombreuses aides possibles dans ce domaine : aides visant à promouvoir l'efficacité énergétique, ou à permettre la capture et le stockage de carbone, etc. Il faut souligner par leur importance économique, les aides au renouvelable. En outre, les exonérations fiscales ou avantages fiscaux accordés à certaines activités taxées sont aussi des mesures de promotion traditionnelles[28].

1.1. Génération d'énergie renouvelable

La promotion des énergies renouvelables a été conçue comme un fer de lance de la politique de lutte contre le changement climatique : c'est ce qu'a supposé l'Union européenne, et cela a été reflété dans la Directive 2009/28 relative à la promotion des énergies renouvelables. Cette directive est basée sur l'efficacité des systèmes de soutien de l'État pour la promotion de la production à faible émission de carbone.

Les aides d'État classiques, appliquées à la production d'énergie renouvelable, constituent des systèmes de soutien autorisés et renforcés par ladite directive et sont soumises aux *Lignes directrices concernant les aides d'État à la protection de l'environnement et à l'énergie pour la période 2014-2020* (*JOUE* n° 200 du 28 juin 2014), n° 3.3. Les aides dans le secteur des énergies renouvelables ont généré une énorme expansion de cette source d'énergie (principalement éolienne, solaire photovoltaïque et solaire thermique), mais en même temps de grands conflits. En effet, en Espagne, les importantes lignes d'aide dans ce secteur ont accentué le déficit tarifaire, ce qui a conduit l'État espagnol au plus fort de la crise économique à réduire les primes (par décret royal

27. V. A. Betancor Rodríguez, *Derecho Ambiental*, Madrid, La Ley, 2015, p. 1425.

28. Bien que de nombreux auteurs incluent des taxes environnementales dans les activités de promotion ou de promotion (d'activités à faible émission de carbone), tels que A. Betancor (*op. cit.*, p. 1433 et s.) ou B. Lozano Cutanda et J.C. Alli Turrillas (*Administración y Legislación Ambiental*, 9e éd., Dykinson, 2016, p. 300 et s.), la vérité est que l'établissement d'impôts restreint les droits et porte atteinte à la liberté des contribuables. On ne peut pas oublier que, même si l'établissement de la taxe est dissuasif, il reste une prestation patrimoniale obligatoire, selon les termes de l'article 31 de la Constitution espagnole.

n° 1565/2010) et a généré de nombreux recours contentieux administratifs et arbitrages internationaux.

1.2. Transport à faibles émissions

À cet égard, il convient de souligner les avantages fiscaux accordés par l'État dans la taxe d'immatriculation des véhicules à ceux à « zéro émissions » ou à émissions réduites par la loi n° 34/2007 du 15 novembre *sur la protection de l'atmosphère*, ou les aides directes à l'acquisition de véhicules électriques ou hybrides[29].

Au niveau local, il existe de plus en plus de réglementations visant à promouvoir les transports à faibles émissions, soit en accordant des avantages en raison de leur utilisation, soit en raison d'inconvénients liés à l'utilisation de moyens de transport classiques (en particulier dans les centres historiques) ou par la promotion de systèmes de transport alternatifs non émetteurs (location de véhicules électriques, etc.).

2. Le rôle stratégique des marchés publics

L'acquisition de biens et de services pour le compte de l'État n'a jamais été incluse dans les activités d'organisation de l'activité privée, son seul but étant la fourniture matérielle de l'État. Cependant, au cours des dernières années, et conformément aux directives et à la jurisprudence européennes, les marchés publics sont devenus une forme très efficace d'ordination administrative de l'activité privée : il y a eu transformation de l'État « acheteur » en un État qui ordonne l'activité privée par l'inclusion de clauses environnementales ou sociales dans les contrats publics[30].

La loi actuelle n° 9/2017 du 8 novembre, sur les contrats du secteur public, qui constitue la législation de base de l'État, vient à transposer les dispositions de la Directive 2014/24 et développe avec une grande ampleur les clauses stratégiques, sociales et environnementales des contrats publics. D'une part, le nouveau critère de calcul des coûts du cycle de vie inclut les coûts d'atténuation du changement

---

29. Il y en a une grande variété : v. p. ex. le récent décret royal n° 132/2019 du 8 mars, sur l'octroi direct de subventions du programme MOVES, d'aide à l'achat de véhicules de mécanique alternative au niveau de l'État, dont peuvent bénéficier les particuliers, les entreprises, les municipalités et les communautés.

30. En général, M. Sánchez Morón a averti que les marchés publics pourraient être utilisés comme technique de promotion ou de promotion pour encourager, protéger ou favoriser certaines activités ou initiatives privées : *Derecho Administrativo. Parte General*, 13e éd., Madrid, Tecnos, 2017, p. 815 ; sur les questions environnementales (y compris la lutte contre le changement climatique) v. I. Sanz Rubiales, « La protección del ambiente en la nueva ley de contratos : del Estado meramente "comprador" al Estado "ordenador" », *Revista de Administración Pública* 2018, 205.

climatique (article 148.2 b) Loi) ; d'autre part, il existe de nombreuses possibilités d'inclure les caractéristiques de l'effort de réduction des émissions de GES dans des critères d'attribution ou des conditions d'exécution des marchés liés aux travaux, produits ou services à fournir[31]. Cela a permis que le montant ou la qualité ne soient pas les seuls critères qui déterminent l'attribution ou le contenu du contrat, et que peuvent être pris en compte des éléments tels que la production d'énergie renouvelable[32] ou les économies d'énergie réalisées dans les contrats le cas échéant.

3. La nouvelle promotion : en particulier, les marchés volontaires d'émissions

Contrairement à la promotion « traditionnelle », qui implique le versement de fonds publics ou la réduction de revenus (dans le cas, par exemple, d'exonérations fiscales), la « nouvelle » promotion n'entraîne pas de coûts économiques pour les budgets de l'État ; sont suffisantes une réglementation et des incitations d'achat provenant du marché pour atteindre les objectifs d'intérêt général recherchés.

Les marchés volontaires, comme leur nom l'indique, ne sont pas imposés par les autorités publiques (telles que, par exemple, l'Union européenne, qui impose le SCEQE), mais sont créés « d'en bas », à l'initiative de diverses entreprises qui ont l'intention de compenser leurs émissions de GES qui ne peuvent pas être facilement réduites. Cette compensation peut être obtenue par des mesures directement restrictives des émissions (réalisation de projets de boisement, captage et stockage du carbone, par exemple) ou des mesures indirectes, telles que l'obtention de crédits de carbone d'activités de projets dans le système communautaire[33].

Le grand problème de ce marché est, sans aucun doute, l'absence de vérification ou de contrôle externe objectif de la réduction des émissions. Par conséquent, la réglementation est configurée comme la clé du bon fonctionnement de ces marchés[34]. Dans le système juridique espagnol, une réglementation minimale se

31. En ce sens, la directive (UE) 2019/1161, du 20 juin *modifiant la directive 2009/33/CE relative à la promotion de véhicules de transport routier propres et économes en énergie*, « exige (article 1er) que les États membres veillent à ce que les pouvoirs adjudicateurs et les entités adjudicatrices, lors de la passation de marchés publics concernant certains véhicules de transport routier, tiennent compte de leurs impacts énergétiques et environnementaux pendant leur durée de vie, y compris la consommation d'énergie et les émissions de CO_2 et de certains polluants, avec la finalité de promouvoir et stimuler le marché des véhicules propres et économes en énergie et améliorer la contribution du secteur des transports aux politiques de l'Union en matière d'environnement, de climat et d'énergie ».

32. V. p. ex., l'arrêt CJCE de 4 décembre 2003, C-448/01, *as. EVN AG*, nn. 36-39.

33. La « mise en œuvre conjointe » (MOC) et le « mécanisme de développement propre » (MDP) du Protocole de Kyoto (art. 6 et 12). V. la directive 2004/101 du 27 octobre 2004, disposant la reconnaissance de ces crédits résultant de mécanismes de projet dans le système communautaire.

34. R. Bayon, A. Hawn, K. Hamilton, *Voluntary carbon markets*, 2ª ed., Londres, Earthscan, 2009, p. 13.

reflète dans la loi n° 2/2011 sur l'économie durable et son règlement approuvé par le décret royal n° 163/2011 ; ce dernier crée un registre de l'empreinte carbone, des compensations et des projets d'absorption du dioxyde de carbone. L'activité principale de compensation des émissions de CO_2 sera le boisement, le reboisement et la foresterie, sans préjudice d'autres projets de réduction de CO_2 dans les activités agricoles ou d'autres programmes publics. Le ministère compétent en matière d'environnement devra définir les critères de compensation et de vérification et les obligations de maintenance et d'information, ainsi que les investissements utiles pour ladite compensation (article 90.2 Loi). C'est donc l'administration publique elle-même qui établit les critères et régule indirectement ledit marché par le biais du registre.

Bien que la création et le fonctionnement du registre puissent impliquer une plus grande complication bureaucratique, cette intervention publique donne une sécurité juridique au marché et permettra à la compensation d'être réelle et non fictive.

En bref, en réglementant le registre des projets de compensation susmentionné, l'État réglemente de manière minimale le marché volontaire et en favorise ainsi le fonctionnement : nous sommes confrontés à une activité de « promotion » ou de stimulation « reconstituée » par le pouvoir public sur la base d'une initiative *inter privatos* et n'impliquant pas une dépense significative de fonds publics.

CONCLUSIONS

Le droit administratif réglemente les principaux efforts de lutte contre le changement climatique formulés par les pouvoirs publics. Au travers de la soumission à cette branche du système juridique, l'administration transfère aux personnes privées – administrés – les obligations de réduction des émissions assumées par l'État ou l'Union européenne dans les accords internationaux (tels que Kyoto ou Paris), de sorte que ce sont elles (personnes privées) qui, devant l'État, ont l'obligation de réduire les émissions.

Cette lutte contre le changement climatique est un terrain d'essai pour les techniques juridiques administratives. Il y a une extraordinaire variété de techniques à cet effet ; certaines très traditionnelles et d'autres nouvelles et originales, adaptées aux particularités de cet effort de réduction, telles que les marchés d'émissions ou les certificats verts. Il y a également des variations en raison de la nature contraignante ou simplement stimulante des mesures juridiques administratives. Il faut choisir et configurer *ad hoc* les mesures les plus appropriées dans chaque cas.

L'application pratique de ce qui précède montre que le droit administratif est l'instrument juridique le plus approprié pour atteindre les objectifs fixés par les pouvoirs publics dans la lutte contre le changement climatique.

L'ACTE DE LECTURE EN DROIT CONSTITUTIONNEL. QUELQUES RÉFLEXIONS SUR L'INTERTEXTUALITÉ DE LA CHARTE DE L'ENVIRONNEMENT

Aline Treillard
Docteure en droit public, ATER à l'IUT2,
Département Carrières Juridiques
Université Grenoble-Alpes

Le droit de l'environnement est une discipline labyrinthique qui se caractérise tant par son internormativité que par son interdisciplinarité. La première rend compte d'entrecroisements entre le droit et les autres systèmes normatifs[1]. La seconde implique qu'une pluralité d'objets d'étude est appréhendée par la discipline au principal. Dans ce contexte, le droit de l'environnement fait tout particulièrement face au phénomène grandissant de spécialisation de ces objets d'étude. A. Pomade résume bien ce point : « La création du droit de l'environnement suppose de prendre en compte des données techniques et scientifiques fournies par des experts, des contextes économiques, des contextes sociologiques, des situations géographiques ou des considérations historiques »[2]. Aujourd'hui les niveaux de connaissance sont tels que les données préexistantes au droit de l'environnement pullulent. L'évolution des connaissances en biologie ou en climatologie par exemple en est un juste témoignage. Dès lors, s'il faut convenir que l'interdisciplinarité du droit de l'environnement est une qualité indéniable et somme toute indispensable à l'appréhension globale de cet objet juridique, il faut en même temps prendre acte qu'elle conduira à isoler les « sous-objets » les uns des autres. Le très haut niveau d'expertise nécessaire à l'établissement des régimes juridiques de chacun des objets du droit de l'environnement peut ainsi poser des difficultés au stade de la rédaction de la réglementation, mais aussi et surtout à l'occasion de son interprétation. Dit autrement, il faut remarquer que l'articulation de la pluralité juridique interne au droit de l'environnement est un processus éprouvant pour les autorités chargées de l'appliquer. Pour illustrer ces rapports qui s'expriment entre les objets du droit de l'environnement, nous

1. V. J. Carbonnier, *Sociologie juridique*, 2e éd., Paris, PUF, 2004, et J. Chevallier, « L'internormativité », *in Les sources revisitées du droit, Théorie des sources du droit*, vol. 4 ; I. Hachez *et al.* (dir.), Bruxelles, Anthémis, 2012, p. 689 et s.
2. A. Pomade, « Penser l'interdisciplinarité par l'internormativité. Illustration en droit de l'environnement », *Revue interdisciplinaire d'études juridiques* 2012/1, vol. 68, p. 85.

choisirons ici de mettre en relief les pluralités juridiques du texte suprême de notre ordre juridique. En effet, la Charte de l'environnement, entrée en vigueur en 2005[3], est aujourd'hui confrontée à l'évolution des connaissances et de la réglementation, notamment en matière de climat.

Sur ce point précis, bien que plus de dix années séparent la Charte de l'environnement française et la Convention-cadre des Nations unies sur les changements climatiques (CCNUCC), adoptée quant à elle en 1992, ces deux textes sont indéfectiblement liés. D'approche éminemment globale, la Charte se distingue de la Convention, qui est beaucoup plus spécifique. Pourtant, leurs interdépendances ne fait aucun doute. Au départ, le premier a été déterminant pour la consécration du second. Désormais, la volonté des États parties, des organisations non gouvernementales et de la société civile à faire vivre la CCNUCC semble rendre d'autant plus concrètes les virtualités de la Charte de l'environnement. Au cœur de ces ardentes évolutions et à l'heure de la transition écologique, le pouvoir normatif des juges quant à l'interprétation du droit constitutionnel de l'environnement est décisif. Loin d'être « une puissance nulle »[4], ils peuvent au contraire construire des passerelles en déterminant plus précisément le contenu et la portée de la Charte de l'environnement.

QUELS SONT LES APPORTS DES PRÉOCCUPATIONS CLIMATIQUES SUR L'ÉVOLUTION DU DROIT CONSTITUTIONNEL FRANÇAIS ?

La question de la constitutionnalisation de la protection de l'environnement en droit français s'est posée dès 1970[5]. Il faudra pourtant attendre le 27 juin 2003 pour qu'un projet de loi constitutionnelle exclusivement dédié à cette question franchisse les portes de l'Assemblée nationale. Dans le prolongement de la Déclaration des droits de l'homme et du citoyen de 1789 et du préambule de la Constitution de 1946, elle constitue la « troisième étape du pacte républicain »[6] français. Cette production normative s'inscrit dans un contexte scientifique et juridique particulier. Si le droit français se distingue des ordres juridiques externes en raison de la qualité formelle de son droit constitutionnel de l'environnement, il n'en détient ni la primauté, ni le monopole[7]. L'adoption de

3. Loi constitutionnelle n° 2005-205 du 1 mars 2005 relative à la Charte de l'environnement.

4. J. Pini, « (Simples) réflexions sur le statut normatif de la jurisprudence constitutionnelle », *Les Nouveaux Cahiers du Conseil constitutionnel* juill. 2008, n° 24, p. 81.

5. L. Arman, *Pour une politique de l'environnement,* La Documentation française, 1970.

6. Cf. l'exposé des motifs de la loi constitutionnelle du 1er mars 2005.

7. V. C. Cerda-Guzman et F. Savonitto (dir.), *Les 10 ans de la Charte de l'environnement 2005-2015*, Paris, Institut Universitaire Varennes, 2016.

la Charte de l'environnement procède en effet d'une dynamique internationale remarquable. Avant elle, de nombreux textes de droit international ont exprimé la nécessité de définir des mesures appropriées pour la protection de l'environnement, tout en soulignant les liens étroits entre la qualité de ce dernier et la réalisation des droits fondamentaux. Pour une affirmation expresse, on pense bien sûr à des textes de *soft law* comme la Déclaration de Stockholm en 1972. On peut également citer la Déclaration de Rio de 1992 et celle de Johannesburg en 2002. Pour une affirmation plus réservée, on peut mentionner les préambules de la CCNUCC comme celui de la Convention sur la diversité biologique, qui tous deux affirment que la dégradation de l'environnement, par les changements climatiques ou l'érosion de la biodiversité, est de toute évidence préoccupante pour l'humanité[8].

Tirant les enseignements de ces affirmations, fondées sur des disciplines aussi variées que la géologie, la paléontologie, la climatologie, l'écologie, la biologie de la conservation, etc., la Charte de l'environnement française puise ses racines dans ce terreau fertile. Cette analyse se confirme à la lecture des différents rapports qui ont été produits lors de la phase d'examen du projet de loi constitutionnelle. Ainsi auditionnée, la ministre de l'Environnement française de l'époque indiquait sans détour que la Charte de l'environnement constituait la traduction de la prise de conscience des effets néfastes des émissions de gaz carbonique, de sorte que l'article 1er de la Charte – dont on sait aujourd'hui qu'il constitue un droit de l'homme à l'environnement – avait été rédigé « en songeant à la composante anthropique du phénomène du réchauffement climatique »[9]. L'examen des considérants et des articles de la Charte auquel a procédé la commission des lois constitutionnelles de l'Assemblée nationale dirigée par N. Kosciusko-Morizet conduit au même constat : les préoccupations d'ordre climatique sont omniprésentes. De cette manière, elles ont été un puissant motif de réflexion pour le constituant français et ont largement déterminé la rédaction de la Charte, qui a ainsi fait le choix d'une approche universelle des problèmes d'environnement. Cette remise en cause globale des limites de l'agir humain sur les structures naturelles explique que les dénominations « changement climatique » ou « réchauffement climatique » n'apparaissent pas expressément dans le texte constitutionnel. Ainsi, si l'analyse littérale pourrait conduire à penser que les enjeux climatiques ne sont pas au cœur de la motivation des rédacteurs de la Charte, l'analyse des documents qui témoignent de *l'intentio operis* de ses auteurs indique bien tout le contraire. Dès lors, on comprend pourquoi la Charte de l'environnement a pu être qualifiée : « l'enfant de Rio »[10].

---

8. Plus récemment, on peut citer les travaux de J. Knox qui abondent en ce sens ainsi que le préambule de l'Accord de Paris.
9. Avis présenté au nom de la Commission des affaires économiques, de l'environnement et du territoire sur le projet de loi constitutionnelle (n° 992) relatif à la Charte de l'environnement par M. Martial Saddier, 11 mai 2004. Propos rapportés p. 38 et s.
10. J.-L. Nadal, « Qu'est devenu l'enfant de Rio », *RJE* 2005, n° spéc., p. 15 et s.

Motivée par des considérations scientifiques et philosophiques, cette rédaction universaliste et globale présente l'avantage de s'accorder avec le caractère nécessairement flou que recouvrent généralement les textes de valeur constitutionnelle. Bien que constituant une étape sans laquelle la prise de conscience des problématiques environnementales n'aurait pu se diffuser dans l'univers juridique, cette approche constitue aujourd'hui un obstacle à l'application pleine et effective du droit constitutionnel de l'environnement.

LE PARCOURS CONTENTIEUX DE LA CHARTE DE L'ENVIRONNEMENT REND-IL COMPTE DE TOUTES LES PROPRIÉTÉS JURIDIQUES DU TEXTE ?

À peine la Charte de l'environnement avait-elle été adoptée que sa vocation contentieuse suscitait déjà de vifs débats. Oscillant entre pronostics alarmistes[11] et scénarios plus raisonnables[12], la doctrine était pour le moins hésitante. Tandis que son invocabilité et son applicabilité ont été précisées, plusieurs constats peuvent désormais être établis[13].

En examinant les décisions les plus emblématiques qui forment la colonne vertébrale du droit constitutionnel de l'environnement[14], on peut observer, d'une part, que le Conseil constitutionnel procède à un acte de lecture relativement minimaliste des dispositions de la Charte de l'environnement. Il ressort en effet de la jurisprudence que le juge constitutionnel a davantage endossé le rôle de gardien de la norme constitutionnelle que celui de « co-déterminateur » au sens

11. V. entre autres, R. Romi, « La Charte de l'environnement, avatar constitutionnel », *RDP* 2004, p. 1485 ; Y. Jégouzo, « Charte de l'environnement : ni l'enfer vert, ni le paradis », *AJDA* juin 2004, p. 1105 ; A. Capitani, « La Charte de l'environnent, un leurre constitutionnel ? », *RFDC* 2005, n° 63, p. 493 ; Y. Jégouzo, « La boîte de Pandore de la Charte de l'environnement », *Droit de l'aménagement* 2005, n° 4, 2008.
12. M. Prieur, « Promesses et réalisations de la Charte de l'environnement », *Les Nouveaux Cahiers du Conseil constitutionnel* 2014/2, p. 5-24 ; M. Prieur, « La Charte de l'environnement : droit dur ou gadget politique ? », *Pouvoirs* 2008/4, p. 49-65 ; D. Hédary, « La vocation contentieuse de la Charte de l'environnement », *Environnement et développement durable* déc. 2012, n° 12, dossier 21.
13. Pour consulter les bilans contentieux périodiquement dressés par la doctrine, cf. notamment les chroniques de M. Prieur dans la revue *Constitution,* les chroniques de N. Huten et M.-A. Cohendet dans la *Revue juridique de l'environnement* à partir du numéro 3/2007 et les chroniques de L. Fonbaustier dans la revue *Environnement et développement durable* à partir du numéro 2/2006.
14. Entre autres, Cons. const., 19 juin 2008, *Loi relative aux organismes génétiquement modifiés,* n° 2008-564 DC ; Cons. const., *Mme Ekatarina B., épouse D., et autres (Secret défense)*, 10 nov. 2011, n° 2011-192 QPC ; Cons. const., 23 nov. 2012, n° 2012-282 QPC et n° 2012-283 ; Cons. const., 11 oct. 2013, *Sté Schuepbach Energy LLC,* n° 2013-346 QPC ; Cons. const. 7 mai 2014, *Fédération Environnement Durable,* n° 2014-394 QPC.

où l'entend notamment F. Ost[15]. Plusieurs décisions indiquent qu'il se limite à ses attributions premières, à savoir la vérification de la régularité formelle de la loi, alors même qu'il a largement excédé ce rôle dans bien d'autres domaines[16]. En parallèle, maintes décisions ont pour objectif de clarifier le jeu normatif en précisant ce qui constitue des droits et libertés et ce qui n'en constitue pas au sens de l'article 61-1 de la Constitution du 4 octobre 1958[17]. D'autre part, on remarque que certaines dispositions de la Charte de l'environnement sont peu mobilisées, laissant, de ce fait, planer sur la Charte quelques zones d'ombre[18]. Ainsi, bien que compétent pour interpréter la source des sources, le juge constitutionnel adopte une position plutôt passive. Trop de décisions se contentent de formulations générales de sorte que de nombreux droits et obligations contenus dans la Charte de l'environnement sont suspendus à son interprétation active. Pour l'heure, seule la décision QPC *Michel Z* dans laquelle le Conseil constitutionnel a déduit des articles 1 et 2 de la Charte une obligation de vigilance à charge des pouvoirs publics comme des particuliers pourrait nous contredire[19]. Cette décision est éminemment intéressante parce qu'elle rend concrète l'opération d'interprétation attachée à l'office du juge. En déduisant de la lecture combinée des deux premiers articles de la Charte « que chacun est tenu à une obligation de vigilance à l'égard des atteintes à l'environnement qui pourraient résulter de son activité »[20], le juge transforme le sens premier et explicite du texte, qu'il estime non entièrement satisfaisant, « vers un sens second, implicite, mais plus conforme à une attente de sens déterminé »[21].

Ce faisant il met en lumière l'intertextualité des dispositions de la Charte. Cette dénomination est assez étrangère au vocabulaire juridique classique, et pourtant, elle est ici fort à propos. La notion d'intertextualité est empruntée à d'autres disciplines. On la retrouve d'abord en littérature, puis en philosophie et en théologie, autrement dit au sein de disciplines qui reposent fondamentalement

---

15. F. Ost, *Dire le droit, faire justice*, Bruxelles, Bruylant, 2007, p. 86 et s.
16. Pour la référence la plus emblématique, v. Cons. const., 16 juill. 1971, *Loi complétant les dispositions des articles 5 et 7 de la loi du 1er juillet 1901 relative au contrat d'association*, n° 71-44. On peut également mentionner Cons. const., 16 janv. 1982, *Loi sur la communication audiovisuelle*, n° 81-132 dans laquelle l'institution consacre la liberté d'entreprendre sans fondement textuel explicite.
17. En ce sens, v. P. Billet, « QPC et environnement », *Constitutions* janv.-mars 2018, p. 31.
18. Pour un constat identique, v. S. Caudal, « Quels instruments pour la modernisation du droit de l'environnement ? », *in* I. Doussan (dir.), *Les futurs du droit de l'environnement*, Bruxelles, Bruylant, 2016, p. 119-134, et S. Mouton, « Les enjeux constitutionnels du climat : réflexions sur un nouvel objet politique », *Energie, environnement, infrastructures* déc. 2018, n° 12, p. 11-16.
19. Cons. const., 8 avr. 2011, *Michel Z*, n° 2011-116 QPC. V. P. Billet et E. Naïm-Gesbert, *Les grands arrêts du droit de l'environnement*, Paris, Dalloz, 2017, p. 142-148.
20. Cons. n° 5.
21. F. Ost, *op. cit.*, p. 88.

sur l'interprétation des textes qui les animent, comme c'est également le cas pour le droit[22]. Elle est introduite en France sous la plume de J. Kristeva, puis de R. Barthès, qui prétendent que « tout texte est un intertexte, une productivité, non seulement parce qu'il s'élabore à partir d'autres textes, assimilés et transformés, relus et interprétés, mais aussi parce qu'il a besoin du lecteur pour accéder à la signification »[23]. Dès lors, « le texte n'est plus abordé comme un ensemble clos, signifiant en lui-même et par lui-même, mais comme un texte ouvert, résultat d'une interprétation et s'ouvrant sur l'interprétation du lecteur »[24]. Ainsi la Charte de l'environnement contiendrait un « arrière-texte »[25], c'est-à-dire qu'elle serait composée de complexes articulés et invisibles à la première lecture dont seule l'opération d'interprétation peut rendre compte. L'existence matérielle du texte se déploie donc dans ces espaces indéfinis et flous dont les effets normatifs sont dépendants de l'office du juge.

Il faut également retenir de cette décision qu'elle inscrit la Charte de l'environnement dans un processus de densification normative[26]. Cela suppose que la Charte n'est pas « le point d'arrivée finale de la juridicité »[27] du droit constitutionnel de l'environnement, mais forme au contraire un texte ouvert, grâce auquel des objets qui jusqu'alors n'entraient pas dans le champ de perception du texte ou qui y étaient mal perçus peuvent s'éclairer d'un jour juridique nouveau[28], et ainsi re-produire le sens du droit de l'homme à l'environnement.

---

22. Pour un exemple, v. l'article d'A. Fortin, « Du sens à la signification : pour une théorie de l'acte de lecture en théologie », *Laval théologique et philosophique année ?,* vol. 52, n° 2, p. 327-338.
23. V. R. Barthes, « Texte (théorie du) », *Encyclopedia Uniersalis,* 1968. V. égal. J. Kristeva, *Sémèiôtikè. Recherche pour une sémanalyse,* Seuil, 1969. F. Ost a également développé cette idée. Il parle quant à lui de « milieu de la textualité juridique » pour décrire ce phénomène. F. Ost, *op. cit.,* p. 92.
24. V. Houdard-Médot, « L'intertextualité comme clé d'écriture littéraire », *Le Français d'aujourd'hui* 2006/2, n° 53, p. 27.
25. V. A. Trouvé, « L'arrière-texte : de l'auteur au lecteur », *Poétique* 2010/4, p. 495-509.
26. C. Thibierge *et al., La densification normative : découverte d'un processus,* Paris, Mare & Martin, 2013.
27. F. Ost, *op. cit.,* p. 91.
28. C. Thibierge *et al., op. cit.,* p. 155.

EN ADMETTANT QUE LA CHARTE DE L'ENVIRONNEMENT SOIT EFFECTIVEMENT UN TEXTE « OUVERT », QUEL(LE)S DROITS ET/OU OBLIGATIONS POURRAIENT ÊTRE NOUVELLEMENT CONSACRÉ(E)S PAR LE JUGE ?

Cette question pose en réalité celle « du bon usage de la Charte de l'environnement »[29]. D'une actualité encore brûlante, tout l'enjeu désormais est de déterminer si la Charte est un texte donné ou si, *a contrario,* il s'agit d'un texte dynamique qui porte en lui les germes d'un discours continu dans lequel la protection du climat, par exemple, serait latente.

Pour répondre à cette épineuse interrogation, il convient d'abord de se rapporter à la célèbre décision *OGM* du 19 juin 2008[30]. Pour rappel, les juges de la rue Montpensier ont indiqué dans leur considérant de principe que l'ensemble de la Charte de l'environnement contenait des dispositions à valeur constitutionnelle. Si la deuxième partie du considérant a suscité, à juste titre, l'attention de tous, la première partie est tout aussi intéressante. En attribuant aux alinéas et articles de la Charte la qualité de « dispositions » constitutionnelles, le juge a clairement indiqué qu'il s'agissait d'un texte à interpréter. Il en aurait été autrement si la Charte avait été qualifiée comme étant un ensemble de « normes » à valeur constitutionnelle dans la mesure où cette notion définit un texte déjà interprété[31]. Ce faisant, le juge a posé les jalons pour prolonger l'effet juridique de la Charte. Dans cette perspective, plusieurs méthodes s'offrent à lui. Il peut s'agir de rechercher à enrichir le contenu préexistant du texte, ou bien à développer son degré de normativité.

Un des premiers scénarios pourrait consister en la reconnaissance préalable que la Charte forme effectivement un arsenal constitutionnel multiforme. Une telle modification du point de départ de l'acte de lecture du droit constitutionnel en réformerait considérablement la direction. Il serait en effet concomitamment entraîné et encadré par l'idée selon laquelle l'article 1er de la Charte – qui institue sans conteste le droit le plus prometteur – n'est pas le support unique et exclusif de l'amélioration de la protection de l'environnement. De cette manière, un tel préalable méthodologique encouragerait à la connexion des données textuelles et extratextuelles de la Charte. Dès lors, même en l'absence de droit subjectif à la protection contre les effets des changements climatiques, des obligations climatiques pourraient être déduites d'une lecture combinée des alinéas 4 et 5

29. M. Prieur, « Du bon usage de la Charte de l'environnement », *Environnement* avr. 2005, n° 4, p. 7.
30. Cons. const., 19 juin 2008, *Loi relative aux organismes génétiquement modifiés,* n° 2008-564 DC.
31. M.-C. Ponthoreau, « Réflexions sur le pouvoir normatif du juge constitutionnel en Europe continentale sur la base des cas allemand et italien », *Les Nouveaux Cahiers du Conseil constitutionne* 2008, n° 24, p. 98-103.

du préambule et des articles 1 et 3 de la Charte. L'intérêt de mobiliser les alinéas est qu'ils apportent des éléments d'appréciation précieux sur ce qu'il convient d'équilibrer. Lus de concert, ces alinéas précisent en effet que l'exploitation des ressources, les modes de production et de consommation remettent en cause la qualité de la diversité biologique, de l'épanouissement de la personne et le progrès des sociétés humaines. De surcroît, on rappellera les propos de M. Prieur qui soutenait qu'en intégrant les alinéas « dans la loi constitutionnelle au lieu de les faire figurer dans l'exposé des motifs de ladite loi le constituant a bien exprimé la volonté de leur donner une fonction autre qu'explicative »[32].

Selon une autre déclinaison, plus offensive, il n'est pas exclu de penser que, conformément aux intentions des auteurs du texte suprême, et toujours en application de la lecture combinée des dispositions précitées de la Charte, le juge proclame que le droit à un environnement équilibré et respectueux de la santé protégé par l'article 1er serait violé par les atteintes portées au système climatique. On perçoit bien sûr ici qu'au-delà de la stricte construction intellectuelle d'un tel raisonnement c'est la difficulté de rapporter la preuve d'un lien de causalité qui pourrait mettre en péril ce scénario interprétatif. Le dernier rapport du GIEC publié le 8 octobre 2018 semble toutefois donner des arguments solides puisqu'il indique que les pratiques anthropiques actuelles ont déjà conduit à l'augmentation de 1° de la température globale de la terre, bouleversant ainsi le fonctionnement climatique et accroissant par ailleurs les phénomènes extrêmes[33]. Présenté autrement, le juge pourrait admettre que le caractère souvent *extrême* des effets des changements climatiques viole le droit à un environnement *équilibré*. C'est d'ailleurs ce que soutiennent les avocats de « l'affaire du siècle »[34].

---

32. M. Prieur, « La Charte de l'environnement : droit dur ou gadget politique ? », *Pouvoirs* 2008/4, p. 61.
33. H. Waisman, « Quelle base scientifique pour la justice climatique ? », Dossier spécial M. Torre-Schaub et B. Lormeteau (dir), *in Energie, environnement, infrastructures,* mai 2019, n° 5. V. IPCC, *Summary for Policymakers. In: Global warming of 1,5 °C. An IPCC Special Report on the impacts of global warming of 1,5 °C above pre-industrial levels and related global greenhouse gas emission pathways, in the context of strengthening the global response to the threat of climate change, sustainable development, and efforts to eradicate poverty* [V. Masson-Delmotte, P. Zhai, H. O. Pörtner, D. Roberts, J. Skea, P. R. Shukla, A. Pirani, W. Moufouma-Okia, C. Péan, R. Pidcock, S. Connors, J. B. R. Matthews, Y. Chen, X. Zhou, M. I. Gomis, E. Lonnoy, T. Maycock, M. Tignor, T. Waterfield (eds.)], World Meteorological Organization, Genève, Suisse, 2018.
34. V. l'argumentaire du mémoire complémentaire déposé le 20 mai 2019 par les avocats de Notre Affaire à Tous, la Fondation Nicolas Hulot pour la Nature et l'Homme, Greenpeace France et Oxfam France. Disponible en ligne.
Lire C. Baldon, « L'affaire du siècle : une action juridique inédite pour contraindre l'État à lutter efficacement contre le changement climatique », Dossier spécial M. Torre-Schaub et B. Lormeteau (dir), *Énergie, environnement, infrastructures,* mai 2019, n° 5, et

Encore autrement, les quatrième et cinquième alinéas, ainsi que les articles 1 et 2 de la Charte, pourraient aussi être interprétés de telle façon que l'État soit reconnu débiteur du devoir de protéger les citoyens contre les effets des changements climatiques. On retrouve ici la théorie des droits-créances ou des obligations positives particulièrement développés par les juges de la Cour européenne des droits de l'homme dans le contentieux environnemental.

Ces interprétations combinées ont-elles une chance d'être accueillies ? Rien n'est moins sûr. On notera toutefois que l'article 1er de la Charte est souvent sanctionné du rejet pour imprécision des moyens. Au contraire donc, il aurait plus de chance d'être accueilli en étant sollicité « par combinaison » ou par « effet de bloc » aux côtés d'autres dispositions de la Charte[35].

Un deuxième scénario de prolongation des effets juridiques de la Charte pourrait consister en une lecture mécaniquement rétroactive des droits, principes et valeurs protégés par le droit constitutionnel pris dans son ensemble. Il convient de rappeler ici que le droit est « aussi surdéterminé par les valeurs et principes plus généraux auxquels adhère la communauté des interprètes »[36]. Le Conseil constitutionnel a déjà utilisé cette technique d'interprétation du droit en dégageant, par exemple, de l'article 16 de la DDHC le droit à un recours effectif et le droit à un procès équitable[37]. De cette manière, comme P. Billet a pu préalablement l'indiquer, on pourrait espérer qu'en application de sa jurisprudence *Loi bioéthique* du 27 juillet 1994 le Conseil constitutionnel déduise des deux premières dispositions de la Charte de l'environnement « un principe constitutionnel rassemblant dignité de la personne humaine et qualité de l'environnement »[38]. Dans le même ordre d'idée, puisque le Conseil constitutionnel a déjà reconnu qu'il était possible de déduire du préambule de 1946 des principes et obligations appelant l'intervention de l'État, on pourrait imaginer qu'il intègre l'alinéa 12 dans son contrôle de constitutionnalité. À l'image de l'alinéa 11, qui encadre les principes législatifs relatifs aux politiques sociales de l'État[39], l'alinéa 12, aux termes duquel « la Nation proclame la solidarité et l'égalité de tous les Français devant les charges qui

---

M. Toussaint, « Libres propos conclusifs : du climat dans la Constitution : un outil pour la justice climatique ? », *Énergie-Env.-Infrastr.* déc. 2018, n° 12, p. 45 et s.

35. L. Fonbaustier, « La Charte de l'environnement au prisme du contentieux (Rapport de synthèse de la matinée) », *Environnement et développement durable* déc. 2012, n° 12, dossier 27. Par ailleurs, cette lecture peut être encouragée par la mise en réseau du droit.

36. G. Timsit, *Les noms de la loi,* Paris, PUF, 1991, cité par F. Ost, *op. cit.,* p. 82.

37. Cons. const., 9 avr.1996, *Loi organique portant statut d'autonomie de la Polynésie française,* n° 96-373 DC.

38. P. Billet, « QPC et environnement », *Constitutions* janv.-mars 2018, p. 34. Cons. const., 27 juill. 1994, *Loi relative au respect du corps humain et loi relative au don et à l'utilisation des éléments et produits du corps humain, à l'assistance médicale à la procréation et au diagnostic prénatal,* n° 94-343/344 DC.

39. Pour un exemple, v. Cons. const., 8 janv. 1991, *Lutte contre le tabagisme et l'alcoolisme,* n° 90-283 DC.

résultent des calamités nationales », pourrait tout aussi bien intégrer les sources de référence à disposition des juges. Rapprochée de la Charte de l'environnement, cette disposition pourrait elle aussi impliquer des obligations positives à la charge de l'État, ou, *a minima,* servir de fondement à la définition d'une politique de solidarité nationale en faveur des individus subissant les effets des changements climatiques. Certains arbitrages entre la protection du droit de propriété privée ou celle de la liberté d'entreprendre pourraient ainsi être réévalués.

Une telle interprétation systématique de la protection de l'environnement serait à l'évidence fidèle au contexte d'élaboration tant du préambule de 1946 que de la Charte de l'environnement.

*

* *

Dès lors qu'« il a fallu attendre les affres de la Seconde Guerre mondiale, pour voir émerger une volonté de rendre les textes constitutionnels relatifs aux droits et libertés réellement applicables »[40], que va-t-il désormais falloir attendre pour que toutes les potentialités de la Charte soient appréhendées par le juge ? À l'heure où le Conseil des ministres français vient d'adopter un décret relatif à la création d'un « Conseil de *défense* écologique », empruntant ainsi un vocabulaire éminemment belliqueux, il est permis de penser que la jurisprudence pourrait évoluer et s'emparer des droits que proclame directement et indirectement la Charte. La construction historique de la jurisprudence constitutionnelle laisse en tout cas penser que les juges de la rue Montpensier peuvent être susceptibles d'assurer la transformation de l'énoncé de la Charte.

Somme toute on est en droit de se demander dans quelles mesures les événements extérieurs pourraient influencer l'office du juge. Il suffit de penser au célèbre contentieux *Urgenda*[41]. Plus anecdotiquement, on peut autrement citer le choix du quotidien *The Guardian* d'abandonner pour l'avenir l'expression « changement climatique » pour lui préférer celles de « crise climatique », d'« urgence climatique », ou bien encore de « panne climatique ». Enfin, compte tenu qu'une lecture moins restrictive des dispositions de la Charte de l'environnement pourrait faire exploser le coût économique des déclarations de violations constitutionnelles, cet élément ne serait-il pas le principal obstacle au verdissement de l'office du juge ?

---

40. N. Huten, « La vocation contentieuse de la Charte de l'environnement », *Environnement et développement durable* déc. 2012, n° 12, dossier 22, pt. 20.
41. Cour du district de La Haye, 24 juin 2015, *affaire Urgenda c. Pays-Bas*, n° C/09/456689. Commentaires : E. Canal-Forgues et C. Perruso, « La lutte contre le changement climatique en tant qu'objet juridique identifié ? », *Énergie-Environnement-Infrastructures,* 2015. Comm. 72 ; A.-S. Tabau et C. Cournil, « Nouvelles perspectives pour la justice climatique », *RJE* 4/2015, p. 673 et s ; M. Torre-Schaub, « La justice climatique. À propos du jugement de la Cour de district de La Haye du 24 juin 2015 », *RIDC* 2016, n° 3, p. 699-722.

INDEX

R

S

T

V

TABLE DES MATIÈRES

PARTIE 2

L'ÉCONOMICISATION DU CLIMAT : DE LA THÉORIE À LA PRATIQUE

PARTIE 3

LES DYNAMIQUES SOCIALES À L'ŒUVRE